KB062040

MINDWARE:
Tools for Smart Thinking

마인드웨어

마인드웨어

생각은 어떻게 작동되는가

리처드 니스벳

이창신 옮김

MINDWARE:
Tools for Smart Thinking

김영사

마인드웨어

1판 1쇄 발행 2016. 8. 25.
1판 2쇄 발행 2016. 8. 26.

지은이 리처드 니스벳
옮긴이 이창신

발행인 김강유
편집 임지숙 | 디자인 조명이
발행처 김영사
등록 1979년 5월 17일(제406-2003-036호)
주소 경기도 파주시 문발로 197(문발동) 우편번호 10881
전화 마케팅부 031)955-3100, 편집부 031)955-3250 | 팩스 031)955-3111

값은 뒤표지에 있습니다.
ISBN 978-89-349-7552-6 03100

독자 의견 전화 031)955-3200
홈페이지 www.gimmyoung.com   카페 cafe.naver.com/gimmyoung
페이스북 facebook.com/gybooks   이메일 bestbook@gimmyoung.com

좋은 독자가 좋은 책을 만듭니다.
김영사는 독자 여러분의 의견에 항상 귀 기울이고 있습니다.

이 도서의 국립중앙도서관 출판시도서목록(CIP)은 서지정보유통지원시스템 홈페이지
(http://seoji.nl.go.kr)와 국가자료공동목록시스템(http://www.nl.go.kr/kolisnet)에서
이용하실 수 있습니다.(CIP제어번호 : CIP2016019004)

이 책을 새라 니스벳에게 바칩니다.

들어가는 말

과학의 논리는 사업의 논리이자 삶의 논리다. _존 스튜어트 밀John Stuart Mill.

많은 사람이 토지 측량에 관련된 일을 하던 과거에는 일류 대학에 들어
가는 학생이면 거의 다 삼각법을 알아야 했고, 그럴 법도 했다. 그러나
요즘에는 확률, 통계, 결정분석에서의 기본 소양이 훨씬 더 중요해졌다.
_로런스 서머스Lawrence Summers, 전 하버드대학 총장.

'코사인'이란 말은 죽었다 깨도 볼 일이 없다.
_로즈 채스트Roz Chast, 《어른들의 비밀Secrets of Adulthood》.

　12달러짜리 표를 사서 영화를 보는데, 30분이 지나자 아주 재미없
고 지루하다는 생각이 들었다. 나머지 시간을 계속 앉아 있겠는가,

나오겠는가?

주식을 두 종류 가지고 있는데, 하나는 지난 몇 년 동안 주가가 제법 올랐고 하나는 주식을 산 뒤로 주가가 약간 떨어졌다. 지금 돈이 필요해 하나를 팔아야 하는 상황이다. 주가 하락으로 입은 손해를 만회하기 위해 잘나가는 주식을 팔겠는가, 아니면 주가가 상승한 주식이 계속 올라가리라는 희망에 주가가 하락한 주식을 팔겠는가?

직원을 채용하는데 두 후보 중 한 사람을 택해야 한다. A후보는 경력이 화려하고 추천도 확실한데, 면접에서는 B후보가 더 똑똑하고 의욕이 넘쳐 보인다. 어떤 사람을 채용하겠는가?

회사에서 인사부서를 이끌고 있다. 여성 지원자 여러 명이 자기들보다 못한 남자 지원자들에 밀려 떨어졌다고 항의서를 보내왔다. 정말 성차별이 있었는지 어떻게 알아내겠는가?

〈타임Time〉은 최근 기사에서, 부모는 아이의 식습관을 통제해서는 안 된다며, 그런 부모의 자녀는 과체중일 확률이 높았다는 점을 이유로 들었다. 이 주장에서 의심스러운 부분을 발견했는가?

하루에 술을 한두 잔 마시는 사람은 그렇지 않은 사람보다 심혈관 문제가 적다. 술을 하루에 한두 잔보다 적게 마시는 사람은 앞으로 더 많이 마셔야 하는가? 하루에 한두 잔보다 더 마시는 사람은 술을 줄여야 하는가?

이런 문제는 지능지수IQ 검사에 나오지 않지만, 이를 푸는 방법에는 더 똑똑한 방식이 있고 덜 똑똑한 방식이 있다. 이 책을 다 읽고 나면, 이런 문제를 비롯한 수많은 문제들을 지금과는 사뭇 다르게 생각할 수 있게 하는 인지 도구 일체를 갖추게 될 것이다. 이 도구는 특히 심리학과 경제학을 비롯한 많은 분야의 과학자들과 통계 전문가, 논리학자, 철학자들이 개발한 백여 가지의 개념, 원리, 추론의 규칙으로 구성된다. 어떤 문제에 상식적으로 접근하다 보면 더러는 판단 착오를 일으키고 상황에 불리한 행동을 하기도 한다. 이 책에 나온 개념들은 효과적으로 생각하고 행동하는 법을 알려줄 것이다. 이는 상식을 보충하는 규칙과 원칙들이며, 일상에서 맞닥뜨리는 수많은 문제에 곧바로 쉽게 적용할 수 있다.

이 책은 논리적으로 판단하고 타당한 추론을 이끌어내는 방법에 대한 가장 기초적인 문제들을 다룬다. (왜 우리 친구는 저렇게 짜증스럽게 행동하는가부터 왜 상품 출시가 실패했는가에 이르기까지 모든 문제에서) 설명의 요건은 무엇인가? 인과관계가 있는 사건들과 단순히 시간이나 장소로만 연관된 사건들의 차이는 어떻게 구별하는가? 확정적 지식은 어떤 종류의 지식이고, 단지 짐작에 불과한 지식은 어떤 종류의 지식인가? 과학에서든 일상에서든 좋은 이론의 특징은 무엇인가? 반박될 수 있는 이론과 그렇지 못한 이론을 어떻게 구별하는가? 어떤 종류의 업무나 전문적 작업이 효과적인가에 관한 이론이 있을 때, 그 이론을 설득력 있게 검증할 방법은 무엇인가?

대중매체에서는 과학적 발견이라면서 많은 사실을 쏟아놓지만 그중 상당수가 한마디로 엉터리다. 대중매체에 상충하는 과학적 주장이 나올 때 우리는 그것을 어떻게 평가할 수 있을까? 전문가라는 사람을 언제 신뢰해야 하고, 언제 의심해야 하는가?

그리고 가장 중요한 문제가 있다. 어떤 선택에 직면했을 때, 애초의 목적에 가장 부합하면서도 나와 타인의 삶을 개선하는 선택을 하는 방법은 과연 무엇인가?

논리적 판단은 학습할 수 있는가

효과적으로 생각하는 법을 학습할 수도 있을까? 이를테면, 우즈베키스탄의 수도라든가 제곱근 구하는 법 등의 지식을 더 많이 아는 게 아니라 논리적으로 더 정확히 판단하고 사적인 문제와 업무상의 문제를 더 만족스럽게 해결하는 법도 배울 수 있는 걸까?

2600여 년 동안 많은 철학자와 교육자가 논리적 판단은 학습할 수 있다고 확신해왔다. 그러나 사실 이 질문에 대한 답은 결코 간단치 않다. 플라톤은 이렇게 말했다. "우둔한 사람도 산술 훈련을 받으면 (…) 훈련을 받지 않았을 때보다 틀림없이 더 빨라진다. (…) 우리는 국가의 주요 인물이 될 사람을 열심히 설득해, 산술을 배우게 해야 한다." 훗날 로마 철학자들은 논리적 판단을 개선하는 훈련에 문법 공부와 암기 연습을 추가했다. 중세 스콜라 철학자들은 논리 중에서도 특히 삼단논법을 강조했다(예: 모든 인간은 반드시 죽는다. 소크라테스는 인간이다. 따라서 소크라테스는 반드시 죽는다). 르네상스 시대의 인문주의자들은 라틴어와 그리스어를 추가했는데, 아마도 그런 언어를 사용하면 그 언어권 고대 문명의 번영에 기여한다고 생각했기 때문일 것이다.

수학, 논리, 언어의 규칙도 연습할 수 있다는 믿음이 워낙 강하다 보니, 19세기까지 어떤 이들은 어떤 규칙이든 복잡한 규칙으로 뇌를 훈련하기만 해도 더 똑똑해질 수 있다고 믿었다. 19세기의 어느 교육자는 이렇게 주장할 정도였다. "영국 사람이자 교사로서 라틴어를 옹호하자면, 영국 소년들을 위한 이보다 더 훌륭한 교육 도구를 고안하기란 불가능할 것이다. 교육적으로 언어 습득은 중요치 않다. 중요한 것은 언어 습득 과정이다. 교육 도구로서 라틴어의 뛰어난 장점 하나는 대단히 어렵다는 점이다."

플라톤부터 고리타분한 나이 든 라틴어 교사에 이르기까지, 그들의 이런 교육 견해를 뒷받침할 증거는 눈을 씻고 찾아봐도 없었다. 결국 20세기 초 심리학자들은 논리적 사고와 그것을 개발하는 법에 관한 과학적 증거를 찾아 나섰다.

그 결과 초기에는, 지식의 내용에 초점을 두지 않고 생각하는 법을 훈련하는 이른바 '형식 훈련'을 옹호할 만한 증거가 나오지 않았다. 20세기 초 에드워드 손다이크Edward Thorndike는 두뇌 훈련이나 사고의 추상적 규칙 훈련을 해봤자 더 똑똑해지지 않는다고 주장하면서, 교육에서 '라틴어 학습이론'은 죽었다고 선언했다. 그러면서 실험 결과, 하나의 인지 작업에서 다른 인지 작업으로 넘어가는 '훈련 전이'는 구체적인 특징이 매우 비슷한 경우에만 일어났다고 주장했다. 그러나 손다이크가 연구한 작업은 논리적 판단이 들어간 작업이라 보기 어려웠다. 예를 들어 한 문장에서 특정 글자를 지우는 연습을 해도, 연설할 때 한 단락에서 특정 부분을 빼면서 연설하는 속도가 빨라지지는 않았다. 그러나 이는 논리적 판단이 들어간 사고라고 보기 힘들다.

20세기 중반의 뛰어난 컴퓨터 과학자 허버트 사이먼Herbert Simon과 앨런 뉴웰Allen Newell도 논리적 판단의 추상적 규칙은 학습할 수 없다고 주장하면서 좀 더 그럴듯한 증거를 제시했다. 그러나 이 주장의 토대가 된 관찰은 매우 제한적이었다. 이를테면 '하노이 탑' 문제 풀이를 배워도 '선교사와 식인종' 문제를 더 빨리 풀지는 못했다('하노이 탑'은 주로 아이들이 하는 놀이로, 1번 막대에 크기가 다른 여러 개의 고리가 큰 것부터 차례로 쌓여 있고 2번, 3번 막대는 비어 있을 때, 1번 막대의 고리들을 2번 막대까지 이용해 3번 막대로 모두 옮기되, 옮기는 과정에서 작은 고리 위에 큰 고리가 올라가면 안 된다. '선교사와 식인종'은 선교사 세 명과 식인종 세 명을 배에 태워 강 건너편으로 모두 무사히 옮기는 문제인데, 배는 한 번에 최대 두 명이 탈 수 있으며 한 명이라도 타야 배가 움직인다. 그리고 강 이쪽 편이든 저쪽 편이든 식인종이 선교사보다 많으면 선교사를 잡아먹는다). 두 문제는 구조가 비슷하지만, 하나를 풀었을 때 다른 하나도 풀수 있는 훈련 전이는 일어나지 않았다. 흥미로운 결과이지만, 어떤 문제를 연습해도 비슷한 구조의 다른 문제를 쉽게 풀 수 없다는 결론을 내리기에는 충분치 않았다.

아동 학습을 연구한 스위스의 위대한 인지심리학자 장 피아제Jean Piaget는 논리적 판단의 추상적 규칙에 반대하는 20세기 중반의 전반적 분위기에서 예외적인 인물이었다. 그는 확률 등의 개념을 이해하는 '도식schema'이니, 논리 규칙이니 하는 여러 규칙은 애초에 사람들에게 내재한다고 믿었다. 하지만 그런 규칙은 학습하는 것이 아니라, 아이가 스스로 특정 규칙을 발견해 풀 수 있는 문제를 점점 많이 접하면서, 필요할 때 그런 규칙을 끌어내게 된다고 생각했다. 세상을 이해하는 추상적 규칙의 집합은 청소년기에 완성되며, 인지력이 정상인 사람들은 모두 똑같은 규칙의 집합을 갖는다는 게 그의 생각이었다.

일상에 적용할 수 있는 추상적 개념이나 규칙 체계가 존재한다는 점에서는 피아제가 옳았지만, 그 외의 것에서는 모두 틀렸다. 그런 규칙 체계는 끌어낼 수 있을 뿐 아니라 학습할 수도 있으며, 우리는 청소년기가 한참 지나서도 그런 학습을 꾸준히 하고 있다. 그리고 사람마다 논리적 판단에 사용하는 추상적 규칙의 집합은 크게 다르다.

형식 훈련 개념에 반대한 20세기 초 심리학자들은 아주 중요한 문제 하나에 관해서는 옳았는데, 똑똑해지는 것은 두뇌를 훈련하는 것과는 다른 문제라는 사실이다. 머리는 근육과 비슷한 점도 있지만 그렇지 않은 점도 많다. 무언가를 많이 들어 올리면 몸은 더 튼튼해지겠지만, 낡은 방식으로라도 무언가를 많이 생각한다고 해서 더 똑똑해진다고 보기는 어렵다. 라틴어 학습은 논리적 사고력에 별다른 도움이 되지 않는 게 분명하다. 정신의 근력을 키우는 문제라면 학습하고자 하는 개념과 규칙의 유형이 중요하다. 어떤 유형은 두뇌의 근력 발달에 무익하고 어떤 유형은 더없이 큰 도움이 되기도 한다.

경계를 넘나드는 생각들

이 책을 쓰게 된 것은 어느 한 분야의 과학자가 내놓은 생각이 다른 분야에 말할 수 없이 소중한 아이디어가 될 수도 있다는 사실에 매료되면서부터다. 학계에서 흔히 쓰는 '학제간 연구(여러 분야가 함께 참여해 통합적으로 진행하는 연구 — 옮긴이)'라는 말이 있다. 단언컨대, 이 말을 쓰는 사람 중에도 학제간 연구가 왜 좋은지 말하지 못하는 사람도 있을 것이다. 학제간 연구는 훌륭한 연구 방식이다. 왜 그런지 살펴보자.

과학은 종종 '촘촘한 그물망'이라고 묘사된다. 한 분야에서 발견한 사실, 방법, 이론, 추론 규칙이 다른 분야에 도움이 될 수 있다는 뜻이다. 그리고 철학과 논리는 과학의 사실상 모든 분야에서 논리적 판단에 영향을 미친다.

물리에서 '장이론field theory'은 심리학에서의 장이론을 촉발했다. 입자물리학자들은 심리학자들을 위해 개발된 통계를 사용한다. 농법을 연구하는 과학자가 개발한 통계 도구는 행동과학자들에게도 유용하다. 쥐가 미로를 찾아가는 법을 설명하려고 심리학자들이 개발한 이론은 컴퓨터 과학자들이 기계에 학습법을 주입할 때 도움이 되었다.

다윈의 자연선택설은 18세기 스코틀랜드 철학들의 사회 체계 이론에 힘입은 바가 큰데, 특히 이기적으로 자기만의 이익을 추구하는 합리적 행위자가 사회의 부를 창출한다는 애덤 스미스의 이론에 큰

영향을 받았다.[1]

요즘은 경제학자들이 인간의 지능과 자기조절 이해에 크게 기여하고 있다. 사람들의 선택 방식을 바라보는 경제학자들의 관점이 과거에는 인지심리학자들에 의해 크게 바뀌었고, 경제학자들의 과학 도구는 사회심리학자들의 실험 기술을 받아들여 크게 확장된 바 있다.

현대 사회학자들은 사회의 본질을 이론화한 18, 19세기 철학자들에게 큰 빚을 지고 있다. 인지심리학자와 사회심리학자들은 철학자들이 제기한 질문의 영역을 넓히고 있고, 오래된 철학적 난제에도 답을 내놓기 시작했다. 윤리와 인식론에 관한 철학적 질문은 심리학자와 경제학자의 연구에 길잡이가 된다. 신경과학 연구와 거기서 나온 개념들은 심리학과 경제학, 나아가 철학까지도 탈바꿈시키고 있다.

내 연구의 몇 가지 사례만 봐도, 과학의 한 분야에서 다른 분야로 아이디어가 얼마나 자유자재로 옮겨 다니는지 알 수 있다.

나는 사회심리학을 공부했지만, 내 초기 연구는 주로 섭식행동과 비만에 집중되었다. 내가 처음 연구를 시작했을 때는 과학적·의학적 관점으로나 비전문가들의 생각으로나 과체중의 원인은 과식이었다. 그런데 과체중인 사람 대부분은 실제로 허기를 느낀다는 게 분명해졌다. 비만을 연구하는 심리학자들은 생물학에서 '설정값'이라는 항상성 개념을 빌려왔다. 예를 들면, 우리 몸은 일정한 체온을 설정해 그것을 유지하려 한다. 비만인 사람은 조직에서 차지하는 지방 비율의 설정값이 정상 체중인 사람과 다르다. 그런데 사회규범이 이들에게 마른 체형을 강요했고, 그 결과 이들은 만성적으로 허기를

느낀다.[2]

　내가 연구한 다음 주제는 사람들은 타인의 행동 원인과 자신의 행동 원인을 무엇으로 보느냐는 것이었다. 이때 물리학의 장이론의 도움을 받아 성격, 능력, 선호도 같은 개인의 기질보다 상황과 맥락이 행동 유발에 더 중요한 때가 많다는 결과를 내놓았다. 이 개념화 덕에 사람들은 자신과 타인의 행동에서, 심지어 사물의 움직임에서도 그 원인을 설명할 때 기질을 지나치게 강조하는 반면에 상황은 무시하는 경향이 있다는 사실을 쉽게 확인할 수 있었다.

　인과관계 연구에서 사람들은 매우 제한된 통찰력으로 자신의 행동 원인을 찾는 때가 많다는 사실이 분명해졌다. 자기 인식에 관한 이 연구는 화학자에서 과학철학자로 변신한 마이클 폴라니Michael Polanyi에게 큰 영향을 받았다.[3] 그는 우리 지식의 상당 부분이, 심지어 자기 전문 분야 지식까지도(어쩌면 특히 그런 지식이) '암묵적'이며 명확히 말하기가 어렵거나 불가능하다고 주장했다. 자기성찰의 기이한 변덕에 관해 나를 포함해 여러 사람이 연구한 결과, 자신의 정신 과정과 행동 원인을 본인이 직접 설명하는 '자기보고'에 기초한 모든 연구에 의문을 제기하게 되었다. 그 결과, 심리학에서 그리고 행동과학과 사회과학 전반에서 조사 방법이 바뀌었다. 이 연구는 일부 법학도에게, 동기와 목표에 관한 자기보고는 신뢰성이 무척 낮을 수 있다는 확신을 주기도 했는데, 그 이유는 자기 보호 또는 자신을 높이 평가하는 자기 고양 때문이 아니라 정신적 삶의 상당 부분이 접근 불가능하기 때문이다.

나는 자기보고에 나타난 오류를 보며 일상생활 전반에서 추론의 정확성에 의문을 품게 되었다. 나는 인지심리학자인 아모스 트버스키Amos Tversky와 대니얼 카너먼Daniel Kahneman을 따라 사람들의 추론을 과학적·통계적·논리적 기준과 비교했고, 그들의 판단 중 상당 부분에서 조직적 오류를 발견했다. 사람들의 추론은 통계학, 경제학, 논리학 그리고 기초적인 과학적 방법론의 원칙을 거스르는 때가 많았다. 심리학자들의 이런 연구는 철학자, 경제학자, 정책 입안자에게 영향을 주었다.

마지막으로, 나는 또 다른 연구에서 세상을 추론하는 방법이 동아시아인과 서양인이 근본적으로 다르다는 사실을 알아냈다. 철학자, 역사학자, 인류학자들의 생각에 도움을 받은 연구였다. 나는 이 연구에서 변증법적 사고라고 불리는 동양인의 사고 습관이 서양인에게 유익하고 막강한 사고 도구가 될 수 있다고 확신하게 되었는데, 마치 수천 년 전에 서양인이 동양인의 사고방식에 영향을 미친 것과 비슷했다.[4]

과학적·철학적 사고도 학습할 수 있다

논리적 추론을 연구하다 보니 일상생활에서 내 논리적 추론도 큰 영향을 받았다. 과학의 여러 분야를 넘나드는 많은 개념이 내 연구와 일상의 문제를 이해하는 방식에도 영향을 미친다는 것을 나는 수시로 깨닫는다. 그와 동시에, 내가 연구하고 가르치는 추론 도구를 정작 나는 사용하지 않을 때가 많다는 사실 또한 곧잘 깨닫곤 한다.

그러다 보니 자연스럽게, 사람들이 일상에서 일어나는 일들을 생각할 때 학교에서 배운 개념 훈련에 영향을 받는지 궁금해지기 시작했다. 처음에는 한두 가지 논리적 추론법을 다룬 한두 개 정도의 강의를 들은 사람이라면 거기서 나오는 여러 개념을 오랫동안 접한 나만큼 그것에 영향을 받지는 못할 것이라고 생각했다. 논리적 추론의 학습 가능성을 부정적으로 바라본 20세기 회의주의에 영향을 받은 생각이었다.

하지만 그것은 큰 오산이었다. 대학의 관련 수업은 세상에 관한 여러 추론에 때로는 놀라울 정도로 큰 영향을 미친다. 논리 규칙, 그리고 대수법칙이니 평균으로의 회귀니 하는 통계 원리, 원인과 결과에 관한 주장을 펼칠 때 통제 집단을 어떻게 구성하는가와 같은 과학적 방법론의 원칙, 여기에 고전경제학의 원칙, 결정이론 개념 등은 모두 일상생활의 문제들을 생각하는 방식에 영향을 미친다.[5] 체육대회를 어떻게 생각해야 할지, 가장 좋은 직원 채용 방법은 무엇일지, 나아가 사소한 고민이지만 맛이 그저 그런 이 음식을 그만 먹어야 하는지 등등.

대학 수업 중에는 일상에서 일어나는 일들을 논리적으로 판단하는 능력에 큰 영향을 미치는 것도 있어서 나는 그런 수업에서 나오는 개념들을 내가 실험실에서 가르칠 수 있는지 알아보기로 했다.[6] 실험을 위해 동료들과 추론 규칙을 가르치는 기술을 개발했는데, 사적으로 또는 업무적으로 흔히 마주하는 문제를 논리적으로 판단할 때 도움이 되는 기술이었다. 실험 결과, 사람들은 짧은 기간에도 얼마든지 그런 기술을 배울 수 있었다. 대수법칙이라는 통계 개념을 가르치면 어떤 사물이나 사람을 정확히 파악하기 위해 얼마나 많은 증거가 필요한지 논리적으로 판단하는 데 도움이 되었다. 기회비용을 피하는 경제 원칙을 가르치면 시간 사용법을 논리적으로 판단하는 데 영향을 미쳤다. 가장 인상적인 점은, 몇 주가 지나 이들에게 설문조사 등을 가장해 전화로 몇 가지 질문을 던졌을 때 나타났다. 이들은 설문조사도 실험이라는 것을 눈치채지 못했다. 그 결과 이들은 실험에서 배운 개념을 일상의 문제에 적용하는 능력을 보여줘 우리를 기쁘게 했다.

이 실험에서 가장 중요한 점은 추론 규칙을 일상의 문제에 대단히 폭넓게 적용하는 법을 발견한 것이다. 특정 분야에서 논리적 판단을 위해 바람직한 원칙을 완벽하게 적용한다 해도, 일상에서 마주치는 각양각색의 문제에 그 원칙을 적용하기는 힘들다. 하지만 이 추론 원칙을 좀 더 이해하기 쉽고 사용하기 쉽게 만들 방법이 있다. 그 핵심은 이 원칙과 특정 문제의 해법과의 연관성이 분명해지도록 사건을 재구성하는 '틀짜기framing' 방법을 배우고, 이 원칙이 적용되도록 사건을 수치, 기호 등으로 전환하는 '코딩coding' 방법을 익히는 것이다. 우리가 보통 누군가의 성격을 보며 그 사람에 대한 인상을 형성할 때, 그것을 사건 모집단을 파악하기 위한 표본추출로 이루어진 통계적 과정이라고 생각하지 않지만, 사실은 엄연한 통계적 과정이다. 그 사람에게 받은 인상을 적절히 틀짜기한다면, 특정 성격에서 비롯한 행동에 더욱 주의하고, 그가 앞으로 어떤 행동을 할지 더 잘 예측할 수 있다.

다음은 이 책에서 다룰 개념을 고를 때 염두에 두었던 몇 가지 기준이다.

1. 중요한 개념이어야 한다. 과학적으로나 삶에서나. 중세 이후로 삼단논법이 수없이 우리 주변에 떠돌았지만, 일상생활과 아주 미약하게나마 관련이 있는 것은 극히 드문데, 그것들을 이 책에 실었다. 이제까지 드러난 엉터리 논리적 사고는 수백 가지 유형이 있지만, 영리한 사람이 어쩌다 혹은 자주 저지르는 실수는 소수에 불과하다. 여기서 그것들을 다룬다.

2. 가르칠 수 있는 개념이어야 한다. 적어도 내 기준으로는 그렇다. 많은 개념이 과학이나 전문적 업무에서 그리고 일상에서 사용될 수 있게 가르칠 수 있다고 나는 확신한다. 대학에서 가르치는 개념도 마찬가지여서, 나는 그중 많은 수를 짧은 실험 기간에 성공적으로 가르쳤다. 그 나머지도 역시 가르칠 수 있다고 확신해 이 책에 포함시켰다.

3. 대부분은 사고 체계의 핵심을 이루는 개념이다. 예를 들어 중요한 첫 학기 통계 수업에서 가르치는 개념은 모조리 이 책에 실었다. 어떤 퇴직 설계 프로그램을 택할지부터 현재의 입사 지원자를 좋은 직원이라고 판단할 충분한 증거가 있는지에 이르기까지, 대단히 다양한 문제를 논리적으로 판단하는 데 핵심이 되는 개념들이다. 그러나 통계 수업을

듣는다고 해서 그런 문제를 해결하는 데 큰 도움이 되지는 않는다. 보통의 통계 수업 방식으로는 통계가 다소 제한적인 특정 유형에만 적용되는 것처럼 보일 수 있다. 이때 필요한 것을 이 책에 실었다. 사건과 사물을 간단한 통계 원리가 적용될 수 있도록 코딩하는 능력이다. 이밖에 이 책에서 소개하는 개념은 미시경제학과 결정이론의 가장 중요한 개념, 일상의 문제 해결에 적용되는 과학적 방법의 기본 원칙, 형식 논리의 기본 개념, 다소 낯선 변증법적 사고의 원칙, 그리고 평범한 사람들뿐 아니라 과학자들이 어떤 식으로 생각하는지(또는 생각해야 하는지)를 철학자들이 연구하면서 개발한 가장 중요한 개념 등이다.

4. 이 책에 나온 여러 개념을 서로 대조하고 보완하면 주어진 문제를 여러 관점에서 이해할 수 있다. 예를 들어 일상에서 일어나는 특히 심각한 오류는 사람이나 사물 또는 사건을 고작 몇 차례 관찰하고는 그것을 지나치게 확대해 일반화하는 것이다. 여기에는 적어도 심리, 통계, (지식 이론을 다루는) 인식론, (세상의 본질에 관한 믿음을 다루는) 형이상학에서 나온 네 종류의 실수가 뒤섞여 있다. 이런 종류의 개념들을 하나하나 제대로 이해한다면 서로 보완해가며 주어진 문제를 해결할 수 있다.

이 책에 실린 개념들은 모두 우리가 삶을 살고 일을 해나가는 방식과 관련이 있다. 우리는 불충분한 증거만으로 성급히 판단한 탓에 친구를 만들지 못하기도 한다. 직접 얻은 정보에 지나치게 의존하고 다른 경로로 얻은 좋은 정보는 간과한 탓에 적임자가 아닌 사람을 직원으로 채용할 때도 있다. 표준편차와 회귀 같은 통계 개념을 적용할 줄 몰라서, 그리고 내 것이라는 이유만으로 그것을 계속 소유하려 드는 소유효과 같은 심리학 개념을 몰라서 돈을 잃고, 매몰비용 같은 경제 개념을 몰라 가뜩이나 낭비한 곳에 돈을 더 쏟아붓는다. 우리는 건강에 관한 소위 과학적 지식을 평가하는 기술이 부족해 몸에 좋지도 않은 음식이나 약, 비타민 보조식품을 섭취한다. 정부에서 주도하는 사업이나 관행은 후속 절차로서 그것을 평가해야 함에도 그렇지 않고 계속 진행되기도 한다. 그 뒤로도 오랫동안 효과가 검증되지 않은 탓에 우리 삶을 되레 악화시켜도 사회는 때로 수십 년 동안, 때로 수십억 달러를 낭비하며 그것들을 그냥 묵인한다.

책 내용 간단히 살펴보기

1부는 세상과 자신에 대한 생각을 다룬다. 우리는 그런 생각을 어떻게 하고, 어떻게 망치고, 어떻게 고치고, 또 어떻게 하면 마음의 암흑 물질인 무의식을 더 잘 이용할 수 있을지 이야기한다.

2부는 선택에 관한 이야기다. 고전경제학자들은 선택이 이루어지는 과정을 어떻게 생각하고, 어떤 식으로 선택해야 한다고 생각하며, 왜 현대 행동경제학들이 묘사하는 사람들의 실제 선택과 그들이 처방하는 더 나은 선택이 어느 면에서는 고전경제학자들의 묘사와 처방보다 더 훌륭하고 유용할까? 여기서는 광범위한 선택의 함정을 피하려면 우리 삶을 어떻게 구성해야 하는지 그 방법을 제안한다.

3부는 세계를 좀 더 정확히 분류하는 법, 사건 사이의 관계를 파악하는 법, 그리고 역시 중요한 문제로 존재하지 않는 관계를 있다고 착각하지 않는 법을 이야기한다. 그런 뒤에 대중매체나 직장, 두서없는 토론에서 마주하는 추론의 오류를 찾아내는 법을 살펴볼 것이다.

4부에서는 인과관계를 다룬다. 한 가지 사건이 다른 사건을 유발하는 경우와 같은 시간 또는 같은 공간에서 거의 동시에 발생하지만 서로 인과관계는 없는 사건을 구별하는 법, 어떤 사건이 서로 인과관계가 있다는 사실을 오직 실험으로 분명히 밝힐 수 있는 상황을 알아내는 법, 그리고 자신을 대상으로 실험을 실시해 더 행복해지고 더 효과적으로 행동하는 방법을 알아내는 법 등을 이야기한다.

5부에서는 논리적 판단의 매우 다른 두 가지 유형을 소개한다. 하나는 추상적이고 형식적이며 항상 서양 사고의 중심이 된 논리다. 그리고 다른 하나는 세계에 관한 명제의 진위 여부와 실용성을 결정하는 원칙들로 구성된 변증법적 사고다. 언제나 동양 사고의 중심이 된 사고 유형이다. 이것에서 약간 변형된 여러 형태가 소크라테스 이후 서양 사고에도 나타났다. 그러나 사상가들이 변증법적 사고를 체계적으로 설명하거나 그것을 형식논리의 전통과 연결하려 한 것은 최근의 일이다.

6부는 세상을 바라보는 좋은 이론의 구성 요소를 다룬다. 우리가 믿는 것이 정말로 옳은지 어떻게 확신할 수 있을까? 간단한 설명이 복잡한 설명보다 대개 더 유용한 이유가 무엇일까? 엉성하고 지나치게 단순한 이론은 어떻게 피할 수 있을까? 이론은 어떻게 증명하고, 적어도 원칙적으로 반박이 불가능한 주장은 왜 모조리 의심해야 하는가?

1부에서 6부까지는 모두 상호 보완적이다. 우리의 정신적 삶에서 관찰할 수 있는 것과 없는 것을 이해한다면, 언제 직관에 의지해 문제를 해결하고, 언제 명백한 규칙에 의지해 분류나 선택을 하고 인과관계 설명을 평가해야 하는지 알 수 있다. 선택 결과를 극대화할 가능성은 무의식을 얼마나 이해하느냐에 달렸고, 선택을 할 때 또는 무엇이 우리를 행복하게 할지 예상할 때 무의식과 의식을 동등하게 사용할 줄 아느냐에 달렸다. 통계 원리를 배우면 언제 인과관계 규칙을 사용해야 하는지 힌트를 얻을 수 있다. 인과관계를 따질 줄 알면 사건을 단순히 관찰하는 데 그치지 않고 실험을 신뢰하게 되고, 우리에게 가장 이로운 행동을 알아낼 때 실험의 중요성을 (그리고 그 실험이 얼마나 쉬운지를) 알 수 있다. 논리적 추론과 변증법 추론을 알면, 세계를 이해하는 데 필요한 이론을 여러 방법으로 떠올릴 수 있고, 그 이론을 시험하려면 어떤 방법을 써야 하는지도 알 수 있다.

이 책을 다 읽는다고 해서 IQ가 높아지지는 않겠지만, 다 읽고 나면 좀 더 똑똑한 독자가 될 게 분명하다.

C O N T E N T S

1부

생각에 대해
생각하기

MINDWARE:
Tools for Smart Thinking

이제까지 심리학 연구는 정신의 작동 방식을 이해하게 하는 통찰력을 주는 세 가지 주요 결과를 내놓았다. 이로써 우리는 자신이 어떻게 생각하는가를 새롭게 이해하게 되었다.

첫 번째 결과는 세상을 이해하는 것은 언제나 추론과 해석의 문제라는 것이다. 우리는 사람과 상황을 판단할 때, 심지어 물질계를 지각할 때도 축적된 지식과 보이지 않는 정신 과정에 의존하면서 절대로 현실을 있는 그대로 읽지 않는다. 우리가 세계를 이해할 때 어느 정도나 추론에 의지하는지 정확히 안다면 추론 도구를 개선하는 게 얼마나 중요한지 분명해진다.

둘째, 우리가 놓인 상황은 우리 생각과 행동에 예상 외로 큰 영향을 미친다. 반면에 사람들의 두드러진 특성, 견해, 능력, 취향 같은 '기질'은 우리 예상보다 훨씬 영향력이 적다. 그러다 보니 우리는 자신을 포함해 사람들은 왜 특정한 믿음을 갖고 특정한 방식으로 행동하는지를 판단할 때 오해를 하게 된다. 하지만 이런 '근본적 귀인歸因 오류fundamental attribution error(행동 원인을 파악할 때 외적 상황을 과소평가하고 내적 기질을 과대평가하는 성향 — 옮긴이)'를 어느 정도는 피할 방법이 있다.

마지막으로 심리학자들은 '무의식'을 점점 더 중요하게 여기는 추세인데, 무의식이 환경 정보를 접수하는 수준은 의식이 그런 정보를 파악하는 수준보다 훨씬 더 광범위하다. 우리 지각과 행동에 막대한 영향을 미치는 것 중에 상당수는 눈에 띄지 않는다. 그리고 지각, 믿음, 행동을 이끄는 정신 과정은 '절대' 직접적으로 파악할 수 없다. 다행히도, 그리고 어쩌면 놀랍게도, 무의식은 의식만큼이나 철저히 합리적이다. 무의식은 의식이 효과적으로 대처하지 못하는 많은 문제를 해결한다. 몇 가지 간단한 전략만 있으면 무의식의 이런 문제 해결 능력을 이용할 수 있다.

1장

모든 것은 추론이다

극도의 단순화가 없다면 우리를 둘러싼 세계는 무한하고 막연한 마구 뒤엉킨 타래가 되어, 방향을 잡고 행동을 결정하는 우리 능력을 무력화할 것이다. (…) 우리는 인식 가능한 것들을 도식으로 단순화할 수밖에 없다. _프리모 레비Primo Levi, 《가라앉은 자와 구조된 자The Drowned and the Saved》.

야구 제1심판: "나는 보이는 대로 볼, 스트라이크를 외치지."
야구 제2심판: "나는 사실대로 볼, 스트라이크를 외치지."
야구 제3심판: "내가 볼, 스트라이크를 외치기 전에는 아무것도 아니지."

우리는 새, 의자, 일몰을 볼 때 세상에 있는 것을 그대로 받아들인다고 느낀다. 하지만 사실은 물리계를 지각할 때 암묵적 지식과 우리도 모르는 정신 과정에 크게 의존해 대상을 인지하고 정확히 분류

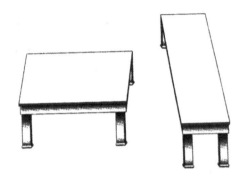

<그림 1> 심리학자 로저 셰퍼드Roger Shepard가 만든 착시 현상[1]

한다. 우리는 명백한 사실을 조작하는 정신작용에 의지해 대상을 지각한다는 사실을 알고 있다. 조작을 하게 되는 이유는 무언가를 무의식적으로 추론하다 보면 엉뚱한 길로 빠질 수 있어서 그것을 보완하기 위해서다.

<그림 1>에 등장하는 두 개의 식탁을 보라. 분명 둘 중 하나가 다른 하나보다 더 길어 보인다.

당연하다 싶겠지만 그렇지 않다. 둘은 길이와 폭이 똑같다.

우리 지각 체계에서 오른쪽 탁자에서는 탁자 끝을, 왼쪽 탁자에서는 탁자 옆을 본다고 판단하기 때문에 일어나는 착시다. 뇌는 멀어져가는 선을 '연장'한다. 이는 좋은 현상이다. 우리는 3차원 세계에서 진화했고, 망막에 비친 감각 인상을 조작하지 않는다면 멀리 떨어진 사물을 실제보다 훨씬 작게 인식할 것이다. 하지만 지각을 조종하는 이런 무의식이 2차원 세계인 그림에 작용하면 당혹스럽다.

뇌가 멀어지는 것을 확대하다 보니, 오른쪽 탁자에서 옆선을 연장해 탁자가 실제보다 길어 보이고, 왼쪽 탁자에서도 옆선을 연장해 탁자가 실제보다 넓어 보인다. 실제로는 멀리 떨어져 있지 않은 사물에 뇌가 이런 수정 작업을 하면서 사물을 왜곡해 지각하게 된다.

도식 schema

우리가 수많은 무의식적 과정으로 물리계를 정확히 해석한다고 해서 크게 실망스러울 건 없다. 우리는 3차원 세계에 살고 있으니, 부자연스러운 2차원 세계를 다룰 때 머리가 실수 좀 한다고 해서 걱정할 필요도 없다. 정작 당혹스러운 경우는 이를테면 타인의 특성을 판단할 때처럼 비물질계를 이해할 때도 축적된 지식과 눈에 보이지 않는 추론에 전적으로 의존한다는 점이다.

'도널드'를 보자. 도널드는 여러 연구에서 실험 진행자가 참가자에게 소개한 가상 인물이다.

도널드는 자칭 짜릿함을 추구하느라 많은 시간을 소비했다. 매킨리산에도 올랐고, 카약을 타고 콜로라도 급류도 탔으며, 자동차를 타고 서로 들이받는 경기에도 참가했고, 보트를 잘 알지도 못하면서 제트 보트를 조종한 적도 있다. 그는 수없이 다치고, 죽을 고비도 여러 번 넘겼다. 지금은 새로운 짜릿함을 찾고 있다. 스카이다이빙을 할까, 돛단배를 타고 대

서양을 횡단할까 고민 중이다. 사람들은 그의 행동을 보고, 그는 다양한 것들을 두루 잘하는 자신의 능력을 잘 알고 있으리라 생각하기 쉽다. 도널드는 사업과 관련한 경우가 아니면 사람들도 잘 만나지 않는다. 그는 다른 사람에게 의지할 필요를 못 느낀다. 무엇을 하겠다고 마음먹으면, 아무리 오래 걸려도, 아무리 힘들어도 그 일은 다 된 거나 마찬가지다. 그는 한번 마음을 먹으면, 마음을 바꾸는 편이 나을 때조차 좀처럼 바꾸는 법이 없다.[2]

실험 참가자들은 위의 글을 읽기 전에 우선 '지각 실험'이라는 가짜 실험에 참가해, 사람의 특성을 나타내는 여러 단어를 보았다. 이때 참가자 절반은 '자신만만한', '독립적인', '모험심 강한', '끈질긴' 등의 단어 10개를 보았고, 다른 절반은 '무모한', '자만하는', '냉담한', '완고한' 등의 단어 10개를 보았다. 그 뒤 모두 '다음 연구'로 넘어가 도널드의 이야기를 읽고 그의 특성을 여러 가지로 평가했다. 도널드의 이야기에는 도널드가 모험심이 강한 매력적인 사람인지, 아니면 매력 없는 무모한 사람인지, 일부러 애매하게 표현해놓았다. 이 지각 실험에서 참가자들은 망설임 없이 도널드를 분명하게 판단했다. '자신만만한', '끈질긴' 등의 단어를 본 참가자는 전반적으로 도널드를 좋게 평가했다. 앞서 본 단어들이 적극적이고, 활기차고, 흥미로운 사람이라는 '도식'을 상기시킨 것이다. 반면에 '무모한', '완고한' 같은 단어는 자신의 쾌락과 자극에만 관심이 있는 불쾌한 사람이라는 도식을 유발했다.

1920년대 이후 심리학자들은 도식이라는 개념을 많이 사용했다. 도식은 세계를 이해하는 인식의 틀, 기본 형태, 규칙 체계를 뜻한다. 현대적 개념의 도식을 처음 만든 사람은 스위스의 발달심리학자 장 피아제다. 예를 들어 피아제는 어느 물질을 어떤 크기, 어떤 형태의 그릇에 담아도 그 물질의 양은 변하지 않는다는 '질량 보존'을 아이들이 어떻게 이해하는지, 그 도식을 설명했다. 길고 좁은 통에 있는 물을 짧고 넓은 통에 옮겨 담은 뒤에 어린아이에게 물이 더 많아졌는지, 더 적어졌는지, 그대로인지 묻는다면, 아이는 "더 많아졌다" 또는 "더 적어졌다"고 대답하기 쉽다. 좀 더 큰 아이라면 물의 양은 똑같다고 인식할 것이다. 피아제는 아이들이 확률을 이해할 때 사용하는 도식처럼 좀 더 추상적인 규칙 체계도 찾아냈다.

우리는 살면서 마주치는 거의 모든 것을 도식화한다. '집', '가족', '내전', '곤충', '패스트푸드 식당(수많은 플라스틱, 밝은 원색, 많은 아이들, 그저 그런 음식)', '고급 식당(조용하다, 우아한 장식, 비싸다, 음식이 꽤 맛있을 확률이 높다)' 등. 우리는 우연히 마주친 사물을 해석할 때, 우리가 놓인 상황의 성질을 파악할 때, 도식에 의존한다.

도식은 우리의 판단뿐 아니라 행동에도 영향을 미친다. 사회심리학자 존 바그John Bargh는 동료들과 함께 실험을 진행하면서, 대학생에게 여러 단어가 뒤섞인 문장을 주고, 그러니까 예를 들면 "빨간 프레드 가벼운 달리다Red Fred light a ran"를 주고, 문법에 맞게 문장을 완성하라고 했다.[3] 그런데 이때 어떤 참가자에게는 '플로리다', '오래된', '회색', '현명한'처럼 전형적인 노인의 이미지를 연상케 하는 단어들을 주고, 또 어떤 참가자에게는 노인의 이미지와 관련 없는 단어를 주면서 문장을 만들게 했다. 실험 진행자는 참가자에게 문장을 다 만들었으면 가도 좋다고 했다. 그리고 참가자들이 얼마나 빨리 실험실을 나가는지 측정했다. 노인을 연상케 하는 단어를 받은 참가자들은 다른 참가자보다 늦게 나갔다.

노인(문장 만들기 작업이 연상시킨 도식)과 소통하려면 뛰어다니거나 지나치게 활달하게 행동하지 않는 게 최선이다(노인을 공경하는 마음이 있다면 그렇다는 얘기다. 그렇지 않은 학생은 공경할 준비가 된 학생보다 실제로 '더 빨리' 걷는다).[4]

도식이 없는 삶은 윌리엄 제임스William James의 유명한 말처럼 "정신없이 윙윙거리는 혼란"일 것이다. 결혼식이나 장례식 또는 의사를 만날 때 도식이 없다면, 그러니까 그런 상황에서 어떻게 행동해야 하는가에 대한 암묵적 규칙이 없다면, 우리는 모든 것을 끊임없이 엉망으로 만들 것이다.

이런 일반화는 '고정관념', 즉 특정한 유형의 사람들에 대한 도식에도 적용된다. '내성적인 사람', '파티광', '경찰관', '아이비리그 대학 졸업생', '내과 의사', '카우보이', '성직자'라고 할 때도 정형화된 이미지가 있다. 이런 고정관념에는 그 고정관념으로 특징지어진 사람들에게 우리가 특정한 방식으로 행동하거나 행동해야 한다는 관례적 규칙이 따른다.

고정관념이란 말은 흔히 비판적 의미로 쓰이지만, 내과 의사를 경찰관과 똑같이 대하거나 내성적인 사람을 마냥 즐거운 낙천주의자와 똑같이 대한다면 곤란해질 것이다. 그런데 고정관념에는 두 가지 문제가 있다. 일부 또는 모든 면에서 틀릴 수 있다는 점, 그리고 사람을 판단할 때 지나치게 영향을 미친다는 점이다.

프린스턴대학 심리학자들은 학생들에게 '한나'라는 4학년 아이가 나오는 비디오테이프를 보여주었다.[5] 비디오테이프에는 한나의 부모가 전문직 종사자로 나오는 게 있고, 노동자로 나오는 게 있다. 부모가 전문직으로 나오는 비디오에서는 한나가 상류층으로 보이는 환경에서 놀고 있고, 부모가 노동자로 나오는 비디오에서는 열악한 환경에서 놀고 있다.

그다음에는 한나가 수학, 과학, 독서에서 학업 성취도를 알아보는 25개 질문에 대답하는 장면이 나온다. 한나의 실력은 모호했다. 어려운 질문에 대답을 잘할 때도 있고 헤맬 때도 있었으며 더러는 쉬운 질문에도 제대로 대답하지 못했다. 연구원은 학생들에게 한나가 동급생과 비교해 실력이 어느 정도인 것 같으냐고 물었다. 상류층 한나를 본 학생들은 한나의 실력이 평균보다 높을 거라고 대답했고, 노동자 계층의 한나를 본 학생들은 평균보다 낮을 거라고 대답했다.

안타까운 일이지만 한나가 사회에서 어떤 계층에 속하는지 알면 한나를 더 정확히 예측할 확률이 높다. 일반적으로 상류층 아이들은 노동자 계층 아이들보다 학업 성적이 좋다. 사람이나 사물에 대한 직접적 증거가 모호할 때면 도식이나 고정관념 같은 배경 지식이 정확한 판단에 도움이 되는데, 현실성이 높을수록 판단은 더 정확해진다.

더욱 안타까운 사실은 노동자 계층의 한나는 두 가지 불리함을 안고 삶을 시작한다는 점이다. 사람들은 한나에게 기대도 적고 요구도 적을 것이라는 점, 그리고 한나가 상류층이었을 경우보다 한나의 성과를 더 낮게 인정하리라는 점이다.

도식과 고정관념에 기댈 때의 심각한 문제는 무관한 사건이나 오해할 만한 우연한 사건에 영향을 받을 수 있다는 것이다. 우리가 어떤 자극을 받으면 머릿속에서 관련 개념이 떠오르는 '활성화 확산'이 일어날 것이다. 맨 처음 활성화한 개념에서 나온 자극이 다시 그것과 연관된 개념을 촉발하는 과정이다. 이를테면 '개'라는 말을 들었을 때 '물다', '콜리' 품종, 이웃집 개 '렉스' 등이 동시에 활성화되는 경우다.

우리가 활성화 확산 효과를 알게 된 것은 인지심리학자들이 사람들은 어떤 단어나 개념이 주어지면 그와 연관된 단어나 개념을 빠르게 떠올린다는 사실을 발견하면서부터다. 예를 들어 사람들에게 '간호사'라는 말을 들려주고 1분 정도 지난 뒤에 "병원은 아픈 사람이 가는 곳이다"라는 말이 '참'인지 '거짓'인지 판단하라고 하면, 사람들은 앞에서 '간호사'라는 말을 듣지 않았을 때보다 더 빠르게 '참'이라고 대답할 것이다.[6] 앞으로도 보겠지만, 우연한 자극은 어떤 주장의 진위를 판별하는 속도뿐 아니라 실제 믿음과 행동에도 영향을 미친다.

여기서 잠깐, 1장 시작 부분에 나온 심판 이야기로 돌아가 보자. 우리는 대개 제2심판과 비슷해서, 세계를 있는 그대로 보고 "사실대로" 말한다고 생각한다. 철학자와 사회심리학자들이 '소박한 실재론자'라 부르는 사람이다.[7] 이들은 세계를 중간 매개 없이 감각으로 직접 이해할 수 있다고 믿는다. 그러나 우리는 사건의 본질과 의미를 해석할 때 그 사건이 촉발하고 안내하는 추론 과정과 축적된 도식에 크게 의존한다.

우리는 일상에서 이 사실을 부분적으로 인식하면서, 제1심판처럼 단지 "보이는 대로" 말할 뿐이라는 사실을 깨닫는다. 아니면 적어도 나는 사실대로 말하는데 다른 사람들은 보이는 대로 말한다고 생각한다. 우리는 흔히 '나는 세계를 사실대로 보는데, 네가 나와 의견이 다른 이유는 네가 시력이 나쁘거나 생각이 뒤죽박죽이거나 이기적인 동기를 가졌기 때문이야!'라고 생각한다.

제3심판은 '내가 볼, 스트라이크를 외치기 전에는 아무것도 아니지'라고 생각한다. 모든 '현실'은 단지 세계를 임의로 해석한 것이라는 생각이다. 이런 관점은 역사가 길다. 요즘 이런 견해를 옹호하는 사람들은 자신을 '포스트모더니스트' 또는 '해체주의자'라 부른다. 이 명칭에 부합하는 많은 사람들이 세계는 하나의 '텍스트'이며, 그 텍스트에 대한 누구의 해석은 옳고 누구의 해석은 틀렸다고 단정할 수 없다고 주장한다. 이 관점은 16장에서 다룰 예정이다.

심사관의 심장에 도달하려면 위▮를 지나야 한다

활성화 확산은 우리 판단과 행동에 원치 않는 영향을 미치는 모든 것을 쉽게 받아들이게 한다. 인지의 강으로 떠내려오는 우연한 자극도, 그것이 당장의 인지적 작업과 아예 무관하다 해도, 우리 생각과 행동에 영향을 미칠 수 있다. 단어, 어떤 장면, 소리, 기분, 심지어 냄새까지도 사물을 이해하는 데 영향을 미쳐 우리 행동을 그쪽으로 유도한다. 상황에 따라 좋은 일일 수도, 나쁜 일일 수도 있다.

허리케인 이름에 '헤이즐Hazel'과 '호러스Horace'가 있다고 하자. 어떤 허리케인이 더 많은 희생자를 내겠는가? 사실 이름은 아무 관련이 없어 보인다. 컴퓨터를 이용해 무작위로 선택한 이름이 무슨 힘이 있겠는가? 그런데도 헤이즐에 희생자가 더 많이 생길 확률이 높다.[8] 여성 이름을 붙인 허리케인은 남성 이름을 붙인 허리케인보다 덜 위험해 보여 사람들이 예방에 소홀한 탓이다.

직원을 좀 더 창조적으로 만들고 싶다면? 애플 로고를 보여줄 것.[9] 그리고 IBM 로고는 피할 것.

직원의 주변을 녹색이나 파란색으로 꾸며도 창조성에 도움이 된다(빨간색은 무슨 일이 있어도 피할 것).[10] 연애 사이트에서 조회 수를 올리고 싶다면? 프로필에 빨간 셔츠를 입은 사진을 올리거나 적어도 사진 주위에 빨간 테두리라도 둘러라.[11] 교육 채권 발행에 납세자들의 지지를 얻고 싶다면? 학교를 투표소로 지정하도록 로비를 벌여라.[12] 임신 말기 낙태 금지법에 찬성표를 던지게 하고 싶다면? 교회를 주요 투표소로 정하게 하라.

사람들이 커피를 마신 뒤 양심상자에 기부금을 넣게 하고 싶다면? 커피 주전자 위에 있는 선반에 다음 사진의 왼쪽처럼 생긴 코코

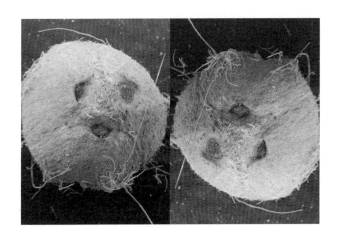

넛을 놓아두어라. 그 코코넛을 보면 좀 더 양심적으로 행동할 확률이 높다. 왼쪽 코코넛을 180도 회전한 오른쪽 코코넛은 전혀 도움이 되지 않을 것이다. 왼쪽 코코넛은 사람 얼굴을 연상케 하고('코코 coco'는 머리를 뜻하는 스페인어다) 사람들은 무의식적으로 행동을 감시받는다고 느낀다(물론 느낌일 뿐이다. 코코넛을 보고 진짜 사람 얼굴이라고 생각하는 사람은 당장 시력을 측정하거나 정신과를 찾아가야 할 것이다. 아니면 둘 다 하거나).

사실, 왼쪽 코코넛과 똑같은 위치에 점을 세 개 찍은 그림만으로도 기부금을 늘릴 수 있다.[13]

누군가에게 사설을 읽게 하고 그것을 믿게 하고 싶은가? 그렇다면 깔끔하고 호감 가는 서체를 써라. 글자가 엉망이면 설득력도 떨어진다.[14] 그런데 사설을 수산물 상점이나 부두에서 읽는다면, 사설의 주장이 먹히지 않을 수 있다.[15] 사설을 읽는 사람이 '비린내가 나는 fishy'을 '의심쩍은'의 뜻으로 쓰는 문화 출신이라면 그럴 것이다. 그 경우가 아니라면 비린내는 사람의 마음을 어느 쪽으로도 움직이지 않을 것이다.

아이들의 IQ를 높이는 회사를 만들고 싶다고? 그렇다면 '미네소타 학습 기업' 같은 따분한 이름은 쓰지 마라. 그보다는 '살찐뇌닷컴 FatBrain.com' 같은 이름을 써라. 회사 이름이 섹시하고 흥미로우면 소비자와 투자자에게 더 매력적이다.[16] (하지만 정말로 '살찐뇌닷컴'이라는 말은 쓰지 마라. 어느 회사의 실제 이름인데, 이 회사는 따분한 애초의 이름을 이렇게 바꾼 뒤로 잘나가는 중이다.)

몸 상태도 인지 흐름에 영향을 미친다. 교도소에서 가석방되고 싶은가? 가석방 심사를 점심시간이 끝난 뒤에 하도록 시도해보라. 이스라엘 가석방 심사관을 연구한 결과를 보면 심사관이 식사를 방금 끝냈을 경우 가석방을 허락할 확률이 66퍼센트였다.[17] 점심식사 직전에 이루어진 심사에서는 가석방 확률이 정확히 제로였다.

이제 막 만나기 시작한 사람이 나를 따뜻한 사람, 껴안고 싶은 사람이라고 생각했으면 좋겠는가? 그렇다면 상대에게 커피 한 잔을 건네주고 들고 있게 하라. 아이스커피는 절대 안 된다.[18]

영화 〈스피드Speed〉에서 모르는 사이였던 두 주인공이 달리는 버스에서 가까스로 죽음을 모면한 뒤 열정적으로 키스하던 장면을 기억하는가. 가능한 일이다. 어떤 남자가 강 위 높은 곳에 놓인 흔들리는 다리에서 여자가 나눠준 설문지에 대답한다면 땅 위에서 설문조사를 할 때보다 그 여자와 사귀고 싶은 마음이 훨씬 강해진다.[19] 이런 효과를 밝힌 연구는 이외에도 수십 가지인데, 이들 연구에서 사람들은 어떤 상황에서 발생한 생리적 흥분을 전혀 다른 상황에서의 생리적 흥분으로 엉뚱하게 연결시켰다.

혹시 심리학자들은 이런 증거를 백만 개쯤 가지고 있지 않을까 의심이 들기 시작했다면 아주 틀린 생각은 아니다. 우연한 자극의 중요성을 보여주는 이 모든 증거에서 알 수 있는 가장 분명한 사실은 환경을 조작해 나 자신이나 내가 만든 상품 또는 내 정치적 목표를 더 근사하게 보이게 하는 자극을 만들고 싶은 마음이 생길 수 있다는 것이다. 너무 빤한 소린가. 그렇다면 덜 빤한 두 가지 사실이 있다. (1)우연한 자극의 효과는 대단하고, (2)어떤 종류의 자극이 어떤 종류의 효과를 내는지 가능한 많이 알고 싶다는 것이다. 애덤 알터 Adam Alter가 쓴 《만들어진 생각, 만들어진 행동》은 이제까지 알려진 많은 효과를 보여주는 훌륭한 소개서다(이 책의 원제는 'Drunk Tank Pink', 즉 '분홍색 취객 유치장'이란 뜻인데, 북적대는 유치장에 술 취한 사람을 집어넣을 때 유치장 벽이 분홍색이면 폭력성이 줄어든다는 많은 교도관과 일부 연구원의 믿음에서 나온 제목이다).

'우연한' 자극에 취약한 탓에 염두에 두어야 하는 그다지 빤하지 않은 사실은 어떤 대상을, 특히 사람을 판단할 때는, 그리고 그 판단이 중요할 때는, 그 대상을 다양한 여러 상황에서 마주쳐봐야 한다는 점이다. 그러다 보면 특정 상황에서 발생하는 우연한 자극이 서로 상쇄되어 좀 더 정확한 인상을 받을 수 있다. 에이브러햄 링컨은 이렇게 말했다. "나는 그 사람을 좋아하지 않는다. 그에 대해 더 알아봐야겠다." 링컨의 격언에 한마디 덧붙이자면, 가능한 많은 상황에서 마주쳐볼 것.

틀짜기|framing

트라피스트회 수도승이 등장하는 이야기를 보자. 첫 번째 수도승이 수도원장에게 기도할 때 담배를 피워도 되는지 물었다. 수도원장은 진노해 말했다. "그걸 질문이라고 하나. 그건 거의 신성모독이야." 두 번째 수도승이 수도원장에게 담배를 피울 때 기도를 해도 되는지 물었다. 수도원장이 대답했다. "물론이지. 하느님은 언제든지 우리 말을 들어주시니까."

　대상과 사건을 해석할 때는 특정한 맥락에서 활성화되는 도식에 영향을 받을 뿐 아니라 우리가 판단을 내려야 하는 순간에 어떤 식으로 그 판단을 틀짜기하는가에도 영향을 받는다. 다양한 종류의 정보와 마주치는 순서도 틀짜기의 하나다. 두 번째 수도승은 자신의 요청을 틀짜기할 때 정보를 건네는 순서의 중요성을 알고 있었다.

　틀짜기는 서로 대립하는 명칭에 대한 선택의 문제일 때도 있다. 그리고 그런 명칭은 우리가 대상을 어떻게 생각하느냐, 대상에게 어떻게 행동하느냐와 관련해서만 중요한 게 아니라 시장에서 제품 성능과 관련해 그리고 공공 정책 토론 결과와 관련해서도 중요하다.

　당신에게 '미등록 이주 노동자'는 내게 '불법 이방인'이다. 당신에게 '자유의 투사'는 내게 '테러리스트'다. 당신에게 '상속세'는 내게 '사망세'다. 당신은 낙태가 '선택을 행사pro-choice'하는 문제라는 생각에 낙태를 옹호한다. 나는 '생명을 옹호pro-life'하는 쪽이라 낙태는 반대다.

내 가공육은 75퍼센트가 살코기로, 25퍼센트가 비계인 당신 제품보다 더 매력적이다.[20] 성공률이 90퍼센트인 콘돔과 실패율이 10퍼센트인 콘돔 중에 어느 것을 고르겠는가? 지금처럼 둘을 같이 놓고 비교해보면 둘은 차이가 없다. 그런데도 성공률을 들은 학생은 실패율을 들은 학생보다 그 콘돔을 더 좋게 생각한다.

틀짜기는 생사를 판가름하는 결정을 내릴 때도 영향을 미칠 수 있다. 심리학자 아모스 트버스키는 동료들과 함께 의사에게 특정 암에 대해 수술과 방사선 치료를 비교한 효과를 말해주었다.[21] 이때 어떤 의사에게는 수술받은 환자 100명 중에 수술 직후까지 살아남은 사람은 90명, 그해 말까지 살아남은 사람은 68명, 5년 뒤까지 살아남은 사람은 34명이라고 말했다. 이 정보를 들은 의사는 82퍼센트가 수술을 권했다. 반면에 어떤 의사에게는 '똑같은' 정보를 형태만 바꿔 전해주었다. 그러니까 100명 중에 수술 직후에 사망한 사람이 10명, 그해 말까지 사망한 사람이 32명, 5년이 될 때까지 사망한 사람은 66명이라고 말해주었다. 이 정보를 들은 의사는 56퍼센트만이 수술을 권했다. 틀짜기는 중요하다. 대단히 중요하다.

황달 치료

우리는 경험과 추측에 의존하는 어림짐작으로 판단하거나 문제를 해결할 때가 많다. 심리학자들은 이제까지 수십 가지의 '어림짐작법heuristics'을 찾아냈다. 우리에게는 '효과 어림짐작'이 있어, 시간이나 돈이 많이 든 프로젝트는 노력이나 시간이 많이 들지 않은 프로젝트보다 더 가치 있다고 단정한다. 사실 어림짐작은 유용한 때가 많다. '가격 어림짐작'으로 비싼 물건이 같은 종류의 덜 비싼 물건보다 더 좋다고 단정하기도 하는데, 대개 맞는 생각이기도 하다. '희귀성 어림짐작'으로는 흔치 않은 물건은 같은 종류의 흔한 물건보다 더 비싸다고 단정한다. 미국 사람들은 '친숙함 어림짐작'으로 마르세유가 니스보다, 니스가 툴루즈보다 인구가 많으려니 추측하기도 한다. 이런 어림짐작은 판단에 유용한 길잡이가 되어 종종 옳은 답을 내기도 하고 터무니없는 억측을 피하게도 해주지만 종종 과할 때도 있다. 실제로 마르세유는 니스보다 인구가 많다. 하지만 니스는 툴루즈보다 인구가 적다.

이스라엘의 인지심리학자 아모스 트버스키와 대니얼 카너먼은 몇 가지 중요한 어림짐작을 찾아냈다.

이들이 찾은 가장 중요한 어림짐작은 '대표성 어림짐작'이다.[22] 이 짐작은 유사성 판단에 크게 의존한다. 즉, 어떤 사건이 그 원형이 되는 사건과 더 닮았다면 덜 닮은 사건보다 더 빈번히 일어나리라고 판단하는 경우다. 이 어림짐작은 당연히 꽤 유용하다. 살인은 천식이나 자살보다 사망 원인으로서 대표성이 더 크고, 따라서 살인은 천식이나 자살보다 더 자주 일어날 것만 같다. 실제로 살인은 천식보다 더 자주 사망 원인으로 꼽힌다. 그러나 미국에서 한 해에 일어나는 자살이 살인보다 두 배나 많다.

저 여성은 공화당 지지자일까? 다른 지식이 없다면 대표성 어림짐작을 이용하는 게 최선이다. 저 여성은 내가 생각하는 공화당 지지자의 대표 이미지, 즉 고정관념과 민주당 지지자의 고정관념 중에 공화당 쪽에 가깝다는 식이다.

대표성 어림짐작을 이런 식으로 사용할 때의 문제는 유사성 판단에 치중하지 말아야 하는 정보도 많다는 점이다. 만약에 앞서의 여성을 상공회의소 점심식사에서 만난다면 공화당 성향으로 추측할 것이다. 그렇지 않고 유니테리언 교파가 마련한 조찬에서 만난다면 민주당 성향으로 추측할 것이다.

대표성 어림짐작이 오해를 불러올 만한 매우 당혹스러운 경우는 '린다'와 관련한 사례다. "린다는 서른한 살에 미혼이고 직설적이며 매우 똑똑하다. 철학을 전공했다. 학생 때는 차별과 사회 정의에 관심이 많았고 반핵 시위에도 참여했다." 사람들에게 이 짧은 설명을 읽게 한 뒤, 여덟 가지 보기를 주고 린다의 직업이 무엇일지 가능성이 높은 것부터 순위를 매겨보라고 했다.[23] 여덟 가지 중에는 '은행원'도 있고 '은행원이자 활발한 여성 인권 운동가'도 있었다. 대부분의 사람들이 린다는 단지 은행원에 그치지 않고, 은행원이자 활발한 여성 인권 운동가일 것이라고 대답했다. '여성 인권 운동가인 은행원'이 그냥 '은행원'보다 린다를 설명하는 말에 더 가까웠다. 물론 논리적 오류다. 두 사건을 '결합'하면 하나의 사건보다 발생 확률이 낮아진다. 은행원에는 여성 인권 운동가도 있고, 공화당 지지자도 있으며, 채식주의자도 있다. 그런데 린다에 대한 설명은 은행원보다 여성 인권 운동가인 은행원이라는 대표 이미지에 가깝고, 여기서 결합 오류가 일어난다.

아래 나열한 숫자 네 줄을 보라. 이 중 두 줄은 숫자를 임의로 만들어내는 난수발행기에서 나왔고, 두 줄은 내가 만들었다. 난수발행기에서 나왔을 법한 두 줄을 골라보라. 답은 조금 뒤에 공개하겠다.

110001111111001001001

110000010101010100000

101011110101000111010

001100011010000111011

대표성 판단은 확률과 관련한 모든 추정에 영향을 미친다. 카너먼과 트버스키는 통계 강의를 들은 적이 없는 대학생들에게 다음과 같은 문제를 주었다.[24]

어떤 마을에 병원이 둘 있다. 큰 병원에서는 날마다 아이가 약 45명 태어나고, 작은 병원에서는 약 15명 태어난다. 짐작하다시피 약 50퍼센트는 남자아이다. 하지만 정확한 퍼센트는 그날그날 다르다. 어떤 날은 50퍼센트를 웃돌 테고, 어떤 날은 밑돌 것이다. 1년 동안 두 병원은 남자아이가 60퍼센트 넘게 태어난 날을 기록했다. 이렇게 기록된 날은 어느 병원이 더 많겠는가?

남자아이의 비율은 두 병원이 똑같을 거라고 대부분의 학생이 생각했다. 남자아이의 비율이 더 높은 병원은 큰 병원일 거라고 생각한 학생과 작은 병원일 거라고 생각한 학생의 수는 같았다.

그러나 남자아이가 60퍼센트를 넘는 일은 작은 병원에서 일어날 확률이 훨씬 높다. 60퍼센트는 병원이 크든 작든 동등한 인구 대푯값(정확히 말하면 비대푯값)이다. 하지만 이탈값이 나올 확률은 개체가 많을 때보다 적을 때가 더 크다.

이 결론이 의심스럽다면 이렇게 생각해보라. 병원이 둘 있는데, 하루에 태어나는 아이가 한 곳은 5명이고 한 곳은 50명이다. 어느 하루에 태어난 아기 중 60퍼센트 이상이 남자아이일 확률이 높은 곳은 어느 병원이겠는가? 그래도 못 믿겠다고? 그렇다면 5명 대 5,000명이면 어떻겠는가?

대표성 어림짐작은 사건이 무한정 일어날 가능성을 판단할 때도 영향을 미친다. 우리 할아버지는 한때 오클라호마에서 꽤 잘사는 농부였다. 그런데 어느 해 우박이 내려 농사를 망쳤다. 들어놓은 보험도 없었지만, 다음 해를 대비해 새로 보험을 들 생각도 없었다. 똑같은 일이 2년 연달아 일어날 것 같지 않아서였다. 그런 일은 우박의 전형적인 유형이 아니었다. 하지만 불행하게도 우박은 지난해에 털

사 북서쪽 또는 노면 남동쪽에 내린 적이 있는지 기억하지 못한다. 할아버지는 다음 해에도 우박을 맞았다. 그리고 또 다음 해를 대비한 보험을 들지 않았다. 우박이 같은 장소에 3년 연달아 내리리라고는 상상할 수 없었기 때문이다. 하지만 그 일은 실제로 일어났다. 할아버지는 대표성 어림짐작에 기대어 확률을 판단한 탓에 파산하고 말았다. 그 결과로 나는 밀 거물이 아닌 심리학자가 되었다.

앞에 숫자 네 줄에 관한 질문으로 다시 돌아가자. 순전히 임의로 나열한 숫자는 위 두 줄이다. 내가 난수발행기에서 뽑은 세 줄 중에 두 줄이다. 정말이다. 세 줄 중에 한 줄을 버렸을 뿐, 세 줄에서 숫자를 선별하지는 않았다. 내가 만든 숫자는 아래 두 줄인데, 진짜 임의로 나열된 숫자보다 더 임의로 나열된 숫자처럼 보이게 하려고 했다. 문제는 임의성 원형에 대한 우리 생각이 정상적으로 작동하지 않는다는 점이다. 이를테면 임의로 나열된 숫자에 '우리가 마땅히 그래야 한다고 생각하는 임의'보다 같은 수가 너무 길게 반복되고(00000) 같은 배열이 너무 여러 번 반복된다(01010101). 이를 한 농구 선수가 다섯 번 연속해 득점한 경우에 대입해보자. 공을 다른 어느 한 선수에게 계속 패스할 이유가 없듯이 이 선수에게만 계속 패스할 이유도 없다. 갑자기 고득점을 올린 이 선수는 그 시즌에 기록이 비슷한 다른 선수보다 득점 가능성이 더 높은 것도 아니다.[25] (농구와 친숙한 사람일수록 이 사실을 믿기는 더 어렵고, 통계와 확률에 익숙한 사람일수록 이 사실을 믿기는 쉽다.)

이 농구 오차는 광범위한 추론 오해의 특징을 잘 보여준다. 간단히 말해, 우리는 유형이 존재하지 않는 세상에서 일정한 유형을 본다. '임의 같지 않은' 임의의 나열이 어떻게 존재할 수 있는지 이해하지 못하기 때문이다. 주사위를 던졌을 때 연속해 세 번 6이 나오면 주사위에 속임수가 있는 게 아닌지 의심스럽다. 하지만 6, 6, 6이 나올 확률은 의심을 받지 않을 법한 3, 6, 4 또는 2, 1, 5가 나올 확률과 똑같다. 어떤 친구가 지난해 산 주식 네 가지가 모두 일반적인 시세보다 높았다는 이유로 우리는 사람들 앞에서 그 친구를 주식 전문가라고 치켜세운다. 하지만 네 가지 주식 모두 우연히 주가가 오를 확률은 두 개는 오르고 두 개는 내려가거나, 세 개는 오르고 하나는 내려갈 확률보다 더 낮지 않다. 그러니 내 주식 투자를 그 친구에게 맡기는 것은 성급한 행동이다. 대표성 어림짐작은 인과관계 판단에도 영향을 미친다. 나는 리 하비 오스월드가 혼자서 케네디를 암살했는지, 다른 공모자가 있었는지는 알 수 없다. 하지만 많은 사람이 배후에 공모자가 있다고 확신하는 또렷한 이유 하나는 그런 대형 사건을 그렇게 보잘것없는 개인이 혼자서 저지르기 힘들다는 것 때문이다.

인과관계와 관련한 매우 중요한 판단 하나는 질병과 그 질병 치료의 유사성에 관한 것이다. 중앙아프리카에 사는 아잔데족은 예전에 붉은털원숭이의 두개골을 태워 먹으면 간질 치료에 효과가 있다고 믿었다. 붉은털원숭이의 요동치듯 정신없는 움직임은 간질의 발작적인 움직임을 닮았기 때문이다.

아잔데족이 생각한 간질의 적절한 치료법은 비교적 최근까지도 서양 의사들에게 그럴듯하게 보였던 모양이다. 18세기 의사들은 '외양 특성 원칙doctrine of signatures'이라 부르는 개념을 믿었다. 특정 질병과 어느 면에서 닮은 자연의 물질이 그 병을 치료할 수 있다는 믿음이다. 노란색 강황은 피부가 노랗게 변하는 황달에 효과적이고, 호흡 능력이 탁월하다고 알려진 여우의 허파는 천식을 치료할 수 있다고 믿는 식이다.

외양 특성 원칙에 대한 믿음은 신학에서 출발했다. 하느님은 우리에게 질병 치료법을 알려주려고 색깔이나 형태, 움직임으로 치료법을 암시한다는 믿음이다. 이 믿음에 따르면 하느님은 인간이 질병의 대표적 특징에서 그 치료법을 유추하리라는 것을 알고 있다. 지금은 쉽게 믿기 힘든 이야기지만 대표성 어림짐작은 동종요법이나 중국 전통 의학 같은 대체 의료 행위에서 여전히 근간이 되고 있고, 이 두 가지 치료법은 서양에서도 인기가 높아지는 추세다.

대표성이 아닌 다른 정보가 더 유용할 때도 대표성에 기초해 예상할 때가 많다. 나는 대학원을 졸업한 지 20년쯤 지나 친구와 함께 동료들이 과학자로 얼마나 성공했는지 이야기를 나눈 적이 있다. 이때 우리가 동료의 상당수를 오판했었다는 사실을 알고는 깜짝 놀랐다. 예전에 우리가 뛰어나다고 확신했던 학생들은 현재 훌륭한 과학 업적을 내놓지 못한 경우가 많은 반면, 대단한 인물은 아니라고 생각했던 학생들이 훌륭한 연구를 내놓은 경우가 많았다. 그러면서 당시 우리가 대표성 어림짐작에 의존했다는 걸 깨닫기 시작했다. 우리는 훌륭한 심리학자라는 고정관념에 얼마나 잘 들어맞는가를 기준으로 친구들을 판단했었다. 얼마나 똑똑하고, 박식하고, 사람들을 잘 꿰

뚫어보고, 말을 잘하는가 등등. 우리는 더 정확한 예측을 내놓을 방법이 없는지 생각해보았다. 그러자 곧바로 한 가지 사실이 분명해졌다. 대학원에서 공부를 잘했던 학생이 졸업 후에도 성공했고, 그렇지 못한 학생은 이후에도 성공하지 못했다.

이 교훈은 모든 심리학에서 막강한 원칙 중 하나다. 미래의 행동을 예측하는 가장 훌륭한 도구는 과거의 행동이다. 그보다 더 정확한 예측 도구는 거의 없다. 미래의 정직성은 과거에 얼마나 정직했는가로 알 수 있지, 그 사람이 내 눈을 침착하게 응시한다거나 최근에 종교를 바꿨다고 주장한다거나 하는 사실로는 알 수 없다. 편집자로서의 능력은 과거의 편집 능력이나 적어도 글쓰기 능력으로 가장 잘 예상할 수 있지, 얼마나 말을 잘하고 단어 구사력이 좋은지로는 알 수 없다.

트버스키와 카너먼이 알아낸 또 하나의 중요한 어림짐작은 '회상 용이성 어림짐작'이다. 주어진 사건 유형의 빈도나 타당성을 판단할 때 사용하는 짐작법이다. 이 짐작법에 따르면, 사건의 예가 쉽게 생각날수록 그 사건이 일어날 빈도나 타당성은 높아진다. 어느 때든 더없이 유용한 규칙이다. 이를테면 위대한 스웨덴 소설가보다 위대한 러시아 소설가의 이름이 더 쉽게 떠오르는데, 사실 위대한 소설가는 스웨덴보다 러시아에 더 많은 게 사실이다. 그렇다면 토네이도는 캔자스주와 네브래스카주 중에 어디서 더 많이 발생할까? 캔자스주라고 대답하고 싶지 않은가? 당신이 지금 상상하는 캔자스주 토네이도 따위는 일어난 적이 없지만, 그렇거나 말거나.

철자 r이 첫 번째 자리에 오는 단어가 많을까, 세 번째 자리에 오는 단어가 많을까? 사람들은 대개 '첫 번째'라고 대답한다. r이 세 번째 자리에 오는 단어보다 r로 시작하는 단어를 떠올리기가 더 쉬운 탓인데, 그 이유는 기억을 더듬어 이용하기 쉽도록 머릿속에서 단어를 첫 번째 철자에 맞춰 정리하기 때문이다. 하지만 사실은 r이 세 번째 자리에 오는 단어가 더 많다.

회상 용이성 어림짐작을 빈도나 타당성 판단에 이용할 때의 문제는 회상 용이성이 어떤 사건의 두드러짐과 혼동된다는 점이다. 지진에 의한 사망은 천식에 의한 사망보다 쉽게 회상되다 보니 사람들은 자기 나라에서 일어난 지진 사망 건수를 실제보다 (훨씬 더) 부풀리고 천식 사망 건수는 실제보다 (훨씬 더) 줄여서 생각한다.

대표성 어림짐작이든 회상 용이성 어림짐작이든, 어림짐작은 저절로 그리고 무의식적으로 작동하는 때가 많다. 그러다 보니 그 영향력이 어느 정도인지 알기 어렵다. 하지만 그런 어림짐작법에 대해 알면 특정 상황에서 어림짐작으로 헛다리를 짚을 가능성에 주의할 수 있다.

요약

이번 장에서 제안한 몇 가지 간단한 내용만 실천해도 판단 오류를 줄일 수 있다.

모든 지각, 판단, 믿음은 추론일 뿐, 현실을 그대로 읽은 게 아니라는 점을 기억하라. 따라서 자신의 판단을 확신하기보다 적당히 겸손할 줄 알고, 나와 다른 견해가 틀리다는 느낌이 들어도 사실은 더 타당할 수 있음을 인식해야 한다.

도식이 해석에 영향을 미친다는 사실을 명심하라. 도식과 고정관념은 세계를 이해하는 데 도움이 되지만 우리를 함정에 빠뜨리기도 한다. 이 함정을 피하려면 우리가 그것에 지나치게 의존할 가능성을 스스로 인식해야 한다. 따라서 타인의 판단뿐 아니라 자신의 판단도 고정관념에서 나온 게 아닌지 점검해야 한다.

무관하고 우연한 지각과 인식도 판단과 행동에 영향을 줄 수 있다는 사실을 기억하라. 무엇이 무관하고 우연한 요소인지 모를 때조차 그런 요소는 우리 생각과 행동에 생각보다 훨씬 더 큰 영향을 미친다는 사실을 알아야 한다. 이때 중요한 점은 어떤 대상을 두고 중요한 판단을 해야 한다면 가급적 여러 환경에서 그 대상을 마주해야 판단의 정확도가 높아진다는 것이다.

판단에 어림짐작이 끼어드는 순간에 주의하라. 어떤 대상이나 사건의 유사성이 판단에 엉뚱한 근거가 될 수 있다는 점, 원인과 결과는 닮아야 할 이유가 없다는 점, 그리고 사건의 유사성 또는 빈도를 헤아릴 때 단순히 그것들이 머릿속에 얼마나 쉽게 떠오르는가에 영향을 받을 수도 있다는 점을 기억하라.

앞으로 이 책에서 소개하는 많은 개념과 원칙이 이번 장에서 이야기한 추론의 오류를 피하는 데 도움이 된다. 이 새로운 개념과 원칙은 독자들이 흔히 사용하던 개념과 원칙을 보충하고 때로는 아예 대체하기도 할 것이다.

2장

상황의 힘

아무 관련 없는 우연한 그리고 눈에 잘 띄지 않는 자극도 판단과 행동에 영향을 미친다는 사실을 자신도 모르고 지나칠 때가 많다고 앞장에서 이야기했다. 안타깝게도 우리는 결코 우연히 일어나지도 금방 사라지지도 않는, 우리의 판단과 행동에 직접 영향을 미치는 요소들도 눈치채지 못하는 때가 많다. 특히 믿음과 행동을 크게 좌우하는 가장 중요한 상황의 영향을 과소평가하거나 아예 모르고 지나치기도 한다.

이런 '맥락 몰이해'의 직접적 결과로 취향, 성격, 능력, 계획, 동기 같은 개인의 '기질'이 특정 상황에서 행동에 미치는 영향을 과장하는 성향이 나타난다.

우리는 자신의 판단 이유와 행동 원인을 분석할 때조차 상황을 무시하고 내적 요소를 과장한다. 하지만 이 문제는 다른 사람의 행동

원인을 찾으려 할 때 더 심해진다. 내가 어떤 행동을 판단하거나 실행해야 할 때 다양한 맥락에 주목할 수는 있다. 그러나 다른 사람이 직면한 상황을 파악하기는 어렵거나 불가능할 때가 많다. 그러다 보니 다른 사람의 행동을 보면서 상황의 중요성을 과소평가하고 내적 요소를 과대평가하기 쉽다.

맥락의 중요성을 인식하지 못해 개인의 기질이 미치는 영향을 과대평가하는 것은 추론 오류의 가장 흔하고 중요한 요인이다. 사회심리학자 리 로스Lee Rose는 이에 대해 '근본적 귀인 오류'라 이름 붙였다.

이런 오류를 저지르는 성향에는 문화 차이도 큰 몫을 한다. 그렇다면 오류를 저지르기 쉬운 문화에 사는 사람들은 오류 발생을 어느 정도 줄일 수도 있다는 희망이 생긴다.

근본적 귀인 오류

빌 게이츠는 세계 최고의 부자다. 그는 19세의 '고령'에 하버드를 중퇴하고 마이크로소프트를 설립해, 몇 년 만에 세계에서 가장 이윤을 많이 남기는 회사로 만들었다. 그렇다면 빌 게이츠는 누구보다도 똑똑한 사람이겠거니 생각하기 쉽다.

게이츠의 머리가 비상한 것만은 틀림없다. 하지만 사람들이 잘 모르는 사실은 대학 이전에 그의 삶은 컴퓨터에 관한 한 축복이었다는 것이다. 1968년 게이츠의 부모는 시애틀공립학교 8학년으로 학교생활을 지루해하던 게이츠를 사립학교로 전학 보냈는데, 게이츠는 이 때부터 컴퓨터와 평생의 인연을 맺는다. 게이츠는 고성능 컴퓨터 탐구에 많은 시간을 보내는 몇 안 되는 사람이 되었다. 그의 행운은 이후 6년 동안 계속되었다. 그는 가까운 회사의 소프트웨어를 점검해주는 대가로 컴퓨터 프로그래밍을 마음껏 해도 좋다는 허락을 받았다. 그런가 하면 새벽 3시만 되면 몰래 집을 빠져나와 워싱턴대학교 컴퓨터 센터에 가서 일반인에게 허용된 컴퓨터 사용 시간을 활용했다. 그런 식으로 컴퓨터를 이용할 수 있었던 십대 청소년은 전 세계 어디에도 없었을 것이다.

성공한 사람들의 이면을 살펴보면 우리가 전혀 눈치채지 못한 행운이 잇따른 경우가 많다. 경제학자 스미스가 경제학자 존스보다 학술지에 발표한 논문이 2배 많다고 할 때, 사람들은 스미스가 존스보다 더 유능하고 더 열심히 노력했다고 생각하기 마련이다. 하지만 대학에 일자리가 많던 해에 박사학위를 딴 덕분에, 일자리가 거의 없던 해에 박사학위를 딴 사람보다 학계에 취업도 잘 되고 경력을 쌓기도 쉬웠을 수 있다. 그렇다면 스미스와 존스의 성공 차이는 재능보다 뜻밖의 행운과 관련이 많지만, 사람들은 그 사실에 주목하지 않을 것이다.

대침체(2009년 후반 서브프라임 대출 사태로 촉발된 경기 침체를 '대공황'에 빗대어 일컫는 말—옮긴이) 시기에 학위를 딴 대학생 다수는 영원히 취업에 큰 어려움을 겪을 것이다. 실업이 나쁜 이유는 취직을 못해 사기가 떨어지기 때문만이 아니라 그 파급력이 영원히 지속될 수 있기 때문이기도 하다. 2009년에 대학을 졸업한 제인이 취직을 못하는 걸 지켜본 부모는 자신들이 제인에게 무엇을 잘못했는지, 2004년에 졸업해 잘나가는 조앤을 뒷바라지할 때와 비교해 제인의 뒷바라지는 어디서부터 잘못됐는지 궁금해할 것이다.

감춰진 중요한 요인이 있을 때도 있지만, 상황이 행동에 막강한 영향을 미치는 게 빤히 보일 때도 그 영향력을 의식하지 못하기도 한다.

사회심리학자 에드워드 존스Edward Jones와 빅터 해리스Victor Harris는 1960년대에 전형적인 실험을 실시했다. 실험 참가자에게 쿠바의 정치 체제에 관한 수필을 보여주면서 교수의 지시로 대학생이 쓴 것이라고 말해주었다.[1] 하나는 쿠바에 우호적인 수필이고 하나는 비우호적인 수필이었다. 우호적인 수필을 읽은 참가자에게는 정치학 수업에서 강사가(다른 실험에서는 토론 코치가) 학생에게 쿠바 체제를 옹호하는 글을 쓰라는 과제를 냈다고 말했다. 반면에 비우호적인 글을 읽은 참가자에게는 쿠바 체제를 반대하는 글을 쓰라는 과제를 냈었다고 말했다. 참가자들은 두 학생이 실제로 쿠바를 어떻게 생각하는지는 물론 들은 바가 없었을 것이다. 그런데도 참가자들은 첫 번째 학생이 두 번째 학생보다 쿠바에 훨씬 우호적이라고 판단했다.

영웅인지 무정한 인간인지는 맥락에 좌우될 때가 있는데, 이때 맥락의 영향력은 사람들이 흔히 생각하는 것보다 훨씬 크다. 사회심리학자 존 달리John Darley와 빕 라테인Bibb Latané은 이후에 '방관자 개입'이라고 알려지는 것을 연구하기 위해 일련의 실험을 진행했다.[2] 이들은 간질 발작, 옆방에서 책장이 쓰러져 사람을 덮친 상황, 지하철에서 사람이 기절한 상황 등 다양한 위급 상황을 연출했다. 이 실험에서 사람들이 '피해자'를 도울 확률은 주변에 다른 사람이 있는가에 크게 좌우되었다. 자신이 유일한 목격자라고 생각하면 대개는 피해자를 도왔다. 하지만 '목격자(사실은 실험 공모자)'가 한 사람 더 있으면 피해자를 도울 확률이 훨씬 줄었다. 그리고 '목격자'가 많으면 돕지 않을 확률이 꽤 높았다.

한번은 사람들에게 인터폰 통화를 가장해 '발작' 실험을 진행했는데, 발작 상황을 아는 사람이 자기뿐이라고 생각했을 때는 86퍼센트가 즉각 피해자를 도왔다. 주변에 사람이 두 명 더 있다고 생각했을 때는 62퍼센트가 도왔다. 그리고 도와달라는 외침을 네 사람이 들었다고 생각했을 때는 31퍼센트만이 도움을 자청했다.

친절과 배려는 상황보다 덜 중요할 수 있다는 사실을 확인하기 위해 존 달리는 동료 대니얼 배슨Daniel Batson과 함께, 곤경에 빠진 사람들을 더 잘 도우리라 예상되는 신학과 학생들을 대상으로 연구를 진행했다.[3] 연구원들은 프린스턴 신학대 학생들 여러 명에게 대학 건너편 건물에 가서 '착한 사마리아인(!)'을 주제로 설교를 하라며 길을 알려주었다. 이때 어떤 학생에게는 아직 시간이 많다고 말하고, 어떤 학생에게는 이미 늦었다고 말했다. 신학생들은 설교를 하러 가는 도중에 출입구에 앉아 고개를 수그린 채 기침을 하며 신음하는, 누가 봐도 곤경에 처한 사람을 만났다. 이때 아직 시간 여유가 많은 신학생은 약 3분의 2가 그 사람을 도왔다. 하지만 이미 늦은 신학생은 겨우 10퍼센트만이 그 사람을 도왔다.

물론 어려움에 처한 사람을 도운 신학생도 있고 돕지 않은 신학생도 있다고만 이해한다면, 돕지 않은 학생보다 도운 학생에게 훨씬 더 호감을 느낄 것이다. 그러면서 신학생을 '착한 사마리아인'이 되지 못하게 한 다급한 상황이라는 요소를 미처 생각하지 못할 것이다. 실제로 이 실험의 연출된 부분을 설명해줘도, 사람들은 다급한 상황 대 여유로운 상황이라는 상황 요소가 곤경에 처한 사람을 도울지 무시할지를 결정하는 데 조금이라도 영향을 미칠 것이라곤 생각하지 않는다.[4] 곤경에 처한 사람을 돕지 않은 행위는 오로지 개인의 내적인 문제, 즉 성격의 문제라고 생각할 뿐이다.

감춰진 상황 요소는 사람이 얼마나 똑똑해 보이는가에도 영향을 미친다. 리 로스는 동료들과 함께 학생들을 대상으로 텔레비전 퀴즈 쇼 형식의 연구를 진행했다. 임의로 선택된 학생 한 명이 질문하고 다른 학생이 대답하는 형식이다. 이때 질문자는 "어렵지만 풀 수는 있는" 문제 10개를 내야 하고, 문제를 맞히는 사람은 큰 소리로 대답을 해야 했다. 질문자는 이때를 이용해 소수만 아는 난해한 지식을 과시했다. "고래에서 나오는 향긋한 향이 나는 왁스 같은 물질로 향수의 원료로 쓰이는 것은 무엇인가?" (최근에 《모비딕Moby-Dick》을 읽지 않은 독자를 위해 답을 말하면 용연향이다.) 경쟁자들은 여러 질문 중 일부에만 겨우 답을 할 수 있었다.

퀴즈가 끝나고 관찰자뿐 아니라 양측 참가자에게, 질문한 사람과 대답한 사람의 상식에 순위를 매기라고 했다. 질문하는 사람은 맡은 역할에 따라 어려운 문제를 내야 했으니, 독자들은 피험자나 관찰자 모두 질문자가 유리하다는 걸 쉽게 인식했으려니 생각할 것이다. 질문하는 사람은 자신이 모르는 분야는 얼마든지 감출 수 있지만, 대답하는 사람은 자기에게 유리한 것만 골라 드러낼 수 없다. 그러나 질문자로서의 이런 이점은 문제를 맞히는 사람에게나 관찰자에게나 쉽게 눈에 띄지 않았고, 결국 질문자가 더 유식하다는 결과가 나왔다. 문제를 맞히는 사람과 관찰자 모두 질문자를 문제를 맞히는 사람이나 '평균적' 대학생보다 훨씬 더 유식하다고 평가했다.

이 퀴즈 연구는 일상과도 깊은 관계가 있다. 조직심리학자 로널드 험프리Ronald Humphrey는 실험을 위해 업무용 사무실을 축소해 만들었다.[5] 그리고 실험 참가자에게 "사람들이 사무실에서 함께 일하는 방식"을 알고 싶다고 했다. 그런 다음 다소 요란한 무작위 절차에 따라 참가자 중에 '관리자'를 뽑아 감독의 책임을 맡겼다. 그리고 명령을 따르는 단순한 '직원'도 뽑았다. 험프리는 관리자들에게 업무 매뉴얼을 익힐 시간을 주었다. 그사이 실험 진행자는 직원에게 메일함, 파일 시스템 등을 보여주었다. 이렇게 꾸려진 팀은 이후 2시간 동안 업무를 처리했다. 직원은 기술이 필요치 않은 반복되는 다양한 업무를 처리해야 했고 자율적 권한은 거의 없었다. 관리자들은 실제 사무실에서처럼 고도의 기술이 필요한 업무를 처리하면서 직원에게 활동을 지시했다.

업무가 끝나고 관리자와 직원은 자신과 상대에 대해 역할과 관련한 다양한 특성에 순위를 매겼다. 여기에는 지도력, 지식, 열심히 일하려는 마음, 자기 주장, 동료 지원 등이 포함됐다. 관리자는 모든 특성에서 직원보다 동료 관리자를 높이 평가했다. 직원은 열심히 일하는 것만 빼고 모든 특성에서 동료 직원보다 관리자를 높이 평가했다.

사람들은 겉으로 드러나는 모습 너머를 꿰뚫어 보면서 사회적 역할이 행동에 어느 정도나 영향을 미치는지를 인식하기 힘들다. 역할 분배와 역할에 따른 특권 분배가 누가 봐도 명백히 무작위로 이루어졌을 때도 그러하다. 물론 일상에서는 사람들이 왜 특정 역할을 맡게 되었는지 분명치 않다 보니 역할에 따른 요구와 이점을 그 사람의 타고난 특성과 분리하기 어려운 때도 많다.

나는 이런 실험 결과를 읽은 뒤에야 비로소 박사과정의 마지막 심사인 구두시험에서 동료들이 묻는 날카로운 질문에 내가 왜 그토록 깊은 인상을 받았는지, 학생들의 냉철하지 못한 대답에 왜 다소 실망했는지 이해할 수 있었다.

우리는 근본적 귀인 오류 탓에 끊임없이 어려움에 처한다. 믿지 말아야 할 사람을 믿고, 흠잡을 데 없는 사람을 피하고, 능력이 없는 사람을 고용하는 이유가 모두 그 사람의 행동을 좌우하는 상황의 힘을 인식하지 못한 탓이다. 그러다 보니 그 사람은 앞으로도 현재의 행동에서 우리가 추론한 기질대로 행동하리라고 단정한다. (과거의 행동은 미래의 행동을 예측하는 가장 훌륭한 지침이라는 앞서의 주장과 앞뒤가 맞지 않아 보일 수 있는데, 이때 훌륭한 지침으로서의 과거 행동이란 단지 몇 번의 비슷한 상황에서 관찰한 행동이 아니라 여러 가지 다양한 상황에서 오랫동안 관찰한 행동을 뜻한다.)

왜 어떤 청년은 마약을 팔고 어떤 청년은 대학에 가는가

당신은 당신이 가장 많은 시간을 함께 보내는 다섯 사람의 평균치 인간이다. _짐 론Jim Rohn, 미국 기업가 겸 동기부여 전문 강사.

우리 아들이 열다섯 살 때, 나는 우연히 사무실 창문 밖을 내다보다가 우리 아이가 다른 아이와 함께 주차장을 가로질러 걷는 모습을 보았다. 두 아이는 담배를 피우고 있었다. 당시 나와 아내는 우리 아이가 담배를 피우지 않는다고, 앞으로도 피우지 않을 거라고 여기던 때였다. 그날 저녁에 아이에게 말했다. "오늘 네가 담배 피우는 걸 봤는데 실망이다." 그러자 아이가 반항하듯 말했다. "맞아요, 피웠어요. 하지만 친구 때문에 마지못해 피운 건 아니에요."

사실은 친구 때문이었다. 아니면 적어도 친구들이 너도 나도 담배를 피우니까 우리 아이도 덩달아 피운 게 맞다. 우리는 늘 다른 사람의 행동을 따라 한다. 그들은 드러내놓고 또는 암묵적으로 행동의 본보기가 되고 곧잘 우리를 부추겨 자신을 따르게 한다. 그들은 우리의 상상을 쉽게 뛰어넘는다.

사회의 영향은 모든 사회심리학에서 가장 많이 연구하는 주제가 아닐까 싶다. 우리는 다른 사람의 행동을 관찰할 때뿐 아니라 자신의 행동 원인을 설명할 때도 사회의 영향을 눈치채지 못할 수 있다.

최초의 사회심리 실험은 1898년 노먼 트리플렛Norman Triplett이 실시했다.[6] 그는 사이클 선수가 혼자 시간과의 싸움을 할 때보다 다른 사람과 경쟁할 때 더 즐거워한다는 사실을 발견했다. 이후 수많은 후속 실험에서 이 사실이 더욱 분명해졌다. 사람들은 다른 사람과 경쟁할 때만이 아니라 다른 사람이 지켜보기만 해도 더 열정적으로 행동했다. 성과에 미치는 '사회 촉진 효과'는 개, 주머니쥐, 아르마딜로, 개구리, 물고기에서 두루 발견되었다. (이 효과가 바퀴벌레에도 나타날지 궁금해할 독자도 있을 것이다. 물론이다! 사회심리학자 로버트 자이언스 Robert Zajonc는 불빛을 비추어 바퀴벌레가 숨을 곳을 찾아 도망가게 했다. 바퀴벌레는 옆에 다른 바퀴벌레가 있을 때 더 빨리 달렸다. 특별히 바퀴벌레 관람석을 설치한 다음 다른 바퀴벌레가 지켜보게 하기만 해도 더 빨리 달렸다.)

나는 여러 해 전에 사브 자동차를 샀는데, 동료 여러 명도 사브 자동차를 몬다는 사실을 차를 산 직후에 알게 됐다. 얼마 뒤 나는 아내와 함께 테니스를 치기 시작했다가 많은 지인들도 이미 테니스를 즐기고 있다는 사실에 깜짝 놀랐다. 몇 년 뒤 우리는 테니스를 그만두었다. 그러다가 자주 다니던 테니스 코트에 예전에는 사람들이 줄을 섰었는데 이제는 거의 텅 비다시피 했다는 것을 알게 됐다. 이후에 우리는 크로스컨트리 스키를 타기 시작했는데, 거의 같은 시기에 우리 친구 여럿도 크로스컨트리 스키를 즐겼다. 얼마 뒤 우리는 다시 스키에 흥미를 잃었다. 그즈음 다른 친구들도 대부분 스키를 그만두었다. 그 외에도 식후 음주, 미니밴, 알려지지 않은 예술 영화 보기 등에서 나타난 비슷한 사례는 굳이 더 이야기하지 않겠다.

친구나 이웃이 나와 아내의 행동에 영향을 미친다는 사실을 지금은 이해하지만 예전에는 눈치채지 못했다. 그래서 예전 같았으면

〈컨슈머리포츠Consumer Reports〉에 나오는 자동차 선호도를 사브 자동차를 구매한 주된 동기로 꼽았을 것이다. 나와 아내는 규칙적으로 운동을 하고 싶었고 우리 집 건너편에 마침 테니스 코트가 있었으니 테니스를 치는 것은 자연스러워 보였다. 우리가 행동의 원인으로 지목할 요소는 지인의 영향 말고도 얼마든지 있었다.

우리는 아는 사람들에게서 적잖은 영향을 받기 때문에 사람을 잘 골라 사귀어야 한다. 젊은 사람들은 특히 더 그렇다. 젊을수록 또래의 사고방식이나 행동에 더 많은 영향을 받는다.[7] 부모의 가장 중요하고도 어려운 역할 하나는 아이들이 좋은 영향을 받을 만한 사람들을 만나게 하는 것이다.

경제학자 마이클 크레머Michael Kremer와 댄 레비Dan Levy는 무작위로 룸메이트를 배정받은 대학 신입생의 평균 학점을 조사했다.[8] 그리고 각 학생의 고등학생 시절 음주량을 알아냈다. 그 결과, 고등학생 때 술을 많이 마셨던 학생과 룸메이트가 된 학생은 술을 일절 안 마셨던 학생과 룸메이트가 된 학생보다 학점이 0.25점 낮았다. 알기 쉽게 비교하면, B$^+$ 대 A$^-$ 또는 C$^+$ 대 B$^-$의 차이다. 대학생이 되기 전 음주를 했던 학생 자신의 경우, 술을 안 마셨던 학생과 룸메이트가 되었을 때보다 술을 마셨던 학생과 룸메이트가 되었을 때 무려 1점이 낮았다. 이 정도면 학부 졸업 후 좋은 의대를 갈 수 있는가, 없는가를 판가름하는 수준이다(이 결과는 남학생에게만 해당한다. 여학생에게는 룸메이트의 과거 음주 경력이 영향을 미치지 못했다).

의심을 잘 하지 않는 학생이 자신의 저조한 성적은 룸메이트의 음주 탓이라는 사실을 알아챌 가능성은 거의 없다. 사실 연구원들도 룸메이트의 행동이 그토록 중요한 이유가 무엇인지 정확히는 모르지만, 룸메이트가 술을 마시면 음주가 자연스러운 취미나 휴식처럼 보일 수 있기 때문일지도 모른다. 그리고 물론 술을 많이 마시는 사람일수록 공부는 덜 할 테고, 공부를 하더라도 효율은 떨어질 것이다.

덧붙여 말하면, 대학생의 음주를 줄이는 간단한 방법 하나는 학생들에게 학교 전체에서 소비되는 술의 양을 알려주는 것이다.[9] 이 양은 학생들의 예상보다 훨씬 적은 게 보통이며, 학생들은 친구들의 음주 습관을 따라가기 마련이다.

여러분에게 (오바마 대통령이) 대학을 가라고 하는 이유를 저는 알고 있습니다. 여러분을 오바마 자신의 이미지로 바꿔놓고 싶어서입니다. _릭 샌토럼Rick Santorum 상원의원, 2012년 대선 후보 연설에서.

샌토럼 상원의원은 대학이 사람들에게 어떤 의미인지 제대로 이해했을까? 대학은 정말로 사람들을 정치적 성향에서 오바마 대통령 쪽으로 몰아갈까?

정말로 그렇다. 경제학자 에이미 류Amy Liu는 동료와 함께 크고 작은 148개의 공립대학, 사립대학, 종교 재단 대학, 비종교 재단 대학 학생들을 대상으로 연구를 진행했다.[10] 그 결과, 대학 졸업반 중에 자신을 정치적 진보 또는 극좌 성향이라고 말한 학생 수는 이들이 신입생 때 진보 또는 극좌라고 말한 수보다 32퍼센트 늘었다. 자신을 보수 또는 극우라고 말한 학생 수는 28퍼센트 줄었다. 학생들은 마리화나 합법화, 동성 결혼, 낙태, 사형제 폐지, 부유층 증세 같은 문제에서 좌파 성향으로 옮겨갔다. 대학에 진학하는 사람이 줄어들면 공화당은 더 많은 선거에서 승리할 것이다.

독자 역시 대학에서 좌파로 옮겨갔을 수 있다. 만약 그렇다면, 교수의 진보적 성향 때문이었다고 생각하는가? 아니면 훌륭한 선배의 견해를 받아들이고 싶어서? 분명 그렇게 생각하지 않을 것이다. 나는 내가 대학에서 좌파로 옮겨간 이유가 교수의 견해를 스펀지처럼 흡수하거나 친구를 맹목적으로 흉내 내서가 아니라 스스로 사회의 본질과 그것을 개선할 방법을 더 잘 이해하게 되었기 때문이라고 생각했다.

그러나 사실은 친구와 교수의 사회적 영향력이 큰 몫을 했다. 그리고 그러한 교수들은 학생들에게 영향을 미칠 뿐 아니라 교수끼리도 영향을 주고받는다. 어느 보수 학생 단체는 공개적으로 열람 가능한 연방선거관리위원회의 수치를 인용하면서 2012년에 아이비리그 교수들의 정치 후원금 중에 96퍼센트가 오바마 대통령에게 갔다고 주장했다. 그러면서 브라운대학 교수 딱 한 명만 공화당 후보 미트 롬니Mitt Romney에게 후원금을 냈다고 했다(이때의 동기는 정치적 신념이라기보다 순전히 괴팍한 심술이었을 것이다).

이러한 정치 후원금 추세는 과장일 수 있지만, 사회심리학자이자 전직 아이비리그 교수였던 내가 분명히 말할 수 있는 사실은 (1)그곳 교수들 대다수가 정말로 진보 성향이라는 점, (2)자신의 의견에 영향을 미치는 순응 압력을 인식하지 못한다는 점이다. 이들이 혼자 있다면, 96퍼센트가 양치질은 날마다 하는 게 좋다고 생각한다고 말하는 일은 없을 것이다.

진보의 온상은 또 있다. 구글에서 전문 기술자를 뽑아오려던 공화당 첩보원은 그곳에서 공화당 지지자를 찾느니 차라리 게이를 찾는 게 쉽다는 사실을 알게 됐다.

반대로 보수주의를 성공적으로 양성하고 강화하는 단체도 물론 있다. 밥존슨대학교, 댈러스 상공회의소 등이 그런 곳이다.

물론 미국 전체가 세대가 바뀔 때마다 극적으로 좌파 성향으로 기울지는 않는다. 진보 성향 대학의 학생들은 폭넓은 견해를 가진 다양한 사람들의 세계로 다시 진입하고 있다. 그러니 이제 곧 평균적으로 좀 더 오른쪽으로 기울기 시작할 것이다.

다른 사람에게 영향을 받는 것은 비단 사고방식이나 이념만은 아니다. 누군가와 대화를 하면서 가끔씩 의도적으로 자세를 바꿔보라. 약 2분 정도 팔짱을 껴보라. 체중을 한쪽으로 실어보라. 한 손을 주머니에 넣어보라. 그때마다 대화 상대가 어떤 반응을 보이는지 관찰하면서 웃음은 꾹 참으시라. '상상운동 모방ideomotor mimicry'은 무의식적으로 상대를 흉내 내는 움직임이다. 그것이 없으면 사람들과의 만남이 어색하고 불만족스러울 수 있다.[11] 상대가 그런 동작을 하지 않는다면 사람들은 무엇이 문제인지 눈치채지 못한 채 "그 여자는 냉정한 사람이야"라거나 "우린 공통점이 별로 없어"라고 말할 수 있다.

사회적 영향 자각하기

사회심리학자 조지 고설스George Goethals와 리처드 레크먼Richard Reckman
은 사회적 영향력과 그것을 전혀 인식하지 못하는 축복받은 상태를
보여주는 단연 최고의 연구를 진행했다.[12] 이들은 백인 고등학생에
게 수많은 사회적 문제에 대해 의견을 물었다. 인종차별 철폐를 위
한 '인종통합 통학버스 정책'을 비롯해 당시 그들 공동체에서 대단
히 두드러지고 큰 논쟁이 된 문제들이 포함되었다.[13] 그리고 약 2주
가 흐른 뒤 연구원은 실험 참가자들에게 전화를 걸어 인종통합 통학
버스 정책 토론에 참여해달라고 부탁했다. 토론은 4명이 한 조를 이
뤘다. 이 중 3명은 생각이 비슷한 사람들로 구성했고, 따라서 세 사
람 모두 정책에 찬성하거나, 세 사람 모두 반대했다. 각 조에 배정된
네 번째 사람은 실험 진행자가 몰래 들여보낸 사람으로, 다른 세 명
의 의견에 반대하는 설득력 있는 주장으로 무장해 있었다. 토론이
끝나고 참가자들은 예전과 형식이 다른 설문지를 작성했다. 설문지
에는 인종통합 통학버스에 관한 의견을 묻는 항목도 있었다.

설문 결과, 애초에 인종통합 통학버스 정책에 반대했던 학생들 상
당수가 찬성으로 방향을 바꿨다. 찬성자들도 대다수가 반대로 의견
을 바꿨다. 연구원은 참가자들에게 예전에는 이 문제에 어떤 입장이
었는지 최대한 정확히 기억해보라고 했다. 그러면서 예전에 어느 정
도나 찬성했고 어느 정도나 반대했는지 개인별 자료를 가지고 있으
니, 참가자의 기억이 얼마나 정확한지 점검해보겠다고 했다. 그 결

과, 애초에 이 정책에 반대했던 사람들은 실제보다 훨씬 더 찬성 쪽이었다고 기억했다. 그리고 애초에 찬성했던 사람들은 평균적으로 애초부터 반대했었다고 기억했다.

고설스와 레크먼의 연구는 사회적 영향의 막대한 위력과 사람들이 그 위력을 거의 인식하지 못한다는 사실뿐 아니라 매우 중요한 사안을 비롯해 많은 것들에 대한 우리 견해가 머릿속 파일 서랍에서 나오지 않고 성급히 만들어진다는, 당혹스러우면서도 중요한 사실을 보여준다. '내 과거 의견은 이러이러했다'라는 생각 역시 조작될 수 있다는 사실도 당혹스럽다. 2007년에 내 친구가 나더러 반짝 인기를 누리는 검증되지 않은 오바마 대신 공화당 후보를 찍겠다고 말했었다. 그랬던 그가 2008년에 오바마를 열렬히 지지하며 그에게 투표했는데, 그 직전에 내가 2007년에 그가 했던 말을 상기시켰더니 그는 내가 이야기를 지어낸다며 화를 냈다. 나 역시, 현재 내 소신이 과거에 피력했던 소신과 상충된다는 말을 자주 듣는다. 그럴 때마다 과거에 그런 소신을 가졌던 사람을, 그러니까 나 자신을 재현하기가 불가능하다.

행동 원인 파악에서 행위자와 관찰자의 차이

몇 년 전에 나와 함께 연구하던 대학원생이 내가 상상도 못한 자신의 이야기를 들려주었다. 살인죄로 징역을 산 적이 있다는 이야기였다. 그는 방아쇠를 당기지 않았지만 지인이 살인을 저지를 때 현장에 있었던 탓에 살인 방조자가 되었다고 했다.

그 학생은 교도소에서 만난 여러 살인범에 관해서도 놀라운 이야기를 들려주었다. 그들은 한 사람도 빠짐없이 살인 동기를 당시 상황 탓으로 돌리더란다. "계산대에 있는 놈한테 거기 돈을 다 내놓으라니까 그놈이 계산대 밑으로 손을 뻗잖아. 그러니 어쩌겠어. 미안하지만 쏠 수밖에."

그런 동기 설명 이면에는 명백한 자기 편향적 동기가 있다. 하지만 여기서 명심할 점은 사람들은 일반적으로 '자기' 행동은 훌륭한 행동이든 끔찍한 행동이든 당시 상황에 분별 있게 대처한 결과라고 생각한다는 것이다. 그러면서도 '타인'의 행동을 판단할 때는 그 이면의 상황 요소는 좀처럼 눈치채지 못한 채 기질 요소를 행동의 주된 이유 또는 유일한 이유로 꼽는 근본적 귀인 오류를 범한다.

젊은 남자에게 왜 그 여자와 사귀냐고 물으면 "아주 따뜻한 사람이거든요"라는 식으로 대답할 것이다. 그런데 같은 남자에게 그의 지인을 가리키며 저 사람은 왜 저 여자와 사귀냐고 물으면 "그 친구에게 해를 끼치지 않을 여자친구가 필요하니까요"라는 식으로 답할 것이다.[14]

사람들에게 그들이나 그들의 가장 친한 친구의 행동이 주로 성격 특성에 좌우되는지 상황에 좌우되는지 물으면, 자신보다 친구가 상황 변화에 상관없이 일관된 행동을 보일 것 같다고 대답할 것이다.[15]

이처럼 행위자와 관찰자가 행동의 원인을 다르게 생각하는 주된 이유는 전후 맥락은 언제나 행위자에게 더 두드러져 보이기 때문이다. 상황에 맞게 행동하려면 내가 처한 상황에서 무엇이 중요한지 알아야 한다(물론 그러느라 다른 중요한 것을 많이 놓치거나 무시할 수도 있지만). 하지만 나를 바라보는 '상대'는 내가 처한 상황에 집중할 필요가 없다. 상대에게 더 두드러져 보이는 것은 내 행동이다. 그러다 보니 내 행동의 특성에서 내 성격의 특성(자상하다거나 잔인하다거나)을 성급히 판단하기 쉽다. 상대는 내가 처한 상황의 중요한 부분을 볼 수 없을 때도 많고 더러는 무시할 수도 있다. 내 행동을 성격 탓으로 돌리는 데 제약이 거의 없는 셈이다.

문화, 맥락, 근본적 귀인 오류

서양 문화권에서 자란 사람들은 삶에서 많은 기회와 재량권을 갖는 게 보통이다. 이들은 자기 이익을 추구하되 다른 사람의 관심사에는 그다지 신경 쓰지 않는다. 다른 문화권 사람들은 대개 서양인보다 삶에 제약이 많다. 서양의 자유는 고대 그리스에서 나타난 개인의 높은 주인의식에서 비롯한다. 반면에 그리스만큼이나 오래되고 발전한 중국 문명은 개인 행동의 자유보다 타인과의 조화를 훨씬 더 강조했다. 중국에서는 항상 윗사람과 동료를 포함해 타인과의 원만한 관계가 효율적인 사회생활에 필수였다. '독립'과 '상호의존'이라는 서양과 동양의 차이는 오늘날에도 여전하다.

　나는《생각의 지도The Geography of Thought》라는 책에서 이런 사회적 성향의 차이가 경제에서 나온 것 같다고 설명했다.[16] 그리스에서는 생계의 기초가 거래, 고기잡이, 목축처럼 주로 혼자 하는 일과 텃밭 가꾸기나 올리브 농장 같은 농사인 반면 중국은 쌀농사처럼 협동이 많이 필요한 농사였다. (대개는 자비로웠지만 더러는 그렇지 않았던) 전제정치는 자기 이익부터 챙기는 것이 가능하지 않은 사회에서는 효율적인 운영 방식이었을 것이다.

　이런 상황에서 중국인들은 그리스인과는 다른 방식으로 사회적 맥락에 주목해야 했다. 이런 차이는 그리스의 독립적 문화를 물려받은 서양인과 중국의 유교 전통을 물려받은 동양인을 대상으로 한 10여 가지 실험에서도 그대로 나타난다. 그중 내가 좋아하는 실험 하나를 소개하겠다. 사회심리학자 마쓰다 다카히코增田貴彦는 일본 대학생과 미국 대학생에게 위의 그림에서 가운데 인물의 표정이 어떻게 느껴지는지 말해보라고 했다.[17]

　일본 학생들은 가운데 놓인 인물이 행복한 사람들에게 둘러싸였을 때보다 슬픈(또는 화난) 사람들에게 둘러싸였을 때 덜 행복해 보인다고 했다. 반면에 미국 학생들은 주위 사람들의 감정에 영향을 받는 정도가 훨씬 덜 했다(슬프거나 화난 표정을 가운데 놓고 행복한 표정이나 슬픈 표정, 화난 표정을 뒤에 놓고도 실험했지만 결과는 같았다).

　맥락에 주목하는 현상은 물리적 맥락에서도 나타난다. 이런 차이가 얼마나 뿌리 깊은지 알아보려면 위의 그림을 보라. 물밑을 보여주는 20초짜리 컬러 영상의 한 장면이다. 마쓰다와 나는 이런 영상을 여러 사람에게 보여준 뒤 무엇을 봤는지 얘기해보라고 했다.[18]

　미국인은 다음과 같은 말로 시작할 것이다. "큰 물고기 세 마리가 왼쪽으로 헤엄치는 걸 봤어요. 지느러미는 분홍색, 배는 하얀색인데 등에 세로 줄이 있었어요." 한편 일본인은 이렇게 말하기 쉽다. "시냇물 같은 걸 봤는데 물은 녹색이고 바닥에는 돌멩인가 조개껍데기가 있었어요. 큰 물고기 세 마리가 왼쪽으로 헤엄치고 있었고요." 일본인은 맥락을 만든 뒤에야 미국인들에게 가장 두드러져 보이는 사물에 접근했다. 종합해보면, 일본인은 미국인보다 배경 사물에 60퍼센트 더 많이 주목했다. 동아시아인이 서양인보다 맥락에 더 주목한다는 사실을 생각하면 당연한 결과다.

이런 차이는 행동의 원인을 설명할 때에도 그대로 나타나, 동양인은 상황을, 서양인은 기질을 원인으로 꼽는 경우가 많다. 한국의 사회심리학자들의 연구에 따르면, 어떤 사람이 같은 상황에 처한 대부분의 다른 사람들처럼 행동하면 한국인들은 그 상황의 어떤 요소가 그 사람의 행동을 촉발했으리라는 꽤 합리적인 추론을 내린다.[19] 그러나 미국인이라면 그 상황에서는 다른 사람도 똑같이 행동할 수 있다는 사실을 무시한 채 개인의 기질로 그 사람의 행동을 설명하려 할 것이다.

동양인도 서양인만큼은 아니지만 근본적 귀인 오류에 빠지기 쉽다. 예를 들어 앞서 존스와 해리스의 연구에서, 사람들은 주어진 과제에 따라 수필을 쓴 사람이 그 수필과 똑같은 의견을 가졌으려니 단정하는 성향을 보였듯이, 최인철이 동료들과 비슷한 연구를 진행한 결과, 한국인도 미국인과 비슷한 실수를 한다는 사실이 드러났다.[20] 그러나 한국인들은 수필을 읽기 전에 글쓴이가 자기 견해와 별개로 그런 글을 썼다는 이야기를 들었을 때, 상황을 이해하고 글쓴이의 진짜 견해는 글의 논지와 일치한다고 단정하지 않았다. 하지만 미국인은 빤히 조작된 상황에서도 사정을 감안하지 않은 채 글쓴이의 진짜 생각을 알았다고 단정한다.

동양인들은 세상을 '전체적인' 관점으로 바라보는 성향이 있다.[21] 이들은 (사람을 비롯해) 대상을 맥락 안에서 바라보고, 어떤 행동이 특정한 상황 때문에 초래되었다고 생각하는 성향이 있으며, 사람들 사이 또는 사물들 사이의 관계에 주목한다. 반면에 서양인들의 관점은 좀 더 '분석적'이다. 이들은 사물에 주목해 속성을 알아내고 그 속성에 따라 사물을 분류하며, 특정한 범주의 사물에 적용된다고 생각하는 규칙에 따라 그 사물을 파악한다.

두 관점 모두 그 나름의 장점이 있다. 분석적 관점은 서양이 과학계에서 지배적 위치를 차지하는 데 한몫했다. 과학은 기본적으로 분류하고, 그 분류에 적용되는 규칙을 발견하는 것이다. 사실 그리스가 과학을 탄생시킨 시기에 중국은 수학과 다른 여러 분야에서 큰 진척을 이루긴 했지만 근대적 의미의 진정한 과학 전통을 만들어내지는 못했다. 하지만 동양인은 전체적 관점 덕에 타인의 행동을 이해할 때 심각한 오류를 피할 수 있다. 게다가 좀처럼 기질을 탓하지 않다 보니 사람들의 변화 능력을 믿게 된다. 14장에서 변증법 추론을 다루면서 살펴보겠지만, 아시아인은 인간의 행동이 다른 요소에 영향을 받기 쉽다고 생각하기 때문에 서양인이 곧잘 오해하는 중요한 문제를 정확히 이해한다.

요약

　1장과 2장에서 알 수 있는 주요 사실 하나는 우리 머릿속에서는 생각보다 훨씬 더 많은 일들이 일어나고 있다는 것이다. 이 사실이 일상생활에서 뜻하는 바는 의미심장하다.

　맥락에 주목하라. 그러면 나와 타인의 행동에 영향을 미치는 상황 요소를 더 정확히 알 수 있다. 특히 맥락에 주목하면 지금 작동하고 있을지 모를 사회적 영향도 인식할 가능성이 높아진다. 아무리 고민해도 내 생각이나 행동에 영향을 미치는 사회적 요소를 찾지 못할 수도 있다. 하지만 타인에게 영향을 미치는 사회적 요소를 알아볼 수 있다면, 나 역시 그 영향을 받으리라고 생각하면 틀림없다.

　상황 요소는 나와 타인의 행동에 생각보다 많은 영향을 미치는 반면, 기질 요소는 생각보다 적은 영향을 미친다는 사실을 기억하라. 한두 가지 상황에서의 행동만으로 앞으로의 행동을 알 수 있다고 단정하지 마라. 그런 행동을 유발한 특성이나 믿음 또는 취향을 속단하는 것도 금물이다.

　어떤 사람이 자신의 행동을 상황에 대한 반응이라 여길 때, 우리는 그 판단이 지나치다고 생각하지만, 사실은 우리보다 당사자의 판단이 맞을 확률이 더 높다는 점을 기억하라. 당사자는 현재 자기가 처한 상황을, 그와 관련한 개인적 사연을, 우리보다 더 잘 알고 있다.

　사람은 변할 수 있다는 사실을 인식하라. 고대 그리스 시대부터 서양인들은 세상이 대체로 정적이며 사람을 비롯해 어떤 대상의 행위는 불변하는 기질에서 나온다고 믿었다. 반면에 동아시아인들은 불변하는 것은 오직 변한다는 사실뿐이라고 생각했다. 환경을 바꿔보라. 그러면 사람도 바뀐다. 이 책에서도 앞으로 가변성에 대한 믿음이 불변성에 대한 믿음보다 일반적으로 더 정확하고 더 유용하다고 주장할 것이다.

　이상의 원칙들은 세상을 이해하는 정신적 도구가 될 수 있다. 이 원칙들을 하나하나 적용하다 보면 그 유용성을 알게 되고 원칙을 적용할 수 있는 범위가 점점 늘어나 결국 자주 활용하게 된다.

3장

합리적인 무의식

우리는 보통 내가 무엇을 생각하고 있으며 생각은 어떤 절차로 작동하는가를 비롯해 자신의 머릿속에서 일어나는 일을 잘 안다고 생각한다. 하지만 이런 생각은 현실과 거리가 멀어도 한참 멀다.

1장과 2장에서 분명히 밝혔듯이, 우리 판단과 행동에 영향을 미치는 요소의 상당 부분이 보이지 않는 곳에서 작동한다. 관심을 갖는다 해도 좀처럼 알아채기 힘든 자극이 우리 행동에 영향을 미치기도 한다. 우리가 눈치채는 자극이라 해도 그중 상당수는 그럴듯한 설명이 어렵다.

머릿속에 노인을 생각하면 걸음 속도가 느려진다는 사실을 우리는 눈치채지 못한다. 제니퍼가 재스민보다 사회적으로 높은 계층에 속하는 것을 우리가 알고 있다면, 우리는 자신도 모르게 제니퍼의 성과를 재스민의 성과보다 더 높게 평가한다. 이번 투표에서 학교를 투표소로 이용한 까닭에 우리는 평소 투표 성향과 반대로 지역의 교육세 인상에 찬성했다는 사실을 눈치채지 못한다. 우리가 빌의 진정서가 아니라 밥의 진정서에 서명한 이유 가운데 하나는 밥의 진정서가 더 깔끔한 서체로 작성되었기 때문이라는 사실도 알지 못한다. 마사보다 메리언이 더 따뜻한 사람이라고 생각하는 이유 중에는 메리언과는 따뜻한 커피를 마시고 마사와는 아이스티를 마셨다는 이유도 있다는 사실을 깨닫지 못한다. 우리는 머릿속 작동 원리를 안다고 생각하지만 사실은 모르는 때가 태반이다. 그런데도 자신의 판단과 행동을 재빨리 해명하는데, 사실은 정확한 해명과는 거리가 멀다. 자각과 의식을 둘러싼 이런 진실에는 우리가 일상을 어떻게 살아가야 하는가를 암시하는 중요한 단서가 가득하다.

의식과 공화증 *

여러 해 전에 나는 티모시 윌슨Timothy Wilson과 함께 사람들이 일상의 판단에 영향을 미치는 인식 과정을 스스로에게 어떻게 설명하는지 알아보는 프로그램을 시작했다.[1] 우리는 사람들이 빈약한 이론이나 잘못된 이론으로 자신의 머릿속에서 일어나는 일들을 설명한다면 실제로 어떤 일이 일어나고 있는지를 오판할 수 있다는 결과가 나오

• 사실이 아닌 이야기를 지어내는 병적 상태 — 옮긴이.

겠거니 예상했다. 인식 과정을 실제로 들여다볼 수 없어 추측으로 이론을 만들다 보니 그럴 수밖에 없을 터였다.

우리는 간단한 실험을 진행하면서 사람들에게 단어 쌍을 외우게 했다. 그런 다음 단어 연상 연구에 참여해달라고 했다. 예를 들자면 첫 번째 실험에서 '대양-달ocean-moon'을 보여주었다. 그런 다음 단어를 연상하는 "두 번째 연구"라며, 참가자에게 생각나는 세제 이름을 말해보라고 했다. 앞의 단어 쌍을 기억한다면 당연히 '타이드Tide(밀물과 썰물을 뜻하는 말―옮긴이)'를 떠올리기 쉽다. (물론 비교를 위해 일부 참가자에게는 애초에 '대양-달'의 단어 쌍을 보여주지 않았다.) 단어 연상 실험이 끝난 뒤 참가자에게 왜 그 세제가 떠올랐는지 물었다. 이들은 앞서 특정한 단어 쌍을 외웠던 일은 전혀 언급하지 않았다. 그보다는 해당 세제의 두드러진 특징("타이드가 가장 유명한 세제니까")이나 개인적 의미("어머니가 타이드를 사용해서") 또는 감정("개인적으로 타이드 상자가 마음에 들어서") 등을 이유로 꼽았다.

앞에서 외운 단어가 영향을 미쳤을 가능성은 없냐고 딱 꼬집어 묻자 피험자 약 3분의 1이 일부 단어는 영향을 미친 것도 같다고 대답했다. 하지만 그렇게 대답했다고 해서 그가 실제로 그 연관관계를 알았다고 단정할 근거는 없다. 실제로 영향을 미친 단어 쌍 중에는 참가자 중 누구도 그 연상작용을 눈치채지 못한 단어도 있었다. 그런가 하면 많은 참가자가 영향을 받았다고 주장했지만 실제로는 거의 영향을 미치지 않은 단어 쌍도 있었다(우리가 이렇게 주장하는 근거는 해당 단어 쌍을 암기할 경우 나중에 특정 단어를 연상할 가능성이 어느 정도나 되는지 알고 있기 때문이다). 이 연구를 통해 사람들은 자기 머릿속에서 어떤 과정이 일어나는지 모를 뿐 아니라 그 과정이 일어났는지 직접 물어도 회상하지 못한다는 사실이 분명해졌다.

사람들은 A 때문에 B라는 결과가 나왔다는 사실을 눈치채지 못했고, 나아가 B라는 결과가 A에 영향을 미쳤다고 믿기도 했다.

우리 연구 중에는 참가자가 자신의 판단과 그 근거를 언급했지만 사실은 그 인과관계가 뒤집힌 경우도 있었다. 이를테면 학생들에게 유럽 억양을 쓰는 대학 강사의 자기소개 모습을 보여주었다. 강사는 참가자 절반에게 자신을 따뜻하고, 상냥하고, 열정적인 사람으로 소개했다. 다른 절반에게는 학생들을 신뢰하지 않는 차갑고 엄격한 독불장군 스타일로 소개했다. 그런 다음 참가자에게 강사에 대한 호감도, 그리고 본질상 두 실험 조건에서도 변함없을 특성인 외모, 버릇, 억양을 평가하게 했다.

강사의 따뜻한 모습을 본 학생들은 차가운 모습을 본 학생들보다 강사에 대한 호감도를 당연히 더 높게 평가했다. 한편 특성 평가에서는 '후광효과'가 뚜렷이 나타났다. 후광효과는 어떤 사람에게서 아주 좋은 점(또는 아주 나쁜 점)이 나타나면 그 사람의 다른 부분까지도 모두 덩달아 좋게(또는 나쁘게) 보이는 현상이다. 강사의 따뜻한 면을 본 참가자 대다수는 강사의 외모와 버릇까지도 매력적이라고 평가했고, 억양은 좋지도 나쁘지도 않은 중간으로 평가했다. 반면에 강사의 차가운 면을 본 참가자 대다수는 세 가지 특성이 모두 불쾌하고 짜증난다고 평가했다.

강사의 친근한 면을 본 참가자는 그에 대한 긍정적인 느낌이 그의 특성을 평가하는 데 영향을 미쳤다는 사실을 알았을까? 그리고 차가운 면을 본 참가자는 자신의 부정적인 느낌이 그의 특성을 평가하는 데 영향을 미쳤다는 사실을 알았을까? 우리는 일부 참가자에게 이에 대해 물었다. 그들은 강사에 대한 긍정적 또는 부정적 느낌이 강사의 특성을 평가하는 데 영향을 미쳤다는 사실을 강하게 부인했다("그만 좀 하세요. 억양 정도는 내가 그 사람을 얼마나 좋아하는지에 상관없이 판단할 수 있다고요"). 다른 참가자에게는 거꾸로 질문을 던졌다. 강사의 특성에 대한 느낌이 그의 전반적인 호감도에 얼마나 영향을 미쳤는가? 강사의 따뜻한 면을 본 참가자들은 강사의 특성에 대한 느낌이 전반적인 평가에 영향을 미쳤다는 사실을 부인했다. 반면에 차가운 면을 본 참가자들은 세 가지 특성에 대한 부정적 느낌이 전반적인 호감도에 영향을 미쳤을 수도 있다고 대답했다. 그렇다면 이들은 정확히 거꾸로 대답한 셈이다. 강사에 대한 비호감이 외모, 버릇, 억양에 대한 평가를 끌어내렸는데도, 그러한 영향은 부인한 채 그 세 가지 특성이 싫어서 전반적으로 호감도를 끌어내렸다고 주장하는 게 아닌가!

그렇다면 우리는 실제로 어떤 것의 영향을 받아놓고도 영향을 받지 않았다고 확신하기도 하고, 영향을 받지 않아놓고도 받았다고 확신하기도 한다. 이런 혼란 탓에 사람을 엉터리로 판단할 수 있다. 우리가 누군가를 좋아하거나 싫어하는 이유를 스스로도 모를 때가 있어 그 사람을 대할 때 심각한 실수를 저지르기도 하는데, 이를테면 우리는 어떤 사람의 이런저런 특성이나 행동 때문에 우리가 그 사람을 싫어한다고 판단해 그의 특성이나 행동을 바꾸려 하지만, 사실은 그 특성이나 행동이 그에 대한 전반적인 호감도와는 상관이 없을 수도 있다.

역치하 지각과 역치하 설득

우리는 어떤 자극을 의식하지 못한 채 그 자극에 영향을 받기도 한다. '역치하subliminal, 閾値下'는 자신이 알아채지 못하는 자극을 가리킬 때 쓰는 말이다('역치limen'는 빛이나 소리 같은 자극이 감지 가능한 수준에 도달하는 지점이다).

심리학의 유명한 발견 하나는 사람들은 짧은 노래나 시, 한자, 터키어, 사람 얼굴 등의 자극에 많이 노출될수록 (처음부터 그 자극을 싫어하지 않았다면) 그 자극을 좋아한다는 점이다.[2] 소위 '단순 친숙함 효과mere familiarity effect'는 사람들에게 한쪽 귀로는 어떤 이야기를 들려주고 다른 귀로는 다양한 일련의 소리를 들려주는 실험에서 밝혀졌다. 이 실험에서 사람들은 어떤 소리를 자주 들을수록 그 소리를 더 좋아했다. 심지어 그 소리가 나오는 줄 몰랐거나 실험이 끝난 뒤에 여러 번 반복되던 그 소리와 한 번도 들어본 적 없는 소리를 구별하지 못했을 때조차 그 효과가 나타났다.

심리학자 존 바그와 폴라 피에트로모나코Paula Pietromonaco는 실험 참가자 앞에 놓인 컴퓨터 화면에 10분의 1초 동안 어떤 단어를 보여준 뒤에, 참가자가 자신이 무엇을 봤는지 알아채지 못하도록 그 단어가 나타났던 자리에 ×표시를 해서 그 ×표들을 선으로 연결한 '위장 자극'을 보여주었다.[3] 참가자 중에는 적대적 의미의 단어에 노출된 사람도 있고, 중립적 단어에 노출된 사람도 있었다. 그런 다음 참가자는 '도널드'에 관한 이야기를 읽었는데, 도널드의 행동은 적대적으로도, 중립적으로도 해석이 가능했다("판매원이 문을 두드렸지만 도널드는 문을 열어주지 않았다"). 그러자 앞서 적대적인 단어에 노출되었던 참가자는 중립적인 단어에 노출되었던 참가자보다 도널드를 더 적대적으로 평가했다. 하지만 이들은 도널드를 묘사한 글을 읽은 직후에 앞서 봤던 단어와 보지 못한 단어를 구별하지 못했을 뿐 아니라 단어가 화면에 깜빡거렸다는 사실조차 몰랐다.

사람들은 자신이 보았다는 사실조차 모를 정도로 약한 자극에 노출되어도 믿음이나 행동에 영향을 받는다는 '역치하 설득'을 떠올리게 하는 실험이었다. 이 주제를 둘러싸고 여러 해 동안 많은 연구가 진행되었지만 이렇다 할 설득력 있는 결과는 나오지 않았다.

최근의 일부 마케팅 연구를 통해 역치하 자극도 선택에 영향을 미칠 수 있다는 사실을 알게 됐다. 예를 들어 사람들을 갈증 나게 한 다음, 특정 상표를 그 사람이 눈치채지 못할 정도로 순간적으로 보여준 뒤에 그 상표와 다른 상표를 주고 선택하라고 하면, 순간적으로 봤던 상표를 선택할 확률이 높았다.[4]

그러나 (의식 가능한 수준의) '역치상' 자극은 비록 갑작스럽고 분명히 인식하지 못할 정도라도 확실히 소비자의 선택에 영향을 미친다.[5] 어떤 색깔 펜으로 제품을 표시하느냐와 같은 아주 사소한 자극도 영향을 미칠 수 있다.[6] 주황색 펜으로 글씨를 쓰는 사람은 녹색 펜으로 글씨를 쓰는 사람보다 소비자 동향 조사에서 주황색 제품을 고를 확률이 높다. 이처럼 주변 상황에 나타난 신호 역시 소비자의 선택에 영향을 미친다.

감지되기 전에 감지하는 법

사람들은 흔히 무의식은 주로 폭력이나 섹스처럼 잘 언급하지 않는 것들에 대한 억눌린 사고의 저장소라고 생각한다. 하지만 의식이 무의식을 탓한다면 숯이 검정을 나무라는 꼴이다. 의식적 사고에도 섹스와 폭력은 난무한다. 대학생에게 벨이 울릴 때마다 머릿속 생각을 적게 하면 상당수가 섹스에 관한 것이다. 그리고 대학생 다수가 누군가를 죽이는 상상을 했다고 대답한다.[7]

무의식은 단지 용납되지 않는 생각을 하며 시간을 보내지 않는다. 그보다는 유용하고 심지어 꼭 필요한 일을 꾸준히 행동에 옮긴다.

무의식은 우리에게 필요한 것을 '미리' 감지한다. 우리 감지 시스템을 거대한 자극의 집합을 무의식적으로 감시하는 것이라고 생각해 보자. 의식은 이 중 극히 일부만을 알아챌 뿐이다. 무의식은 이 자극 중에 흥미롭거나 처리할 필요가 있는 자극을 골라 의식에 전달한다.

이 주장이 의심스럽거든 방 안에 대형 괘종시계가 놓였다고 상상해보라. 의식하든 못하든 우리는 시계가 똑딱거리는 소리를 듣는다. 어떻게 확신하느냐고? 시계가 멈추면 즉시 알아채기 때문이다. 이번엔 '칵테일파티 효과'를 생각해보자. 나 말고 30명이 있는 왁자지껄한 곳에서 상대의 이야기를 들으려고 신경을 곤두세운다. 내 귀에는 상대의 말소리만 들린다. 하지만 실제로는 그 외에도 많은 소리를 듣고 있다. 2미터 떨어진 곳에서 어떤 사람이 내 이름을 언급하면, 즉시 그 소리를 알아듣고 말한 이를 돌아보지 않는가.

무의식은 이처럼 의식보다 감지 용량이 훨씬 더 클 뿐 아니라 한꺼번에 훨씬 더 많은 요소를, 그리고 훨씬 더 광범위한 '종류'를 생각에 담아둘 수 있다. 따라서 여기에 의식까지 가담하면 사물을 평가할 때 엉망이 될 수 있다. 이를테면 예술 포스터나 잼 같은 대상을 보고 나서 그 느낌을 말로 표현하고 각각의 물건에서 어떤 점이 좋고 어떤 점이 싫은지 말한 뒤에 고르라고 하면, 그 물건들을 그저 잠시 생각한 뒤 고를 때보다 잘못 고를 확률이 더 높아진다.[8] 잘못 골랐다는 걸 어떻게 알까? 머릿속에서 일어나는 과정을 말로 표현해야 했던 사람들에게 시간이 조금 지나서 아까 선택했던 물건을 평가해보라고 하면 그 물건이 아까만큼 만족스럽지 않다고 말하기 때문이다.

이런 의식적 선택이 문제가 되는 이유 하나는 말로 표현되는 특징에만 초점을 맞추기 때문이다. 그리고 그런 특징은 대개 그 물건의 중요한 여러 특징 중에 일부일 뿐이다. 무의식은 말로 표현되는 특징뿐 아니라 표현되지 않는 특징까지 모두 고려하기 때문에 더 나은 선택을 하게 한다.

이처럼 선택을 할 때 의식적인 과정을 빼버리면 더 나은 결과가 나오기도 하는데, 이 결론을 뒷받침하는 연구가 있다. 네덜란드 연구원들이 학생들에게 아파트 네 개 중에 가장 좋은 걸 고르라고 했다. 아파트마다 장점이 있고(매우 좋은 위치) 단점이 있었다(쌀쌀맞은 주인).[9] 이 중에 한 아파트가 장점 8개, 단점 4개, 중립적 특징 3개로, 다른 아파트보다 장단점의 조합이 좋아 객관적으로 우세했다. 참가자 중에 첫 번째 조는 의식적으로든 무의식적으로든 고민할 시간도 없이 곧바로 선택해야 했다. 두 번째 조는 3분 동안 곰곰이 생각하면서 모든 정보를 최대한 충분히 검토하게 했다. 이들은 의식적으로 선택을 고민할 시간이 충분했다. 세 번째 조는 다른 참가자들과 똑같은 정보를 받았지만, 3분 동안 아주 어려운 다른 일을 해야 해서 그 정보를 의식적으로 처리할 여유가 없었다. 따라서 이들이 아파트 관련 정보를 처리한다면, 자기도 모르는 사이에 처리하는 경우가 된다.

놀랍게도 다른 어려운 일에 정신을 빼앗긴 세 번째 조는 생각할 시간이 많았던 두 번째 조보다 아파트를 제대로 고를 확률이 3분의 1 가까이 더 높았다. 게다가 두 번째 조는 고민할 시간이 거의 없던 첫 번째 조보다도 더 나은 선택을 하지 못했다.[10] 이 연구 결과는 삶에서 어떻게 선택과 결정을 해야 하는가에 중요한 시사점을 준다. 다음 장에서 이 문제를 다시 거론하면서, 사람들은 어떤 식으로 선택하고 그 선택이 최선일 가능성을 극대화하기 위해 어떻게 하는지에 관한 이론을 다룰 것이다.

학습

대단히 복잡한 유형을 학습할 때는 무의식이 의식보다 나을 수 있다. 실제로 무의식은 의식이 학습하지 못하는 것을 학습하기도 한다. 파월 레위키Pawel Lewicki는 동료들과 실험을 진행하면서 사람들에게 네 칸으로 나뉜 컴퓨터 화면을 주시하게 했다.[11] 네 칸 중 한 곳에 X가 나타날 것이다. 참가자는 넷 중 어디에 X가 나타날지 예상해 버튼을 눌러야 한다. 참가자는 모르는 사실이지만, X가 나타나는 위치는 매우 복잡한 규칙에 따라 정해진다. X는 똑같은 칸에 연이어 두 번 나타나지 않는다, X는 적어도 다른 두 칸에 나타나기 전에는 같은 자리에 다시 나타나지 않는다, X의 두 번째 위치는 세 번째 위치를 정하고 네 번째 위치는 앞선 두 번의 시도에서 정해진 위치로 결정된다는 등의 규칙이다. 사람들은 이 복잡한 규칙을 학습할 수 있었을까?

학습할 수 있었다. 판단 근거는 이렇다. (1)참가자는 시간이 지나면서 정답 버튼을 더 빨리 눌렀고, (2)규칙이 갑자기 바뀌자 이들의 답은 엉망이 되었다. 하지만 이때 의식은 끼어들지 않았다. 참가자들은 규칙을 파악하기는커녕 규칙이 있다는 사실조차 의식적으로 인지하지 못했다.

그런데도 갑자기 결정이 엉망이 된 이유를 정확히 설명했다. 참가자들이 심리학 교수라서 더 그랬는지도 모른다(이들은 자신이 무의식적 학습에 관한 연구에 참여하고 있다는 사실을 우연히 알게 되었다). 이들

중 셋은 단지 "리듬을 잃어서" 그랬다고 했다. 둘은 실험 진행자가 화면에 정신을 흐트러뜨리는 역치하 메시지를 입력했다고 했다.

우리는 왜 자신이 학습한 것이 어떤 유형인지 의식적으로 인식하지 못할까? 이 질문에 나는 퉁명스럽게 되묻겠다. "꼭 인식해야 하는가?" 대부분의 경우에 중요한 점은 우리가 어떤 유형을 학습한다는 것이지, 유형 뒤에 숨은 규칙을 정확히 말할 수 있어야 한다는 것은 아니다.

무의식은 모든 종류의 유형을 감지하는 데 뛰어나다. 검은색 또는 흰색의 픽셀 천 개로 이루어진 컴퓨터 스크린을 상상해보자. 스크린 절반에 검은 픽셀과 흰 픽셀을 임의의 비율로 섞는다. 그런 다음 그것을 뒤집어 원본과 대칭인 이미지를 만든다. 그리고 이 두 개의 이미지를 나란히 놓아보자. 둘 사이의 대칭성이 금방 눈에 들어올 것이다. 둘이 완벽한 대칭이란 걸 어떻게 알아보겠는가? 같은 위치의 픽셀이 똑같은지 다른지 의식적으로 하나하나 비교해 판단한 것은 물론 아니다. 이런 식으로 완벽한 대칭을 판단하려면 50만 번은 비교해야 한다. 얼마 전까지만 해도 컴퓨터조차 이런 비교를 순식간에 해내지 못했다.

복잡한 유형을 감지한다고 해서 일일이 비교해야 하는 것은 아니다. 대칭 이미지는 보는 즉시 자동적으로 알아볼 수 있다. 못 알아보는 게 불가능하다. 하지만 그 픽셀이 어떤 유형인지 정확히 말해보라고 하면 (픽셀이 금방 알아볼 수 있는 몇 가지 분명한 형태로 저절로 변신하는 기적이 일어나지 않는 한) 당황스러워 쩔쩔맬 것이다. 신경계는 유형을 감지하도록 정교하게 만들어졌다. 하지만 유형을 알아보는 과정은 전적으로 베일에 가려져 있다.

더러는 유형을 지나치게 잘 감지해서 탈이다. 때로는 있지도 않은 유형을 본다. 3부에서 살펴보겠지만, 우리는 종종 전적으로 무작위로 일어난 여러 사건이 이를테면 타인과 같은 어떤 동인에 의해 발생했다고 확신한다.

문제 해결

소수는 1과 자신으로만 나뉘는 수다. 유클리드는 무려 2천 년 전에 소수가 무한히 많다는 사실을 증명했다. 재미있는 점은 차이가 2가 나는, '쌍둥이'처럼 보이는 소수가 많다는 것이다. 3과 5, 17과 19 등이 그 예다. 그렇다면 쌍둥이 소수는 무한한가? 이 의문은 저명한 수학자와 아마추어 수학자를 모두 매료시켰지만 지난 2천 년 넘게 답이 나오지 않았다. 컴퓨터를 이용해 이제까지 찾아낸 가장 큰 쌍둥이 소수는 $3,756,801,695,685 \times 2^{666,669} \pm 1$이다. 하지만 컴퓨터의 어마어마한 능력으로도 쌍둥이 소수 추론의 진실을 밝히지 못해서 이 문제의 해법은 오랜 세월 수학계 꿈의 목표가 되었다.

2012년 4월 17일 〈수학연보Annals of Mathematics〉에 뉴햄프셔대학 강사로 있는 무명의 수학자가 보낸 논문이 도착했다. 쌍둥이 소수 추론 증명에 획기적으로 한 발 다가갔다고 주장하는 논문이었다.[12] 논문의 저자는 50대 장이탕張益唐으로 뉴햄프셔대학에 자리를 잡기 전여러 해 동안 경리, 지하철 직원 등 여러 직업을 전전했던 사람이다.

수학 전문 잡지사에는 무명의 수학자들이 거창한 주장을 끊임없이 보내오는데, 〈수학연보〉 편집자들은 장이탕의 주장이 언뜻 보기에 그럴듯해서 즉시 논문 검토를 의뢰했다. 〈수학연보〉가 논문을 접수한 지 (학계 기준으로는 빛의 속도인) 3주가 지나 심사위원 전원은 논문이 유효하다고 선언했다.

장이탕이 증명한 사실은 7000만 이하 차이가 나는 소수 쌍이 무한히 존재한다는 것이었다. 대단히 큰 소수의 영역으로 아무리 깊이 파고 들어가도, 그 소수들이 얼마나 드물게 나타나든, 차이가 7000만이 안 되는 소수 쌍을 한없이 찾을 수 있다는 것이다.

정수론 학자들은 이 결과를 "충격적"이라고 선언했다. 하버드대학 초청을 받은 장이탕은 구름처럼 몰려든 케임브리지시 대학 관계자들 앞에서 자신의 연구에 대해 강연을 했다. 그의 논문이 심사위원을 열광시켰듯이 그의 강의는 청중에게 깊은 인상을 주었다.

장이탕은 3년 동안 쌍둥이 소수 추론을 연구했지만 소득이 전혀 없었다. 그러다가 갑작스럽게 해법이 찾아온 순간은 그가 연구실에서 이 문제로 씨름하고 있던 때가 아니라 콜로라도에 있는 친구 집 뒤뜰에 앉아 콘서트 장으로 떠나기 전 잠시 친구를 기다리던 순간이었다. "순간, 이게 정답이구나, 하는 생각이 들었습니다." 그가 말했다.

여기까지가 무의식의 성과였고, 이 뒤부터는 의식이 개입하기 시작했다. 장이탕은 여러 달에 걸쳐 그 해법의 세세한 부분을 손질했다.

장이탕의 경험은 매우 높은 수준의 창조적 문제를 해결할 때 나타나는 전형적인 사례라 할 수 있다. 예술가, 수학자, 과학자 같은 창조적인 사람이 자신의 창조 방식을 이야기하는 걸 들어보면 놀랍도록 비슷한 점이 있다. 미국 시인 브루스터 기셀린Brewster Ghiselin은 앙리 푸앵카레Henri Poincaré에서 피카소에 이르기까지, 다양한 분야에서 고도로 창조적인 사람들이 자신의 작업 방식에 관해 쓴 수많은 글을 모아 한 권의 책으로 엮었다.[13]

기셀린은 "순전히 의식적인 계산만으로는 절대 그런 결과가 나올 수 없다"고 말한다. 그에 따르면, 글쓴이들은 자신을 구경꾼처럼 묘사했다. 의식적 견해 뒤에 숨은 문제 해결 과정의 열매를 처음 목격한 사람이라는 점에서 관찰자와는 다르다.

이들의 주장에 따르면 (1)자신도 무엇이 그 해법을 촉발했는지 거의 또는 전혀 알 수 없으며, (2)그 문제를 어떤 식으로든 생각해본 적이 있는지도 확실치 않은 때가 있다.

수학자 자크 아다마르Jacques Hadamard는 이렇게 말한다. "외부 소음에 불현듯 깨었을 때, 그 순간 전혀 생각하지 않았던, 오랫동안 찾아 헤매던 해법이 머릿속에 불쑥 떠올랐다. (…) 그것도 내가 예전에 시도하던 방식과는 전혀 다른 방식으로." 수학자 앙리 푸앵카레도 비슷한 이야기를 한다. "기분 전환으로 여행을 떠나 수학은 잊고 있었다. (…) 그런데 (버스에) 발을 올려놓는 순간, 예전과는 전혀 다른 생각이 떠올랐다. 내가 푹스 방정식을 정의할 때 사용했던 변환이 비유클리드 기하학의 변환과 동일하다는 생각이었다." 철학자이자 수학자인 앨프리드 노스 화이트헤드Alfred North Whitehead는 "귀납적 일반화에 성공하기 직전에 상상이 뒤죽박죽되던 긴장감"을 언급했다.

시인 스티븐 스펜더Stephen Spender는 "내가 느끼는 어둑한 아이디어 구름은 응결되어 언어의 소나기가 되어야 한다"고 말한다. 시인 에이미 로웰Amy Lowell은 이렇게 썼다. "아이디어는 특별한 이유 없이 머릿속에 나타날 것이다. 이를테면 '청동 말'처럼. 나는 말〔馬〕을 시의 좋은 주제로 머릿속에 입력했다. 입력과 동시에 내 의식은 그 주제를 더 이상 생각하지 않았다. 하지만 내가 진짜로 한 일은 그 주제를 잠재의식 속에 떨어뜨린 것이다. 마치 편지를 우편함에 집어넣듯이. 6개월이 지나 머릿속에 시어가 떠오르기 시작했고, 나만의 언어로 표현하자면, 시가 '거기' 있었다."

역사상 가장 흥미로운 아이디어를 냈던 가장 창조적인 사람들에게 해당하는 이런 진실은 일상의 지루한 문제를 해결하는 우리 모두에게도 해당한다.

약 1세기 전에 심리학자 노먼 마이어Norman Maier는 실험실 천장에 두 개의 줄을 매달아놓았다. 바닥에는 죔쇠, 펜치, 연장선 같은 여러 가지 물건이 널려 있었다.[14] 실험 참가자는 두 줄을 묶어야 했다. 문제는 두 줄이 멀리 떨어져 있어서 둘을 동시에 잡을 수 없다는 것이다. 참가자들은 하나의 줄 끝에 연장선을 잇는 등 여러 가지 해결책을 재빨리 내놓았다. 해결책이 나올 때마다 마이어는 참가자에게 "그럼 이제 다른 방법을 찾아보라"고 했다.

해결책 중에는 매우 어려운 것도 있어서, 참가자 대부분이 혼자서는 그걸 알아내지 못했다. 참가자가 당혹해하며 서 있는 동안, 마이어는 방을 서성일 것이다. 그리고 몇 분이 지나 마이어는 무심한 듯 줄 하나를 살짝 흔든다. 그러면 이 힌트를 준 지 대개 45초 안에 참가자는 줄 한쪽 끝에 저울추를 매달아 시계추처럼 흔들리게 해놓고 다른 줄이 있는 쪽으로 달려가 줄을 잡은 뒤 추를 매단 줄이 자기 쪽으로 오기를 기다렸다가 그 줄도 잡는다. 이 문제를 해결한 뒤에는 흔히 이런 답이 나온다. "지금 막 생각났어요." "이제 이 방법밖에 없어요." "저울추를 매달면 줄이 흔들릴 거라는 걸 지금 막 생각해냈어요."

참가자 중 한 사람이었던 심리학 교수는 특히 자세한 설명을 덧붙였다. "다른 방법은 다 동원했으니 시계추처럼 흔드는 것만 남았잖아요. 시계추처럼 몸을 날려 강을 건너는 상상을 했어요. 원숭이가 몸을 날려 나무를 타는 것도 상상하고요. 이런 상상이 동시에 튀어나와 해결 방법이 떠올랐죠. 완벽해 보였어요."

마이어는 이런 설명을 들은 뒤에 참가자에게 자신이 줄을 흔든 모습에서 힌트를 얻지 않았냐고 다그쳐 물었다. 약 3분의 1이 그랬다고 인정했다. 하지만 그들이 실제로 그 힌트를 인식했는지는 알 수 없었다. 다만 그럴 가능성도 있어서 그렇다고 대답할 뿐이었다. 참가자들이 실제로는 그 사실을 인식하지 못했다는 것을 분명히 하기 위해 마이어는 새로운 실험을 실시했다. 여기서 마이어는 저울추를 줄 위에 놓고 빙그르르 돌렸다. 그러나 이 힌트는 소용이 없어서, 이 힌트 뒤에 문제를 푼 사람은 없었다. 이번에는 다시 추를 빙그르르 돌린 직후에 줄을 시계추처럼 흔들었다. 그러자 참가자 대부분이 즉시 답을 찾았다. 그런데 실험이 끝나고 똑같은 질문을 하자 참가자가 모두 추를 빙그르 돌린 건 문제를 푸는 데 도움이 됐지만 줄을 흔든 건 도움이 되지 않았다고 했다.

마이어의 실험은 중요한 점을 시사한다. 문제 해결 과정은 다른 모든 인지 과정만큼이나 의식에 접근하기가 불가능할 수 있다는 점이다.

그렇다면 의식은 왜 있는가

무의식에 관해 알아야 할 가장 중요한 사실은 의식이 처리하지 못하는 문제를 해결하는 데 탁월하다는 점이다. 그러나 수세기 동안 무의식이 교향곡을 작곡하고 수학 문제를 풀 수 있었다 해도, 173×19는 풀지 못한다. 잠이 들 때 그 문제를 생각했다가 다음 날 아침 양치질을 할 때 그 답이 불현듯 떠오르는지 보라. 그렇지 않을 것이다.

이처럼 무의식이 힘을 쓰지 못하는 규칙이 있다(우리 같은 사람들의 경우다. 대학자라면 어느 정도 가능하겠지만). 곱셈 같은 단순한 규칙을 비롯해 그 범위는 매우 광범위할 것이다. 초등학교 4학년짜리가 의식적으로 해결할 수 있는 문제를 대수학자 존 폰 노이만John von Neumann이 무의식으로는 해결하지 못한다는 극단적인 예에서 보면 모순 같다. 무의식은 당연히 규칙에 따라 작동한다. 그러나 의식이 필요한 규칙 체계는 무엇이고 무의식적으로 작동하는 규칙 체계는 무엇인지, 또는 의식적으로도, 무의식적으로 작동할 수 있는 규칙도 있는지를 밝힐 이렇다 할 방법이 없다.

의식적 규칙이나 무의식적 규칙을 이용해 어떤 일이 해결될 수 있다는 건 우리도 안다. 그러나 둘 중 어느 것을 이용하느냐에 따라 해결책은 매우 다를 수 있으며, 어쩌면 대개는 다를 것이다. 노벨상을 수상한 경제학자이자 컴퓨터학자, 정치학자인 허버트 사이먼은 정신 과정을 의식적으로 관찰할 수 없다는 티모시 윌슨과 나의 주장을 공격했다. 그는 생각에 잠긴 채 혼잣말을 하면서 문제를 해결하는 사람들은 그 해결 과정을 정확히 묘사할 수 있다는 사실을 밝힌 바 있다. 그러나 그의 사례가 보여준 것은, 사람들은 자신이 문제 해결에 어떤 규칙을 이용하는가에 관해 이론을 세울 수 있으며, 그 이론은 관찰자의 시선과는 전혀 다르지만 그래도 어느 정도는 정확하다는 것뿐이다.

의식적인 문제 해결과 관련해 우리가 아는 것은 (1)우리 머릿속에 있는 특정한 생각과 지각, (2)그 생각과 지각을 다루는 방식을 통제한다고 (또는 통제해야 한다고) 생각되는 특정한 규칙, (3)머릿속에서 일어나는 모든 정신 과정에서 나온 많은 인지적 산물과 행동이다. 나는 곱셈 규칙을 알고, 173과 19라는 숫자가 머릿속에 있다는 사실을 알고, 3과 9를 곱한 뒤에 7을 남기고 2는 한 자리 올려준다는 등의 규칙을 안다. 나는 의식의 영역으로 들어오는 것들이 내가 생각하는 적절한 규칙과 일치하는지 점검할 수 있다. **그러나 이 가운데**

어느 것도 곱셈이 진행되는 절차를 안다는 의미가 될 수는 없다.

사이먼은 나와 대화를 나누던 중에, 어떤 일이 어떻게 무의식적 규칙이나 의식적으로 나타나는 규칙으로 수행될 수 있는지를 보여 주는 완벽한 사례를 제시했다.

체스를 처음 두는 사람은 어떤 규칙에 따라 말을 움직이는지, 규칙에 따라 움직이기는 하는지, 말로 표현하지 못한다. 하지만 당연히 규칙대로 움직인다. 이때 사용되는 기술은 소위 "멍청이 전략"으로 고수들에게는 잘 알려진 규칙이다.

그러다가 체스를 한참 두면서 관련 책도 읽고 수준급 실력자들과 이야기도 나누는 사이에 머리를 많이 굴려야 하는 규칙에 따라 체스를 두고 그 규칙을 정확히 표현할 수도 있게 된다. 그러나 거듭 강조하지만, 그들이 머릿속을 들여다볼 수 있는 건 아니다. 단지 자신의 행동이 의식적으로 구현되는 규칙에 맞는지, 그 규칙을 따를 때 떠오르는 생각과 일치하는지 점검할 수 있을 뿐이다.

안타깝게도 우리는 복잡한 문제 해결의 기저가 되는 과정을 들여다볼 수 없다. 하지만 더 안타까운 일은 종종 들여다볼 수 있다고 확신하는 것이다. 어떤 사람이 지금 무슨 일이 일어나는지 안다고 철석같이 믿을 때, 그리고 그와 관련해 지적당할 만한 실수를 하지 않을 때, 어떤 전략이나 전술의 타당성에 관한 그의 생각을 바꾸기란 매우 힘들다.

체스 선수의 경우, 진정한 고수가 되면 자신이 이용하는 규칙을 정확히 표현하기가 불가능해진다. 중급 실력이었을 때 배운 많은 규칙을 이제는 더 이상 의식적으로 구현하지 않기 때문이기도 하고, 체스의 최고 수준인 그랜드마스터가 될 정도면 전략을 무의식적으로 구사하기 때문이기도 하다.

판단의 기저가 되는 과정을 들여다볼 수 없다는 주장은 다음 두 가지 점에서 그다지 과격한 주장은 아닐 것이다.

1. 사람들은 판단과 행동의 기저가 되는 과정을 안다고 주장하지만, 기억에서 정보를 꺼내거나 어떤 대상을 지각하는 것의 기저가 되는 과정을 안다고는 주장하지 않는다. 후자의 과정은 인식 범위를 완전히 벗어난다는 걸 우리는 잘 알고 있다. 지각이나 기억을 이끌어내는 완벽한 과정은 우리 인식의 범위를 벗어나 일어난다. 그렇다면 인지 과정이라고 해서 달라야 할 이유가 없지 않은가?
2. 진화의 관점에서 볼 때, 우리에게 이로운 일을 하는 정신 과정을 구태여 알아야 할 이유가 있을까? 필요한 추론과 행동을 알아서 하는 정신 과정까지 알지 않아도 의식이 해야 할 일은 많다.

정신 과정을 직접 알 수 없다고 해서, 행동 이면에 숨은 동기를 대개는 이해하지 못한다는 뜻은 아니다. 나는 종종, 어쩌면 흔히, 내가 주의하는 가장 중요한 자극이 무엇이고, 왜 그렇게 생각하는지 자신 있게 말할 수 있다. 내가 갑자기 차의 방향을 바꾼 이유는 다람쥐를 치지 않기 위해서였다는 걸 잘 안다. 내가 직장에서 기부를 한 주된 이유는 다른 사람들도 모두 했기 때문이라는 것도 알고 있다. 시험이 걱정되는 이유는 공부를 많이 안 했기 때문이라는 것 역시 알고 있다.

하지만 내 판단과 행동의 동기가 무엇인지 알려면 정확한 이론이 필요하다. 양심상자 위에 사람 얼굴 모양의 코코넛 그림이 걸려 있으면 남을 속일 확률이 준다거나 교회에서 투표를 하는 바람에 낙태에 반대할 확률이 높아졌다는 식의 이론이 내게는 없다. 배가 고프면 구직자에게 무정해진다거나, 생선 냄새를 맡으면 내가 읽고 있는 내용에 의심을 품는다거나, 뜨거운 커피를 들고 있으면 상대방이 따뜻한 사람으로 보인다거나 하는 이론도 없다. 내 판단과 행동을 설명할 이론은 과연 어떻게 생겼을까? "무엇이 내 행동에 영향을 미칠지 누가 알겠는가?"라는 말보다는 덜 일반적이고 덜 쓸모없이 생겼을까?

그런 행동의 기저가 되는 과정을 설명할 이론이 있다면 그 이론에 근거해 우리 행동을 설명할 텐데. 그리고 많은 경우에, 그 과정을 거부하고 더 나은 결과를 이끌어낼 텐데. 하지만 그런 과정을 설명할 제대로 된 이론이 없으니 우리 행동을 정확히 설명하기가 불가능하다.

요약

이번 장은 일상에서 우리 정신이 어떻게 작동하는가에 대해 많은 암시를 던진다. 그중 매우 중요한 것 몇 가지를 추려보면 이렇다.

내가 왜 그렇게 생각하는지, 왜 그렇게 행동하는지 안다고 단정하지 마라. 좀처럼 눈에 띄지 않고 기억에서 금방 사라지는 돌발 요소들이 어떤 역할을 하는지 우리는 잘 모른다. 심지어 눈에 잘 띄는 요소가 어떤 역할을 하는지도 확신할 수 없을 때가 많다. 왜 나를 이해할 수 있다는 믿음을 포기해야 하며, 자신감을 잃으면서까지 그래야 하는가? 그 이유는 내가 정말로 무슨 생각을 하는지, 내가 왜 그런 행동을 하는지 나도 잘 모를 수 있다는 건전한 회의를 품어야 내게 이롭지 않은 일을 할 가능성이 줄기 때문이다.

다른 사람이 자신의 이유나 동기를 설명할 때가 내가 내 이유나 동기를 설명할 때보다 더 정확하리라고 단정하지 마라. 나는 사람들에게 무심코 내 행동의 이유를 곧잘 설명하곤 한다. 그럴 때면 내가 이야기를 지어내고 있으며, 따라서 내 얘기는 에누리해서 들어야 한다는 걸 스스로도 정확히 인식할 때가 종종 있다. 하지만 상대방은 대개 고개를 끄덕이며 내 말을 거의 다 믿는 눈치다(심리학자들과 있을 때는 그들에게 예의상, 내 말을 믿을 특별한 이유가 없다는 점을 상기시킨다).

그러나 나는 내 설명이 "아마도 진실일 거야"와 "그걸 누가 알겠나" 사이의 어딘가에 놓였다는 걸 알면서도, 다른 사람의 설명은 곧이곧대로 받아들이는 성향이 있다. 더러는 상대가 사실을 그대로 말하지 않고 이야기를 그럴듯하게 지어내고 있다는 걸 내가 눈치챌 때도 있지만, 대개는 다른 사람이 내 말을 그대로 받아들이듯이 나도 다른 사람의 말을 그대도 받아들이는 편이다. 내가 어쩌다 귀가 얇은 사람이 되었는지는 설명할 길이 없지만, 그래도 상대더러 내 말은 에누리해서 들으라고 말할 정도는 된다.

자신의 판단과 행동의 원인을 설명할 때는 일단 의심해야 한다는 경고는 법조계에서 널리 알려진 이야기다. 목격자, 피고, 배심원이 자신의 행동 이유나 어떤 결론에 도달한 이유를 말할 때는 비록 그들이 솔직히 말하려고 최선을 다한다 해도 그 설명을 그대로 신뢰해서는 안 된다는 인식이 점점 높아지고 있다.[15]

무의식에 의지하라. 모차르트는 음악을 거의 무의식적으로 써내려간 듯싶다. (영화 〈아마데우스Amadeus〉를 본 사람이라면 모차르트가 음표 하나도 번질 틈 없이 머릿속 선율을 곧장 종이에 옮길 때가 많았다는 사실을 알 것이다.) 그러나 평범한 사람이 문제를 창조적으로 해결하려면 아래의 두 시점에서 의식이 필요해 보인다.

1. 어떤 문제의 요소들을 찾아내고 해결책의 윤곽을 대략 잡아보

려면 의식적 사고가 필수인 듯하다. 〈뉴요커The New Yorker〉 필진인 존 맥피John McPhee는 아무리 하찮은 글이라도 본격적으로 글을 쓰기 전에 초고부터 시작한다고 말한다. "초고를 쓰지 않으면 생각을 발전시키기가 분명 어려울 것이다. 간단히 말해, 하루에 글을 두세 시간만 쓸지라도 머릿속으로는 어떤 식으로든 하루 24시간 동안 그 주제를 생각한다. 그렇다. 잠을 잘 때도 생각한다. 하지만 초고 같은 대략의 초안이 있어야 가능하다. 그것이 존재하기 전까지는 진정한 글쓰기가 시작된 게 아니다." 초안 만들기의 또 다른 좋은 방법은 앞으로 쓸 내용을 어머니에게 편지로 알리는 것이다.

2. 무의식에서 나온 결론을 점검하고 다듬는 데 의식적 사고가 필요하다. 어떤 해법이 난데없이 머릿속에 떠올랐다는 수학자도, 그 해법을 증명하기까지 수백 시간을 의식적으로 고민했다고 말한다.

이 책을 통틀어 내가 반드시 말해야 할 가장 중요한 사실은 무의식의 자유로운 노동의 혜택을 결코 놓쳐서는 안 된다는 것이다.

나는 토론 수업을 하면서, 다음 수업에서 토론하면 좋을 질문 목록을 만든다. 시간이 임박해서 생각하면 시간도 오래 걸리고 생각해낸 질문도 썩 좋지 않을 것이다. 토론 2, 3일 전에 단지 몇 분만이라도 가장 중요한 질문이 무엇인지 가만히 생각해보면 큰 도움이 된다. 그리고 나중에 그 질문을 진지하게 고민하기 시작하면, 그 질문을 내가 만들었다기보다 받아쓴 것 같은 느낌이 든다. 독자가 학생이라면, 문제를 하나 내겠다. 학기 마지막 날까지 제출해야 하는 기말 보고서는 언제 시작하면 가장 좋을까? 정답: 학기 첫날.

어떤 문제에 진척이 없으면 그 문제는 놔두고 다른 문제로 넘어가라. 그 문제는 무의식에 맡겨라. 예전에 미적분 과제를 할 때면 항상 진척이 없는 순간에 맞닥뜨렸었다. 그러면 그 문제로 한참 씨름하다가 풀이 죽어 다음 문제로 넘어가는데, 대개는 다음 문제가 더 어려웠다. 그러면 머리를 더 쥐어짜다가 결국 절망감에 빠져 책을 덮어버린다. 미적분 문제에서 난관에 부딪혔을 때 내 친구의 대처법은 이랬다. 이불을 뒤집어쓰고 잤다가 다음 날 아침에 그 문제를 다시 푼다. 그러면 대개 좋은 해법이 생각난다고 했다. 이 친구를 대학생 때 알았더라면 얼마나 좋았을까.

정신이 어떻게 작동하는지 좀 더 명확히 알면 이 책에서 소개한 개념이 얼마나 유용한지 더 쉽게 이해할 것이다. 어떤 개념이 유용해 보이지 않는다고 해서 (적절히) 사용하지 않게 될 거라는 뜻은 아니다. 그리고 어떤 개념을 많이 활용할수록, 이를 활용한다는 사실을 의식하기란 더 어렵다.

2부

'암울한 과학'으로
불렸던 경제학

MINDWARE:
Tools for Smart Thinking

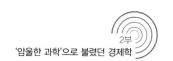
'경제학자'란 인물을 한번 떠올려보자. 교수나 정부 관리 또는 기업 경영인이 다양한 국가별 국내총생산을 나타내는 등식을 고민하거나, 내년 석탄 시장 전망을 예측하거나, 하루짜리 대출 금리를 얼마로 정할지 연방준비이사회에 조언하는 모습을 상상하기 쉽다. 이처럼 규모가 큰 문제를 연구하는 경제를 '거시경제학'이라 한다. 요즘은 이런 문제를 연구하는 경제학자들이 예전만큼 존경받지 못하고 있다. 노벨상 수상자 폴 크루그먼Paul Krugman의 말을 근거로 얘기하자면, 어떤 경제학자도 2008년의 대침체를 예언하지 못했다. 〔지난 다섯 번의 침체 중에 아홉 번이나 훌륭히 예측했던 한 곳만 빼면!(경기 침체를 과도하게 예측한 주식시장을 두고 폴 새뮤얼슨이 했던 농담—옮긴이)〕 사실 투자은행과 신용평가회사의 경제학자들이 엉터리 수학 모델을 만드는 바람에 경기 침체가 일어날 환경이 조성됐다고 비판하는 사람들도 있다.

2013년 주식과 채권 시장은 무척 정확하고 합리적이라는 주장으로 경제학자 두 사람이 노벨상을 받았다. 이들에 따르면, 주식과 채권은 어느 때든 그것이 팔리는 때의 가치를 지닌다. 따라서 적절한 타이밍을 노려 높은 이익을 얻는 것은 불가능하다. 같은 해에 또 한 사람의 경제학자는 시장은 완벽하게 합리적이지 않으며 과도한 감정 반응에 휩쓸릴 수 있다는 주장으로 역시 노벨상을 받았는데, 그의 이론대로라면 시장에서 타이밍을 잘 맞춰 돈을 버는 것도 얼마든지 가능하다. (내 경제학자 친구들은 양쪽 주장이 완전히 모순되는 것은 아니라고 알려주었다. 이 부분은 일단 넘어가자.)

큰 그림을 봐야 하는 문제에서 어느 쪽 주장이 옳든 간에 삶을 가장 효율적으로 살아가기 위해 꼭 거시경제학을 잘 알 필요는 없을 것이다. 그런데 삶을 살아가는 법과 관련한 경제학 분야가 있다. '미시경제학'은 개인과 기업 그리고 사회 전체가 선택을 하는 방법을 연구하는 학문이다. 미시경제학자들도 우리에게 이런저런 선택을 "해야 한다"고 말하는 습관이 있다. 서술 미시경제학도, 처방 미시경제학도 늘 논쟁에 휩싸인다. 지난 100여 년간, 선택을 주제로 수많은 서술 이론과 처방 이론이 나왔다. 이 분야는 선택의 문제에서 가끔씩 어느 정도 합의를 이루기도 했지만, 곧이어 누군가가 나타나 새로운 패러다임을 제시해 새롭게 전투가 시작되곤 한다.

가장 최근에 벌어진 미시경제학 전쟁은 이 난리 통에 뛰어든 인지 심리학자들과 사회심리학자들에게서 비롯되었다. '행동경제학'은 심리학 이론과 연구, 새로운 경제학 관점이 뒤섞인 분야다. 이 혼합 경제학은 선택에 관한 전통적 서술 이론과 처방 이론을 전복하려 한다. 그러면서 사람들의 선택을 돕는 작업에 뛰어들기 시작했다. 행동경제학자들은 단지 선택법을 알려주는 데 그치지 않고 세상을 조종해 사람들이 행동경제학자들의 생각에 최상인 선택을 하게 만든다. 조지 오웰의 빅 브라더가 연상될 수도 있지만 그건 아니다. 일부 행동경제학자는 자신이 하는 일을 일컬어 농담조로 '자유주의적 온정주의libertarian paternalism'라 말한다. 이들은 사람들에게 선택하는 법, 세상을 재구성하는 법을 알려주어 좋은 선택을 하게 할 것이다. 하지만 강요하지 않는다. 이들이 권유하는 선택은 언제든지 무시해도 상관없다.

예상하겠지만, 심리학자들이 경제학에 발을 들여놓으면서 앞 장에서 다룬 기본적 추정이 생겨났다. 우리가 왜 그런 선택을 했는지 스스로도 알 수 없는 때가 있고, 우리 선택은 다른 행동과 마찬가지로 항상 합리적이지는 않다는 추정 등이 그것이다. 행동경제학자들은 바로 이런 이유로 우리는 다른 사람의 도움이 필요하다고 말한다.

4장에서는 사람들이 어떤 식으로 선택하고 어떻게 선택해야 하는가에 대한 전통적 경제 이론을 소개한다. 여기에 나오는 내용은 매우 이단적인 행동경제학자를 비롯해 거의 모든 경제학자가 인정하는 내용이다. 5장은 사람들이 일상에서 다양한 선택을 하면서 흔히 저지르는 실수를 소개한다. 이를 통해 날마다 마주치는 수많은 선택의 순간에 좀 더 나은 선택을 할 수 있을 것이다. 6장에서는 우리가 어떻게 선택을 하고 어떻게 선택해야만 하는지, 전문가가 조언하는 최상의 선택을 따르는 것이 왜 좋은지 행동경제학적 관점을 소개한다.

경제학자처럼 생각하라

어려운 상황(결정)이 생겼을 때, 그것이 어려운 이유는 대개 우리가 그 것을 고민할 때 찬반 이유가 머릿속에 동시에 떠오르지 않기 때문이다. (…) 이를 해결하는 나만의 방법이 있는데, 종이 가운데 줄을 그어 양쪽 으로 나눈 뒤 한쪽 위에는 '찬성'이라 적고 다른 쪽 위에는 '반대'라고 적 는다. 그런 다음 (…) 그 아래에 그렇게 생각하는 이유를 짧게 적어 내려 간다. (…) 찬성 이유와 반대 이유에 대해 (…) 각각의 무게를 가늠한 뒤, 양쪽에서 무게가 같은 이유를 찾아 그 둘을 지운다. 찬성 이유 하나와 반 대 이유 두 개의 무게가 같으면 그 셋을 지운다. (…) 이렇게 지우다 보면 최종 상황을 알 수 있다. (…) 각 이유의 무게를 숫자로 정확히 표현할 수 는 없지만, 이런 식으로 하나씩 양쪽을 비교하면서 전체를 한눈에 살펴 보면, 더 나은 판단을 할 수 있고 경솔한 조치를 취할 가능성도 줄어든 다. _벤저민 프랭클린Benjamin Franklin.

	신은 존재한다	신은 존재하지 않는다
신을 믿는다	$+\infty$(무한 이득)	-1(유한 손실)
신을 믿지 않는다	$-\infty$(무한 손실)	$+1$(유한 이득)

〈표 1〉 보상 행렬로 표현한 파스칼의 내기

　어떻게 선택해야 하는가에 대한 벤저민 프랭클린의 제안은 오늘날 우리가 '결정 분석'이라 부르는 것이다. 이 선택 과정은 17세기 중반의 수학자이자 물리학자이며 발명가에 그리스도교도 철학자였던 블레즈 파스칼Blaise Pascal이 처음 제안한 의사 결정법의 좀 더 구체화된 형태다. 파스칼의 소위 '기댓값 분석'에 따르면, 여러 선택을 놓고 각 선택의 예상 결과를 나열한 뒤, 결과에 값을 정하고(양 또는 음) 각 결과가 나올 확률을 계산한다. 그런 다음 각 값과 확률을 곱한다. 그 수치가 각 행동의 기댓값이다. 여기서 수치가 가장 높은 행동을 선택한다.

　파스칼은 사람이 누구나 신을 믿을지 안 믿을지 결정해야 한다는 그 유명한 내기를 예로 들어 결정이론을 설명했다. 파스칼 분석의 중심에는 오늘날 우리가 '보상 행렬payoff matrix'이라 부르는 것이 있다.

　신이 존재하고 우리가 신을 믿는다면, 그 대가는 영원한 삶이다. 신이 존재하는데 신을 믿지 않는다면, 그 결과는 영원한 지옥살이다. 신이 존재하지 않는데 신을 믿는다면, 그다지 심각하지 않은 손실을 입는데, 주로 금기시된 쾌락을 포기하거나 남에게 해를 끼치는 이기적인 행위를 피하는 것 등이다. 신이 존재하지 않고 신을 믿지 않는다면, 비교적 적은 이득을 얻는다. 가령 금기시된 쾌락을 즐긴다거나 이기적으로 행동하는 것 등이다. (한 가지 덧붙이자면, 오늘날 많은 심리학자들이 파스칼은 유한 이득과 유한 손실을 거꾸로 분석했다고 할 것이다. 사실 돈을 받을 때보다 줄 때 더 행복해지고[1] 타인을 배려할 때 더 기쁘기 때문이다.[2] 하지만 파스칼의 보상 행렬 논리 자체는 변함이 없다.)

신이 존재하고 파스칼이 제대로 보상을 받았다면 불쌍한 무신론자를 가엾게 여길지어다. 이때는 신을 믿지 않으면 바보다. 하지만 불행하게도 투덜대며 마지못해 신을 믿기는 어려운 일이다.

파스칼은 이 문제에 해법을 갖고 있었다. 그리고 이 문제를 풀기 위해 새로운 심리학 이론을 만들었다. 오늘날 우리가 '인지 부조화 이론'이라 부르는 것이다. 우리 믿음과 행동이 일치하지 않으면, 둘 중 하나를 바꿔야 한다. 우리는 믿음을 직접 조절하지는 못하지만 행동은 조절할 수 있다. 그리고 부조화는 유해한 상태이니 믿음은 행동과 조화를 이루어야 한다.

무신론자를 위한 파스칼의 처방은 이렇다. "성수를 마시거나 고인을 위해 미사를 올리는 등 항상 신을 믿는 사람처럼 행동하라. (…) 그러면 믿음이 생길 것이다. (…) 손해 볼 게 없지 않은가."

사회심리학자들은 파스칼이 옳다고 말할 것이다. 행동과 마음을 바꾸면 정신세계도 따라서 변할 것이다. 파스칼의 결정이론은 기본적으로 이후에 나온 모든 규범적 결정이론의 핵심이다.

비용편익 분석

경제학자라면 어떤 결정을 하든 일단 기댓값을 계산하는 '비용편익 분석'부터 해야 한다고 주장할 것이다. 비용편익 분석은 가능한 여러 행위 중에 순이익(이익-비용)이 가장 큰 행위를 선택하기 위한 분석이다. 좀 더 구체적으로는 아래의 과정이 필요하다.

1. 선택 가능한 행위를 나열하라.
2. 영향을 받을 대상을 파악하라.
3. 각 대상에 따라 비용과 편익을 파악하라.
4. 측정 형태를 정하라(보통은 화폐로 표시한다).
5. 적절한 기간 동안 각 비용과 편익의 결과를 예상하라.
6. 예상한 결과를 그것의 확률에 따라 값을 측정하라.
7. 시간이 흐르면서 그 예상 값을 줄여가라, 즉 할인하라(새집은 20년이 지나면 내게 지금보다 가치가 떨어질 것이다. 그 집에서 즐길 여생이 줄기 때문이다). 이렇게 할인한 결과가 '순 현재 가치'다.
8. 민감도 분석을 실시하라. 즉, 비용편익 분석 결과를 이를테면 비용편익 측정의 실수 또는 확률 측정의 오류에 따라 조정하라.

물론 이 모든 과정이 엄두가 나지 않겠지만, 사실은 이것도 몇 단계를 제외하거나 단순화한 것이다.

하지만 실제로 비용편익 분석은 위에 나열한 것보다 훨씬 간단할 수도 있다. 가정용품 생산 업체는 신제품 착즙기를 한 가지 색으로 출시할지 두 가지 색으로 출시할지 결정해야 할 수 있고, 자동차 회사는 새 모델의 두 가지 버전을 놓고 어느 것을 출시할지 결정해야 할 수도 있다. 이때 비용과 편익을 찾아내기는 쉽고(물론 확률 측정은 매우 어려울 수 있지만), 화폐가 분명한 측정 수단이 되며, 할인율은 두 가지 선택이 동일하며, 민감도 분석은 비교적 쉽다.

개인의 선택도 그다지 복잡하지 않을 수 있다. 내 친구 부부가 직면했던 실제 사례를 보자. 이들에게는 사망 직전인 오래된 냉장고가 있었다. 이때 첫 번째 선택은 대부분의 사람들이 사용하는 평범한 냉장고를 사는 것인데, 얼음을 만들거나 물을 차게 하는 등의 기능과 품질에 따라 비용이 1,500달러에서 3,000달러 사이였다. 이런 냉장고에는 다소 내키지 않는 특징이 있었는데, 가끔씩 수리를 해야 하고 수명도 10년에서 15년 정도로 비교적 짧다는 점이다. 두 번째 선택은 아주 튼튼하고 장점도 많은 완전히 다른 종류의 좋은 냉장고를 사는 것이다. 기능도 놀랍고 어지간해서는 고장도 안 날뿐더러 수명이 20년에서 30년 정도다. 하지만 평범한 냉장고보다 몇 배나 비싸다.

이 경우 기댓값 계산이 심각하게 어렵지는 않다. 비용과 편익은 제법 명확하고, 확률을 정하기도 그다지 어렵지 않다. 자칫 어려울 수도 있는 선택이지만 두 사람은 편안한 마음으로 결정을 내렸는데, 모든 요소를 고려했고 비용과 편익에, 그리고 그 비용과 편익이 발생할 확률에 합리적인 값을 부여했기 때문이다.

하지만 여러 비용과 편익이 동시다발적으로 발생하는 다소 어려운 선택을 보자. 혼다를 살까, 도요타를 살까 고민 중이라고 가정해 보자. 만약에 혼다의 장점이 전체적으로 X라는 가치를 지니고 도요타는 그와 다른 장점이 있지만 역시 전반적으로 X라는 가치를 지닌다고 해보자. 이 상태에서 혼다가 더 비싸다면 혼다를 사지 않을 것이고, 사서도 안 된다.

당연한 이야기다. 하지만 악마는 아주 하찮은 곳에 숨어 있다.

첫 번째 문제는 '선택의 여지', 즉 실제로 고민할 여러 선택 사항을 어떻게 제한하느냐는 것이다. 꼭 혼다와 도요타 중에 선택해야 하는가? 마쓰다는 어떤가? 그리고 왜 꼭 일본 차만 고집하는가? 폭스바겐도 좋고 포드도 좋다.

두 번째 문제는 정보 수집을 언제까지 하느냐는 것이다. 혼다와 도요타의 모든 점을 다 살폈는가? 연간 휘발유 소비량은 어느 정도인지 아는가? 두 자동차의 상대적 보상 판매가는? 트렁크 용량은? 실제로 결정을 내려야 하는 상황에서 '최상'의 선택은 현실적인 목표가 되지 못하는 때가 많다. 정말로 최상의 선택을 하려면, 어느 철학자의 묘사처럼 두 개의 건초 더미를 놓고 고민하다 굶어 죽어가는 당나귀와 똑같은 처지에 놓이고 만다("이쪽 건초가 더 신선해 보이는군. 아니지, 저쪽 건초가 더 많은 것 같은데. 아니야, 이쪽이 조금 더 가까워!").

3장에서 소개한 허버트 사이먼의 경우를 보자. 그는 이 두 가지 문제를 비용편익 이론으로 해결하고자 했다. 그는 최상의 선택을 시도하는 것은 합리적이지 않을 때가 많다고 말한다. 그것은 무한한 정보 처리 능력을 지닌 초고속 컴퓨터에 맡길 일이지 우리 같은 인간이 할 일은 아니다. 우리가 내리는 결정의 특징은 '제한된 합리성'이다. 우리 목표는 최상의 결정이 아니다. 그보다는 목적 달성을 위한 최소 요건만 충족되면 만족한다는 '최소 만족〔satisfice: satisfy(만족하다)와 suffice(충분하다)의 합성어〕'이면 족하다. 즉, 중요도를 따져 그에 걸맞게 시간과 힘을 소비해야 한다. 미시경제학의 표준 이론을 이렇게 수정하면 확실히 어느 정도는 유효하다. 사이먼은 이 원리로 노벨 경제학상을 받았다. 초콜릿과 바닐라 사이에서 10분을 고민하는 사람은 도움이 필요하다. 그리고 반대로 옛말처럼 "서둘러 결혼하면 두고두고 후회한다."

그러나 최소 만족이라는 개념에도 문제가 있다. '규범 처방(어떻게 행동해야 하는가)'으로는 좋지만, 사람들의 실제 행동 방식을 묘사하기에는 썩 좋지 않다. 사람들은 냉장고보다 셔츠를 살 때 더 많은 시간을 쓰기도 하고, 주택담보대출 금리를 알아볼 때보다 바비큐 그릴 가격을 알아보는 데 더 많은 힘을 쏟기도 한다.

선택의 중요성에 비해 선택 시간을 터무니없이 할애하는 좋은 사례로, 대부분의 교수가 가장 중요한 재정적 결정을 고작 2분 만에 끝내는 경우를 보자. 이들이 고용계약서를 작성할 때 행정 직원이 퇴직 연금으로 주식과 채권을 어떻게 할당하겠냐고 묻는다. 그러면 새로 채용된 교수는 전형적으로 이렇게 묻는다. "사람들은 대개 어떻게 합니까?" 그러면 "보통 50 대 50으로 합니다"라는 답이 돌아온다. 그러면 이렇게 대답한다. "그럼 저도 그렇게 하겠습니다." 교수들은 지난 70여 년간 이런 결정을 내리는 바람에 100퍼센트 주식에만 할당했을 때보다 퇴직할 때 훨씬 적은 돈을 받았다(하지만 나는 금융 전문가가 아니라는 점을 명심하라. 전문성이 부족한 내 조언보다는 금융 전문가의 조언에 귀를 기울여라. 그들은 퇴직하기 몇 년 전에 주식에서 상당한 금액을 빼내어 일부는 채권에 투자하고 일부는 현금화해야 퇴직할 때 주식 시장이 안 좋아져도 큰 손실을 막을 수 있다고 조언한다).

그렇다면 차를 살 때는 결정에 어느 정도 시간을 투자하면 합리적일까? 물론 합리적인 기준은 사람마다 다르다. 부자라면 어떤 옵션을 선택할지 걱정할 필요가 없다. 그냥 다 사면 되니까! 그리고 부자가 확률을 잘못 계산해서 나쁜 결과가 나왔다면 그 문제에 돈을 더 쏟아부으면 그만이다. 하지만 대부분의 사람들은 몇 시간 또는 며칠까지도 자동차에 관해 알아보는 게 옳을 것이다.

그렇다면 이제 극도로 복잡하고 중대한 선택을 생각해보자. 내가 이 책을 쓸 때 한 친구가 마주쳤던 실제 문제를 소개하겠다.

미국 중서부 대학의 교수인 그 친구는 최근 남서부에 있는 대학에서 한 가지 제안을 받았다. 그 대학은 내 친구가 공동으로 창설한 새로운 의학 분야를 연구하는 연구소를 세우려 했다. 세상 어디에도 그런 연구소가 없어서 의대생이나 박사 후 과정을 밟고 있는 사람들은 그 분야를 연구할 곳이 없었다. 내 친구는 그런 연구소에 정말로 가고 싶고 그곳에 족적을 남기고 싶은 마음이 굴뚝같다.

아래는 그가 따져봐야 할 비용과 편익 목록 중 일부다.

1. 선택 가능한 행위는 간단했다. 가느냐, 마느냐.

2. 영향을 받을 사람은 내 친구, 그의 아내, 중서부에 사는 장성한 자녀들, 곧 대학생이 될 학생들, 의대생과 박사 후 과정을 밟는 사람들, 그리고 전 세계 많은 사람들이다. 이 분야에서 성과가 나온다면 의학계에 미칠 영향력은 상당하고, 이 분야를 전문적으로 다루는 연구소가 있다면 그런 성과가 나올 가능성은 더 크기 때문이다.

3. 내 친구와 그의 아내에게 발생할 비용과 편익을 찾아내는 작업은 대단히 복잡했다. 어떤 편익은 알아내기가 쉬웠다. 새 연구소를 시작하고 자신의 분야를 발전시키는 짜릿함, 중서부 겨울에서의 탈출, 더 높은 급여, 연구 환경 변화 등이다. 이 중에 어떤 것은 확률을 가늠하기가 쉽지 않았다. 반면에 편익만큼이나 분명한 비용도 있었다. 이사의 번거로움, 연구소 관리의 부담, 중서부의 여름, 소중한 친구와 동료와의 작별 등. 하지만 세상에 미치는 영향은? 매우 어려운 문제다. 여기서 어떤 성과가 나올지, 다른 사람이 아닌 내 친구가 연구소 책임을 맡았을 때 더 많은 성과를 올릴지는 미지수다. 친구의 아내는 장소에 크게 구애받지 않는 소설가라 직업에 변화가 없어서 비용과 편익은 더 적지만, 가치와 확률을 측정하기는 마찬가지로 어려웠다.

4. 측정? 급여는 돈이니 측정이 쉽다. 하지만 최고기온 15도의 화창한 1월과 최고기온 −5도의 흐린 1월을 화폐로 환산하면 얼마일까? 연구소 설립으로 예상되는 짜릿함과 즐거움이 직원을 채용하고 연구소를 관리해야 하는 짜증나는 업무로 상쇄되고 나면 남은 가치는 얼마일까? 아직 알려지지 않은 사실을 발견하면 그 비용과 편익은 (화폐나 다른 수단으로나) 어느 정도일까? 도저히 알 길이 없다.

5. 할인율? 급여는 돈이니 역시 상관없지만, 나머지는 계산이 어렵거나 불가능하다.

6. 민감도 분석? 대부분의 비용과 편익은 가치 범위가 대단히 넓다는 것 외에 무슨 말을 하겠는가?

그렇다면 가늠하기 힘든 요소가 이렇게 많은 비용편익 분석을 왜 해야 하는가?

그 이유는, 프랭클린이 말했듯이 더 나은 판단을 할 수 있고 경솔한 조치를 취할 가능성이 줄기 때문이다. 하지만 이 분석만 하면 수치가 나와서 행동을 결정할 수 있다고 자신을 속여서는 안 된다.

내 친구 한 명은 중요한 이사를 앞두고 비용편익 분석을 했다. 분석이 거의 끝나갈 즈음 이런 생각이 들었다. '빌어먹을, 왜 안 되는 거야! 다른 쪽에 뭔가 플러스를 해야겠어.' 그 친구는 파스칼처럼 혼자 이렇게 대답했다. '마음속에는 이성이 전혀 모르는 이유가 있는 거야.' 그리고 프로이트처럼 이렇게 덧붙였다. '많이 중요하지 않은 문제를 결정할 때는 찬반을 모두 따져보면 항상 답이 나왔지. 그런데 아주 중요한 문제는 (…) 우리 내부 어딘가에서 무의식적으로 결정을 해야 해.'

그 친구는 감정이 이성을 눌러 적절한 결론을 내렸다. 하지만 감정은 늘 정보에 영향을 받는다는 사실을 기억해야 한다. 앞 장에서 지적했듯이 무의식에도 모든 관련 정보가 필요하며, 이 정보 중에는 오직 의식에서만 나올 수 있는 것도 있다. 의식적으로 획득한 정보는 무의식의 정보에 추가되고, 무의식은 답을 계산해 의식에 전달한다. 정말로 중요한 문제를 결정할 때는 어쨌거나 비용편익 분석을 실행하라. 그리고 치워버려라.

기관의 선택과 공공 정책

지금까지는 기댓값 이론과 비용편익 분석에서 큰 문제 하나를 피해갔다. 사과의 비용과 오렌지의 편익을 어떻게 비교하느냐의 문제다. 정부를 포함한 모든 기관은 똑같은 척도로 비용과 편익을 비교할 필요가 있다. '인류 행복의 단위'나 '공리주의 점수' 같은 것이 있어서 비용과 편익을 비교할 수 있다면 얼마나 좋겠는가. 하지만 누구도 그것을 계산할 적절한 방법을 갖고 있지 않다. 그렇다 보니 으레 화폐로 계산할 수밖에 없다.

대단히 복잡한 정책을 결정할 때 어떻게 비용편익 분석을 하는지 생각해보자. 예를 들어 가난한 소수의 아이들에게 유치원 이전 단계의 질 높은 보육 서비스를 무상으로 제공할지 결정하는 문제를 보자. 노벨상 수상 경제학자인 제임스 헤크먼James Heckman이 실제로 동료들과 함께 분석했던 문제다.[3] 선택 가능한 행위는 분명하다. 질 높은 보육이냐 보육 없음이냐. 그런 다음 헤크먼은 동료들과 함께 그 행위에 영향을 받을 사람들을 파악하고 일정 기간 동안 편익을 측정해야 했는데, 아이들이 40세가 되는 때를 임의로 효과가 끝나는 시점으로 정했다. 모든 비용과 편익을 화폐로 바꾸고 할인율을 정해야 했다. 이때 비용과 편익이 발생할 확률과 그 값을 전부 다 측정할 필요는 없었다. 일부는 앞선 연구에서 이미 밝혀졌기 때문이다. 이를테면 복지 지출 절감, 학습 부진에 따른 특별 교육과 유급 발생이 낮아진 데 따른 비용 절감, 대학 진학생의 진학 비용, 40세까지 수입 증가 등이다. 이외의 요소들은 측정이 필요했다. 질 높은 보육은 대조군 아이들의 일반 보육(또는 아예 보육을 안 받는 경우)과 비교해 그 비용 차이가 심할 것 같지는 않았지만 어쨌거나 차이를 측정해보았다.

헤크먼과 동료들은 범죄 비용이 연간 1조 3000억 달러라는 주장을 기초로 유급에 따른 범죄 비용을 계산했다. 1조 3000억 달러는 범죄 횟수와 심각성을 기초로 한 전국 통계에서 나왔다. 하지만 범죄 비용 측정은 불확실했다. 미안한 얘기지만 범죄에 관한 전국 통계도 믿을 만한 게 못 됐다. 개인의 체포 기록을 토대로 취학 전 아동이 40세까지 저지른 범죄 횟수와 유형을 측정하는 것도 매우 불확실하기는 마찬가지였다. 아이가 학대받거나 방치될 가능성 감소와 나중에 그 아이가 성인이 되었을 때의 범죄 발생 가능성 감소를 가늠하거나 금전적 가치를 계산하기는 어렵다. 따라서 헤크먼은 이 부분의 값을 단순히 0으로 계산했다.

질 높은 보육에 궁극적으로 영향을 받는 사람을 모두 알아내기란 불가능해 보인다. 그렇다면 몇 명인지도 모르는 사람들의 비용과 편익을 계산할 수는 없는 노릇이다. 사실 헤크먼과 동료들은 이미 알려진 편익도 모두 포함하지는 않았다. 예를 들어 질 높은 프로그램을 적용받았던 사람들은 흡연율이 낮은데, 이는 당사자에게도 이로울 뿐 아니라 흡연 관련 질병 치료로 더 높은 보험료를 내야 하는 사람들을 비롯해 수많은 다른 사람들에게도 이롭지만 그 편익을 계산하기는 어렵다. 범죄 희생자들이 치러야 하는 금전적 비용은 달러로만 추산되었고, 고통에 대한 비용은 계산되지 않았다.

마지막으로 이 프로그램을 적용받았던 사람들의 높아진 자긍심에는 어떻게 가치를 부여할까? 살면서 이들이 다른 사람들에게 주었던 더 큰 만족감은?

알 수 없는 것투성이다. 하지만 헤크먼과 동료들은 어쨌거나 이 프로그램에 가치를 부여했다. 그 결과 편익 대 비용을 8.74로 계산했다. 1달러를 쓰면 거의 9달러가 이익이라는 이야기다. 불확실함과 어림짐작이 이처럼 많은 상황에서의 분석치고는 놀랍도록 구체적인 수치다. 그렇다면 앞으로 경제학자의 분석을 받아들일 때 액면 그대로 믿는 사람은 없으리라.

이처럼 비용편익 분석의 결과가 그저 편리한 허구라면 그런 분석을 실행하는 자체가 무의미해지는 않을까? 전혀 그렇지 않다. 아직 비용편익 분석의 마지막 단계인 민감도 분석이 남았다. 우리는 분석에서 나온 숫자의 상당수가 상당히 의심스럽다는 것을 잘 안다. 하지만 줄어든 범죄 비용 추산이 열 배 부풀려졌다고 가정해보자. 그래도 순이익은 여전히 플러스다. 더 중요한 점은 헤크먼과 동료들은 편익도 상당수 누락했다는 것인데, 그 이유는 몰라서 또는 금전적 가치나 확률을 추정하는 게 명백히 무의미해서다.

모든 값은 3퍼센트 할인되었고, 2004년 달러로 표시되었다. '소득', '복지', '범죄
(높아진 소득, 절감된 복지 지출, 줄어든 범죄 비용)'는 성인이 되었을 때의 화폐 가치다.
'K-12'는 학습 부진에 따른 보충 수업이 줄어 절약된 금액이다. '대학/성인'은 등록
금을 뜻한다. (출처: 〈사이언스〉)

아동 보육	986달러
소득	40,537달러
K-12	9,184달러
대학/성인	-782달러
범죄	94,065달러
복지	355달러
총 편익	144,345달러
총 비용	16,514달러
순 현재 가치	127,831달러
편익 대 비용 비율	8.74

〈표 2〉 헤크먼이 계산한 '페리 취학 전 프로그램Perry Preschool Program'의
경제적 비용과 편익(2006)

〈표 2〉에 나온 비용 외에 알려진 다른 중요한 비용은 없으며 우리
가 빠뜨린 것은 오직 편익뿐이니, 질 높은 보육 프로그램은 성공적이
고 큰 이익이라는 것을 알 수 있다. 게다가 비용편익 분석을 실행한
이유는 공공 정책에 영향을 주기 위해서였다. 왜 이런 말도 있지 않은
가. "정치판에서는 숫자를 가지고 싸우는 쪽이 항상 승리한다."

1981년 로널드 레이건이 대통령에 당선되면서 가장 먼저 한 일은

좌파 다수의 강력한 반대에 맞서 정부가 내놓은 모든 새로운 규제가 비용편익 분석을 거쳐야 한다고 선언한 것이다. 이 정책은 이후 모든 대통령에게 이어졌다. 오바마 대통령은 '기존' 규제도 모두 비용편익 분석을 하라고 명령했다. 이 명령을 실행해야 했던 책임자는 공공에게 돌아간 이익이 이미 어마어마하다고 주장한다.[4]

사람 목숨은 얼마일까

기업과 정부의 결정에는 사람 목숨과 관계된 대단히 중요한 결정도 있다. 이 편익(또는 비용)도 어떤 식으로든 계산해야 한다. 하지만 누가 사람 목숨의 가치를 계산하고 싶겠는가.

이 주제가 아무리 껄끄러워도 사람 목숨에 적어도 무언의 가치를 부여해야 한다는 사실에 이제 곧 동의하게 될 것이다. 예를 들어, 골목 곳곳에 구급차를 대기해놓으면 더 많은 생명을 구할 수 있다. 하지만 당연히 그렇게는 안 할 것이다. 구급차에 돈을 들이면 가령 중간 크기의 도시에서 한 주에 한두 명을 더 살릴 수 있다 해도 그 비용은 어마어마할 것이고 충분한 교육이나 휴식 시설 또는 (구급차가 필요 없는) 보건의료 서비스를 포함해 다른 공익에 사용할 재원이 줄어든다. 그렇다면 도시에 구급차 수를 적절한 수준으로 유지하기 위해 교육을 얼마나 희생하겠는가? 이 질문에 분명히 대답할 사람도 있겠고, 무언의 생각을 가지고 있는 사람도 있을 것이다. 어떤 결정을 내리든 사람 목숨에 가치를 매겨야 한다.

그렇다면 사람 목숨은 얼마일까? 정부 기관을 찾아다니며 답을 찾고 싶은 사람도 있을 것이다.[5] 2010년 미국 식품의약국FDA은 사람 목숨에 언뜻 자의적으로 보이는 790만 달러를 매겼다. 500만 달러였던 2년 전보다 오른 가격이다. 미국 교통부 역시 언뜻 자의적으로 보이는 600만 달러를 매겼다.

목숨 값을 정하는 비자의적인 방법은 없다. 미국 환경보호국EPA은 목숨 값을 910만 달러로 계산한다(2008년에 이미 그렇게 계산했다).[6] 사람들이 특정한 위험을 피하기 위해 기꺼이 지불하려는 금액, 회사가 직원들에게 위험 부담을 추가하면서 더 지불하려는 금액을 기초로 한 계산이다.[7] 목숨 값을 추정하는 또 하나의 방법은 특정한 사람의 목숨을 구하기 위해 실제로 우리가 지불하는 금액을 알아보는 방법이다. 스탠퍼드 경영대학원의 경제학자들은 신장 투석에 얼마를 지불하는가를 토대로 이를 계산했다.[8] 신장 투석 치료가 없었다면 목숨을 잃었을 사람이 어느 한 시점을 기준으로 수십만 명이다. 연구를 진행한 사람들에 따르면, 신장 투석을 받는 사람들은 1년간 "삶의 질이 보정"되는 데 12만 9,000달러가 들었고, 그렇다면 사회는 질이 보정된 삶에 12만 9,000달러의 가치를 매긴다고 생각할 수 있다('삶의 질 보정'을 계산할 때는 투석 치료를 받는 환자의 그다지 즐겁지 않은 1년은 신장이 건강한 사람의 1년에 비해 그 가치가 평균 절반이라고 전제한다. 치매나 기타 장애는 투석 치료를 받지 않는 사람보다 같은 나이의 투석 환자에게서 더 많이 나타난다). 투석 치료를 기초로 한 이 분석에 따르면 인간의 50년 삶은 1290만 달러의 가치가 있다(129,000달러 ×2×50).

경제학자들은 특정한 비자의적 방법에서 나온 이런 가치를 '현시 선호顯示選好, revealed preference'라 부른다. 어떤 것의 가치는 사람들이 그 것에 얼마를 기꺼이 지불하느냐로 드러난다. 얼마를 지불하겠다고 말하는 것과는 사뭇 다를 수 있다. 자신의 선택 의사를 말로 표현하 는 것은 그것을 증명하기도 어렵고 자기모순적일 수도 있다. 무작위 로 선택된 사람들에게 기름 유출로 고통 받는 새들을 구조하는 문제 를 물었더니, 한 부류는 2,000여 마리를 구조할 돈을 쓰겠다고 했고, 다른 부류는 20여만 마리를 구조할 돈을 쓰겠다고 대답했다.[9] 새를 아무리 많이 구조해도 예산은 차고 넘친다는 듯이!

대다수 선진국은 어떤 의료 행위에 대해 공공보험이나 민간보험 에서 지불할 금액을 산정하기 위해 삶의 질이 보정된 한 해의 목숨 값을 5만 달러로 정해놓았다. 과학적 근거에서 나온 수치는 아니다. 단지 대부분의 사람들이 타당하다고 인정해서 정한 듯하다. 5만 달 러를 해석하면, 만약 건강했더라면 기대수명이 10년인, 즉 10년은 더 살았을 75세 노인의 목숨을 구하는 데 이들 나라는 의료비로 50만 달러를 지불하겠다는 뜻이다. 하지만 60만 달러는 안 된다(50만 1달 러도 안 된다). 기대수명이 85년인 5세 아이의 목숨을 구할 때는 400만 달러를 지불할 것이다(미국은 보험 처리 목적으로 사회가 동의한 목숨 값 이 적어도 아직은 없으며, 다만 여론 조사 결과 대다수가 그런 종류의 계산을 적어도 어느 정도는 편안히 받아들였다).

그러나 가령 방글라데시나 탄자니아 같은 개도국 사람들의 삶은 어떨까? 이들은 선진국 사람만큼 부유하지는 않지만, 그들 삶이 우리보다 가치가 떨어진다고 말할 사람은 분명 없을 것이다.

하지만 현실은 그렇지 않다. 정부간 기구는 선진국 시민의 가치가 개도국 시민의 가치보다 더 크다고 계산한다(이런 관행은 개도국 시민의 관점에서 보면 너그러운 면도 있다. '기후변화에 관한 정부간 패널IPCC'은 기후변화로 인한 사망을 막기 위한 자금을 선진국이 개도국보다 15배 정도 많이 지불할 수 있다고 추산한다).

여러분은 지금 사람 목숨 값을 계산하는 이러한 여러 기술이 미심쩍을 것이다. 하지만 여러분을 즐겁게 해줄 이야기는 아직 시작도 안 했다. 보험회사는 광부의 목숨을 사무직 근로자보다 낮게 치는데, 광부가 그렇게 위험한 직업을 택한 걸 보면 자신의 목숨 가치를 더 낮게 보는 게 아니냐는 근거에서다. 그런가 하면 포드자동차는 자사 자동차 핀토스를 리콜해 연료 탱크를 더 안전한 것으로 교체하려는 결정을 포기했는데, 리콜 비용은 1억 4700만 달러인 반면 억울하게 죽은 사람들을 보상하는 비용은 고작 4500만 달러로 추산됐기 때문이라나.

여기서 잠깐! 사실은 우리도 사람 목숨에 '어느 정도' 기준 값을 가지고 있다. 그렇지 않을 경우, 많은 돈을 들여 어떤 규정을 실행하고도 삶의 질이 보정된 수명을 아주 조금밖에 끌어올리지 못할 수도 있고 적은 지출로 수십만 명의 수명을 끌어올릴 기회를 잃게 될 수도 있다.

공유지의 비극

비용편익 분석의 문제는 내 편익이 상대의 비용일 수 있다는 것이다. 유명한 '공유지의 비극'을 생각해보자.[10] 누구나 이용할 수 있는 목초지가 있다. 양치기들은 이곳에서 가능한 한 많은 양을 치고 싶어 할 것이다. 하지만 너도나도 양의 수를 늘리면 어느 순간 과밀 방목으로 모든 사람의 생계가 위험해진다. 이때의 비극은, 양치기 한 사람이 양 한 마리를 추가할 때 얻는 이득은 +1인 반면, 그가 공유지의 질 하락에 영향을 미친 정도는 -1보다 훨씬 적다(정확히 말하면, -1/목초지를 공유하는 양치기 수). 그러다 보니 양치기들은 너도나도 사리사욕을 채우다가 결국 다 같이 망하는 결과를 초래한다.

그렇다면 통제를 고려해보자. 당사자들이 직접 조직을 만들어 통제할 수도 있고, 외부에서 개입해 통제할 수도 있다. 양치기들이 합의해 1인당 허용된 양의 수를 제한하거나, 어떤 통제 기관이 제한 규정을 마련해야 한다.

오염 또한 공유지 비극과 비슷한 일을 초래한다. 나는 비행기 여행이나 자동차 여행, 냉난방을 무척 좋아한다. 하지만 이런 행위는 공기를 오염시키고 궁극적으로는 심각한 기후변화를 초래해 모든 사람의 환경을 더 위험하고 불쾌하게 만든다. 경제학자들이 '부정적 외부효과'라 부르는 이런 상황은 지구에 사는 모든 사람에게 해를 입힌다. 물론 나 역시 그 오염과 기후변화의 피해자가 된다. 하지만 양심의 가책을 느끼는 이런 쾌락이 내게 주는 총 가치는 +1이고, 내게 발생하는 비용은 -1/7,000,000,000이다.

70억 인구가 다 같이 스스로 통제한다는 것은 개인 차원에서는 불가능하며, 오직 국가 공동체 차원의 '자발적 통제'만이 가능하다.

이번 장에서 다룬 비용편익 분석은 누구에게든 새로운 개념은 아니다. 우리는 늘 그런 종류의 분석을 하면서 산다. 그러나 비용편익 분석 이론이 암시하는 그다지 뻔하지 않은 사실도 있다. 그 일부는 이미 이곳에 소개했다. 다음 장에서 보겠지만, 비용편익 분석 이론이 암시하는 뻔하지 않은 사실들을 인식하지 못하거나 적용하지 못해, 최상의 결과와는 거리가 먼 결과를 얻기도 한다.

요약

미시경제학자들은 사람들이 '어떻게 선택한다'거나 '어떻게 선택해야만 한다'는 주제에 합의를 이끌어내지 못하고 있다. 하지만 사람들은 대개 어떤 형태로든 비용편익 분석을 하며, 또 해야만 한다는 데는 동의한다.

결정이 중요하고 복잡할수록 그런 분석의 중요성은 더 커진다. 그리고 결정이 중요하고 복잡할수록 분석이 끝나면 그것을 잊어버리는 게 현명하다.

단점이 명백한 비용편익 분석도, 어떤 결정이 나와야 하는가를 선명히 부각시킬 때가 있다. 민감도 분석을 보면 특정한 비용 또는 편익의 가치 범위가 매우 광범위하다는 것을 알 수 있지만, 그래도 가장 현명한 결정이 무엇인지 암시해줄 수 있는 것만은 분명하다. 하지만 경제학자가 들려주는 비용편익 분석 결과는 늘 에누리해 듣자.

비용편익을 완벽히 측정할 방법은 없지만 어쨌거나 대개는 둘을 비교하는 게 좋다. 유감스럽지만 화폐가 유일하게 실용적인 측정 도구일 때가 많다.

사람의 목숨 값을 계산하기가 꺼려지고 더러는 심하게 오용되기도 하지만 합리적인 정책 결정을 위해서는 필요할 때가 종종 있다. 그렇지 않으면 돈을 많이 쓰고도 사람을 많이 구하지 못하거나 적은 돈으로 많은 사람을 구할 기회를 놓칠 수 있다.

내 이득이 타인에게 부정적 외부효과로 작용하는 공유지의 비극이 발생할 때는 의무적이고 강제적인 간섭이 필요하다. 당사자들 사이에, 또는 지역별, 국가별, 국제기구별로 어느 정도 합의된 사실이다.

5장

엎질러진 우유와 공짜 점심

식당에서 주문한 음식이 입에 안 맞아 음식을 남긴 채 계산하고 나온 적이 있는가? 경제학자라면 이런 상황에서 그냥 식당을 나오는 것이 현명한 결정이라고 말할까?

이제 막 극장에 들어가 연극을 본다고 가정해보자. 50달러를 주고 표를 사놓았고, 이 연극이 내게 그 정도 가치가 있을 것 같았다. 그런데 안타깝게도 표를 잃어버렸다. 50달러를 주고 표를 다시 사겠는가? 그렇다면 이 연극에 100달러를 들인 셈이다.

정원 가꾸기나 페인트칠하기, 청소 같은 내키지 않는 집안일을 사람을 사서 맡기겠는가?

동네 병원을 허물고 새 병원이 들어서려 한다. 애초에 건축 비용이 대단히 많이 들었던 낡은 병원을 개조하는 비용이 병원을 새로 짓는 비용과 맞먹는다. 병원을 개조하겠는가, 새로 짓겠는가?

이번 장을 다 읽고 나면 이 질문에 지금과는 다른 답을 할지도 모른다. 비용편익 분석 이론은 우리 일상에 미묘하지만 대단히 중요한 점을 시사한다. 순이익이 가장 큰 것을 선택한다는 비용편익 분석의 핵심 조건만큼이나 중요한 시사점이다. 공교롭게도 이 시사점은 비용편익 분석의 바로 그 핵심 조건에서 논리적으로 유출될 수 있다. 즉, 우리는 그 조건을 늘 지키지 않는다는 사실이다. 이 사실을 알면 돈과 시간을 절약할 수 있다. 아울러 삶의 질도 높아질 수 있다.

매몰비용

집에서 약 50킬로미터 떨어진 도시에서 열리는 농구 경기 표를 한 달 전에 사났다고 해보자. 경기는 오늘 밤에 열린다. 그런데 스타 선수가 출전하지 않아서 경기가 생각보다 재미없을 것 같은 데다 눈까지 내리기 시작했다. 표 값은 한 장에 80달러다. 그래도 경기를 보러 가겠는가, 포기하고 집에 있겠는가? 경제학자라면 어떻게 할까?

경제학자라면 사고실험을 권유할 것이다. 일단 표를 사지 않았다고 생각해보자. 사려고 했는데 깜빡했다. 그런데 친구에게서 전화가 왔다. 그 경기의 표가 있는데 자기는 가지 않겠단다. 그렇다면 친구 표로 경기를 공짜로 볼 수 있다. 이때 "와, 정말? 지금 당장 표 가지러 갈게"라고 대답할 사람은 앞의 경우에서 사놓은 표를 가지고 경기를 보러 가는 게 맞다. 하지만 "뻥치시네. 그 선수는 오늘 출전하지 않아. 지금 눈까지 오기 시작했다고"라고 대답할 사람은 돈을 버리더라도 경기장에 안 가는 게 맞다. 이 결정이 불편하다면, '매몰비용' 원칙을 의사 결정에 제대로 반영하지 않았기 때문이다.

매몰비용 원칙에 따르면 선택을 할 때는 오직 앞으로의 비용과 편익만 따져야 한다. 농구 경기를 보려고 지불한 돈은 이미 지출한, 즉 이미 매몰된 비용이라 경기장에 가도 되돌려 받을 수 없다. 따라서 앞으로 순이익이 있다고 생각될 때만 경기장에 가야 한다. "스타 선수도 안 나오는데 귀찮게 눈까지 오네. 그런데 오늘 밤 경기는 진짜 보고 싶군. 신문도 더 읽을 게 없고 텔레비전도 더 볼 게 없어"라고 혼잣말이 나온다면 경기장으로 가라. 그렇지 않으면 갈 필요가 없다. 가봤자 돌려받을 수 없는 비용을 정당화하려고 다시 비용을 지불하는 꼴이니까.

동네에 있는 오래된 병원이 과거에 건축 비용이 어마어마하게 들었어도 그 사실이 병원을 개조할지 신축할지를 선택하는 것과는 무관하다. 조부모가 그 병원을 짓기 위해 낸 세금은 아련한 기억일 뿐, 건물을 그대로 둔다고 해서 돌아오지 않는다. 병원을 그대로 둘지 허물지는 오직 앞으로의 상황을 고려해 결정할 일이다. 병원을 새로 지어 얻을 순이익과 개조해서 얻을 순이익을 비교하면 그만이다.

비싼 음식을 주문했으면 맛이 없어도 먹어야 할까? 너무 가난해서 땅콩버터를 살 수 없어 집에 가서 샌드위치를 만들어 먹을 형편이 못 된다면 모를까, 그렇지 않다면 안 먹는 편이 낫다. 수프에 파리가 빠졌다면 돈을 돌려달라고 하겠지만, 라자냐가 형편없다고 해서 책임자를 불러 돈을 내지 않겠다고 하지는 않을 것이다. 식사 값은 이미 매몰된 돈이다. 형편없는 음식을 먹는 추가 비용을 떠안을 이유가 없다.

15달러를 내고 영화를 보는데 재미도 없고 앞으로도 재미있어질 것 같지 않으면 중간에 나와야 할까? 물론이다.

경제학자들의 좌우명은, 독자들도 그렇겠지만, "여생은 지금부터 시작이다"이다. 어제 일어난 일은 되돌릴 수 없다. 엎질러진 우유를 보며 울어봐야 소용없다.

경제학자가 아닌 정책 입안자들은 종종 이미 지출한 돈을 회수하겠다는 이유만으로 돈을 지출한다. "맞다, 이 무기 체계는 그다지 좋지 않다. 하지만 세금을 이미 60억 달러나 썼고, 그 돈을 헛되이 하고 싶지 않다." 이렇게 생각하는 이들에게 상기시켜줄 격언이 있다. "손실을 메우겠다고 더 큰돈을 쓰지 마라." 손실은 매몰비용이다. 더 악랄한 정치인은 "이미 떠난 사람들의 죽음이 헛되지 않게"라며 전쟁을 계속 다그치면서 더 많은 생명을 위험에 빠뜨리는 인간이다.

제약회사도 더러는 "개발 비용 회수"라는 명분으로 터무니없이 비싼 가격을 정당화한다. 소비자를 우롱하는 짓이다. 개발비는 이미 지출됐다. 이들은 신약 개발비가 아주 낮아도 시장이 감당하는 한 어떤 값도 부를 것이다. 이들의 터무니없는 주장이 먹히는 까닭은 사람들이 매몰비용을 제대로 이해하지 못해서다.

하지만 한 가지 주의할 점이 있다. 일상에서 매몰비용 원리를 이해하기 시작하면 가끔 실수할 때도 있다. 나는 더 이상 연극을 보다가 중간에 나가지 않는다. 배우가 중간 쉬는 시간이 끝난 뒤 빈자리를 보면 상심할 수 있다는 걸 깨달았기 때문이다. 그리고 이제는 영화가 지루해도 아내에게 영화를 끝까지 다 볼 거냐고 묻지 않는다. 우리는 두어 번 이상한 대화를 나눈 적이 있다. "영화 재밌어?" "그럭저럭. 그런데 나가고 싶으면 같이 나가도 되고." "아니, 괜찮아. 그냥 봐도 상관없어." 그리고 우리 둘 다 마음이 불편해졌다. 아내는 내가 마지못해 앉아 있다는 걸 눈치채서 불편했고, 나는 나 때문에 아내의 재미가 반감돼서 불편했다.

배우자에 관해 말하자면, 내가 아는 어떤 사람들은 매몰비용 개념을 알고 나서, 그렇다면 결혼생활에 이미 많은 시간과 힘을 쏟았다고 해서 결혼생활을 지속할 필요는 없다는 뜻 아니냐고 했다. 쏟아부은 시간과 힘은 이미 매몰됐으니까. 나는 그런 논리가 매우 조심스럽다. 결혼생활에 쏟은 시간과 힘은 결혼생활을 지속할 이유가 '충분'하기 때문이다. 과거에 그 시간과 힘이 가치가 있었다면 앞으로도 가치 있을 테니까. "결혼은, 사랑하지 않은 시간을 극복하는 것이다"라는 말을 떠올려보라.

기회비용

우리 어머니는 신문에서 오린 2달러짜리 쿠폰으로 세제를 싸게 사려고 시내까지 차를 끌고 나가느라 나를 귀찮게 하곤 하셨다. 그렇게 차를 끌고 나가려면 눈에 띄지 않는 비용이 들기 마련이다. 우선 기름 값과 유지비가 든다. 게다가 그 시간에 소설을 읽든 카드 게임을 하든 어머니가 더 가치 있게 여길 법한 활동을 할 수도 있다. 다시 말해, 물건을 싸게 사려고 차를 끌고 시내를 돌다 보면 '기회비용'이 발생한다.

기회비용은 어떤 활동을 하느라 차선의 활동에서 얻을 편익을 잃는 비용을 말한다. 이 원칙은 자원이 한정되고, 어떤 활동을 선택하면 다른 활동을 선택할 수 없는 상황에 쓰인다. 이 비용은 선택하지 않은 활동의 '합'이 아니라 선택하지 않은 활동 중에 '최고'의 활동에서 나온다. 돈, 시간, 즐거움 등 모든 가치가 기회비용이 될 수 있다.

밀을 재배하는 농부는 옥수수 재배에서 생기는 이익을 포기한다. 학교 축구팀 선수로 뽑히면 미식축구를 하거나 오케스트라에서 연주하는 즐거움은 포기해야 할지도 모른다.

삶은 기회비용으로 가득하다. 기회비용을 피할 수는 없다. 하지만 쉽게 선택할 수 있었던 행동을 버리고 그보다 가치가 덜한 행동에 비용을 지불하는 일만큼은 피할 수 있다.

경제학자들은 잔디 깎기나 세차를 직접 하지 않는다. 그렇다면 잔디를 직접 깎아야 하는 사람은? (1)잔디 깎기가 즐겁거나 (2)자금 사정이 많이 안 좋아 그물침대에 누워 열네 살짜리 옆집 아이가 잔디 깎는 모습을 지켜볼 정도의 호사를 누릴 형편이 안 되는 사람이다. 잔디를 직접 깎으면 더 즐거운 다른 행동을 못한다. 이를테면 일도 결과도 모두 더 즐거운 정원 손질을 할 수가 없다.

대중교통을 이용하지 않고 차를 운전하는 사람은 자동차 구매, 기름 값, 유지비, 보험료로 돈이 빠져나가는데, 그 돈으로 여행을 하거나 더 좋은 집을 살 수도 있었다. 그러나 차를 소유하는 비용은 일단 차를 산 뒤로는 눈에 띄지 않는 성향이 있고, 버스나 가끔씩 택시를 이용해 출퇴근하는 비용은 눈에 잘 띈다. 그러다 보니 자가용을 사용하는 비용은 언뜻 소소해 보이고(기왕에 산 차, 써야지 않나) 차를 두고 날마다 다른 교통수단을 이용하는 비용은 조금 부담스럽다(고작 시내까지 가는 데 15달러라고?!). 하지만 젊은이들 상당수는 날마다 자가용을 이용할 경우 다른 교통수단을 이용할 때보다 비용이 많이 든다는 걸 알고 있다. 그래서 부모 세대보다 차를 덜 사는 추세다(차를 공동으로 사용하는 집카Zipcar 같은 회사의 등장도 이런 추세에 한몫했다).

자신이 소유한 건물에서 사무실을 사용하는 사람은 사용료가 없다고 생각하기 쉽다. 회계사도 그 소유주가 사용료를 내지 않는 것으로 기록할 것이다. 하지만 사실은 사용료를 내고 있는 셈이다. 건물을 임대할 경우 받을 수 있는 임대료에 해당하는 금액이다. 그리고 자신이 소유한 사무실과 비슷하거나 더 좋은 사무실인데 더 적은 임차료로 사용할 수 있는 사무실이 있다면, 그 사무실을 사용하지 않는 기회비용을 내고 있는 셈이다. 감춰진 비용이지만 어쨌거나 실제 비용이다.

기회비용을 피하는 데 유용한 친숙한 슬로건이 있다. "공짜 점심 따위는 없다."(대공황 시기에 공짜 점심을 광고하며 손님을 끌던 술집을 빗댄 말이다. 점심은 공짜였지만 맥주는 돈을 내야 했다.) 어떤 행동을 택했다면 다른 행동을 포기해야 하는데, 가만 생각해보면 포기한 행동이 더 좋았을지도 모른다.

주택 건설이 호황을 누리고 일부 제조업이 다시 미국으로 돌아오는 지금, 공사장이나 공장에서의 초보적 노동의 임금이 높아지고 있다. 그렇다면 대학은 공사장이나 공장으로 가려는 젊은이들을 끌어오기 위해 학자금 지원을 늘려야 할까? 경제학자라면 임금이 높아지면 대학을 진학하는 기회비용도 높아진다고 지적할 것이다. 대학 등록금이 1년에 1만 달러이고, 대학에 갈 수 있는 학생이 공사장이나 공장에서 일을 한다면 1년에 4만 달러를 벌 수 있다면(몇 년 전만해도 3만 달러였다), 대학을 다니는 기회비용은 4만 달러가 더 늘어난다(4년 만에 졸업할 때). 대부분의 경제학자들은 대학은 이 기회비용을 고려해 저소득층 학생들에게 장학금 지급을 늘려야 한다고 말할 것이다. 하지만 내가 직접 조사한 결과 교수 대부분은 그 의견에 반발했다. "뇌물을 주면서까지 대학에 와달라고 할 생각은 없다."

선택하지 않은 것의 가치가 선택한 것의 가치보다 더 크다는 사실을 깨닫기가 매우 어려울 때도 있다. 가령 내 회사에서 일할 직원을 뽑을 때마다 기회비용이 생긴다. 더 능력 있는 사람을 뽑을 수 없다면, 이번 채용으로 손해 본 게 없다고 생각하고 싶다. 하지만 조금만 더 기다렸다면 더 적당한 사람을 뽑을 수 있었으리라 생각할 만한 충분한 근거가 있다면, 회사는 이번 채용으로 기회비용이 들었고 채용을 조금 더 미뤘어야 했을 것이다.

매몰비용을 지나치게 인식해도 비용이 생기듯이 기회비용을 지나치게 인식해도 비용이 발생한다는 사실을 명심해야 한다. 대학원생 시절, 내게 아주 재미있는 친구가 있었다. 그 친구는 늘 뭔가 즐길 거리를 생각해냈다. 이를테면 함께 산책을 하다가 갑자기 버스를 타고 도심을 가로질러 가면서 가두행렬을 구경하자고 말한다. 썩 재미있지 않은 가두행렬을 한동안 보고 있는데, 저녁을 빨리 먹고 가면 우리가 보고 싶어 하던 새로 개봉한 영화를 볼 수 있다고 알려준다. 영화를 보고 나면, 마침 근처에 친구 집이 있으니 거길 가자고 제안한다.

그 친구가 새로운 제안을 할 때마다 그 제안 하나만 따로 떼어놓고 보면 지금 하고 있는 것보다 나은 대안이고, 따라서 기회비용을 피하게 된다. 하지만 전체로 보면, 그 친구와 보내는 시간이 새로운 즐길 거리를 끊임없이 계산하지 않고 지내는 시간보다 즐겁지는 않았다. 기회비용 계산은 그것만으로 비용이 되기도 한다.

다시 우리 어머니로 돌아가 보자. 나는 쇼핑은 필요악이라 가능한 줄여야 한다고 생각했지만, 알고 보니 다른 사람들은 그렇게 생각하지 않았다. 어머니는 다른 일을 하느니 차라리 세일 상품을 찾아다니고 싶어 하셨다. 게다가 쇼핑은 집을 벗어날 좋은 구실이기도 했다. 어머니의 쇼핑은 기회비용이 더 크니 손해라는 생각은 잘못이었다.

경제학자들이 옳은가

경제학자들이 과연 옳을까? 그들 말대로, 선택을 할 때는 매몰비용과 기회비용을 비롯해 비용편익 이론을 따라야 하는가?

경제학자들이 어떤 말을 해야 우리가 설득될까? 이들의 주장은 두 가지다.

1. 비용편익 이론은 논리적으로 옳다. 그것은 대부분의 사람이 올바른 결정을 내리기 위한 합리적 지침이라고 생각하는 몇 가지 단정에 기초한다. 돈은 적은 것보다 많은 게 좋다, 결정 시간도 비용으로 간주한다, 미래의 이익은 현재의 이익보다 가치가 적다 등. 이 단정에 동의한다면, 수학적으로 이 단정에 기초한 비용편익 이론을 따라야 한다.
2. 이보다는 흔치 않은, 어쩌면 주로 농담조의 주장도 있는데, 기업이 전문가에게 돈까지 주어가며 비용편익 분석을 의뢰하는 걸 보면 유익한 분석이 아니겠느냐는 주장이다. 기업은 바보가 아니며, 자신이 무엇을 원하는지 잘 안다. 그렇다면 비용편익 분석은 옳고 따라야 한다.

이 주장이 설득력 있게 들리는가? 나는 그렇지 않다.

논리적 전개로 적절한 행동을 가려내는 것은 내게 그다지 설득력이 없다. 옳지 않은 주장도 논리적일 수 있다(13장에 나오는 형식주의를 참고할 것). 논리를 토대로 한 주장을 받아들이기 전에, 우리는 사회적 영향력과 의식 바깥에서 작동하는 수많은 다른 요소에 쉽게 휘둘리는 탓에 꼭 논리적인 주장대로 행동하는 것은 아니라는 사실을 고려할 필요가 있다. 그리고 앞 장에서 언급했듯이, 허버트 사이먼이 나타나 실은 '최소 만족이 최선'이라고 말하기 전까지는 최상의 선택이 당연한 규범으로 추천되었다는 사실을 기억하라. 그리고 사람들이 정말로 최소 요건만 충족되면 만족한다거나 하다못해 최소 만족이 가능하다는 증거도 많지 않다. 그렇다면 최소 요건 충족에 만족하지 않아야 옳을지도 모르겠다. 어쩌면 사람들이 따르는 또 다른 원리가 있어서, 미래에 이론가가 나타나 우리 인지력의 한계를 생각하면 그것이 가장 합리적인 전략이라고 주장할지도 모른다. 선택하는 법에 관한 좋은 규범 이론이라면 1부에서 다룬, 우리가 자신을 이해하는 정도인 합리성 문제, 그리고 의사 결정에서 무의식의 적절한 역할을 고려해야 한다. 그것이 심리학자 대부분의 생각이고, 따라서 심리학자는 경제학자가 묘사하는 선택 행동과 그에 대한 처방을 미심쩍어하는 성향이 있다.

기업은 비용편익 분석에 돈을 들인다. 맞는 이야기다. 하지만 이외에도 돈을 들여 필적 감정사에게 성격을 묻고, 거짓말 탐지기 기술자와 풍수 '전문가'를 찾고, 동기부여 강사를 초빙해 무대 위를 이리저리 뛰어다니게 하고, 점성가도 찾아간다. 모두 효과가 증명되지 않은 행위다. 점성술은 무엇도 예측하지 못한다는 게 증명되었고, 거짓말 탐지기나 필적 감정 모두 기업이 관심을 갖는 목적에 전혀 도움이 되지 않는다는 증거도 많다.

그러면 비용편익 분석을 사용해야 하는 타당한 이유는 무엇일까?

사람들이 비용편익 분석에 추상적으로 익숙할수록 그것을 사용할 확률이 높아진다는 사실에 대해 어떻게 생각하는가? 내게는 다소 설득력 있는 말이다. 경제학자들이 앞다투어 주장하듯이, 우리는 사람들이 합리적으로 행동하리라고 생각해야 한다. 적어도 그렇지 않다는 증거가 나오지 않는 한 그러하다. 비용편익 분석의 추상적 원리를 이해한 사람들이 행동을 바꿔 그것을 실천하려 한다면, 그 원칙이 유용하다는 증거가 된다.

실제로 나와 리처드 래릭Richard Larrick, 제임스 모건James Morgan이 연구한 결과, 사람들은 비용편익 원칙을 많이 배울수록 그 원칙대로 행동할 확률도 높았다.[1] 경제학 교수들은 생물학 교수나 인문학 교수보다 비용편익 원칙에 근거해 선택할 확률이 훨씬 높다. 경제학 수업을 들은 학생은 듣지 않은 학생보다 그 원칙을 개략적으로 알고 있을 확률이 높고, 또 그 원칙대로 선택할 확률이 (훨씬은 아니더라도) 더 높다.

하지만 이런 연구 결과는 '자기선택' 탓에 퇴색된다(11장 참조). 사람들은 경제학자 대 다른 직업으로, 이를테면 변호사나 벽돌공으로, 무작위로 할당되지 않는다. 직접 선택한 것이다. 이때 경제학자는 생물학자보다 더 똑똑할 수도 있고, 경제학자가 되기 전부터 비용편익 문제에 공감했을 수도 있다. 아니, 어쩌면 비용편익 분석 때문에 경제학자가 되었는지도 모른다. 그리고 경제학 수업을 듣는 학생은 그렇지 않은 학생보다 더 똑똑할 수 있으며, 경제학 수업을 몇 개나 듣든 그 규칙을 더 잘 이해하고 더 잘 사용할지도 모른다.

물론 다른 설명도 가능해서, 다른 조건이 같다면 똑똑한 사람이 자신은 경제학 이론대로 선택한다고 말할 확률이 덜 똑똑한 사람보다 더 높을 수 있다. 실제로도 그렇다. 미국 대학입학시험인 SAT와

ACT에서 구두 점수는 IQ를 대신할 좋은 지표다. SAT(또는 ACT) 구두 점수와 자신이 직접 밝힌 비용편익 원칙 사용 사이의 상관관계는 약 0.4로, 사람들이 삶을 어떻게 이끌어가는가를 알아볼 때 대단히 높지는 않지만 아주 낮지도 않은 상관관계를 보여준다.[2] (이 상관관계는 경제학 수업을 들은 학생과 듣지 않은 학생 모두에게 해당한다.)

나는 실험에서, 사람들에게 비용편익 원칙을 짧은 시간에 (이 책에서 소개한 것보다 더 간단히) 가르쳐주면, 그들이 선택을 할 때 이 원칙을 이용할 확률이 높아진다는 것을 확인했다. 몇 주 뒤에 이 실험과 무관한 척 전화로 설문조사를 해봐도 그 학생들이 이 원칙을 더 잘 지킨다는 것을 알 수 있었다.

그렇다면 더 똑똑한 사람이, 그리고 그 규칙 체계를 교육받은 사람이 덜 똑똑하고 교육받지 않은 사람보다 그 원칙을 사용할 확률이 더 높다는 이야기다. 그렇다면 이들은 그 원칙을 사용해 더 잘살게 되었을까? 이들이 그토록 똑똑하다면 왜 부자가 아닐까?

사실은 더 부자다. 비용편익 분석에 따라 결정을 내린다고 말하는 미시간대학 교수진은 수입이 훨씬 더 많다.[3] 생물학자와 인문학 교수들 사이에서는 이 상관관계가 경제학 교수들 사이에서보다 더욱 두드러진다(경제학자들 모두 이 원칙을 잘 알고 있으며, 이 점에서는 별다른 차이가 없기 때문일 수도 있다). 그리고 생물학자와 인문학자가 경제학 훈련을 더 많이 받을수록 돈을 더 많이 벌었다. 게다가 내 연구 결과에 따르면, 지난 5년 동안 봉급 인상과 교수들이 비용편익 원칙을 이용해 선택한다고 스스로 보고한 정도와는 높은 상관관계가 있었다.

비용편익 규칙대로 선택한다고 말하는 학생들은 그렇지 않은 학생들보다 성적이 더 높다. 그 규칙을 사용하는 사람이 더 똑똑해서만은 아니다. 사실 SAT/ACT 구두 점수를 빼고 따지면, 비용편익 규칙 사용과 학점은 상관관계가 '더 높아진다.' 구두 능력의 모든 단계에서, 점수가 높은 학생은 비용편익 규칙을 사용하는 학생이다.

비용편익 규칙을 사용하면 왜 더 유능한 사람이 될까? 그 규칙을 사용하면 내 힘을 효과가 가장 클 곳에 집중하고, 제대로 진행되지 않을 일은 포기하기 때문이기도 하다. 다시 말해, 매몰비용 덫을 피하고 기회비용을 고려한다. 내게 최고의 조언을 해준 사람이 있는데, 그 사람 말에 따르면 프로젝트에는 세 가지 부류가 있다. 아주 중요하고 다급한 일, 중요하고 조만간 해야 하는 일, 어느 정도 중요하지만 서두를 필요는 없는 일이다. 이때 항상 첫 번째 부류에만 집중하고 나머지 둘은 신경 쓰지 말 것. 그렇게 하면 일을 효과적으로 처리할 수 있을 뿐 아니라 시간이 남아 빈둥거리며 여유를 부릴 수도 있다(단, 생각할 거리를 던져주는 식으로 알려지지 않은 보상을 주는 행위, 특히 그 자체로 즐거운 행위는 예외로 한다. 헨리 키신저의 고문은 그에게 정치학 공부 좀 그만하고 소설을 읽으라고 다그쳤었다).

요약

어떤 자원을 이미 소모한 뒤라 회수할 수 없을 때, 그 자원이 아깝다는 이유로 애초에 그 자원으로 얻으려던 걸 소비하겠다고 결정해서는 안 된다. 그 비용은 이미 매몰되어 어쩔 도리가 없으니, 그 비용 지출을 초래했던 행동을 하려면 아직도 거기서 순이익을 얻을 수 있을 때라야 한다. 단지 비싸다는 이유로 신 포도를 먹는 건 의미가 없다. 기업과 정치인이 이미 소비한 것을 정당화할 목적으로 사람들에게 재화와 프로젝트에 돈을 쓰게 하는 이유는 사람들이 매몰비용이라는 개념을 이해하지 못하기 때문이다.

어떤 행동을 하려고 할 때, 지금 또는 앞으로 다른 행동을 할 경우 순이익이 더 크다면 애초에 하려던 행동을 포기해야 한다. 물건을 사거나 행사에 참석하거나 직원을 고용할 때, 그 행동으로 더 많은 순이익을 얻을 기회를 놓친다면 그 행동을 해서는 안 된다. 적어도 당장 해서는 안 된다. 중요한 결정을 내릴 때는 기회비용이 생기지 않는지 꼼꼼히 살펴야 한다. 반면에 사소한 문제에도 기회비용 계산에 집착하면 그 자체로 비용이 된다. 바닐라 아이스크림을 선택하면 초콜릿 아이스크림을 먹을 수 없지만, 그만 따지고 일단 먹자.

매몰비용 덫에 빠지면 항상 불필요한 기회비용이 생긴다. 원치 않는 일이나 꼭 해야 할 일이 아닌 일을 한다면 더 좋은 일을 할 기회는 자동적으로 낭비하는 꼴이다.

　매몰비용과 기회비용 덫을 포함해 비용과 편익에 주목하면 득이 된다. 수세기 동안 비용편익 분석이나 그와 비슷한 것을 주장한 사상가들이 아마도 옳을 것이다. 비용편익 분석을 바탕으로 결정을 내리고 매몰비용과 기회비용을 피하는 사람의 성공률이 높다는 증거는 분명하다.

6장

단점 피해 가기

어떤 사람이 주식 일부를 팔아 집 계약금을 내야 한다고 가정해보자. 이 사람에게는 두 가지 주식이 있다. 하나는 A회사 주식인데 요즘 실적이 좋았고, 하나는 B기업 주식인데 손해를 보았다. 이 사람은 둘 중에 A 주식을 팔 생각이다. B 주식을 팔면 영영 손해만 보고 끝나기 때문이다. 잘한 결정인가, 잘못한 결정인가?

내가 진심으로 호의를 베풀어 당신에게 100달러를 준다고 해보자. 그 대신 당신에게 동전 던지기를 하라고 한다. 결과에 따라 100달러를 잃거나 더 큰돈을 딴다. 얼마를 딴다고 해야 동전 던지기를 하겠는가? 101달러? 105달러? 110달러? 120달러? 그 이상?

앞에서는 비용편익 이론을 따르지 않는 여러 경우를 살펴봤다. 이번 장에서는 그 외에 몇 가지 이례적인 경우를 살펴보고, 어떻게 하면 그런 경우를 피할 수 있는지, 그래서 비경제적인 결정을 내리려는 성향에서 스스로를 보호하는 방법이 무엇인지를 다루려 한다. 우리는 비용편익 이론대로 늘 합리적으로만 행동하지는 않지만, 경제학자들이 얻는 이익을 우리도 얻을 수 있게 세상을 재구성할 수는 있다.

손실회피

우리는 가진 것을 포기하지 않으려는 일반적인 성향이 있다. 비용편익을 따져볼 때 지금 가진 것을 포기하면 더 좋은 것을 가질 확실한 기회가 생긴다 해도 그렇다. 이런 성향을 '손실회피'라 한다. 수많은 상황에서, 무언가를 얻었을 때의 행복감은 그것을 잃었을 때의 상실감에 비해 그 크기가 절반밖에 안 된다.[1]

손실회피의 대가는 크다. 사람들은 주가가 오르는 주식보다 내리는 주식을 잘 안 팔려고 한다. 확실한 손실 대 가능한 이익 사이에서의 선택은 고통스럽다. 사람들은 고질적으로 잘나가는 주식을 팔면서 이익을 봤다고 자축하고, 주가가 내려간 주식을 보유하면서 확실한 손실을 피했다고 자축한다. 다른 조건이 동일하다면, 올라가는 주식이 계속 올라갈 가능성은 내려가는 주식이 똑같은 속도로 다시 올라가기 시작할 가능성보다 더 높다. 평생토록 잘나가는 주식을 보유하고 떨어지는 주식을 버리는 게 아니라 정반대로 잘나가는 주식을 버리고 떨어지는 주식을 붙잡고 있는 것은 가난한 상태로 퇴직하느냐, 아주 더 가난한 상태로 퇴직하느냐(또는 부자로 퇴직하느냐, 아주 부자로 퇴직하느냐)의 차이와 같다.

우리가 손실 가능성을 얼마나 싫어하는지는 도박이나 내기에서도 알 수 있다. 내가 당신에게 내기를 하겠냐고 물었다 치자. 당신은 동전을 던져 앞면이 나오면 X를 갖고, 뒷면이 나오면 100달러를 잃는다. X가 100달러라면 공정한 내기가 된다. 그런데 당신은 X가 얼마라면 기꺼이 내기를 하겠는가? X가 101달러라 해도 당신이 약간 유리하다. X가 가령 125달러라면 썩 괜찮은 내기다. 너무 가난해서 내기에서 지면 받아들일 수 없는 위험에 직면하지 않는 한 분명 해볼 만한 내기다. 하지만 사람들 대다수는 X가 200달러는 되어야, 그러니까 절대적으로 유리한 내기여야 참여한다. 그러니까 200달러를 딸 가능성이 있어야 100달러를 잃을 가능성을 감수한다.

경영대학원 수업에서 수없이 실시한 다음 실험을 보자. 수업을 듣는 학생 절반에게 대학 로고가 크게 새겨진 커피 머그컵을 주었다. 머그컵을 받지 못한 불행한 학생들에게는 그 컵을 자세히 살펴보게 한 뒤에 그와 같이 생긴 컵이 얼마면 돈을 주고 사겠냐고 물었다. 그리고 머그컵을 받은 학생에게는 얼마를 준다면 그 컵을 팔겠냐고 물었다. 두 금액의 차이는 상당히 컸다. 컵을 받은 학생이 원한 평균 금액은 컵을 받지 못한 학생이 기꺼이 지불하겠다는 평균 금액의 2배였다.[2] 손실회피는 '소유효과' 이면에 존재한다. 사람들은 애초에 공정한 가격이라고 생각한 가격보다 훨씬 많은 돈을 준다고 해도 가지고 있는 것을 포기하지 않는다. 미식축구 입장권을 200달러에 샀는데 원래는 500달러라도 기꺼이 사려 했다고 가정해보자. 그리고 2주가 지나 인터넷을 보니, 표가 절실히 필요한 많은 사람이 2,000달러에라도 표를 사려고 한다는 것을 알게 됐다. 그렇다면 팔겠는가? 아마도 안 팔 것이다. 어떤 물건을 사려고 할 때의 가치와 팔려고 할 때의 가치는 하늘과 땅 차이일 수 있다. 단지 가지고 있던 것을 포기해야 한다는 단순한 이유 때문이다.[3]

우리 대학 공연예술기획단은 공연 홍보에서 소유효과를 잘 활용하는 대표적인 예다. 이들은 사람들에게 입장권을 구입할 때 사용할수 있는 20달러짜리 관람권을 보내는데, 우편으로 20달러 할인쿠폰을 발송할 때보다 입장권 순 판매량이 70퍼센트 높다. 사람들은 가지고 있는 관람권을 쓰지 않으면 돈을 잃는다는 생각에 입장권을 구입하지만, 할인쿠폰으로 입장권을 싸게 사는 이익은 쉽게 포기한다.

경제학자 롤런드 프라이어Roland Fryer가 이끄는 팀이 연구한 결과, 교사에게 학생의 성적이 오르면 임금을 올려준다고 해도 학생 성적에는 영향이 없는 것으로 나타났다. 그런데 학기 초에 교사들에게 일괄적으로 일정액을 주고, 학생의 성적이 일정한 목표치에 미달하면 그 돈을 회수하겠다고 하자 학생의 성적이 획기적으로 올랐다.[4]

비용편익 관점으로는 소유효과를 정당화할 수 없다. 비용편익을 따지면, 내가 산 물건을 구입 가격이나 그보다 약간 높은 가격에 팔수 있다면 기꺼이 팔아야 맞다. 경제학자조차 소유효과 같은 다양한 편향에 약해서, 비용편익이라는 점에서 합리적으로 행동하지 못할때가 있다. 사실 소유효과는 경제학자 리처드 탈러Richard Thaler가 와인을 무척 좋아하는 동료 경제학자의 행동을 보고 처음 생각해낸 개념이다. 그는 와인 한 병에 35달러 넘게 돈을 쓰는 법은 없지만, 35달러에 산 와인을 무려 100달러를 준대도 안 팔 때도 있었다.[5] 구매가와 판매가 사이의 이런 엄청난 차이는 비용편익 이론의 규범적 규칙으로는 도저히 설명이 안 된다.

소유효과를 정당화하려면 엄청난 질적 가치가 있어야 한다. 물론 거래를 할 때는 정서적 가치도 고려 대상이 된다. 나는 아무리 거금을 준대도 결혼반지를 팔지 않을 테니까. 하지만 '샤토'니 뭐니 하는 와인에 정서적이라고 부를 말한 감정을 느끼는 사람이 몇이나 있겠나.

현재 상황 바꾸기

손실회피는 타성을 낳는다. 우리 행동을 바꾸려면 어떤 종류든 비용이 들기 마련이다. '다른 채널을 볼까? 일어나서 리모컨을 찾아야겠군. 어떤 프로그램이 더 재미있을까? 아니면 책을 더 읽을까? 어떤 책을 읽지? 아, 그러고 보니 퀴즈쇼 〈재퍼디Jeopardy〉를 안 본 지 오래됐네! 재미있겠군.'

텔레비전 방송국은 우리가 이렇게 굼뜬 걸 잘 알아서, 가장 인기가 좋은 프로그램을 황금시간대에 배치해놓고, 그 프로그램이 끝나고도 시청자가 계속 채널을 돌리지 않기를 바란다.

이런 손실회피의 가장 큰 문제는 '현상 유지 편향'을 부추긴다는 것이다.[6] 나는 안 읽은 지 오래된 뉴스레터 여러 개를 계속 받고 있다. 그 귀찮은 뉴스레터를 끊으려면 어떻게 해야 하는지 알아보고 싶지만 도무지 시간이 안 나기 때문이다. 나는 지금 X(정원에 물 주기, 철물점에서 살 물건 적어놓기, 논문 쓸 준비하기)를 하느라 정신이 없다. 뉴스레터를 끊으려면 소중한 어떤 일을 잠시 멈춰야 한다. 그러니 내일 할 일이 없을 때 해야지(하하!).

경제학자 리처드 탈러와 법학자 캐스 선스타인Cass Sunstein은 현상 유지 편향을 자신에게 유리하게 이용하는 수많은 방법을 소개했다.[7] '자동 선택 옵션default option(특정한 옵션을 지정하지 않았을 때 자동으로 선택되는 옵션—옮긴이)'도 그중 하나인데, 대단히 중요한 일이 오직 이 옵션에 좌우되기도 한다. 그 예를 보자.

독일인은 12퍼센트만이 정부에 장기 기증을 허락하고, 오스트리아인은 무려 99퍼센트가 허락한다. 오스트리아인이 독일인보다 훨씬 더 인도적이라고 누가 생각했겠는가?

사실 자국 시민을 생각하는 마음에서 독일인과 오스트리아인이 차이가 있다고 생각할 이유는 없다. 오스트리아는 장기 기증에서 '거부 선택opt-out' 정책을 택했다. 죽은 사람의 장기는 이식할 수 있다는 옵션이 자동으로 선택되어 있다는 이야기다. 그러니까 장기를 기증하기 '싫으면' 국가에 미리 그 의사를 밝혀야 한다. 반면에 독일은 '찬성 선택opt-in' 정책이어서 개인이 동의하지 않는 한 국가는 그 사람의 장기에 손대지 않는다는 옵션이 자동으로 선택되어 있다. 미국도 찬성 선택 정책이다. 그 결과, 거부 선택 정책을 썼더라면 살았을 사람 수천 명이 죽어갔다.

'선택 설계choice architecture'는 어떤 결정을 내릴지 판단할 때 필수적이다. 결정 방법에 따라 개인과 사회에 더 나은 결과가 돌아가기도 한다. 장기 기증 같은 경우는 거부 선택 정책으로 피해를 보는 사람이 없다. 기증을 원치 않는 사람은 얼마든지 거부 의사를 밝힐 수 있으니 강압도 없다. 결정의 기본틀을 개인과 집단에 이익이 되도록 설계하는 것을 탈러와 선스타인은 '자유주의적 온정주의'라 불렀다.[8]

옳은 선택으로 이끄는 선택 설계와 그렇지 않은 선택 설계의 차이는 애매할 수 있다. 적어도 손실회피와 그로 인한 현상 유지 편향의 위력이 낯선 사람에게는 그렇다.

예를 들어 '확정기여형' 연금에서는 직원이 급여의 일부를 퇴직 연금으로 적립하면 고용주는 직원 급여의 최대 6퍼센트 내에서 직원이 내는 적립금의 일정 비율을 추가로 적립해준다. 근로자는 이 적립금을 주식이나 채권 또는 뮤추얼펀드 등에 직접 투자해 수익을 내어 퇴직 때 받는다. 자금 운용 결과에 따라 수익이 달라지기 때문에 퇴직 때 얼마를 받을지는 알 수 없다. 이 연금은 고용주가 바뀌어도 계속 이어서 운용할 수 있다. 이와 달리 자동차 회사와 많은 주 정부 또는 지자체가 제공하는 '확정급여형' 연금은 퇴직 때 받을 연금액이 정해져 있어, 일정한 나이에 얼마를 받을지 미리 알 수 있다.

그렇다면 고용주가 확정기여형을 채택해 연금 일부를 공짜로 적립해준다면 누구에게나 이익이 아니겠는가. 그러나 근로자의 약 30퍼센트가 확정기여형을 택하지 않는다.[9] 영국에서 확정기여형 연금을 제공하고 고용주가 직원 적립금의 100퍼센트를 추가 적립해주는 25개

기업을 조사한 결과, 이 연금에 가입한 근로자는 절반 정도에 그쳤다.[10] 이는 급여의 일부를 앉은자리에서 태워버리는 꼴이 아닌가!

연금 계획을 합리적으로 선택 설계한다면, 빈칸에 찬성한다는 체크 표시만 하면 그만인 찬성 선택 방식보다 그것조차 할 필요가 없는 거부 선택 방식이 좋을 것이다. 연금에 가입하지 않겠다고 말하지 않는 한 자동 가입되는 방식이다. 찬성 선택 방식을 택한 어느 작업장에서는 일을 시작한 지 3개월 뒤까지 연금에 가입한 비율이 20퍼센트, 3년 뒤까지는 65퍼센트에 그쳤다. 반면 자동 가입을 택한 작업장에서는 일을 시작한 지 몇 개월 뒤까지 연금에 가입한 비율은 90퍼센트, 3년 뒤까지 가입한 비율이 98퍼센트에 이르렀다.[11]

퇴직 연금에 가입하는 쪽으로 마음을 돌렸다 해도, 퇴직할 때 수중에 넉넉한 돈을 쥔다는 보장은 없다. 사람들이 고용 직후에 스스로 정한 퇴직 연금 납입액은 대개 퇴직 이후 생활에 충분치 않다. 어떻게 하면 넉넉한 금액을 적립하게 할 수 있을까?

슐로모 베나치Shlomo Benartzi와 리처드 탈러는 이 문제를 해결하기 위해 '내일은 좀 더 저축을Save More Tomorrow'이라는 계획을 만들었다.[12] 직원은 일단 급여의 3퍼센트로 적립을 시작한다. 시간이 조금 지난 뒤, 그에게 여유로운 퇴직을 대비하려면 저축을 조금 더 늘려야 한다고 말해준다. 지금 당장 5퍼센트를 더 저축하고 몇 년 뒤에 다시 저축을 늘리라고 권유할 수도 있다. 직원이 꺼리면 급여가 인상될 때마다 저축률을 올리라고 제안한다. 급여가 4퍼센트 인상되면 퇴직 연금 납입금도 자동으로, 가령 3퍼센트 올리는 식이다. 이런 식으로 충분하다 싶을 때까지, 이를테면 급여의 15퍼센트를 저축할 때까지 계속 저축을 늘려간다. 이 방법은 효과가 매우 좋다. 타성을 직원에게 유리하게 이용하고, 저축을 늘리는 것이 손실로 느껴지지 않아 손실회피 성향에 빠지지 않게 한다.

선택: 적어야 더 득일 수 있다

여러 해 전에 우리 심리학과로 독일 동료 한 사람이 왔다. 그는 왜 미국인들은 아침식사용 시리얼을 50가지나 놓고 선택을 하느냐고 물었다. 나는 마땅히 대답할 말이 없어, 사람들은 또는 미국인들은 다양한 선택을 좋아해서 그런가 보다고 했다.

코카콜라 회사는 미국인이 다양한 선택을 좋아한다고 믿는 게 분명하다. 당신은 다음 코카콜라 중에 어떤 것을 좋아하는가? 코카콜라, 카페인 없는 코카콜라, 카페인 없는 다이어트 코카콜라, 체리 코카콜라, 코카콜라 제로, 바닐라 코카콜라, 다이어트 체리 코카콜라, 다이어트 코카콜라, 라임이 들어간 다이어트 코카콜라, (무려 녹색 캔에 담긴) 스테비아가 들어간 다이어트 코카콜라. 차라리 닥터페퍼나 마시겠다고 할지도 모르겠다. 선택이 무한하다고 생각되는 건 비단 콜라만은 아니다. 캘리포니아의 도시 멘로파크에 있는 어느 고급 식료품점에는 올리브유 75가지, 겨자소스 250가지, 잼이 300가지다.

그런데 선택할 가짓수가 많으면 적은 것보다 항상 더 좋을까? 적어야 더 좋다고 말할 경제학자를 찾기는 쉽지 않을 것이다. 하지만 공급업자에게나 소비자에게나 선택의 수가 많다고 해서 항상 좋은 것은 아니라는 사실이 점점 분명해지고 있다.

사회심리학자 시나 아이엔가Sheena Iyengar와 마크 레퍼Mark Lepper는 멘로파크의 식료품점에 임시 판매대를 설치해놓고 다양한 잼을 전시했다.[13] 그날의 절반은 판매대에 잼을 6가지 놓아두었고, 절반은 24가지를 놓아두었다. 이 판매대 앞에서 걸음을 멈춘 사람에게는 상점에서 파는 모든 잼을 1달러 할인해 살 수 있는 쿠폰을 주었다. 실험 결과, 잼이 6가지일 때보다 24가지일 때 판매대에 사람이 더 많이 들렀다. 하지만 정작 잼을 산 사람의 수는 잼이 24가지일 때보다 6가지일 때가 10배나 많았다. 판매자들은 명심하라. 고객은 때로 여러 대상을 끝없이 살펴야 하는 기회비용을 인식해 선택 대상이 지나치게 많으면 아예 외면해버린다는 것을.

2000년도에 스웨덴 정부는 연금 제도를 개혁했다. 조지 W. 부시가 사회보장 기금 일부를 민간에게 맡기려 했던 것과 비슷한 정책으로, 스웨덴 정부도 개인 투자 계획을 마련했다. 이들이 내놓은 계획은 재정 전문가가 보기에 표면적으로는 그럴듯해 보였다.[14]

1. 연금 가입자는 정부가 승인한 뮤추얼펀드에서 최대 5곳을 선택해 투자할 수 있었다.
2. 펀드는 총 456개였고, 각 펀드는 광고를 할 수 있었다.
3. 가입자에게 각 펀드에 대한 자세한 정보가 적힌 책자를 제공했다.

4. 광고가 허용되지 않는 펀드가 하나 있었는데, 사람들이 따로 펀드를 선택하지 않았을 때 자동으로 선택되도록 정부 경제학자들이 지정해 놓은 기본 펀드였다.

5. 가입자에게는 투자할 펀드를 직접 선택하라고 권장했다.

이때 가입자 3분의 2가 기본 펀드를 택하지 않고 직접 골랐다. 하지만 이들의 선택이 썩 훌륭하지는 않았다. 우선 기본 펀드는 운용 수수료가 0.17퍼센트인 반면, 가입자가 선택한 펀드는 평균 0.77퍼센트였다. 계속 쌓이면 적잖은 비용이다. 둘째, 기본 펀드는 82퍼센트를 주식에 투자한 반면, 가입자가 직접 선택한 펀드는 평균 96퍼센트를 주식에 투자했다. 스웨덴 경제는 세계 경제의 1퍼센트를 차지하지만, 기본 펀드는 주식 투자의 17퍼센트를 스웨덴 기업에 할애했다. 작은 바구니 하나에 꽤 많은 달걀을 담은 셈이다. 하지만 다른 가입자는 무려 48퍼센트를 스웨덴 주식에 투자했다. 기본 펀드는 고정수익증권이 10퍼센트고, 다른 펀드는 평균 4퍼센트였다. 기본 펀드는 헤지펀드와 사모펀드에 모두 4퍼센트를 투자했다. 다른 펀드는 그곳에 전혀 투자하지 않았다. 마지막으로 이 연금 계획이 새롭게 실시되기 직전에 과학기술 분야 주식이 급등했다. 그러자 수많은 투자자가 자산의 대부분 또는 전체를 앞으로 불운을 맞이할 이 분야에 집중 투자했다. 이 펀드들은 직전 5년 동안 534퍼센트 성장했었다. 하지만 2000년은 불행의 해였고, 이들 주식은 이제 곧 낭떠러지 아래로 떨어질 운명이었다.

경제학자라면 기본 펀드와 평균적 다른 펀드의 여러 차이에서 모두 기본 펀드가 우세했다고 말할 것이다. 심리학자라면 두 펀드의 차이는 아래와 같은, 있을 법한 수많은 편향으로 대부분 설명이 가능하다고 말할 것이다.

1. 나는 스웨덴 위젯 회사는 들어봤어도 미국 어쩌구 하는 회사는 들어본 적이 없다.
2. 내 (전) 재산을 성장 잠재력이 가장 큰 펀드에, 그러니까 주식형 펀드에 투자하고 싶다.
3. 잘나가던 펀드를 놔두고 근래에 큰 수익을 내지 못한 주식형 펀드에 투자하는 건 바보나 하는 짓이다.
4. 헤지펀드니 사모펀드니 하는 따위, 나는 모른다.
5. 시간이 나는 대로 투자 펀드에 관한 책을 읽어볼 것이다.

경제학자라면 스웨덴의 평균적 가입자들처럼 편향된 투자 전략을 짜지는 않을 것이다. 하지만 결과는 어떠했나? 처음 7년간의 실적을 놓고 투자 결정의 질을 판단하는 것은 전적으로 합리적이지는 않을 수 있다. 하지만 어쨌거나 기본 펀드는 21.5퍼센트 수익을 냈고 다른 펀드는 평균 5.1퍼센트 수익을 냈다.

스웨덴의 이 방식은 어떻게 바뀌었어야 했나? 미국에서 사회보장기금 운용이 부분적으로 민영화한다면 어떤 조치를 취해야 할까?

스웨덴의 기본적인 문제는 정부가 선택이라는 목표에 얽매였다는 것이다. 선택 목록에 올라온 펀드 중에 노련한 투자자라면 선택하지 않았을 펀드가 상당수다. 이렇다 할 안내도 없이 사람들에게 선택을 맡기는 것은 옳지 않다. 정부는 사람들에게 펀드를 선택하기 전에 전문가와 상담하라거나 아니면 기본 펀드를 선택하는 편이 나을 거라고 말했어야 했다. 하지만 지금은 지나치게 이래라 저래라 하기도 두려운 시대가 아닌가.

그런데 의학계는 내 기준에는 지나치다 싶게 선택의 주문을 즐겨 외운다. 환자에게 수많은 치료법을 나열하면서 각 치료법의 비용과 편익을 알려주지만 이렇다 할 추천은 해주지 않는 의사라면, 본연의 업무를 수행한다고 보기 어렵다. 의사는 환자에게 치료법을 추천하거나 아니면 적어도 기본적인 선택을 추천하되 다른 치료법도 설명해주는 식으로 자신의 전문 지식을 공유해야 한다. 내가 환자라면 최후에 이렇게 묻겠다. "의사 선생님 같으면 어떻게 하시겠습니까?"

인센티브, 인센티브!

나는 최근 세계경제포럼에 패널로 참석해 의사 결정에 관해 토론했었다. 패널은 경제학자, 심리학자, 정치학자, 의사, 정책 전문가로 구성되었다. 이들은 사람들이 자신의 이익과 사회의 이익에 맞게 행동하게 하는 법을 두고 토론해야 했다. 이때 여기저기서 많이 쓰인 말이 "인센티브를 준다"였는데, 패널 대부분은 인센티브를 금전적

이익을 약속하거나 금전적 손실을 경고하는 것으로만 생각하는 게 분명했다. 현명한 행동에는 장려금을 주고 현명치 못한 행동에는 벌금으로 엄포를 놓는 식이다.

금전적 인센티브가 대단히 효과적일 수 있다는 데는 이론의 여지가 없다. 때로는 놀라운 효과를 내기도 한다. 그러다 보니 패널들은 일부 도시에서 10대 소녀에게 적게는 하루에 1달러를 주어 임신을 방지하는 데 성공했다는 주장을 흔쾌히 믿으려 했다.[15] 그들 말대로라면 매우 적은 돈으로 임신을 크게 줄였고 결과적으로 소녀들에게 들어갈 비용뿐 아니라 도시에 들어갈 비용도 줄였으니 효과가 대단한 프로그램 같았다. 그러나 실제로 그 프로그램이 효과가 있는지는 논란의 여지가 있고, 행여 성공했다 해도 성교육이라든가 정기적으로 대학 캠퍼스에 데려가 삶의 여러 가능성을 열어주는 등 그 프로그램에 포함된 다른 요소가 원인일 수 있었다. 금전적 보상을 신뢰하다 보면 "하루 1달러" 주장을 너무나 쉽게 믿어버린다.

이 책이 전하는 주요 메시지 하나는 행동이 금전적 요소 외에 다른 수많은 요소에 지배된다는 것인데, 그중에 어떤 것은 금전적 보상이 효과가 없거나 문제가 있을 때 매우 효과적으로 쓰일 수 있다. 이를테면 사회적 영향도 사람들을 바람직한 방향으로 이끄는 데 보상이나 처벌 또는 경고보다 훨씬 더 효과적일 수 있다.

다른 사람은 어떻게 행동했는가 하는 정보만으로도 행동을 바꾸는 동기부여가 될 수 있다. 다른 사람의 행동이 내 행동 성향보다 낫다는 걸 안다면, 그것이 사회적 영향력으로 작용해 타인의 행동을 따라 하고 싶어진다.

으레 예상되는 수준보다 타인들이 더 훌륭하게 행동한다는 것을 알면, 설교보다 훨씬 효과적일 때가 자주 있다. 설교는 나쁜 행동이 실제보다 더 '널리' 퍼진 듯한 암시를 주어 오히려 역효과를 낼 수 있다. 그렇게 되면 타인을 따라 하려던 마음이 돌아서버린다.

사람들의 전기 사용량을 낮추고 싶은가? 그렇다면 이웃보다 전기를 많이 쓰는 사람의 집 대문에 그 사실을 적어 걸어둬보라.[16] 여기에 찌푸린 얼굴까지 그려 넣으면 금상첨화다. 그리고 전기를 절약할 방법을 제안하라. 이웃보다 전기를 적게 쓰는 사람이라면 역시 그 사실을 적어 대문에 걸어둔다. 이때 반드시 웃는 얼굴도 함께 그려 넣어야 한다. 그렇지 않으면 오히려 전기 사용을 부추길 수 있다. 사회심리학자들이 제시한 이 영리한 개입으로 캘리포니아는 이제까지 에너지 비용을 3억 달러 넘게 절약했고, 이산화탄소 배출량도 수십억 파운드 줄일 수 있었다.

동네 대학생들이 술을 흥청망청 마시는 버릇을 자제했으면 좋겠단 생각이 드는가? 2장에서 학생들에게 같은 대학의 다른 학생들은 술을 얼마나 마시는지 알려주면 효과가 있다고 말했던 것을 기억하는가? 이 음주량은 학생들의 생각보다 적은 게 보통이다.[17] 사람들을 주 정부의 조세법에 좀 더 순응하게 하고 싶은가? 그렇다면 해당 주의 순응률이 얼마인지 알려준다. 사람들은 대개 자기 주에서 일어나는 탈세 금액을 실제보다 훨씬 크려니 생각한다. 그러면 자신의 사소한 거짓을 정당화할 수 있다. "나는 그런 사기꾼은 아니에요. 그저 여행 경비를 살짝 조정했을 뿐이라고요." 이렇게 말하는 이들에게 다른 사람들의 탈세율을 알려주면 그런 합리화가 어려워진다.

호텔에서 수건 하나를 여러 번 쓰게 만들어 물을 절약하고 환경을 보호하고 싶은가? 그렇다면 손님에게 직접 그렇게 말할 수도 있지만, 다른 투숙객도 수건 하나를 여러 번 사용한다고 말하면 더 효과적이고, 아니면 예전에 "이 방에 묵었던" 손님 대다수가 수건을 여러 번 사용했다고 말하면 더욱 효과적이다.[18]

사람들에게 다락방에 단열 처리를 하면 연간 수백 달러를 절약할 수 있다고 말할 수도 있고, 더 나아가 단열 처리를 하면 금전적 보상을 해줄 수도 있다. 하지만 그렇게 해도 사람들이 그 정책에 쉽게 따를 것 같지는 않다. 내 경우만 보더라도 큰 장애물이 존재하는데, 다락에는 온갖 쓰레기가 잔뜩 쌓여 천장에 단열 처리를 하기가 쉽지 않다. 사람들에게 보조금을 지급해 쓰레기를 옮기거나 버리게 한 다음, 그래도 다락방에 단열 처리를 하지 않는지 지켜보라.

금전적 인센티브나 강요는 오히려 역효과를 낳기도 하는데, 이를테면 사람들이 그런 조치를 해당 활동이 썩 달갑지는 않다는 뜻으로 해석할 때다. 그렇지 않고서야 그 일을 했다고 돈을 주고 안 했다고 위협할 이유가 없지 않은가?

여러 해 전에 나는 마크 레퍼, 데이비드 그린David Greene과 함께 어린이집에서 새롭고도 흥미진진한 실험을 한 적이 있다.[19] 아이들에게 사인펜으로 전에 한 번도 본 적 없는 것을 그려보게 했다. 우리는 아이들을 관찰하면서 그림 그리는 시간을 기록했다. 그리고 2주 뒤에 찾아가 다시 그림 그리기를 했는데, 이때 아이들을 세 부류로 나뉘 조건을 달리했다. A집단에게는 그림을 그리면 '우수 선수상'을 받을 수도 있는데 그림을 그리겠냐고 물었다. "근사하지? 커다란 황금별에 파란 리본이 달린 상이야. 여기에 네 이름하고 어린이집 이름도 새길 수 있어. 우수 선수상 받아볼래?" 그리고 B집단과 C집단에게는 그림을 그리겠냐고만 물었다. 그림을 다 그린 뒤에, 그림을 그리면 상을 주기로 '계약'한 A집단에게는 모두 우수 선수상을 주었다. 상을 주기로 계약하지 않은 B집단에게도 상을 주었다. C집단에게는 상을 주겠다고 계약도 하지 않았고, 정말로 상도 주지 않았다. 다시 한두 주가 지나 이번에는 아이들에게 자유롭게 그림을 그리라고 했다.

그러자 바로 전 실험에서 그림을 그리면 상을 받기로 계약한 뒤 그림을 그려 상을 받았던 A집단은 상을 받을 줄 모르고 그림을 그렸다가 상을 받은 B집단이나 아예 상을 받지 못한 C집단에 비해 그림을 그린 시간이 절반도 안 됐다. B집단이나 C집단에 비해 그림에 흥미를 보이지 않았다는 이야기다. 결국 보상 계약을 했던 아이들은 자기가 원하는 것을 얻기 위해 그림을 그렸고, 다른 아이들은 단지 좋아서 그림을 그렸다고 추정할 수 있다.

마크 트웨인의 말대로 "일은 '해야만 하는' 행위고, (…) 놀이는 안 해도 그만인 행위다." 우리는 모두 경제학자처럼 비용편익 원칙에 따라 생각하고 싶어 한다. 하지만 (경제학자에게도) 쉽지 않은 일이다. 다행히 이번 장은 우리 삶, 그리고 우리가 관심 두는 사람들의 삶을 재구성해 실수나 오류를 슬쩍 비켜갈 방법이 많다는 사실을 보여준다.

이익과 손실을 고민하다 보면 손실이 지나치게 커 보이는 경향이 있다. 손실회피 탓에 이익마저 많이 놓칠 수 있다. 더 큰 이익을 위해 손실을 어느 정도 감수할 능력이 된다면, 이때가 바로 내기를 해야 하는 순간이다.

우리는 소유효과에 집착해 단지 내 것이라는 이유만으로 필요 이상의 가치를 부여한다. 이익을 남기고 처분할 기회가 있는데도 꺼려진다면, 그것을 가지고 있으면 순 가치가 더 올라갈 것 같다거나 하는 다른 이유 때문이 아니라 단지 그것을 소유하고 싶기 때문이 아닌지 자문해보라. 애물단지는 아무리 그것을 보관할 곳이 있더라도 팔아치워라. 1년 동안 한 번도 안 입은 옷은 몽땅 버리라고 말해주는 사람이 있다면, 그 사람 말이 옳다(나는 옷장을 주기적으로 정리하면서 10년 동안 입지 않은 셔츠를 버리지 못하고 이리저리 옮겨놓는데, 혹시 나중에 그 셔츠와 어울리는 재킷을 살 수도 있지 않을까 하는 생각 때문이다. 독자들은 내 행동을 닮지 말고 내 말만 따르는 게 좋겠다).

우리는 게으른 종족이라 예전부터 그래 왔다는 이유만으로 현 상태를 바꾸려 하지 않는다. 내 삶과 타인의 삶을 게으름이 이롭게 작동하도록 구성해, 쉬운 탈출구가 가장 바람직한 선택이 되게 하라. A가 B보다 더 좋은 선택이라면 사람들에게 A를 기본 선택으로 주고 B는 원하는 사람만 따로 선택할 수 있게 하라.

선택은 지나치게 과대평가된다. 너무 많은 선택은 혼란을 초래해 더 안 좋은 결정을 내리게 하거나 꼭 필요한 결정을 가로막는다. 고객에게 A에서 Z까지가 아니라 A, B, C만 제시하라. 그러면 고객도 행복하고, 상품을 파는 사람도 더 이익이다. 사람들에게 선택을 제시할 때는 어느 것을 선택해도 합리적인 선택이 되게 하고, 무엇이 최선의 선택인지 몰라 나쁜 선택을 할 자유를 주지 마라. 사람들에게 왜 A가 최선의 선택인지, 또는 다른 선택이 더 합리적일 수 있는 이유가 무엇인지 알려주어라.

사람들의 행동에 영향을 미치고자 할 때 우리는 흔히 당근과 채찍이라는 인센티브만을 떠올리는 경향이 있다. 금전적 이익과 손실은 가장 많이 애용되는 인센티브다. 하지만 사람들을 우리 뜻대로 움직이게 하는 더 효과적이고 더 싸게 먹히는 다른 방법들이 있다(뇌물을 주거나 으름장을 놓는 방법은 되레 역효과를 낼 수 있다). 때로는 사람들에게 다른 사람들은 어떻게 하는지를 알려주는 것만으로도 큰 효과를 볼 수 있다. 전기 절약을 유도하고 싶다면? 이웃은 전기를 더 적게 쓴다고 말해준다. 학생들의 음주를 줄이고 싶다면? 친구들은 생각보다 술을 덜 마신다고 알려주라. 떠밀거나 잡아 끌기보다 장벽을 제거하고 통로를 마련해주어 가장 현명한 행동이 가장 쉬운 선택이 되게 하라.

3부

코딩, 집계,
상관관계, 인과관계

MINDWARE:
Tools for Smart Thinking

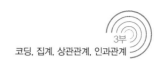

내가 평생 산문체로 말해놓고 그런 줄도 몰랐군요. _몰리에르의《서민 귀
족 Le Bourgeois Gentilhomme》에 나오는 주르댕의 대사.

평생 자기가 산문을 사용했다는 사실을 알고 크게 기뻐하는 몰리
에르 소설에 나오는 서민 귀족처럼, 독자는 평생 통계적 추론을 사
용해왔다는 사실을 알면 놀랍고도 즐거울 것이다. 7장과 8장의 목표
는 통계적 추론을 더 적절하게, 더 자주 사용하게 하는 것이다.

통계를 안다고 생각하는 사람이든 그렇지 않은 사람이든 7, 8장이
도움이 될 것이다. 다음의 둘 중 하나에 해당하는 사람이라면 정말
그렇다.

1) **나는 통계를 잘 모른다.** 그렇다면, 7, 8장은 일상에서 통계를
이용하기에 충분한 지식을 가장 고통 없이 습득할 수 있게 해준다.

오늘날에는 통계에 관한 기본 지식 없이 최적의 삶을 살 수 없다.

통계는 너무 지루하거나 어렵다고 느끼기 쉽다. 왜 아니겠는가. 나는 대학생 때 꼭 심리학자가 되고 싶었는데, 그러려면 통계 수업을 반드시 들어야만 했다. 하지만 수학에 대해서라곤 아는 게 거의 없었고, 내가 수학이라고 생각한 수업을 들은 지 처음 몇 주 동안은 심하게 겁을 먹었다. 그러다가 기본적 추리통계학에 나오는 수학은 제곱근 구하기 정도의 수준을 크게 벗어나지 않는다는 걸 깨달았다 (요즘 같으면 제곱근을 구하는 데 필요한 지식이라고는 계산기에서 제곱근 버튼의 위치를 아는 정도뿐이다). 이론가 중에는 통계가 수학이 결코 아니며 세상을 경험한 뒤에 나온 일반화 집합에 가깝다고 믿는 사람도 있다.

독자들이 좀 더 안심하도록 한 가지 덧붙이면, 여기서 설명하는 일상에서 가장 값진 통계 원리는 모두 상식이다. 잠깐만 생각해보면 알 수 있는 사실이다. 독자들은 이 원리를 적어도 특정 상황에 적용하는 법을 이미 알고 있기 때문에 7, 8장을 읽으면서 충격을 받는다면 대개는 이미 그것을 알고 있다는 데서 오는 충격일 것이다.

2) **나는 통계를 제법, 어쩌면 꽤 많이 안다.** 이런 사람이 7, 8장에 나오는 통계 용어를 빠르게 훑어본다면 배울 게 거의 없다고 느낄지 모른다. 하지만 장담하건대, 그렇지 않다. 흔히 가르치는 통계로는 IQ 검사나 농산물 산출량 같은 영역이 아니고는 제대로 써먹기가 불가능하거나 대단히 어렵다. 그러나 일상에서 일어나는 일들을 통계 원리가 즉시 적용되도록 틀짜기하는 법을 배운다면 일상에서 통

계의 쓰임은 무궁무진하다.

대부분의 대학에서 심리학과 대학원생들은 첫 2년 동안 통계 수업을 2가지 이상 듣는다. 나는 대린 레만Darrin Lehman, 리처드 램퍼트Richard Lempert와 함께, 이들을 대상으로 대학원 시작 시점과 2년 뒤의 시점에서, 통계 원리를 일상의 문제에 적용하는 능력과 과학적 주장을 비평하는 능력을 알아보았다.[1] 실험 결과, 통계 원리를 일상에 적용하는 능력이 크게 향상된 학생이 있는가 하면 그렇지 못한 학생도 있었다.

능력이 크게 향상된 학생은 주로 소위 심리학의 소프트웨어 영역인 사회심리학, 발달심리학, 성격심리학 전공 학생이었다. 반면에 능력이 향상되지 않은 학생은 주로 심리학의 하드웨어 영역인 생물심리학, 인지과학, 신경과학 전공 학생이었다.

모두 똑같은 통계 수업을 들었는데, 왜 소프트웨어 영역 학생들은 하드웨어 영역 학생들보다 더 많은 것을 배웠을까? 그 이유는 소프트웨어 영역 학생들은 수업에서 배운 통계를 일상에서 일어나는 일에 끊임없이 적용했기 때문이다. 엄마의 행동 중에 유아의 사회적 자존감과 가장 밀접하게 연관된 행동은 무엇일까? 엄마의 행동을 어떻게 코딩해서 측정하고, 사회적 자존감을 어떻게 평가하고 측정할까? 사람들은 어떤 물건을 공짜로 받으면 그 물건을 다르게 평가할까? 그들의 평가를 어떻게 측정할 수 있을까? 소규모 집단에서 외향적인 사람은 내향적인 사람에 비해 얼마나 말을 많이 할까? 말하는 양을 어떻게 코딩해야 하는가? 한 사람당 말하는 시간을 퍼센트로? 단어의 개수로? 말이 끊어지는 순간을 일일이 세어서?

한마디로 소프트웨어 영역 학생들은 7장과 관련 있는 다음 두 가지를 배운다. (1)일상의 일들을 통계 원리와의 관련성이 분명해지도록, 그래서 통계 원리와 친해지도록 '틀짜기'하기. (2)일상의 일들을 간단한 통계 규칙이 적용되도록 '코딩'하기. 7, 8장은 일상에서 튀어나오는 현실적 문제와 일화들로 이 둘을 설명한다. 그러면서 무수히 많은 일상의 일들에 정확한 답을 내도록 도와줄 '통계 어림짐작'을 설명한다. 이 어림짐작법은 일상의 수많은 일들의 범위를 축소해 '대표성 어림짐작'이나 '회상 용이성 어림짐작' 같은 직관적 판단을 적용할 수 있게 한다. 이 방법은 오직 통계 어림짐작만 적용 가능한 영역을 공략한다.

2년 동안 쥐나 뇌 또는 의미 없는 철자 암기에 대해 연구했지만 통계 원리를 일상에 적용하는 능력에선 별다른 발전이 없었다. 심리학의 하드웨어 영역을 전공하는 학생들은 화학이나 법을 전공하는 학생과 크게 다르지 않다. 내가 연구한 결과, 이들은 통계를 일상에 적용하는 능력에서는 2년 동안 나아진 게 거의 없었다.

의대생을 대상으로도 같은 연구를 했다. 일상의 문제를 통계적으로 생각하는 능력은 이들도 별로 나아진 게 없으려니 생각했다. 하지만 오산이었다. 이 학생들은 큰 진전을 이뤘다. 나는 며칠간 미시간대 의과대학에서 이 진전의 원인이 무엇인지 찾아보기로 했다. 놀랍게도 이 의과대학은 통계 교육이 필수였고, 수업은 초기에 나눠주는 소책자를 가지고 진행됐다. 학생들은 건강 상태와 인간의 행동을 수량화가 가능한 방식으로 이해하고 명백한 통계 용어를 써서 논리적으로 생각했는데, 형식적인 최소한의 통계 교육보다 훨씬 중요해 보였다. "이 환자는 A, B, C 증상이 있고 D, E 증상은 없다. 이 환자가 Y질병에 걸렸을 확률은 얼마인가? Z질병은? Z질병이라고? 당신은 뭔가 오해하고 있다. Z질병은 매우 희귀하다. 당신이 발굽 소리를 들었다면, 얼룩말이 아니라 평범한 말을 생각하라. 어떤 테스트를 지시하겠는가? Q와 R테스트라고? 틀렸다. 그 두 가지 테스트는 통계적으로 그다지 신뢰할 만하지 않다. 게다가 아주 비싸다. M이나 N테스트를 지시하면 어떻겠는가? 싸고도 통계적으로 신뢰할만하다. 하지만 Y질병이나 Z질병을 예측하는 수단으로 썩 유효하지는 않다."

실제 세계의 문제를 통계 문제로 틀짜기하고, 문제의 여러 요소를 통계 어림짐작이 적용될 수 있는 형태로 코딩하는 기술을 터득한다면, 어떤 문제를 해결할 때 자신이 지금 엉성하지만 쓸 만한 통계 원리를 적용하고 있다는 사실을 의식하지 못한 채 머릿속에서 통계 원리가 마법처럼 튀어나올 것이다.

이제부터 100여 년간 통용된 통계의 기본 원리 몇 가지를 쉬운 말로 소개하고자 한다. 여러 분야의 과학자들은 이 개념을 이용해, 자신이 어떤 대상의 특징을 올바로 잡아냈다고 얼마나 확신하는지를 판단하고, 다양한 종류의 사건들 사이의 관련 정도를 측정하고, 그 관련이 인과관계인지 판단하고자 했다. 이제 곧 보겠지만, 이 원리들은 일상의 문제도 조명해, 직장과 가정에서 더 나은 결정을 하게 한다.

7장

생활 속의 다양한 확률과 표본 크기

2007년에 텍사스 주지사 릭 페리Rick Perry는 텍사스의 모든 12세 소녀들이 자궁경부암을 일으킬 수 있는 인체유두종바이러스 백신을 의무적으로 맞도록 행정명령을 내렸다. 2012년에 공화당 예비선거에서 미셸 바크먼Michele Bachmann은 릭 페리에 맞서 지지를 이끌어내기 위해, 어떤 여성이 자기에게 "어린 딸이 그 백신을 맞고 정신지체가 되었다"고 말했다고 공표했다.

인체유두종바이러스 백신이 정신지체를 유발한다는 바크먼의 추론, 또는 적어도 그녀가 우리를 그렇게 추론하게 만든 것은 무엇이 문제였을까? 이제 한번 따져보자.

바크먼이 제시한 증거는 백신을 맞은 미국의 12세 소녀들이라는 '모집단' 중에 하나의 '표본'에 대한 보고다. 정신지체가 된 하나의 사례는 매우 작은 표본이어서, 그 주사를 맞은 모집단이 정신지체가 될 위험이 있다고 말하기 어렵다.

백신 접종 여부에 관계없이 임의로 추출한 소녀들을 대상으로 실시한 엄격한 후속 '무작위 대조군 연구'도 여러 건 있었다. 모두 표본 크기가 매우 큰 연구였다. 그 결과 백신을 접종한 소녀가 접종하지 않은 소녀보다 정신지체가 될 확률이 높다는 증거는 어디에도 없었다.

바크먼이 제시한 사례는 백신을 접종한 12세 소녀 딱 한 명이었다. "어떤 사람이 그러는데"라고 말하는 소위 '어떤 사람이' 통계에 기댄 사례다. 바크먼의 사례는 '무작위'라기보다 좋게 말해 '마구잡이'다. 표본을 추출하는 절차가 무작위 추출이라는 절대적 기준에 가까울수록, 즉 모집단에 속한 모든 개체가 표본으로 뽑힐 기회가 똑같이 주어질수록 그 결과의 신뢰도가 높아진다. 어떤 표본이 무작위 추출되었는지 알 수 없다면 그 통계는 어떤 식으로든 '편향'되었기 쉽다.

사실 바크먼의 표본은 '마구잡이'보다도 못하다. 바크먼의 말이 진실이라고 가정하면, 그녀가 이 사례를 공개한 데는 강력한 동기가 있었을 것이다. 그리고 어쩌면 바크먼이 진실을 말하지 않았거나, 정보원인 아이 엄마가 바크먼에게 진실을 말하지 않았을 수도 있다. 정보원이 거짓말을 했다는 뜻이 아니다. 아이 엄마도 자신이 바크먼에게 말한 내용을 진실이라 믿었을 것이다. 딸이 백신을 맞았고 정신지체 진단을 받았다면, 그 엄마의 판단은 '그 뒤에 일어났으니 그 때문post hoc ergo propter hoc' 오류, 즉 '그 사건 뒤에 일어났으니 그 사건 때문이다'라는 식의 오류다. A사건이 B사건 앞에 일어났다고 해서

B사건의 원인이란 법은 없다. 어떤 경우든 우리는 바크먼의 주장을 '어떤 사람이' 통계가 설정한 아주 낮은 기준에도 미치지 못한다고 봐야 할 것이다.

'그 뒤에 일어났으니 그 때문' 오류와 '어떤 사람이' 통계가 합쳐진 경우로 내가 즐겨 사용하는 예가 있다. 나이 든 두 남자의 대화를 우연히 듣게 된 내 친구가 내게 알려준 실화다. 첫 번째 남자 왈, "의사가 나더러 그러는데, 담배를 끊지 않으면 담배 때문에 죽을 거래." 그러자 두 번째 남자 왈, "무슨 소리! 끊지 마! 의사 말 듣고 담배를 끊었다가 몇 달 만에 죽은 친구가 둘이나 있어."

표본과 모집단

1장에 나왔던 추론과 관련한 병원 문제를 기억하는가. 작은 병원은 큰 병원보다 신생아 중에 남자아이의 비율이 60퍼센트가 넘는 날이 더 많을 것이다. 이를 이해하려면 '대수법칙'을 알아야 한다. 표본의 평균이나 비율 등은 표본이 클수록 모집단의 실제 값에 가깝다는 법칙이다.

모집단 크기가 급격히 커지면 대수법칙의 위력을 쉽게 알 수 있다. 특정일에 어떤 병원에서 아이가 10명 태어났다고 가정해보자. 신생아의 60퍼센트 이상이 남자일 가능성은 얼마나 되겠는가? 물론 그럴 가능성은 꽤 된다. 동전을 10번 던져 앞면이 6번 나왔다면 의심의 눈초리를 보내지 않을 것이다. 그렇다면 특정일에 다른 병원에서 아이가 200명 태어났다고 가정해보자. 이때 60퍼센트라는 이탈값이 나올 가능성은 얼마나 되겠는가? 그 가능성은 당연히 극히 낮다. 동전으로 이야기하면, 정상적인 동전을 200번 던져 앞면이 100번이 아니라 120번 이상 나올 경우다.

덧붙이자면, 표본 통계(평균, 중앙값, 표준편차 등)의 정확성은 표본이 나온 모집단의 크기와는 본질적으로 별개다. 선거와 관련해 전국 여론조사를 실시할 때면 대개 약 1,000명을 표본추출해 조사하는데, 이때의 오차범위가 ±3퍼센트라고 한다. 특정 후보 지지율을 추정할 때 1,000명이라는 표본은 모집단 크기가 1만 명일 때나 1억 명일 때나 정확도는 마찬가지다. 따라서 내가 지지한 후보가 여론조사에서 8퍼센트 포인트 앞선다면, 상대 후보 선거 운동 책임자가 코웃음치며 수백만 명이 투표할 텐데 여론조사는 고작 1,000명을 대상으로 조사했을 뿐이라고 말한다 한들 걱정할 필요 없다. 여론조사 대상이된 사람들이 모집단 중에 아주 중요한 점에서 특이한 사람들로 구성되지만 않았다면, 상대 후보는 이제 볼 장 다 본 셈이다. 이쯤에서 '표본추출 편향' 문제를 알아보자.

대수법칙은 '편향되지 않은' 표본추출에만 해당한다. 표본을 뽑는 절차에 문제가 있어서 거기서 나온 값이 오류가 있을 수 있다면 그 표본은 편향된 표본이다. 공장 노동자의 몇 퍼센트가 탄력 근로시간제를 원하는지 알아보고자 할 때, 조사 대상을 남자에 국한하거나 카페테리아에서 일하는 사람 또는 중요한 부분에서 공장 근로자 전체 모집단과 상당히 다른 사람들에만 국한한다면, 탄력 근로시간제를 선호하는 근로자의 비율이 잘못 측정될 수 있다. 이처럼 표본이 편향되면 표본이 클수록 잘못된 추정 치를 내놓을 확률도 크다.

전국 여론조사가 실제로는 무작위 추출되지 않는다는 점을 밝혀야겠다. 무작위 추출이라면 전국에서 투표를 하는 모든 사람이 표본으로 뽑힐 기회가 똑같이 주어져야 할 것이다. 그렇지 않다면 심각한 편향이 생길 위험이 있다. 지금은 없어진 잡지 〈리터러리다이제스트Literary Digest〉는 미국에서 실시한 거의 최초의 전국 여론조사에서, 프랭클린 루스벨트가 1936년 대선에서 떨어질 것이라고 예상했는데 실제로는 루스벨트가 압승을 거두었다. 무엇이 문제였을까? 〈리터러리다이제스트〉는 전화로 여론조사를 실시했는데, 당시 집에 전화가 있는 사람들은 부유층(그리고 주로 공화당 지지층)이었다.

비슷한 편향은 2012년 대선 여론조사에서도 나타났다. 여론조사 회사 라스무센리포트Rasmussen Report는 휴대전화를 가진 사람에게는 전화를 걸지 않았다. 휴대전화만 사용하는 사람 중에는 젊은 층과 민주당 지지층이 압도적으로 많다는 사실을 간과한 조사였다. 그러다 보니 이 여론조사는 집전화와 휴대전화 사용자를 모두 조사한 여론조사보다 공화당 후보 미트 롬니의 지지율이 부풀려졌다.

사람들이 전화에 응답하고 직접 집에 찾아온 사람과 얼굴을 맞대고 여론조사에 응하던 그 옛날에는 표본추출이 무작위 추출에 가까웠다. 그러나 오늘날 여론조사의 정확도는 부분적으로는 표본을 만드는 여론조사 기관의 직관과 자료에 의존한다. 이들은 응답자가 투표할 확률, 응답자의 정당 지지 성향, 성별, 나이, 해당 공동체나 지역의 과거 투표 성향, 도롱뇽 눈알에다 개구리 발가락 등등에 나름대로 가중치를 부여해 여론조사 단지에 넣고 휘젓는다.

참값 찾기

다음 두 가지 문제를 생각해보자.

X대학은 뮤지컬 프로그램이 유명하다. 이 프로그램은 장래가 촉망되는 고등학교 졸업생 소수에게 장학금을 수여한다. 프로그램 감독인 제인에게는 이 지역 고등학교에서 연극을 가르치는 교사 친구들이 있다. 어느 날 오후, 제인은 스프링필드고등학교를 찾아간다. 그곳 교사가 뛰어난 어린 배우라고 크게 칭찬한 학생을 보기 위해서다. 그리고 그 학생이 주인공으로 나오는 〈로저스와 해머스타인〉 뮤지컬 연습 현장을 지켜본다. 학생은 대사를 여러 차례 망치고 맡은 역을 제대로 이해한 것 같지 않았으며, 무대에서의 존재감도 별로였다. 제인은 동료들에게, 고등학교 교사 친구들의 판단에 회의가 들기 시작한다고 말한다. 제인의 결론은 현명한가, 그렇지 않은가?

조는 Y대학 미식축구팀에서 재능 있는 신인을 발굴하는 일을 한다. 그는 고등학교 연습 기간에 전국을 돌며, 그곳 코치가 강력히 추천한 학생들을 살펴본다. 어느 날 오후, 그는 스프링필드고등학교를 찾아간다. 승률이 좋고 터치다운이 인상적이며 포워드패스 성공률이 높아 코치가 입이 닳도록 칭찬하는 쿼터백 선수를 보기 위해서다. 이 선수는 연습 중에 패스 실수를 연발하고, 스크리미지라인 뒤에서 태클을 당하기도 여러 번, 야드 수도 전반적으로 적었다. 조는 대학 팀에, 이 선수가 과대평가되었고 보고하면서 영입하려던 계획을 포기하는 게 좋겠다고 조언했다. 그의 조언은 현명한가, 그렇지 않은가?

제인은 현명하고 조는 현명하지 않다고 말한다면, 스포츠에는 일가견이 있지만 연극은 잘 모르는 사람일 가능성이 높다. 조는 현명하고 제인은 현명하지 않다고 말한다면, 연극에는 일가견이 있지만 스포츠는 잘 모르는 사람일 가능성이 높다.

내가 살펴본 결과 스포츠를 잘 모르는 사람은 조가 옳고 그 쿼터백 선수는 재주가 썩 좋지는 않을 거라고 말하는 경우가 많고, 스포츠를 아는 사람은 조의 판단이 너무 성급한 것 같다고 말할 확률이 높다. 스포츠를 아는 사람들의 판단에 따르면, 쿼터백의 행동에서 조가 본 (다소 적은) 표본은 극단적인 경우고 그 선수의 능력은 조의 평가보다 조에게 그를 추천한 사람의 평가에 더 가까울 가능성이 높다.

연극을 잘 모르는 사람은 그 배우가 썩 훌륭하지 않다고 말할 가능성이 높지만, 연극을 잘 아는 사람은 제인이 고등학교 교사인 친구의 판단을 너무 무시한 것 같다고 생각한다. 다른 조건이 같다면, 주어진 분야를 잘 알수록 그 분야를 생각할 때 통계적 개념을 이용할 가능성도 더 높다. 이 경우에 중요한 개념은 대수법칙이다.

왜 대수법칙이 중요한지 보자. 한 시즌 넘게 쿼터백의 활약을 지켜본다면 그의 능력을 제대로 파악할 수 있을 것이다. 여기에 코치들까지 그가 정말 훌륭하다는 말로 그 판단을 뒷받침해준다면, 조가 관찰한 쿼터백은 정말 발군의 실력을 갖췄다는 증거가 수많은 기록과 더불어 충분히 확보됐다고 볼 수 있다. 여기에 비해, 딱 하루 한 게임에서 나온 조의 증거는 부실하기 짝이 없다.

선수의 활약도 기복이 있지만 팀 전체의 경기도 기복이 있기 마련이며, 이 점은 특정 일요일을 택해 야드 수를 봐도 알 수 있다. 어느 하루만 보면 NFL(미국 프로풋볼리그)의 어떤 팀도 다른 팀을 이길 수 있다. 모든 팀의 기량이 똑같다는 뜻이 아니다. 여러 팀의 기량을 확실하게 판단하려면 그들의 행동을 여러 차례 관찰해야 한다는 뜻이다.

연극 감독이 배우를 판단할 때도 똑같은 논리가 적용된다. 배우를 아는 여러 사람이 배우의 재능을 높이 샀다면, 감독은 자신이 본 연기에 상대적으로 적은 비중을 두어야 한다. 하지만 연기를 해본 사람이나 이 분야 공연의 기복을 잘 아는 사람을 제외하면 이 사실을 인식하는 사람은 극소수에 불과하다. 코미디언이자 배우인 스티브 마틴Steve Martin은 자서전에서, 어떤 코미디언이든 가끔은 위대한 코미디언이 될 수 있다고 말한다. 하지만 성공한 코미디언은 늘상 적어도 그런대로 괜찮은 코미디언이어야 한다.

통계로 표현하자면, 코치와 연극 감독은 자신이 관찰하는 후보의 '참값'을 결정하려고 노력 중이다. 측정값＝참값＋오류. 사람 키든 기온이든, 모든 종류의 측정에 해당하는 말이다. 측정값의 정확도를 높이는 방법은 두 가지다. 하나는 좋은 자나 좋은 온도계를 써서 더 정확히 관찰하는 방법이다. 또 하나는 관찰을 여러 번 해서 평균을 내어 측정 오류를 '상쇄'하는 방법이다. 대수법칙을 적용하면 이렇다. 더 많이 관찰할수록 참값에 가까운 값을 얻는다.

면접 환상

어떤 분야에 제법 일가견이 있고 통계에 훤한 사람도 대수법칙의 관련성과 기복 개념을 잊기 쉽다. 미시간대학 심리학과는 대학원 우수 지원자를 대상으로 최종 합격 결정을 내리기 전에 면접을 본다. 우리 동료들은 20~30분간의 이 면접에 상당한 가중치를 부여한다. "내가 보기에 그 여학생은 아닌 것 같아요. 함께 토론하는 주제에 그다지 몰입하는 것 같지 않더라고요." "아주 틀림없는 학생 같아요. 자기가 쓴 뛰어난 논문을 이야기하면서 연구 방법을 완벽히 이해한다는 점을 분명히 하던데요."

여기서 문제는 여러 행동 중에 작은 표본으로 사람을 판단하면서 수많은 다른 증거보다 그 표본에 훨씬 높은 가산점을 주었다는 점이다. 이를테면 30개 이상의 수업을 들은 4년 동안의 행동을 요약해주는 학부 학점 평균, 12년 동안 학교에서 얼마나 많이 배웠으며 일반적인 지적 능력이 어느 정도인가를 보여주는 대학원입학자격시험 GRE, 학생을 오랜 시간 보아온 사람의 추천서 등은 학생을 평가하는 데 좋은 자료가 된다. 특히 학부 학점 평균은 대학원 성적을 예측하는 훌륭한 지표로 나타났고[1](상관 정도는 0.3으로, 다음 장에서 보겠지만 상관관계가 꽤 높은 편이다) GRE 점수도 비슷한 예측력을 보인다. 그리고 이 둘은 서로 별개여서, 둘을 함께 사용하면 각각의 예측력을 뛰어넘는 훨씬 정확한 예측을 할 수 있다. 여기에 추천서까지 사용하면 예측의 정확도를 좀 더 높일 수 있다.

하지만 약 반 시간의 면접은 학부생과 대학원생의 성적뿐 아니라 군대 장교, 사업가, 의대생, 평화봉사단 그리고 조사 대상이 된 모든 부류의 집단에서 성취 결과와의 상관 정도가 0.10 미만으로 나타났다. 예측력치고는 꽤 빈약한 수준으로, 동전 던지기보다 나을 게 없다. 면접에 적당한 무게만 둔다면 그다지 나쁘지 않을 테고, 그렇다면 기껏해야 동점일 때 합격자를 결정하는 정도일 텐데도 사람들은 더욱 중요한 다른 정보에 비해 면접에 지나치게 가치를 부여해 예측 정확도를 떨어뜨린다.

실제로 면접의 가치를 필요 이상으로 부각하면 상황을 엉뚱하게 끌고 갈 수도 있다. 대학교 성적을 예측하는 수단으로 고등학교 평균 성적보다 면접을 더 높게 치고, 평화봉사단 업무 수행을 예측할 때도 여러 시간을 함께 지낸 사람의 추천서보다 면접을 더 중요하게 생각하는 경우가 그러하다.[2]

면접 자료에서 얻을 수 있는 교훈은 이렇다. 서류만 봐도 알 수 있는 입학생 또는 구직자 후보에 대한 아주 중요하고 짐작건대 가치 있는 정보가 있다면, **그 후보를 면접하지 않는 편이 낫다.** 물론 면접에 치중하지 않을 수 있다면 면접을 하는 게 나을 수도 있다. 하지만 우리는 사람을 직접 보면 그의 능력과 특성에 관해 아주 중요한 정보를 얻을 수 있다는 근거 없는 확신을 갖는 성향이 있어서 면접을 과대평가하지 않기란 거의 불가능하다.

그것은 마치 면접에서 받은 인상을 그 사람의 홀로그램을 관찰해 얻은 결과로 간주하는 것과 같다. 확신하기에는 입자가 너무 작고 희미하지만 그래도 그 사람 전체를 표현한 것은 맞다. 면접은 그 사람에 대한 모든 정보 가운데 아주 작고 단편적이며 편향 가능성이 높은 표본이라는 것을 잊어서는 안 된다. 장님과 코끼리 이야기를 떠올리고, 내가 그 장님이라고 생각해보라.

면접 환상과 근본적 귀인 오류는 뿌리가 같으며, 우리가 어떤 사람에 대해 알고 있는 정보의 양에 제대로 주목하지 못할 때 더욱 부풀려질 수 있다. 행동의 원인을 상황보다 고정된 기질 탓으로 돌리는 근본적 귀인 오류를 제대로 이해하면, 면접으로 많은 것을 알 수 있다는 생각에 회의적이 된다. 대수법칙을 확실하게 이해해도 근본적 귀인 오류와 면접 환상에 쉽게 빠지지 않는다.

나는 면접의 효용성을 제대로 파악하고 있으니 면접에 근거한 내 판단에도 언제나 회의를 품는다고 말할 수 있다면 좋겠다. 하지만 나 역시 그 원칙을 이해했다가도 차츰 잊어버린다. 그러면서 나는 가치 있고 신뢰할 만한 지식을 가지고 있다는 환상이 지나치게 강하다. 그래서 면접이나 누군가를 잠깐 본 것에 지나치게 무게를 두지 말자고 스스로 다짐해야 한다. 특히 그 사람을 오랫동안 알고 지낸 사람의 견해에 근거한 믿을 만한 정보가 있고 학교 성적이나 업무

수행력에 대한 기록까지 있을 때는 더욱 그러하다.

하지만 다른 사람이 짧은 면접에 근거해 판단을 내릴 때는 그 한계를 언제나 또렷이 인식한다!

산포도와 회귀

내 친구 중에 병원 경영을 조언해주는 컨설턴트가 있다. 그녀를 캐서린이라 부르자. 캐서린은 자기가 하는 일을 무척 좋아한다. 여행을 하고 새로운 사람을 만나는 것을 좋아하기 때문이기도 하다. 그런데 음식 맛이 무척 좋았던 식당을 다시 가면 실망하는 경우가 많다고 말한다. 같은 음식을 두 번째 먹을 때는 처음만큼 맛있을 수가 없는 모양이다. 그 이유가 뭘까?

"주방장이 요리 방식을 크게 바꿨다"거나 "기대치가 워낙 높으면 실망하기 마련이다"라고 말한다면 중요한 통계적 사고를 간과한 것이다.

이 문제를 통계적으로 접근한다면, 무엇보다도 우선 캐서린이 특정한 식당에서 특정한 경우에 먹는 음식이 얼마나 맛있는가에는 기회요소가 작용한다는 사실에 주목해야 한다. 특정 식당을 언제 찾아갔느냐에 따라, 또는 특정 식당에서 특정 시간에 음식을 먹은 사람이 누구냐에 따라, 음식 질에 대한 판단은 제각각일 것이다. 캐서린이 그 식당에서 처음 먹은 음식의 질은 그저 그런 (또는 그보다 더 나쁜) 수준에서 최고 수준 사이에 있을 것이다. 사람들이 판단한 음식의 질을 '변수'라 부르는 이유도 바로 이런 변동 때문이다.

'연속적인' 모든 변수(사람의 키처럼 측정값의 범위가 이쪽 극단에서 저쪽 극단까지 빈틈없이 이어지는 경우)는 불연속적인 변수(성별 또는 정치 소속 등)와 달리 '평균'과 그 평균을 중심으로 한 '분포'가 존재한다. 그 사실만 봐도 캐서린이 자주 실망하는 것은 어쩌면 당연한 일이다. 식당에 두 번째 갔을 때 처음보다 안 좋을 수도 있는 건 거의 틀림없는 사실이다(반대로 두 번째 갔을 때 처음보다 더 좋을 수도 있는 것 역시 사실이다).

하지만 그게 전부가 아니다. 우리는 캐서린이 한때 기막히게 맛있는 음식을 먹었던 식당에 다시 갔을 때 평가를 더 나쁘게 하리라고 얼마든지 '예상'할 수 있다. 주어진 값이 평균에 가까울수록 더 흔한 값이고, 평균에서 멀수록 드문 값이기 때문이다. 처음 갔을 때 먹은 음식이 기가 막혔다면, 다음에 갔을 때는 그보다는 덜 극단적인 맛일 확률이 높다. 〈그림 2〉에 나타난 '종 모양' 곡선의 '정규분포'를 이루는 모든 변수에 해당하는 사실이다.

정규분포는 추상적 수학 개념이지만 연속적인 값에서 놀랍도록 정확할 때가 많다. 여러 닭이 주당 낳은 달걀의 수, 자동차 변속기 제조업체에서 주당 발생하는 불량품 개수, IQ 등이 모두 정규분포에 가까운 분포를 보인다. 그 이유는 아무도 모르지만 아무튼 그렇다.

여러 값이 평균을 중심으로 흩어진 상태, 즉 '산포'된 상태를 표현하는 방법은 여러 가지다. 그중 하나는 '범위'로, 모든 값 중에 최댓

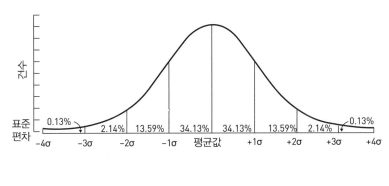

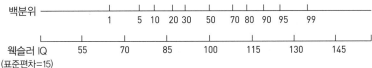

〈그림 2〉 표준편차와 백분위로 표시한, 평균 100을 중심으로 한 IQ 분포

값에서 최솟값을 빼는 방법이다. 산포도를 측정하는 좀 더 유용한 방법은 평균에서 나온 '평균편차'다. 캐서린이 이 도시 저 도시의 식당을 처음 갈 때마다 음식을 먹고 평가를 내린 평균이 가령 "제법 맛있다"이고, 그 평균에서 나온 평균편차가 평균보다 높은 경우는 "대단히 맛있다", 평균보다 낮은 경우라도 "그런대로 맛있다"라면, 캐서린의 첫 번째 음식 평가의 평균을 중심으로 한 산포도, 즉 평균편차는 "대단히 맛있지는 않다"에 해당한다고 말할 수 있다. 만약 평균편차의 범위가 평균보다 높을 때 "탁월하다"에서 평균보다 낮을 때는 "그저 그런 편"까지라면, 산포도가 꽤 크다고 말할 수 있다.

그러나 변수가 연속적인 값으로 주어진다면 어떤 산포도도 계산이 가능한 더욱 유용한 방법이 있다. 바로 '표준편차'다(그리스어 '시그마∑'로 표시한다). 표준편차는 (본질적으로) 각 측정값과 평균의 차이를 제곱한 값들의 평균 제곱근이다. 개념상으로는 평균편차와 크게 다르지 않지만, 대단히 유용한 장점이 몇 가지 있다.

〈그림 2〉는 표준편차를 표시한 정규분포곡선이다. 여러 값의 약 68퍼센트가 평균에서 ±1표준편차 안에 속한다. IQ를 예로 들어보자. 대부분의 IQ 검사는 평균을 100, 표준편차를 15로 임의로 정해 놓고 지수를 산출한다. IQ가 115인 사람은 평균보다 1표준편차 높다. 평균과 평균보다 1표준편차 높은 경우는 차이가 꽤 큰 편이다. IQ가 115인 사람은 대학을 무사히 졸업하고 나아가 대학원도 갈 수 있으리라 예상할 수 있다. 이들의 직업은 보통 전문직, 관리직, 과학 기술직 등이 될 것이다. IQ가 100인 사람은 지역사회 대학 또는 전문대학에 진학하거나 고등학교만 졸업하기 쉽고, 직업은 상점 관리인, 점원, 소매상인 등이 많다.

표준편차의 또 다른 유용한 점은 백분위와 표준편차의 관계다. 전체 측정값의 약 84퍼센트가 평균에서 1표준편차 높은 값보다 아래다. 평균보다 정확히 1표준편차 높은 측정값은 백분위가 84다. 다시 말해, 나머지 16퍼센트가 백분위 84보다 높다(어떤 점수가 백분위로 환산해 84 또는 84번째라면 이보다 낮은 점수를 얻은 경우가 전체의 84퍼센트에 해당한다는 뜻이며, 바꿔 말하면 이 점수는 상위 16퍼센트에 해당한다—옮긴이). 그리고 전체 측정값의 약 98퍼센트가 평균에서 2표준편차 높은 값보다 아래다. 평균보다 정확히 2표준편차 높은 측정값은 백분위가 98이다. 나머지 약 2퍼센트의 측정값만 이보다 높다. 그리고 거의 모든 측정값이 평균에서 ±3표준편차 안에 놓인다.

표준편차와 백분위의 관계를 이해하면 어떤 연속 값을 마주쳐도 그 값에 대해 판단하기 쉽다. 예를 들어 표준편차가 자주 쓰이는 금융 분야를 보자. 투자 수익률의 표준편차는 수익률의 변동 폭이 어느 정도인가를 나타내는 척도다. 만약에 어떤 주식의 수익이 지난 10년 동안 평균 4퍼센트에 표준편차가 3퍼센트였다면, 앞으로 68퍼센트의 시간 동안 수익률은 1퍼센트에서 7퍼센트 사이가 될 것이고, 96퍼센트의 시간 동안은 −2퍼센트에서 10퍼센트 사이가 될 것이다. 꽤 안정된 수익률로 부자는 되지 않더라도 노숙자 쉼터 신세를 지는 일도 없을 것이다. 만약에 표준편차가 8이라면, 앞으로 68퍼센트의 시간 동안 수익률은 −4퍼센트에서 +12퍼센트 사이가 될 것이다. 그렇다면 이 주식으로 큰돈을 벌 수도 있다. 16퍼센트의 시간 동안 수익률이 +12퍼센트가 넘을 테니까. 반면에 역시 16퍼센트의 시간 동안 4퍼센트 넘게 손해를 볼 수도 있다. 이 정도면 변동 폭이 꽤 되는 편이다. 그리고 2퍼센트의 시간 동안 12퍼센트 넘게 잃을 수도, 20퍼센트 넘게 이익을 볼 수도 있다. 떼돈을 벌 수도, 큰돈을 잃을 수도 있다는 이야기다.

소위 가치주는 배당금으로나 주가로나 변동 폭이 작다. 연간 2에서 4퍼센트의 배당금이 지급되고, 증시가 강세일 때도 주가가 많이 오르지 않고 약세일 때도 많이 내려가지 않는 게 보통이다. 반면에 소위 성장주는 일반적으로 수익에서 표준편차가 심한 편이어서, 큰 수익을 낼 확률도 높지만 큰 손실이 발생할 확률 또한 높다.

금융 전문가들은 젊은 고객에게는 성장주에 투자해 증시가 강세일 때나 약세일 때나 계속 쥐고 있으라고 조언한다. 하락세일 때는 조바심이 들지만 장기적으로 성장주는 말 그대로 성장하기 때문이다. 하지만 나이 든 고객에게는 대개 주식 대부분을 가치주로 바꾸라고 조언한다. 은퇴 시기와 약세가 맞물려 곤란을 겪는 걸 방지하기 위해서다.

재미있는 사실은 이제까지 설명한 정규분포의 모든 내용이 정규분포곡선 모양에서는 제각각이어서, 종 모양이 아닌 때도 많다는 점이다. 이들 곡선은 '첨도尖度(중앙이 볼록한 정도)'가 다양하다. 급첨急尖곡선은 1930년대 만화책에 나오는 우주선처럼 매우 높고 뾰족하며 꼬리가 짧다. 저첨低尖곡선은 코끼리를 삼킨 보아뱀처럼 낮은 형태에 꼬리가 길다. 하지만 두 분포 모두 모든 값의 68퍼센트가 ±1표준편차 안에 놓인다.

그렇다면 캐서린이 훌륭한 음식을 먹었던 식당에 다시 갔을 때 왜 곧잘 실망하는가 하는 애초의 질문으로 돌아가 보자. 우리는 캐서린의 음식 평가가 변수라는 데 동의했었다. 이 변수는 이를테면 형편없는 음식(백분위 1위)에서 신의 음식(백분위 99위)까지 있다고 해보자. 어떤 음식이 캐서린의 평가에서 백분위 95 이상일 때, 그러니까 그녀가 먹는 음식의 94퍼센트보다 맛이 좋을 때를 '탁월한 음식'이라고 부른다 치자. 그렇다면 독자들도 자신의 경험에 비추어 다음 질문에 답해보라. 처음 간 식당에서 음식을 먹었을 때 그 음식이 모두 탁

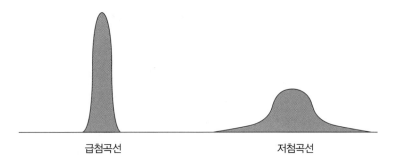

급첨곡선   저첨곡선

월할 가능성이 높겠는가, 아니면 그중에 일부만 탁월할 가능성이 높
겠는가? 모든 음식이 탁월할 수는 없다고 생각한다면, 그리고 처음
먹는 음식이 어쩌다 보니 탁월하다면, 두 번째 음식의 기댓값은 탁월
한 첫 번째 음식보다 적어도 조금은 낮으리라 예상할 수 있다.

캐서린이 음식을 두 번째로 먹는 행위는 '평균 회귀'의 사례로 볼
수 있다. 어떤 행위가 정규분포를 이루고 극단에 가까운 극값이 나
타날 확률이 극값의 정의대로 매우 낮다면, 한번 극단적 사건이 일
어난 뒤에는 덜 극단적인 사건이 일어나기 쉽다. 즉, 극단적 사건은
덜 극단적인 사건으로 회귀한다.

회귀효과는 도처에 나타난다. 올해의 신인 야구왕이 다음 해에 실
망스러운 성적을 보이는 사례가 많은 이유는 무엇일까? 회귀다. 그
신인의 첫해 성적은 진짜 실력과는 거리가 멀어서 다음 해에는 성적
이 떨어질 수밖에 없다. 첫해에 다른 어떤 주식보다 주가가 많이 올
랐던 주식이 다음 해에 그저 그런 또는 아주 나쁜 실적을 올리는 이
유는 무엇인가? 회귀다. 3학년 때는 성적이 바닥이다가 다음 해에는

조금 오르는 이유는 무엇인가? 회귀다. 물론 회귀가 이유의 전부라는 뜻은 아니다. 어떤 분포의 평균값은 모든 극값을 빨아들이는 블랙홀이 아니다. 실적을 끌어올리거나 끌어내리는 데는 여러 요인이 작용할 수 있다. 하지만 그 요소가 무엇인지 정확히 알 수 없는 상황에서, 한번 극값이 나오면 그다음에는 보통 덜 극단적인 값이 나온다고 봐야 한다. 극값이 나온 데는 가령 신인왕이 그해에 특별히 성적이 좋은 코치에게 지도를 받았고, 처음 몇 번의 경기에서 비교적 약한 상대를 만나 자신감을 얻었으며, 꿈꾸던 여성과 이제 막 약혼을 했고, 몸 상태도 최고인 데다 경기력을 떨어뜨릴 부상도 없었다는 등 여러 요인이 작용했을 수 있는데, 이런 요인이 동시에 한없이 지속될 수는 없기 때문이다. 다음 해에는 팔꿈치 부상으로 여러 경기를 쉬었어야 했거나, 작년 코치가 다른 팀으로 옮겼거나, 가족 중에 중병을 앓는 사람이 생겼을 수도 있다. 그리고 항상 기타 등등의 다른 이유가 생기기 마련이다.

회귀 원칙과 관련 있는 (뜻밖의) 질문이 두 개 있다. (1)25~60세 미국인이 특정 해에 소득이 상위 1퍼센트에 들어갈 확률은 얼마인가? (2)그 사람이 10년 연속 그 자리를 유지할 확률은 얼마인가?

어떤 사람의 소득이 어느 해에 한 번 상위 1퍼센트에 들어갈 확률은 110/1,000이 넘는다. 전혀 예상치 못한 확률 아닌가? 그런데 10년 연속 1퍼센트에 들어갈 확률은 6/1,000이다. 앞선 한 해의 확률을 생각하면 매우 놀라운 수치다. 우리는 대개 소득은 변동이 심하고 회귀 효과가 클 것이라고는 생각하지 않기 때문이다. 하지만 개인의 소득은 해마다 기복이 심하다(소득 분포에서 끝에 놓이는 고소득층이 특히 심하다). 소득의 극값은 모집단 전체로 보면 놀랄 정도로 흔히 나타난다. 하지만 극값이라는 바로 그 이유 때문에 소득 극값이 계속 반복될 확률은 적다. 따라서 많은 사람의 분노를 사는 소득 상위 1퍼센트 대다수는 소득이 줄기 마련이다. 이제 이들을 향한 분노가 조금 누그러지는가.

똑같은 수치가 저소득에도 적용된다. 미국인 50퍼센트 이상이 살면서 적어도 한 번은 빈곤이나 그에 가까운 상황에 처할 것이다. 반대로 평생토록 빈곤하게 사는 사람은 아주 많지는 않다. 평생 실업수당을 받으며 사는 사람은 매우 드물다. 생계비를 지원받아본 적이 있는 사람들 대다수는 그 시기가 고작 두어 해 정도다.[3] 이들을 향한 분노 역시 조금 누그러지는가.

평균 회귀 가능성이라는 측면에서 사건을 개념화하지 않으면 꽤 심각한 실수를 저지를 수 있다. 대니얼 카너먼은 이스라엘 비행 교관들에게 사람의 행동을 바람직한 방향으로 바꾸는 데는 비판보다 칭찬이 효과적이라고 말한 적이 있다.[4] 그러자 어느 교관이 반박하며 조종사의 비행을 칭찬하면 비행 기술이 더 나빠지고, 서투를 때 소리를 지르면 다음에는 더 잘한다고 주장했다. 하지만 그 교관이 놓친 게 있다. 신참 조종사의 비행은 변수이며, 따라서 평균으로 회귀하기 마련이고, 특히 비행을 아주 잘한 뒤나 아주 못한 뒤에는 더욱 그러하다. 평균보다 잘했다면 개연성에 근거해 다음에는 보통에 가깝게, 그러니까 더 못할 가능성이 높다. 평균보다 못했다면 다음에는 더 잘하기 쉽다.

그 교관이 학생들의 비행을 연속 변수로 이해해, 극값이 나오면 다음에는 그보다 덜 극단적인 값이 나오리라고 예상했더라면 학생들에게서 더 좋은 결과를 냈을 가능성이 높다. 그랬다면 학생들이 평균보다 잘했을 때 긍정적 강화를 주는 등 더 좋은 교관이 될 수 있었을 것이다.

우리 모두에게 있는 인식에 관한 양날의 검은 교관의 오류에 더욱 힘을 실어준다. 우리는 인과관계 가설을 만드는 데 도사다. 어떤 결과가 주어지면 거침없이 설명을 늘어놓는다. 시간을 두고 차이를 관찰한 뒤에 기다렸다는 듯이 인과관계 해석을 내놓는다. 그중 상당수는 인과관계가 전혀 성립하지 않는다. 그저 무작위적 변화일 뿐이다. 어떤 사건이 보통 다른 사건과 연결되어 일어난다고 생각하는 습관이 있으면 이런 설명 충동이 특히 강하다. 그런 상관관계를 생각하다 보면 자동적으로 인과관계를 만들어낸다. 세상을 설명하는 인과관계를 열심히 찾아내는 것은 더없이 유용하다. 그러나 여기에는 두 가지 문제가 있다. (1)인과관계를 너무 쉽게 생각해낸다. 우리가 만든 인과관계 가설이 얼마나 허술한지 안다면 그 가설에 그토록 당당하지 못할 것이다. (2)사실 인과관계 해석이 적절치 않은 때가 대부분이며, 무작위성을 제대로 이해했다면 아예 인과관계를 생각해내지도 않았을 것이다.

회귀 원칙을 적용할 수 있는 두 가지 사례를 더 살펴보자.

어떤 아이의 엄마는 IQ 140이고 아빠는 IQ 120이라고 하면, 아이의 IQ
는 몇이겠는가?

160 155 150 145 140 135 130 125 120 115 110 105 100

심리치료사는 많은 환자에게서 '만남 작별 효과(hello/goodbye effect)'가
나타난다고 말한다. 치료를 시작하기 전에는 환자가 자기 상태를 실제보
다 더 나쁘게 말하고, 치료가 끝난 뒤에는 실제보다 더 좋게 말하는 현상
이다. 왜 그럴까?

위에서 부모의 IQ가 140, 120인 상태에서 아이의 IQ를 140 이상
으로 예측한 사람은 평균 회귀를 고려하지 않은 사람이다. IQ 120은
평균보다 높은 수치고 140 역시 평균보다 높다. 부모 IQ와 아이 IQ
의 상관관계를 절대적으로 신뢰하지 않는 한 아이의 IQ는 평균보다
낮다고 예상해야 옳다. 두 부모의 평균 IQ와 아이의 IQ는 상관관계
가 0.50이니(독자들은 이 사실을 몰랐을 것이다) 아이 IQ의 기댓값은 부
모 평균과 모집단 평균의 중간인 115다. 부모가 머리가 비상해도 그
아이는 평균보다 약간만 더 똑똑할 확률이 높다. 회귀는 양방향에
모두 적용된다.

만남 작별 효과는 보통 이렇게 설명한다. 환자는 치료받을 자격을
갖추기 위해 상황을 더 나쁘게 꾸미지만 치료가 끝나면 치료사의 환
심을 사기 위해 상황을 더 좋게 꾸민다. 이 설명이 사실이든 아니든
간에 치료가 끝날 때면 시작 때보다 환자의 상태가 좋아졌으리라 예

상할 수 있다. 치료를 마음먹었을 때는 정신적으로 평소보다 덜 건강한 상태일 테고, 시간이 흐르면 이 상태가 평균으로 회귀할 가능성이 높기 때문이다. 아무 치료도 하지 않은 상태에서도 만남 작별 효과를 기대할 수 있다. 사실 어떤 분야든 일반적으로 시간은 의사 편이어서, 환자가 진행성 질병을 앓지 않는 한, 건강은 시간이 지나면서 어쨌거나 좋아질 것이다. 그렇다면 어떤 치료를 해도 효과적이라고 생각할 확률이 높다. "민들레 수프를 먹었더니 감기가 금세 싹 달아났지 뭐야." "아내는 독감에 걸리자마자 용설란 뿌리 즙을 먹었는데, 나보다 두 배는 빨리 나았어." '어떤 사람이' 통계와 '그 뒤에 일어났으니 그 때문'이라는 어림짐작이 합쳐져 수많은 만병통치 치료사들이 생겨난다. 이들은 자신의 처방으로 많은 사람의 몸이 좋아졌다고 주장하는데, 아주 틀린 말은 아니다.

그런데 지금 회귀를 이야기하면서 다소 앞서가고 있다. 논의는 어느덧 대수법칙에서 '공분산(두 변수가 함께 변하는 정도를 양으로 표현한 것 — 옮긴이)', 즉 '상관관계' 개념으로 넘어왔다. 다음 장에서 다룰 주제가 바로 공분산, 즉 상관관계다.

요약

 사물이나 사건을 관찰할 때는 그것이 모집단의 표본이라는 사실을 생각해야 한다. 특정 식당에서 특정한 경우에 먹은 음식의 질, 특정 선수가 특정 경기에서 거둔 성적, 런던에 머물던 주의 강우량, 파티에서 만난 사람들의 친절도 등이 모두 모집단의 표본이다. 이런 변수와 관련된 평가는 모두 어느 정도 오류가 있기 마련이다. 다른 요건이 동일하다면 표본이 클수록 오류는 상쇄되고 모집단의 참값에 더욱 가까워진다. 대수법칙은 쉽게 코딩되는 사건뿐 아니라 수치를 부여하기 어려운 사건에도 적용된다.

 근본적 귀인 오류는 주로 상황 요소를 무시하는 성향에서 나오지만, 어떤 사람을 잠깐 만나 목격한 행동은 그 사람의 행동 가운데 작은 표본일 뿐이라는 사실을 인식하지 못한 탓에 발생하기도 한다. 면접 환상에도 이 두 오류가 존재해서, 어떤 사람의 말과 행동을 고작 30분 관찰하고 그가 어떤 사람인지 안다고 지나치게 확신한다.

 표본 크기를 늘려 오류를 줄이는 것은 표본에 편향이 없을 때만 가능하다. 편향 없는 표본을 추출하는 가장 좋은 방법은 모집단에 속한 사물이나 사건 또는 사람에게 표본으로 추출될 확률을 똑같이 부여하는 것이다. 하다못해 적어도 표본의 편향 가능성에 주의를 기울여야 한다. 이를테면 고급 식당에서 음식 맛을 평가할 때, 편안하고 즐거운 제인과 먹었는가, 이러쿵저러쿵 잔소리를 잘하는 처형과 함께 먹었는가가 평가에 영향을 미칠 수 있다. 표본에 편향이 있으면 표본이 커봤자 모집단을 엉터리로 평가해놓고 확신을 가질 뿐이다.

표준편차는 평균 주변으로 연속 변수가 흩어진 정도를 나타내는 간편한 척도다. 어떤 일련의 측정값이 표준편차가 클수록 그 측정값이 모집단의 평균에 가깝다고 확신하기 어렵다. 가령 어느 투자 수익이 표준편차가 크다면 미래에 그 투자의 가치는 매우 불확실하다는 뜻이다.

어떤 변수의 측정값이 그 변수 분포의 극값에서 나왔다면, 다음 측정에서는 그보다는 덜 극단적인 값이 나올 확률이 크다. 지난 시험에서 1등을 한 학생은 다음 시험에서도 좋은 성적을 거두겠지만 또다시 1등을 하기는 어려울 것이다. 특정 산업 분야에서 지난해 실적이 10위 안에 들었던 10개 주식이 올해도 모두 10위 안에 들 가능성은 대단히 낮다. 어떤 연속 범위에서 어떤 값이 극값이라는 것은 이를테면 하늘의 별이 일제히 일직선으로 늘어서서 행운이 (또는 불행이) 온다는 뜻이다. 이 별들이 다음에 또 일직선으로 늘어서기란 거의 불가능하다.

8장

사건 연결하기

통계는 어떤 대상의 특징을 정확히 나타내는 데 유용하고 때로는 필수적인 도구다. 또 이것과 저것이 관련 있는지 판단하는 데도 매우 유용하다. 독자들도 짐작하겠지만 관련 여부를 분명히 파악하는 것은 주어진 대상의 특징을 정확히 잡아내는 것보다 더 문제가 많을 수 있다.

우선 제1유형에 속한 대상과 제2유형에 속한 대상의 특징을 잡아내야 한다. 그런 다음 1유형이 2유형과 함께 나타나는 횟수, 함께 나타나지 않는 횟수 등을 세어야 한다. 연속 변수라면 이 작업은 더욱 힘들어진다. 가령 1유형의 큰 값이 2유형의 큰 값과 관련이 있는지 파악해야 한다. 이렇게 추상적으로 표현하면 변수의 연관 정도를 계산할 때 큰 문제에 부딪힐 수밖에 없다. 아닌 게 아니라 공분산(또는 상관관계)을 찾을 때 부딪히는 문제는 대단히 난감하다. 그리고 엉뚱한 추정 치가 나왔을 때 그 영향은 대단히 심각할 수 있다.

상관관계

〈표 3〉을 보라. 증상 X는 질병 A와 관련이 있는가? 다른 말로 하면, 증상 X가 나타나면 질병 A에 걸렸다고 진단할 수 있는가?

〈표 3〉을 읽는 방법은 이렇다. 질병 A에 걸린 사람 중에 20명은 증상 X가 있고 80명은 증상 X가 없다. 질병 A에 걸리지 않은 사람 중에 10명은 증상 X가 있고 40명은 증상 X가 없다. 얼핏 봐도 사람들에게 제시할 수 있는 공분산 찾기의 가장 단순한 예처럼 보일 것이다. 자료는 이것 아니면 저것의 양자택일이다. 정보를 모을 필요도 없고, 자료를 코딩해서 수치를 부여할 필요도 없으며, 자료에 관한 어떤 것도 외울 필요가 없다. 둘 중 어느 유형에 특히 눈이 갈 만한 선입견도 없고, 자료는 요약되어 제시되었다. 사람들은 아주 기본적인 이 상관관계 찾기 작업을 어떻게 수행할까?

결과는 참담했다.

사람들의 공통적 실수는 표에서 '있음/있음' 칸에 절대적으로 의존하는 것이다. "그렇다, 그 증상은 질병과 연관이 있다. 증상 X가 있는 사람 중에 질병 A가 있는 사람이 있지 않은가." 이런 성향은 가설을 인정하는 증거에만 눈을 돌리고 가설에 위배되는 증거에는 주목하지 않는 '확증 편향'의 사례다.

그런가 하면 표에서 오직 두 칸에만 주목하는 사람도 있다. 이 중에는 증상 X 있음에 해당하는 두 칸만 보고 "질병이 없는 사람보다 질병이 있는 사람에게서 증상 X가 더 많이 나타난다"는 이유로 증

		질병 A	
		있음	없음
증상 X	있음	20	10
	없음	80	40

〈표 3〉 질병 A와 증상 X의 연관성

상 X는 질병 A와 연관이 있다고 말한다. 그런가 하면 질병 A 있음
에 해당하는 두 칸만 보고 "질병 A가 있는 사람 중에 증상 X가 나타
난 사람보다 안 나타난 사람이 더 많다"는 이유로 증상 X는 질병 A
와 연관이 없다고 말한다.

통계를 잘 모르는 사람 중에는 이 연관관계를 묻는 간단한 질문에
답을 하려면 네 칸에 모두 주목해야 한다는 사실을 아는 사람이 거
의 없었다.

우선 질병도 있고 증상도 있는 사람의 숫자와 질병은 있고 증상은
없는 사람의 숫자를 비교해 비율을 계산해야 한다. 그런 다음, 질병
은 없지만 증세는 있는 사람의 숫자와 질병도 없고 증상도 없는 사
람의 숫자를 비교해 비율을 계산한다. 이 두 비율이 같으니 증상은
질병과 연관된다고 볼 수도 있고, 안 된다고 볼 수도 있다.

앞에 나온 것 같은 표를 주고 질문을 하면, 질병 치료가 일상인 의
사와 간호사를 비롯해 대부분이 정답을 맞히지 못한다.[1] 예를 들어
질병이 있고 특정 치료를 받은 사람 중에 좋아진 사람과 그렇지 않
은 사람이 몇 명인지, 그리고 질병이 있고 특정 치료를 받지 않은 사

람 중에 좋아진 사람과 그렇지 않은 사람이 몇 명인지를 표시한 표를 보여준다. 의사들은 치료를 받은 사람 중에 상태가 좋아지지 않은 사람보다 좋아진 사람이 많다는 이유로 그 치료가 효과가 있다고 추정할 것이다. 하지만 치료를 받지 않은 사람 중에 좋아진 사람과 좋아지지 않은 사람의 비율을 모른다면 어떤 결론도 내릴 수 없다. 위와 같은 표를 '2×2 분할표'라 한다.

'카이 제곱 chi square'이라 부르는 간단한 통계가 있다. 두 개의 비율이 차이가 날 때, 그 차이가 둘이 상관관계가 있다고 확신할 정도의 차이인지 알아보는 통계 계산법이다. 그 차이가 '통계적으로 유의미하다'면, 즉 실제 차이를 반영했다면 그 둘은 연관성이 있다고 말한다.

연관성 여부, 즉 통계적 유의성을 판단할 때 사용하는 기준은 (카이 제곱으로든 다른 어떤 통계로든) 검정 결과, 연관성을 우연으로 볼 수 있는 경우가 100번 중에 5번을 넘지 않는가 하는 것이다. 만약 그렇다면 유의도 0.5 수준에서 통계적으로 의미가 있다고 말한다. 유의도 검정은 양자택일뿐 아니라 연속적 자료에도 적용된다.

변수가 연속적이고 그것들이 서로 얼마나 긴밀히 연관되었는가를 알고 싶을 때 '상관관계'라는 통계 기법을 이용한다. 연관성이 분명한 두 변수는 이를테면 키와 몸무게다. 물론 몸무게가 비교적 많이 나가면서 키가 작은 사람이 있고, 몸무게가 비교적 적게 나가면서 키가 큰 사람이 있어서, 백 퍼센트 연관된다고 할 수는 없다.

두 변수가 얼마나 긴밀히 연관되는지 알아보는 통계적 방법은 여러 가지다. 연속 변수의 연관도를 알아볼 때 흔히 사용하는 방법으

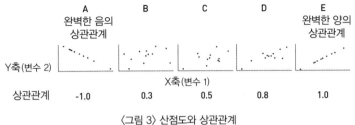

〈그림 3〉 산점도와 상관관계

로 '피어슨 적률상관積率相關, Pearson product moment correlation'이 있다. 상
관관계가 0이면 두 변수는 연관성이 전혀 없다는 뜻이다. 상관관계
가 +1이면 두 변수는 완벽한 양[+]의 상관관계가 있다는 뜻이어서,
변수 1의 값이 올라가면 변수 2의 값도 똑같은 정도로 올라간다. 반
대로 상관관계가 -1이면 두 변수는 완벽한 음[-]의 상관관계가 있다
는 뜻이다.

〈그림 3〉은 소위 '산점도'를 통해 주어진 규모의 상관관계가 어느
정도인지를 시각적으로 보여준다. 각 그래프는 직선을 이용한 완벽
한 관계가 아니라 점의 분포를 보여준다는 뜻에서 '산점도'라 불린다.

상관도(또는 유의도) 0.3은 시각적으로 감지하기는 힘들지만, 현실
적으로 매우 중요할 수 있다. 상관도 0.3은 IQ의 소득 예측력[2] 그리
고 학부 성적의 대학원 성적 예측력에 해당한다.[3] 또한 저체중이냐,
표준 체중이냐, 과체중이냐로 예측하는 초기 심혈관 질환 발병률도
그와 비슷하다.

상관도 0.3은 가볍게 볼 수준이 아니다. 상관도 0.3에서 어떤 사람
이 변수 A에서 백분위로 84위(평균보다 1표준편차 위)라면 변수 B에

서는 백분위로 63위(평균보다 0.3표준편차 위)라고 예상할 수 있다. 이 정도면 변수 A에 대해 아무것도 모르는 상태에서 변수 B를 예측할 때보다 훨씬 높은 예측력이다. 아무것도 모르는 상태에서는 모든 사람을 백분위 50위로, 즉 변수 B의 분포에서 평균값으로 예상해야 한다. 사업이 번창하거나 아니면 망하거나의 차이와 마찬가지다.

상관도 0.5는 IQ와 평균적 업무를 수행하는 능력 사이의 연관도에 해당한다(어려운 일이라면 상관도는 더 높고 그다지 어렵지 않은 일이라면 상관도는 더 낮다).

상관도 0.7은 키와 몸무게의 연관도에 해당한다. 연관성이 높지만 백 퍼센트는 아니다. 상관도 0.8은 어떤 시점의 SAT에서 받은 수학 점수와 1년 뒤에 역시 SAT에서 받은 수학 점수 사이의 연관도에 해당한다. 연관성이 매우 높지만 이번에도 역시 평균적으로 두 점수가 차이가 날 여지는 많다.

상관관계는 인과관계가 아니다

상관계수는 인과관계를 추측하는 하나의 단계다. 변수 A와 변수 B 사이에 아무런 상관관계가 없다면, A와 B 사이에는 (대개) 인과관계도 없다(예외라면 A와 B 사이에 인과관계가 있는데도 그 둘의 상관관계를 가리는 제3의 변수 C가 있을 때다). 변수 A와 변수 B 사이에 상관관계가 있어도 A에서의 변화가 B에서의 변화 '원인'이라고 단정할 수 없다. A가 B의 원인이거나 B가 A의 원인일 수도 있고, A와 B가 제3의 변수 C와 동시에 관련이 있기 때문일 수도 있으며, A와 B 사이에는 인과관계가 전혀 없을 수도 있다.

고등학교 교육을 받은 정도의 사람이라면, 거의 모두 이 주장을 개략적으로나마 인정한다. 하지만 상관관계가 인과관계와 제법 관련 있어 보이는 때가 많다 보니, 상관관계가 있으면 인과관계도 있으려니 생각한다. 우리는 인과관계 가설을 만드는 데 워낙 능숙해 인과관계를 거의 자동적으로 만들어낸다. 인과관계 추론은 거부하기 힘든 때가 많다. 초콜릿을 많이 먹는 사람이 여드름도 많다는 말을 들으면, 초콜릿의 어떤 성분이 여드름을 유발한다는 단정을 거부하기 힘들다(알려진 바에 따르면 이 단정은 사실이 아니다). 결혼 준비에 공을 많이 들인 부부는 결혼생활을 더 오래 유지한다는 말을 들으면, 결혼 준비의 어떤 부분 때문에 결혼생활이 더 오래가는지 궁금하기 마련이다. 사실 어느 유명 일간지는 최근 기사에서, 상관관계에 관해 이야기한 뒤에 결혼 준비를 진지하게 하면 왜 결혼생활이 오래가는지 추측했다. 하지만 상관관계를 가만히 생각해보면, 공들인 결혼 준비는 무작위적 사건이 아니다. 친구도 더 많아야 하고, 함께 보내는 시간도 많아야 하고, 돈도 더 있어야 하고, 기타 오만가지가 더 필요하다. 그리고 그런 것들은 결혼생활을 오래 유지하는 데 도움이 될 수 있다. 이런저런 요소가 얽히고설킨 데서 어느 하나만을 끄집어내어 그것이 어떤 인과관계 역할을 했는지 고민하면 답이 나오지 않는다.

아래 상자 1에서 연관성을 생각해보자. 모두 실제 사례다. 어떤 경우는 암시된 인과관계가 매우 그럴듯해 보이고, 어떤 경우는 전혀 그렇지 않다. 매우 그럴듯해 보이든 그렇지 않든, 다음 세 유형 중 하나라는 생각이 드는지 살펴보라. (1)A는 B의 원인이다, (2)B는 A의 원인이다, (3)A, B와 동시에 연관된 무언가가 원인이며, A와 B는 인과관계가 없다. 상자 2에 답이 될 만한 설명이 있다.

상자 1. 상관관계 따져보기: 어떤 인과관계가 있는가?

1. 〈타임〉은 부모가 아이들의 식사량을 통제하면 아이들이 과체중이 될 것이라고 보도했다. 과체중 아이들의 부모가 아이들의 식사량을 더 이상 통제하지 않는다면 아이들은 더 날씬해지겠는가?

2. IQ 평균이 높은 나라는 1인당 국내총생산GDP으로 측정한 부의 평균이 더 높다. 국민이 똑똑하면 나라가 더 부자가 되는가?

3. 교회에 다니는 사람은 다니지 않는 사람보다 사망률이 더 낮다.[4] 그렇다면 하느님을 믿으면 더 오래 산다는 뜻인가?

4. 개를 키우는 사람은 우울증에 걸릴 확률이 낮다. 그렇다면 우울증에 걸린 사람에게 개를 주면 더 행복해질까?

5. 성교육에서 오직 성관계 금지만을 가르치는 지역은 살인율이 더 높다. 이런 식의 성교육이 공격성을 유발하는가? 이 지역에서 학생들에게 좀 더 많은 정보를 알려주는 성교육을 실시한다면 살인율이 낮아지겠는가?

6. 똑똑한 남자는 정자의 질, 개수, 이동성이 더 높았다.[5] 그렇다면 대학에 다녀 더 똑똑해지면 정자의 질이 좋아질까?

7. 마리화나를 피우는 사람은 피우지 않는 사람보다 코카인을 사용할 확률이 훨씬 높다. 마리화나 사용이 코카인 사용의 원인일까?

8. 소아마비가 심각한 위험이었던 1950년대에는 아이스크림 소비와 소아마비가 거의 완벽한 상관관계를 보였다. 아이스크림 소비를 법으로 금지했다면 공중 보건 향상에 기여했을까?

상자 2. 상관관계에 관한 상자 1의 질문에 답이 될 만한 설명

1. 아이가 과체중이면 부모는 아이의 식사량을 통제하려 할 수 있다. 그렇다면 〈타임〉의 가설은 인과관계의 방향이 반대다. 식사량을 통제해서 아이가 비만이 되는 게 아니라 아이가 비만이라 부모가 식사량을 통제한다. 또 한 가지 가능성은 행복감은 덜한데 스트레스가 많은 가정에서는 부모의 통제가 더 심하고 아이들은 과체중인 경우가 많을 수 있지만, 부모의 음식 통제와 아이의 체중 사이에는 인과관계가 없다.

2. 부유한 나라는 교육 체계가 잘 갖춰졌기 때문에 사람들의 IQ가 높아질 수 있다. 그렇다면 부는 똑똑함의 원인이지 그 반대는 될 수 없다. 또 다른 가능성은 육체적 건강 같은 제3의 요소가 두 변수에 영향을 미쳤을 수 있다(어쨌거나 이 세 가지 인과관계는 모두 사실이다).

3. 건강한 사람은 교회에 다니는 것을 비롯해 모든 종류의 사회 활동에 더 적극적으로 참여할 수 있다. 그렇다면 인과관계가 반대가 된 꼴이다. 사람들이 교회에 다니는 이유 하나가 건강하기 때문이지, 교회에 다닌다고 해서 건강해지는 게 아니다. 아니면 교회에 다니는 등의 사회 활동에 흥미를 갖는 사람은 다른 사회 활동에도 더 많이 참여하고 더 건강해질 수도 있다.

4. 우울증에 걸린 사람은 애완동물을 사는 등의 취미생활을 할 확률이 낮다. 그렇다면 인과관계는 정반대로, 우울증에 걸리면 애완동물을 살 가능성이 낮다고 봐야 한다(하지만 우울증에 걸린 사람에게 애완동물을 주면 기분을 개선하는 효과가 있어 애완동물이 실제로 정신 건강에 도움이 된다. 다만 둘 사이에 이런 상관관계가 있다고 해서 개를 키우면 우울증에 걸릴 확률이 낮다고 할 수는 없다).

5. 가난한 지역은 살인율이 더 높고, 또 가난한 지역은 성교육에서 오직 성관계 금지만을 가르치기 쉽다. 실제로 둘 다 사실이다. 하지만 성교육과 살인율 사이에 인과관계가 있다기보다 가난이나 낮은 교육 수준 또는 그와 관련한 다른 무언가가 그 둘과 인과관계가 있을 것이다.

6. 신체가 건강할수록 두뇌 회전도 잘 되고 정자의 질도 좋을 수 있다. 아니면 약물이나 음주 등 다른 어떤 요소가 지능과 정자의 질에 모두 연관이 되었을 수도 있다. 지능과 정자의 질은 인과관계가 없을 것이다.

7. 종류에 상관없이 마약을 사용하는 사람은 그렇지 않은 사람보다

흥분을 추구할 확률이 높고 따라서 법이 금지하는 여러 가지 자극적 행동을 할 확률도 높다. 마리화나 사용이 코카인 사용의 원인도 아니고, 코카인 사용이 마리화나 사용의 원인도 아닐 것이다. 그보다는 자극 추구라는 제3의 요소가 그 둘에 영향을 미쳤을 것이다.

8. 1950년대에 아이스크림 소비와 소아마비가 높은 상관관계를 보였던 이유는 소아마비가 수영장에서 쉽게 전염되었기 때문이다. 날이 더워지면 아이스크림과 수영장을 찾는 사람이 많아진다.

허깨비 상관관계

두 변수가 얼마나 밀접히 연관되었는가를 판단하려면 자료를 체계적으로 수집한 뒤에 연관성을 계산하는 게 얼마나 중요한지 아무리 강조해도 모자랄 정도다. 세상을 살면서 무언가에 주목하는 것만으로는 두 사건의 연관성을 속수무책으로 잘못 판단하기 쉽다. '허깨비 상관관계'는 매우 위험하다.

두 변수 사이에 양의 상관관계가 있는 것 같다는 생각이 든다면(A가 자주 일어날수록 B도 자주 일어난다) 두 사건을 관찰할수록 그 판단이 옳다는 확신이 높아진다. 실제로는 두 변수 사이에 양의 상관관계가 없을 때도, 심지어 '음'의 상관관계가 있을 때도 이런 일이 종종 일어난다. 내 가설을 뒷받침하지 않는 사례보다 뒷받침하는 사례를 더 주목하고 기억하는 것은 확증 편향의 또 다른 측면이다.

거꾸로 상관관계가 없다 싶으면, 긴밀한 상관관계가 나타나도 주목하지 않을 확률이 높다. 심리학자들이 비둘기 실험을 했는데, 비둘기 옆에 사료 나오는 기계를 놓고 바닥에는 불이 켜지는 원반을 설치했다. 원반에 불이 들어오고 비둘기가 원반을 쪼지 '않아야' 기계에서 사료가 나온다. 비둘기가 원반을 쪼면 사료는 나오지 않는다. 비둘기는 원반을 쪼지 않아야 음식을 먹을 수 있다는 사실을 알아채기 전에 굶어 죽을 것이다. 이제까지 먹이를 얻으려면 무언가를 쪼지 않아야 한다는 사실을 알아내 먹이를 얻은 비둘기는 없었다.

이미 가지고 있는 추정에서 벗어나기는 사람에게도 비둘기만큼이나 어려운 일일 수 있다.

어떤 실험에서는 임상심리학자들에게 '로르샤흐 잉크 얼룩 테스트'에서 여러 환자가 보인 반응이라며 자료를 보여주었는데, 여기에는 환자들이 보였다는 반응과 더불어 환자가 겪고 있는 증상도 함께 적혀 있었다.[6] 그중에는 (1)"어떤 환자는 잉크 얼룩에서 생식기를 보았고" (2)"그 환자는 성적 조절에 문제가 있었다"고 적힌 카드도 있었다. 심리학자들은 이 카드를 읽은 뒤에 생식기를 본 환자는 성적 조절에 문제가 있을 수 있다고 보고할 확률이 꽤 높다. 심지어 그런 환자는 성적 조절 문제가 발생할 확률이 '적다'고 암시하도록 자료를 조작해도 같은 반응이 나온다. 성적 조절 문제와 생식기에 과도한 반응을 보이는 행위의 연관성은 꽤 그럴듯해 보이고, 그것을 증명하는 듯한 사례는 더 두드려져 보이기 마련이다.

심리학자들에게 그들이 틀렸고 실험에 따르면 얼룩에서 생식기를 보는 것과 성적 조절 문제 사이에는 음의 연관성이 있어서 생식기를 본 환자들에게서 성적 조절 문제가 나타날 확률은 오히려 낮다고 말해주면, 심리학자들은 그 사실을 비웃으며 임상 실험에 따르면 성적 조절 문제가 있는 사람들이 실제로 로르샤흐 잉크 얼룩에서 생식기를 볼 확률이 특히 높게 나타난다고 말할지도 모른다. 하지만 사실이 아니다. 실제 자료를 보면 그런 연관성은 나타나지 않는다.

사실 로르샤흐 카드를 보고 어떤 반응을 보이든 그것으로 그 사람에 대해 알 수 있는 건 아무것도 없다.[7] 로르샤흐 테스트에 수십만 시간과 수백만 달러가 소비되었지만 누구도 그 테스트에서 나온 반응과 증상 사이에 실제로 연관성이 있는지 알아보려 하지 않았다. 그리고 이렇다 할 연관성이 나오지 않은 몇십 년 동안 상관관계가 있으리라는 착각 속에 테스트가 계속 통용되고, 더 많은 시간과 돈이 낭비되었다.

이 사례로 심리학자와 정신과 의사를 괴롭힐 뜻은 없다. 다만 임상의들이 로르샤흐 테스트를 이용해 있지도 않은 상관관계를 실험하며 저질렀던 실수를 학부생들도 똑같이 반복한다는 것인데, 이들은 생식기를 보았다면 성적 문제와 관련 있고, 재미있는 눈짓을 보았다면 피해망상과 관련 있으며, 무기를 보았다면 적대성과 관련 있다고 한다.

이런 결과를 한마디로 요약하면, 사람은 (또는 다른 생물체는) 어떤 상관관계를 '믿을 준비가 되면' 자료에 없는 상관관계도 찾아낸다.[8]

반면에 상관관계를 '믿지 않을 준비가 되면' 자료에 있는 상관관계도 눈치채지 못한다. 고양이는 줄을 잡아당기는 법을 배워서라도 상자에서 나가겠지만, 몸을 핥아야 상자에서 나갈 수 있을 때는 나가는 법을 배우지 못할 것이다. 사람이 오른쪽에서 소리를 낸다면 개는 먹이를 먹으러 왼쪽으로 가야 할 때보다 오른쪽으로 가야 할 때 그 방법을 쉽게 익힐 수 있다. 반면에 고음으로 음식이 오른쪽에 있다는 신호를 보내고 저음으로 음식이 왼쪽에 있다는 신호를 보내면, 어느 방향으로 가야 할지 매우 어렵게 배울 것이다. 따라서 공간적 사건은 고음이나 저음과 관련 있다기보다 공간적 신호와 관련이 있을 확률이 더 높아 보인다.

우리 오랜 친구인 대표성 어림짐작은 믿을 준비가 된 상관관계를 무한히 만들어낸다. 생식기는 섹스와 관련한 모든 것들을 대표한다. 눈은 의심을 대표한다. 무기는 적대성을 대표한다. 회상 용이성 어림짐작도 믿을 준비가 된 상관관계를 만들어내는 데 선수다. 영화나 만화에서 무언가를 미심쩍어하는 사람은 눈으로 재미있는 표정을 만든다(눈을 가늘게 뜨고 찡그린다거나 눈을 굴린다거나).

그렇다면 상관관계를 믿을 준비도, 믿지 않을 준비도 안 된 경우는 어떻게 될까?

예를 들어 한 무리 사람들에게 자기 이름의 첫 철자를 말하고 이어서 음 하나를 소리내보라고 한 뒤에 어떤 사람에게 그걸 듣게 했다. 그리고 그 사람에게 알파벳에서 그 철자의 위치와 음 길이 사이에 상관관계가 있는지 물었다. 결과는 어땠을까?

임의의 사건 한 쌍 사이에 상관관계가 어느 정도나 높아야 사람들은 그 관계를 확실히 눈치챌 수 있을까?

그 답은 최소 0.6이다. 〈그림 3〉에 나온 상관관계 0.5보다 약간 높은 수치다.[9] 이때 사람들은 머릿속에 자료가 동시에 들어오고 최선을 다해 관계를 파악한다. 현실적으로는 두 변수 사이에 상관관계가 있다는 생각이 들어도 그 연관성이 대단히 높지 않은 한, 그러니까 일상에서 선택의 기반이 되는 많은 상관관계보다 높지 않은 한, 그 생각을 신뢰할 수 없다는 뜻이기도 하다. 이때 올바른 판단을 내리려면, 관찰하고 기록하고 계산하면서 체계적으로 접근해야 한다. 그렇지 않으면 허풍만 떠는 꼴이 되고 만다.

예외

상관관계는 정확히 찾아내기가 매우 어렵다는 규칙에 한 가지 중요한 예외가 있다. 두 가지 사건이, 심지어 무작위 사건이라도, 시간적으로 매우 가깝게 일어나면 상관관계는 쉽게 눈에 띄기 마련이다. 쥐에 전기 충격을 주기 직전에 불을 켜면, 쥐는 불과 전기 충격의 상관관계를 빠르게 배울 것이다. 하지만 이처럼 대단히 극적인 사건에서도 두 사건 사이에 시간차가 발생하면 연관성 학습 능력은 급격히 떨어진다. 동물은 (그리고 인간은) 임의의 두 사건 사이에 2, 3분 이상의 시간 차이가 날 경우 연관성을 깨닫지 못한다.

신뢰도와 타당도

여러 해 전, 내 친구가 아내와 함께 아이를 가지려고 애썼지만 몇 년 동안 아이가 생기지 않아 결국 전문가를 찾아갔다. 그리고 좋지 않은 소식을 들었다. 친구의 정자 수가 "너무 적어 정상적인 방법으로는 수정이 어렵다"는 이야기였다. 친구는 의사에게 그 검사를 얼마나 신뢰할 수 있냐고 물었다. "아, 대단히 신뢰할 만한 수준입니다." 의사가 말했다. 해당 검사엔 실수가 없다는 뜻이었다. 즉, 참값이라는 이야기다. 의사는 '신뢰할 만하다'라는 평범한 말로 정확도를 표현한 셈이다.

'신뢰도'는 특정 변수를 측정했을 때 어떤 경우라도 같은 값이 나오는 정도, 또는 같은 변수를 A방식으로 측정했을 때와 B방식으로 측정했을 때 같은 값이 나오는 정도를 말한다.

키 측정은 신뢰도(여러 번의 측정에 나타난 상관관계)가 거의 1에 가깝다. IQ는 2주 간격으로 여러 번 측정하면 신뢰도가 0.9 안팎이다. 두 가지 다른 테스트로 측정한 IQ는 신뢰도가 대개 0.8 이상 나온다. 치아 하나가 어느 정도 썩었나를 두고 치과의사 두 명이 같은 의견을 낼 정도는 0.8 미만이다.[10] 이 말은 치과의사 스미스는 충치를 곧잘 때우고, 치과의사 존스는 그냥 둘 때가 많다는 뜻이다. 치과의사 한 사람을 놓고 보면, 일관된 판단을 내리지 않고 때에 따라 다른 판단을 내리기도 한다는 뜻도 된다. 이를테면 존스 박사는 금요일에는 충치를 자주 때우고, 화요일에는 그냥 내버려둘 때가 많을 수 있다.

정자 수는 신뢰도가 어떨까? 어떤 검사든 정자 수 측정의 신뢰도
는 낮고,[11] 여러 가지 다른 측정법에서 똑같은 결과가 나오는 정도로
판단하는 신뢰도 또한 낮아서, 서로 다른 방법으로 동시에 정자 수
를 측정해도 매우 다른 결과가 나올 수 있다.[12]

'타당도' 역시 주로 상관관계로 측정한다. 어떤 측정의 타당도는
그것이 원래 의도한 것을 어느 정도 측정했는가를 나타낸다. IQ는
초등학교 평균 성적과의 상관관계로 봤을 때 타당도가 약 0.5로 높
은 편이다(사실 프랑스 심리학자 알프레드 비네Alfred Binet가 20세기 초에 처
음으로 IQ 검사를 만든 동기도 학교 성적을 예측하는 바람직한 수단이 필요
해서였다).

"신뢰도 없이는 타당도도 없다"라는 매우 중요한 원칙에 주목하
라. 어떤 사람이 특정 변수를 판단할 때 이랬다저랬다 한다면(예를
들어, 예전에 판단한 변수 A의 수준과 지금 판단한 변수 A의 수준이 상관관
계가 0이라면) 그 사람의 판단은 타당성이 없어서, 다른 변수 B의 수
준도 결코 정확히 예측할 수 없다.

주어진 변수를 측정해야 하는 테스트 X와 테스트 Y가 우연이라고
할 만한 수준 이상으로 같은 결과를 내놓지 못한다면, 조금이라도
타당성이 있을 수 있는 테스트는 잘해야 둘 중 하나다. 거꾸로 타당
도가 눈곱만큼도 없어도 신뢰도는 높을 수 있다. 두 사람이 여러 친
구의 외향성 정도를 두고 일치하는 의견을 내놓을 수는 있어도, 특
정 상황에서 친구들이 (수다 같은 객관적 척도로 판단하든 심리 전문가의
평가로 판단하든) 외향성을 어느 정도나 드러낼지는 둘 다 정확히 예

측하지 못할 수 있다.

　필적 감정사는 정직, 근면, 포부, 낙천주의, 기타 여러 특징을 측정할 수 있다고 주장한다. 실제로 임의의 필적 감정사 두 사람이 똑같은 의견을 내놓을 수는 있지만(높은 신뢰도), 성격 특성과 관련한 실제 행동을 예측하지는 못할 것이다(제로 타당도). (하지만 필적 감정은 이를테면 중추신경계의 수많은 질병을 진단하는 등 몇 가지 목적에 매우 유용하게 쓰일 수 있다.)

통계적 사고의 핵심은 코딩

한 쌍의 변수에서 상관관계를 어떻게 생각하는지 독자에게 몇 가지 질문을 할까 한다. 질문 방식은 '어느 한 시점에 A가 B보다 더 훌륭했다면 다른 시점에도 A가 B보다 더 훌륭할 확률은 얼마나 되겠는가' 하는 식이다. 독자가 확률로 대답하면 수학 공식에 따라 상관계수로 변환될 것이다.

　아래 질문에 "50퍼센트"라고 대답하면, 한 시점의 행동과 다른 시점의 행동은 서로 상관관계가 없다고 생각한다는 뜻이고, "90퍼센트"라고 대답하면 상관관계가 대단히 높다고 생각한다는 뜻이다. 이를테면 철자 실력에 관한 첫 번째 질문에서, 한 시점의 철자 실력과 다른 시점의 철자 실력에 일관성이 없다 싶으면 "50퍼센트"라고 대답하면 되고, 상관관계가 대단히 높다 싶으면 "90퍼센트"라고 대답하면 된다. 각 질문에 답을 적든지 아니면 큰 소리로 답을 말해 의사를 분명히 밝히기 바란다.

1. 4학년 첫 번째 월말 철자 시험에서 카를로스가 크레이그보다 높은 점수를 받는다면, 세 번째 월말 철자 시험에서 카를로스가 크레이그보다 높은 점수를 받을 확률은 얼마나 되겠는가?

2. 20회 경기를 치르는 첫 번째 농구 시즌에서 줄리아가 제니퍼보다 더 많은 점수를 기록했다면, 두 번째 20회 경기에서 줄리아가 제니퍼보다 더 많은 점수를 기록할 확률은 얼마나 되겠는가?

3. 빌을 처음 만났을 때 빌이 밥보다 더 친근해 보였다면, 두 번째 만났을 때 빌이 밥보다 더 친근해 보일 확률은 얼마나 되겠는가?

4. 바브와 베스를 20가지 상황에서 처음 관찰한 결과(식당에서 음식 값을 계산할 때 제 몫을 정확히 내는지, 보드게임을 할 때 속임수를 쓰는지, 반에서 등수를 사실대로 말하는지 등) 바브가 베스보다 더 정직하게 행동한다면, 20가지 상황에서 두 사람을 두 번째로 관찰할 때 바브가 베스보다 더 정직하게 행동할 확률은 얼마나 되겠는가?

〈표 4〉는 독자가 이제 막 대답한 추정 퍼센트와 그에 해당하는 상관관계를 나타낸다.

이미 진행했던 연구가 있어서 나는 이 질문에 어떤 답이 나올지 알고 있다.[13] 어느 한 시점의 철자 시험 성적과 다른 시점의 철자 시험 성적의 상관관계, 어느 한 시점의 20회 철자 시험 평균과 다른 시

추정 퍼센트	상관관계	추정 퍼센트	상관관계
50	0	75	.71
55	.16	80	.81
60	.31	85	.89
65	.45	90	.95
70	.59	95	.99

〈표 4〉 추정 퍼센트를 상관계수로 변환하기

점의 20회 철자 시험 평균의 상관관계, 어느 한 시점에 어떤 사람에게 느낀 친근감과 다른 시점에 그 사람에게 느낀 친근감의 상관관계, 어느 한 시점의 20회 상황에서 어떤 사람에게 느낀 친근감 평균과 다른 시점의 20회 상황에서 그 사람에게 느낀 친근감 평균의 상관관계 등등.

장담컨대 독자의 생각과 대답은 아래와 같을 것이다.

1. 20회 경기의 한 시즌 농구 성적과 20회 경기의 다른 시즌 농구 성적 사이의 상관관계는 높다. 어느 한 시점의 철자 시험 성적과 다른 시점의 철자 시험 성적의 상관관계보다 더 높다.

2. 어느 한 시점에 느낀 친근감과 다른 시점에 느낀 친근감의 상관관계는 꽤 높다. 어느 한 시점에 느낀 정직함과 다른 시점에 느낀 정직함의 상관관계만큼이나 높다.

3. 성격 특성 사이의 상관관계는 실력 사이의 상관관계보다 더 높다.

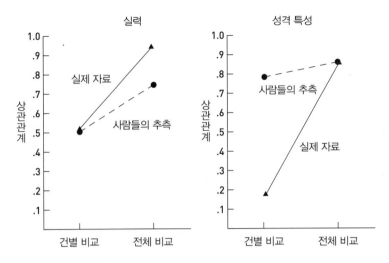

〈그림 4〉 실력(철자 시험과 농구 경기의 평균)과 성격 특성(친근함과 정직함의 평균)을
보여주는 자료를 기반으로 한 상관관계 추측

내가 지바 쿤다Ziva Kunda와 함께 진행한 실험에 참가했던 대학생
들은 어쨌거나 위와 같은 반응을 보였다.[14]

〈그림 4〉를 보라. 실력을 반영하는 행동(철자 시험이나 농구에서의 실
제 자료 평균)을 추측할 때는 사실에 가깝다는 점에 주목하라. 어떤
한 시점의 행동(철자 성적 또는 농구 기록)과 다른 시점의 행동 사이의
상관관계는 적당히 커서 약 0.5다. 그리고 그 상관관계의 크기에 대
한 추측은 정확했다.

사람들은 상관관계를 파악할 때 대수법칙을 이해하고 있었다. 여
러 행동을 모두 합친 점수와 다른 또 한 무리의 행동을 모두 합친 점
수를 연관시켜보면, 상관관계는 더욱 높아진다. 사람들은 여러 행동

을 합쳐서 파악할 때 상관관계가 얼마나 더 높아지는지를 인식하지 못하지만, 20회 넘게 행동을 관찰한 뒤에 다음 20회의 행동을 예측한다면 한 번의 행동으로 다음 한 번의 행동을 예측할 때보다 정확도가 훨씬 높다는 사실만큼은 잘 알고 있다.

성격 특성을 예측할 때는 실력을 예측할 때와 달리 정확도가 속수무책으로 떨어진다. 사람들은 어느 한 시점의 정직함은 다른 시점의 정직함과 상관관계가 있고, 어느 한 시점의 친근함은 다른 시점의 친근함과 상관관계가 있다고 생각하는데 그 정도가 무려 0.8이다! 이는 심각한 오해다. 어떤 성격 특성을 반영하는 어느 한 시점에 나타난 행동과 그 특성을 반영하는 다른 시점에 나타난 행동의 상관관계는 대개 0.1 이하이며 사실상 0.3을 넘는 법이 없다. 이때의 오류는 어마어마하고, 앞 장에서 이야기한 일상의 오류가 그대로 담겼다. 우리는 하나의 상황에 나타난 어떤 사람의 행동을 보고 그 사람의 성격을 정확히 파악했다고 생각한다. 이런 실수는 근본적 귀인 오류의 핵심이며, 대수법칙은 실력뿐 아니라 성격을 추정할 때도 적용된다는 사실을 인식하지 못한 탓이다. 우리는 어떤 사람의 행동을 조금만 봐도 그 사람을 잘 안다고 오해하는데, 전후 맥락의 중요성을 과소평가한 탓이고, 어느 한 시점의 행동을 보면 그와는 사뭇 다른 상황에서도 어떻게 행동할지 예측할 수 있다고 생각하는 탓이다. 게다가 관찰 횟수를 늘렸을 때의 효과도 사실상 인지하지 못한다. 어떤 사람의 성격과 관련한 행동을 여러 차례에 걸쳐 관찰하고 그 총합을 다른 20회 상황에서 행동의 총합과 연관시키면 대단히 높은 상관관계를 얻을 수 있다. 문제는 사람들이 성격과 관련한 행동을 관찰할 때 대수법칙뿐 아니라 소수법칙도 유효하다고 생각한다는 것이다.

실력을 한 차례 측정했을 때와 성격을 한 차례 관찰했을 때 정확도가 왜 이렇게 심각하게 차이 나는 것일까? 그리고 정확한 실력 예측에서 대수법칙의 역할은 꽤 정확히 인식하면서도 정확한 성격 예측에서는 그 역할을 거의 인식하지 못할까?

이 모두가 코딩의 문제다. 실력과 관련해 대부분은 아닐지라도 상당수의 경우에 우리는 행동을 측정하는 단위를 알고, 그것을 숫자로 표시할 수 있다. 단어의 몇 퍼센트 철자를 맞혔고, 자유투의 몇 퍼센트를 성공했는지 등. 그런데 친근함을 판단하는 적절한 단위는 무엇인가? 1분당 미소 짓는 횟수? 모임 1회당 '좋은 느낌'의 횟수? 토요일 밤에 나타나는 친근함의 방식과 월요일 오후 회의에서 나타나는 친근함의 방식을 어떻게 비교할까? 두 가지 상황에서 나타나는 행동 유형은 매우 달라서, 이 상황에서 친근함의 증거로 제시하는 것과 저 상황에서 친근함의 증거로 제시하는 것이 사뭇 다르다. 그렇다고 상황별로 친근함에 점수를 매기기도 불가능하다. 점수를 매긴다 한들 다른 상황에서의 점수와 비교하기도 어렵다.

성격 특성과 관련한 이런 오류를 극복할 방법은 무엇일까? 행동을 정확히 평가하는 단위를 정의하거나, 행동에 점수를 매기려는 게 아니다. 심리학자들은 연구를 위해 그런 작업을 하지만, 우리는 설령 그런 측정법을 만들어도 써먹기 어렵다. 그랬다가는 미친놈 취급을 받을 테니까("그 모임에서 조시가 살짝 웃을 때 입술이 위로 휜 횟수와 흰 각도를 곱해 친근함에 18점을 주겠어. 이봐, 어디 가는 거야? 기다려!").

어떤 사람의 성격을 두고 지나치게 단정하듯 추론하지 않을 가장 효과적인 방법은, 전후 맥락이 같을 때라야 행동의 일관성을 기대할 수 있다는 사실을 상기하는 것이다. 그리고 같은 상황이라도 정확하게 예측하려면 여러 차례 관찰해야 한다는 것이다.

다른 사람들뿐 아니라 나 역시 결코 일관된 인간이 아니라는 걸 기억한다면 도움이 될 수 있다. 특정 상황에서 나를 만난 사람들은 나를 꽤 괜찮은 사람이라고 생각하고, 다른 상황에서 나를 본 사람들은 내가 그렇게까지 괜찮은 사람은 전혀 아니라고 생각할 게 틀림없다. 나에 대한 정보가 한정된 상황에서 사람들이 나를 그렇게 평가한다고 탓할 수도 없는 노릇이다. 그렇다면 내가 방금 만난 사람도 마찬가지라는 점만 기억하라. 다음에, 어쩌면 다른 상황에서, 내가 그를 만났을 때 지금과 똑같은 인상을 받으리라고 단정할 수 없다.

더 일반적으로 말하면, 코딩할 수 있는 것과 없는 것을 알아야 한다. 해당 사건이나 행동을 곧바로 코딩할 수 없거나 숫자로 바꿀 수 없다면, 코딩할 방법을 고민하는 연습을 해보라. 이런 노력만 해봐도 해당 사건이나 행동의 일관성을 과대평가하기 쉽다는 사실에 주의하고 경계할 수 있다.

이번 장과 앞 장에서 다룬 주제와 관련해 매우 반가운 소식이 있다. 이제까지 사람들이 통계적으로 생각하지 못했던 몇몇 분야에서 통계적으로 생각하는 법을 소개했는데, 내가 사람들에게 통계적 추론법을 가르치고 관련 연구를 진행하면서 알게 된 사실이 있다. 두

세 가지 영역에서 몇 가지 사례만으로 논리적 판단을 훈련해도, 그와 전혀 다른 경우를 비롯해 무한히 많은 사건에 응용할 수 있다는 점이다.

내가 학생들에게 흔히 통계적으로 생각하는 경향이 있는 복권이니 동전 던지기니 하는 문제들로 대수법칙을 가르쳐도, 객관적 점수로 나타난 실력처럼 이따금씩만 확률적으로 생각하는 문제에서도 학생들의 추론 능력이 덩달아 향상된다.[15] 그리고 좀처럼 통계적으로 생각하지 않는 성격 특성 같은 문제를 추론하는 능력 역시 좋아진다. 능력처럼 객관적 점수로 나타난 사례를 이용해 가르칠 때나 좀 더 주관적이고 점수화하기 어려운 사례를 이용해 가르칠 때나 모두 해당하는 사실이다. 어떤 한 가지 유형의 문제를 가르치면 그와 유형이 아주 다른 문제에서도 논리적 사고가 향상된다.

요약

상관관계를 정확히 측정하기란 대단히 어렵다. 관련 자료가 수집되고 요약되어 있어도 상관 정도를 잘못 추측하기 쉽다. 특히 자신의 생각과 일치하는 증거만 받아들이는 확증 편향이 문제다. 몇몇 A의 경우에 B가 나타났다면 사람들은 A가 B와 관련이 있다고 말하곤 한다. 하지만 A가 B와 관련이 있는지 알아보려면 2×2 분할표에서 두 가지 비율을 모두 비교해야 한다.

무의미하게 또는 무작위로 맺어진 한 쌍의 사건에서 연관성을 추정할 때처럼 예상치 못한 사건 사이의 상관관계를 가늠할 때, 그 연관성을 확실히 감지하려면 상관관계가 대단히 높아야 한다. 두 사건 사이에 2, 3분 이상의 시간차가 생기면 상관관계를 알아내는 능력은 현저히 떨어진다.

허깨비 상관관계에 속기 쉽다. 연관성이 있어 보이는 두 사건에서 상관관계를 가늠할 때, 즉 양의 상관관계를 찾아낼 준비가 되었을 때, 사람들은 상관관계가 없어도 상관관계가 있다고 믿기 쉽다. 반면에 두 사건에 상관관계가 없어 보이면, 실제로는 높은 상관관계가 있어도 양의 상관관계를 찾아내지 못하기 쉽다. 설상가상으로 실제로는 음의 상관관계가 있는데도 양의 상관관계가 있다고 결론 내릴 수 있고, 양의 상관관계가 있는데도 음의 상관관계가 있다고 결론 내릴 수 있다.

상관관계를 섣불리 단정한다면 대표성 어림짐작이 그 밑바탕이 되는 경우가 많다. A가 어느 면에서 B와 비슷하다면 둘 사이에 상관관계가 있다고 생각하기 쉽다. 여기에는 회상 용이성 어림짐작도 한몫한다. A와 B가 관련 있는 경우가 관련 없는 경우보다 더 기억에 남을 때, 특히 둘의 상관관계를 과대평가하기 쉽다.

상관관계가 있다고 해서 인과관계가 있는 것이 아닌데도 A가 B를 초래했을 그럴듯한 이유가 있다 싶으면 둘의 상관관계를 인과관계로 성급히 바꿔버린다. A와 B가 상관관계가 있다면, A가 B를 초래했기 때문일 수도 있고, B가 A를 초래했기 때문일 수도 있으며, 제3의 요소가 A와 B를 모두 초래했기 때문일 수도 있다. 사람들은 이런 가능성을 고려하지 않는 때가 많다. 여기서 문제는 인과관계 용어로 상관관계를 설명하기가 얼마나 쉬운지 인식하지 못한다는 점이다.

신뢰도는 어떤 사건이 두 가지 경우에 또는 서로 다른 방법으로 측정했을 때 똑같은 수치가 나오는 정도를 말한다. 타당도는 무언가를 측정해 예측했을 때 원래 의도한 것을 예측하는 정도를 뜻한다. 어떤 측정 도구는 신뢰도가 완벽한데 타당도는 전혀 없을 수도 있다. 점성술사 두 명이 물고기자리인 사람과 쌍둥이자리인 사람의 외향성 정도를 두고 일치된 의견을 내놓을 수 있지만, 그런 주장에 타당도가 있을 리 없다.

**코딩하기 쉬운 사건일수록 상관관계를 더 정확히 평가할 수 있
다.** 능력으로 결정되는 사건처럼 쉽게 코딩할 수 있는 사건에서는
두 경우의 상관관계도 꽤 정확하게 평가할 수 있다. 그리고 능력에
영향을 받는 사건에서, 여러 사건의 평균을 내어 비슷한 다른 많은
사건의 평균을 예측하는 것이 하나의 사건을 측정해 다른 하나의
사건을 예측하는 것보다 더 정확하다는 사실을 알고 있다. 그러나
능력과 관련한 사건이라도, 한 사건을 관찰할 때보다 여러 사건의
평균을 살필 때 예측력은 보통 우리 예상보다 훨씬 더 커진다. 성격
과 관련한 사건 등 코딩하기 어려운 사건은 상관관계의 정도를 예
측해도 크게 빗나갈 수 있으며, 많은 사건을 관찰하면 몇몇 사건만
관찰했을 때보다 앞으로의 행동을 예측하기가 얼마나 더 수월한지
도 거의 인식하지 못한다.

**성격과 관련한 과거의 행동에서 성격과 관련한 앞으로의 행동을
예측할 때, 다양한 상황에서 많은 사례를 관찰하지 않은 한 조심하
고 겸손해야 한다.** 특정한 종류의 행동을 코딩하기가 얼마나 어려
운지 안다면, 그런 행동을 예측할 때 오류에 빠지기 쉽다는 사실에
주의할 수 있다. 근본적 귀인 오류라는 개념을 기억하면, 우리의 일
반화가 지나칠 수 있다는 사실을 깨닫는 데 도움이 될 것이다.

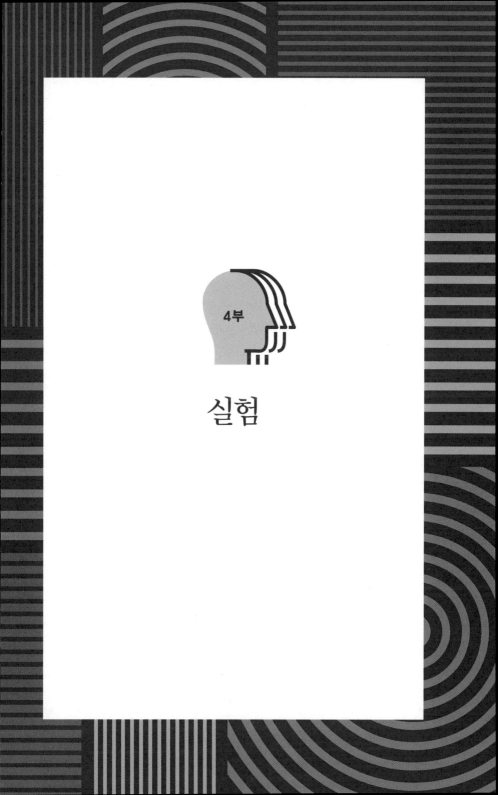

4부

실험

MINDWARE:
Tools for Smart Thinking

탐구는 확실성에 치명적이다. _철학자 월 듀랜트Will Durant.

연구소들은 갈수록 실험에 의존해 정보를 얻는다. 실험으로 질문에 답을 할 수 있다면 상관관계 분석보다 거의 항상 더 나은 답을 얻을 테니 반가운 일이다. '다중회귀multiple regression'는 의학 연구와 사회과학 연구에 종종 쓰이는 상관관계 분석법이다. 이 방법은 기본적으로 여러 독립변수(예측변수)와 하나의 종속변수(결과변수)의 연관 관계를 규명한다. "주어진 종속변수에 다른 변수가 미친 영향은 모두 제외하고 오직 변수 A가 미친 영향은 무엇인가?"를 묻는 분석법이다. 널리 쓰이지만 태생적으로 취약한 방법이며 종종 오해의 소지가 있는 결과를 내놓는다. 이런 문제는 '자기선택' 탓이다. 사례가 특정 처치에 임의로 배정되지 않고, 사례에 해당하는 또는 사례와 관련 있는 사람이 직접 그 처치를 선택했다면, 그 사례는 종속변수와 관련한 부분에서 다르게 나타날 수 있다. 다중회귀분석에서 나온 답이 틀렸다는 걸 알 수 있는 이유는 흔히 연구 기법의 절대적 기준이라 일컫는 무작위 대조 실험에서 다중회귀분석과 사뭇 다른 답이 나올 때가 있기 때문이다.

어떤 조건에 그야말로 무작위로 배정되지 않아도 더러는 '자연실험(의도적으로 실험 조건을 만들지 않아도 피험자가 자연적으로 실험 조건에 노출되어, 의도된 실험과 비슷한 효과를 내는 경우―옮긴이)'이 일어나기도 한다. 자연실험은 사례 집단(사람, 농업용지, 도시)이 독립변수와 관련해 흥미로운 방식의 차이가 있을 때, 그리고 이 집단에 소속될 때 편향이 있어서 종속변수와 관련한 집단 간 차이 비교가 무의미하다고 단정할 이유가 없을 때 일어난다.

사회는 할 수 있던 실험을 건너뛰었을 때 비싼 대가를 치른다. 검증도 하지 않은 채 어떤 추정을 밀어붙여 개입한 탓에 수십만 명이 죽고, 범죄가 수백만 건 발생하고, 수십억 달러가 낭비되기도 한다.

연구 대상이 사람일 때는 그들의 구두보고에 의지하려는 유혹이 생기기 마련이다. 이런 보고에는 다양한 오류가 끼어들기 쉽다. 구두보고보다 실제 행동을 측정할 수만 있다면 연구 과제에 정확한 답을 얻을 확률이 높아진다.

독자들도 자신을 대상으로 실험을 실시해 무엇이 건강과 행복에 영향을 미치는지 알아본다면 인과관계를 관찰할 때보다 더 정확한 답을 얻을 것이다.

9장

하마를 무시하라

버락 오바마가 대통령 출마를 밝힌 지 얼마 지나지 않은 2007년 가을, 구글 최고경영자 에릭 슈미트Eric Schmidt는 구글 직원이 모인 대규모 청중 앞에서 오바마와 인터뷰를 했다.[1] 슈미트는 농담 삼아 첫 질문을 이렇게 던졌다. "32비트 정수 백만 개를 정렬하는 가장 효율적인 방법은 뭘까요?" 슈미트가 진짜 질문을 던지기 전에 오바마가 끼어들었다. "아, 거품정렬(바로 옆 데이터와 비교해 이를테면 큰 데이터를 한쪽으로 몰아가는 방식으로 비교를 되풀이하면서 데이터를 순서대로 정렬하는 방식. 그 과정이 물방울이 위로 올라가는 모양과 비슷하다 해서 붙여진 이름. '버블정렬'이라고도 한다—옮긴이)이 아닌 건 확실할 거예요." 사실은 맞는 답이었다. 슈미트는 놀라 이마를 쳤고, 청중 사이에서 박수가 터졌다. 나중에 질의응답 시간에 오바마가 청중에게 분명히 말했다. "나는 논리와 사실과 증거와 과학과 피드백을 굳게 믿는 사람입니다." 그리고 그에 따라 정부를 운영하겠다고 약속했다.

그날 청중 속에 제품 관리자 댄 시로커Dan Siroker가 있었다. 그는 그 자리에서 오바마를 위해 일하기로 결심했다. "거품정렬이란 말에 두 손 들었어요."

시로커는 오바마 대선 운동에 과학을 활용했다. 그는 선거 운동원들에게 A/B 테스트 사용법을 알려주었다. 두 가지 처치 또는 절차 중에 어느 것이 목적 달성에 최선인지 모를 때는 처치 A에 배정할 사람과 처치 B에 배정할 사람을 동전을 던져 결정하라. 그런 다음 해당 문제와 관련한 자료를 처치 A 방식과 처치 B 방식으로 동시에 수집한 뒤, 통계를 이용해 A 평균과 B 평균을 비교해 자료를 분석한다.

이번 장에서는 A/B 테스트가 무엇이고 전문적인 작업이나 일상에 그 원칙을 어떻게 응용하는지 자세히 설명한다. 좋은 실험을 기획하는 방법을 이해한다면 대중매체에 나오는 소위 과학적 결과를 올바로 비판할 수 있을 것이다.

A/B 테스트

댄 시로커가 오바마 대선 운동 홈페이지 관리에 합류하던 시기에 구글이나 다른 인터넷 개발 기업들은 이미 여러 해 동안 다양한 종류의 웹페이지를 테스트하고 있었다. 이들은 '하마HiPPO('급여가 높은 사람들의 의견Highest-Paid Person's Opinion', 즉 조직 내 고위층을 조롱하는 투로 표현한 말)'를 기초로 웹디자인을 결정하지 않고, 누가 봐도 가장 효율적인 디자인을 개발하고 있었다. 이를 위해 인터넷 사용자 일부에게는 파란색을 많이 넣어 디자인한 홈페이지를 보여주고, 일부에게는 빨간색을 많이 넣은 홈페이지를 보여준다. 이들이 얻고자 한 정보는 "클릭한 사람의 퍼센트"다. 홈페이지의 색깔부터 배치, 그림, 글자에 이르기까지 홈페이지 거의 모든 부분을, 무작위로 선택된 사용자를 대상으로 동시에 테스트한다. 하마가 아닌 이 테스트 결과로 홈페이지 디자인을 결정한다.

A/B 테스트를 정치 사이트에 적용하는 것은 간단했다. 문제는 홈페이지를 어떻게 디자인해야 후원자가 될 사람들의 이메일 주소를 최대한 많이 확보할 수 있느냐였다. 예를 들어 클릭 버튼에 뭐라고 써야 가입자를 극대화할 수 있을까? 자세히 알아보기? 지금 동참하기? 지금 가입하기? 그리고 디자인은 어떻게 해야 할까? 번쩍이는 청록색의 오바마 사진? 흑백의 오바마 가족사진? 군중 앞에서 연설하는 오바마 동영상?

'자세히 알아보기' 버튼과 가족사진의 조합이 가장 효과적일 것이라고 예상한 사람은 아마 없을 것이다. 다른 조합보다 조금 더 효과적일 것으로 예상한 사람도 없을 것이다. 하지만 이 조합은 효과가 가장 적은 조합보다 후원자를 140퍼센트 더 끌어들였는데, 후원과 투표에서 이 정도면 엄청난 차이였다.

웹디자이너들은 새로운 상황에서 인간의 행동과 관련해 심리학자들이 수십 년 전에 발견한 사실을 이때 깨달았다. 시로커의 말마따나 "추정은 틀리기 쉽다."

2007년부터 A/B 테스트는 오바마 대선 운동의 광범위한 영역에 영향을 미쳤다. 대선 운동 전문가이자 전직 사회심리학자였던 토드 로저스Todd Rogers는 오바마 진영에서 수십 가지 실험을 실시했다. 그 중 일부는 그저 찔러보기 식의 막연한 실험이었다. 후원자나 유권자가 빌 클린턴의 녹음된 메시지를 듣거나 자원봉사자의 격의 없는 수다스러운 전화를 받는다면 긍정적인 결과가 나올까?(실제로 후자의 효과는 컸다.) 선거일 직전에 선거 운동원이 유권자를 직접 방문하는 방법은 사람들을 투표소로 끌어내는 이제까지 알려진 방법 가운데 단일한 방법으로 가장 효과적이다.

투표율을 높이는 방법에 관해서는 이제까지 많은 연구가 진행되었다. 사람들을 투표소로 끌어내는 가장 효과적인 방법은 무엇일까? 투표율이 낮을 거라 예상된다고 말해야 할까, 높을 거라 예상된다고 말해야 할까? 투표율이 낮다고 말하면 투표를 독려할 수 있으리라 생각할 수도 있다. 비용편익 분석을 얼핏 봐도 투표율이 높을 때보다 낮을 때 한 사람의 투표가 미치는 영향은 더 커질 테니까. 하지만 사람들이 사회적 영향력에 얼마나 취약한지 생각해보라. 사람들은 자기와 비슷한 다른 사람들의 행동을 따라 하려는 성향이 있다. 사람들이 술을 많이 마시면 따라 마시게 되고, 사람들이 술을 많이 안 마시면 덩달아 음주량을 줄인다. 호텔의 특정 객실에 묵었던 사람들이 수건 하나를 여러 번 사용했다면 그 방에 투숙한 다른 사람도 따라 하기 마련이다. 따라서 유권자에게 그 지역 투표율이 높을 거라고 말하는 게 낮을 거라고 말하는 것보다 투표율을 높이는데 훨씬 더 효과적이다.

사람들에게 지난 선거에서 그들이 투표했다는 사실을 알고 있고 이번에도 그들의 투표 여부를 점검할 예정이라고 말한다면 효과적일까? 사람들은 다른 사람에게, 그리고 자신에게도 잘 보이고 싶어 한다. 그러니 투표 여부를 점검하겠다는 말로써 투표율을 2.5퍼센트 이상 끌어올릴 수 있단 사실이 새삼 놀랍지 않다.[2] 하지만 오직 A/B 테스트만이 점검 여부가 긍정적 또는 부정적 결과를 가져오는지, 아니면 아무런 영향을 미치지 않는지 알아볼 수 있다.

2008년과 2012년에 오바마 진영은 공화당의 허를 찌를 묘수를 많이 숨겨두고 있었다. 2012년에 공화당 후보 롬니 진영은 승리를 확신했던 탓에 승복 연설도 준비하지 않았다.

그러나 공화당은 스스로 A/B 게임을 진행할 능력이 되고도 남았다. 사실 텍사스 주지사 릭 페리의 선거 진영은 2006년에 이미 유권자에게 직접 이메일을 보내거나, 전화를 걸거나, 잔디에 후보 선전 간판을 설치하는 방식은 노력에 비해 효과가 크지 않다고 결론 내렸다. 그래서 그쪽에는 돈을 쓰지 않았다. 그 대신 텔레비전이나 라디오에 힘을 집중했다. 18개의 텔레비전 시장과 30개의 라디오 방송국을 따로 떼어, 무작위로 광고 개시일을 지정하는 방식으로 후보 광고에 가장 효과적인 프로그램과 시간대를 알아보았다. 그리고 여론 조사로 언제, 어느 프로그램에서 페리 쪽으로 지지도가 가장 많이 옮겨갔는지 추적했다. 조사를 무작위로 진행한 덕에 결과의 정확도가 크게 올라갔다. 선거 운동원은 어떤 시장에서 어떤 처치를 어떤 시간대에 적용할지를 직접 고를 수 없었다. 선거 운동원이 직접 선택해 여론 조사가 긍정적으로 바뀐다 해도 그것이 광고 때문이 아니라 시장의 상황 변화 때문일 수도 있어서다.

A/B 테스트는 사업에도 정치만큼이나 유용하게 쓰일 수 있다. 처치 연구원이 모집단을 나눠 무작위로 서로 다른 처치에 할당할 수 있기 때문이다. 표본이 매우 크면, 작은 차이도 감지될 수 있다. 사업에서도 정치에서처럼 작은 차이가 성공으로 이어질 수 있다.

돈도 벌고 좋은 일도 하고

장사하는 사람들은 A/B 테스트를 누구보다 유용하게 사용하는 사람이다. 이들은 A/B 테스트가 삶을 개선하는 데도 최종 손익을 개선할 때만큼이나 유용하다는 걸 알고 있다.

텍사스 엘패소에 있는 어느 슈퍼마켓은 과일과 채소 판매를 높일 여러 방법을 두고 A/B 테스트를 진행했다.[3] 그 결과, 쇼핑 수레 내부에 칸막이를 설치하고 그곳에 "과일과 채소는 수레 앞쪽에 놓으세요"라고 적어놓으면 과일과 채소 판매량이 두 배 늘었다. 슈퍼마켓은 다른 상품을 팔 때보다 수익이 더 높아서 좋고, 소비자는 더 건강해지니 좋다.[4] 연구를 진행한 사람들은 여기에 사회적 영향도 추가해 '이 상점 고객은 농산물을 평균 X개 산다'는 문구를 적어놓으니 농산물 판매가 올라갔다. 이런 문구는 저소득층의 구매에 큰 영향을 미치는 것으로 나타났는데, 이들은 주로 신선식품보다 가공식품을 샀을 사람들이라 과일과 채소 소비를 늘리면 자신들에게도 이익이다.

미국 식료품점은 식품을 비슷한 종류별로 묶는 성향이 있어서, 가령 탄수화물은 4번 통로에, 소스는 6번 통로에, 치즈는 9번 통로에 진열한다. 반면에 일본은 식품을 음식 유형에 따라 묶는 성향이 있어서, 가령 파스타, 소스, 치즈는 이탈리아 음식 코너에, 두부, 수산물, 간장은 일본 음식 코너에 진열한다. 이런 방식은 가공식품 구매를 줄이고, 시간에 쫓기는 사람들이 집에서 요리할 건강식품을 사게 만드는 성향이 있다.[5]

조직은 운영 방식과 작업 환경의 효율성에 대해 지금보다 훨씬 더 많은 실험을 진행할 수 있다. 직원의 생산성을 높이려면 근무 시간의 일부를 재택근무로 허용해야 할까? 아니면 근무 시간 전부를 재택근무로 허용해야 할까? 아니면 재택근무는 허용하지 말아야 할까? 고등학생에게 숙제를 하게 하려면 숙제를 일주일에 한 번 몰아서 많이 내줘야 할까? 아니면 날마다 조금씩 내줘야 할까?

피험자 내 설계 vs 피험자 간 설계

시어스Sears 같은 전국적 체인은 사람들을 무작위로 추출해 특정 매체로 그들을 대상으로 하여 직접 광고를 할 수도 있고, 특정 유형의 상품을 상점 어디에 진열할지를 무작위로 선택해 볼 수도 있다. 이를테면 뉴햄프셔와 노스캐롤라이나에서는 상점 뒤쪽에, 버몬트와 사우스캐롤라이나에서는 상점 앞쪽에 진열하는 식이다. 시어스는 전국에 상점이 매우 많아 A/B 테스트가 상당한 위력을 발휘할 수 있다. 통계 테스트는 둘 이상의 사례에서 발생한 일정한 차이가 유의미한 차이인지 알아볼 때 위력을 발휘한다. 표본 집단이 클수록 그 차이가 우연히 발생한 차이가 아니라 실제 존재하는 차이라고 확신할 수 있다.

이때 이를테면 같은 상점에서 상품의 위치를 바꿔보는 등 하나의 피험자 내부에서 실험을 설계해 실시하면 통계의 위력을 더욱 끌어올릴 수 있다. 이런 '피험자 내 설계'는 여러 상점 사이에 있을 수 있는 수많은 차이를 배제한다. 전형적인 피험자 내 설계는 '전후 비교' 설계다. 보석은 상점 앞쪽에 진열하고 속옷은 뒤쪽에 진열하면 판매량은 어떻게 될까? 둘의 위치를 바꾸면 어떻게 될까? A/B 테스트에 전후 비교 설계를 접목하면 A/B 테스트만 실시할 때보다 훨씬 더 섬세한 결과가 나오는데, 각 경우마다 전후 '차이 점수'가 나오고 그 점수를 척도로 활용할 수 있기 때문이다. 차이 점수는 휴스턴 지점에서 어떤 처치를 적용하기 전의 판매량에서 적용한 후의 판매량을 빼는 식으로 구한다. 그러면 지점별, 고객 유형별로 다르게 나타날 수 있는 모든 요소, 즉 상점의 규모와 그곳만의 장점이라든가 지역별 고객 선호도 등을 통제한 점수를 볼 수 있다. 이런 차이는 인위적 개입과는 무관한 상점 간 또는 개인 간 변화를 나타내기 때문에 '오차변량'이라 부른다. 차이 점수는 A/B 테스트로 알아보는 문제와는 무관한 다른 이유 탓에 높을 수도, 낮을 수도 있다. A조건에서의 판매량과 B조건에서의 판매량 차이가 진짜인지 아닌지를 알아보려면 각 경우에 '전 점수'와 '후 점수'를 구해 오차변량을 줄이면 된다.

전후 비교 설계를 이용할 때는 처치 순서를 바꿔가며 균형을 맞춰야 한다는 점을 기억하라. 다시 말해, 어떤 사례는 실험 조건에 먼저 노출되고 어떤 사례는 통제 조건에 먼저 노출되게 한다. 그렇게 하지 않으면 처치효과와 순서효과가 혼동되어, 처치효과라고 생각한 것이 사실은 사건 순서에 따른 효과거나 단지 시간의 효과일 수도 있다.

더러는 우연히 전후 비교 실험이 일어나 뜻하지 않게 유용한 결과를 낳기도 한다. 여기에 속하는 내가 좋아하는 사례는 남서부에 있는 선물 가게 이야기다.[6] 이 가게는 터키석 장신구가 잘 안 팔렸는데, 주인은 짧은 여행을 떠나기 전날 저녁에 그 장신구를 할인해 팔기로 하고 직원에게 메모를 남겼다. "X상자 터키석을 모두 1/2로." 여행에서 돌아왔을 때 터키석은 거의 다 팔리고 없었다. 주인은 기뻐했는데, 진짜 기쁜 일은 따로 있었다. 직원은 그 장신구가 원래 가격보다 2배로 인상한 뒤에 오히려 더 잘 팔렸다는 말로 주인을 놀라게 했다. 점원은 주인의 메모를 50퍼센트 할인이 아니라 100퍼센트 인상으로 오해한 것이다.

가격은 흔히 가치를 어림짐작하는 제법 훌륭한 척도여서, 손님들은 터키석의 가격이 높으니 가치도 높으려니 생각했다. 물론 모든 상품을 다 그렇게 평가하지는 않겠지만, 터키석의 품질을 평가할 지식이 거의 없다 보니 가격을 품질의 척도로 삼기 쉽다.

전후 비교 설계는 자신을 대상으로도 실험할 수 있다는 장점이 있다. 가끔 신물이 올라오면서 소화가 안 되는데 정확한 이유를 모른다? 그렇다면 술, 커피, 탄산음료, 초콜릿 등 원인일 것 같은 음식에 특히 주목해 날마다 먹은 음식을 일지로 적어보라. 그런 다음 동전을 던져 칵테일을 마실지 안 마실지를 정하는 식으로 무작위 실험을 진행한다. 한 번에 하나씩 음식을 바꿔야 혼란변수의 영향을 피할 수 있다. 만약에 초콜릿과 탄산수를 동시에 끊었더니 위산 역류가 개선되었다면 초콜릿이 문제인지 탄산수가 문제인지 알 수가 없다. 구두보고를 다룬 12장에서 과학적 방법을 몇 가지 더 살펴본 뒤, 자신을 대상으로 한 실험에 관해 더 많은 제안을 할 예정이다.

통계적 종속과 독립

표본이 커야, 그리고 실험 대상을 실험 조건에 임의로 배정해야, 특정 효과가 진짜라고 확신할 수 있다. 하지만 중요한 요소가 하나 더 있다. 무엇을 표본으로 보느냐는 것이다. 예를 들어 학생이 30명인 1반에서 A방식을 실시한다고 가정하자. A방식은 학교에서 수업하고 학교 밖에서 숙제하는 전형적인 교수법일 수도 있다. 그리고 학생이

25명인 2반에서는 기존과 다른 B방식을 적용해, 집에서 비디오로 수업을 듣고 숙제도 지도받게 한다. 이때 총 표본 크기는 몇일까? 미안하지만 55는 아니다. 55는 실험에서 진짜 차이가 발생했을 때 그것이 유의미한 차이라고 할 만한 큰 숫자다.

여기서 표본 크기는 2다. 표본 크기는 '관찰의 독립성'이 보장된 경우의 건수만 따진다. 그런데 어떤 처치가 행해지는 기간 또는 처치효과를 측정하는 기간 중에 서로 영향을 주고받는 학생이 모인 반이나 그런 사람들이 모인 집단에서는 개인의 행동이 서로 독립적이지 않다. 조앤이 혼동을 일으키면 다른 학생도 동요할 수 있고, 빌리가 엉뚱한 행동을 하면 다른 학생의 테스트 점수가 내려갈 수 있다. 개인의 행동은 다른 개인의 행동에 '종속'될 가능성이 있다. 이런 상황에서는 '집단'의 수가 제법 많지 않는 한 의미 있는 테스트를 진행할 수 없고, 이런 경우에 표본 크기는 개인의 수가 아니라 집단의 수가 된다.

통계 테스트를 실행할 수 없다면, 서로 다른 처치의 결과가 정확히 무엇인지 불분명할 수밖에 없다. 하지만 처음에 효과가 좋았던 것을 다음에 다시 실시한다면 단지 추정에만 의존해 어떤 조치를 취하는 것보다는 낫다.

독립성 개념은 사건 범위가 무한한 상황을 이해하는 데 매우 중요하다. 믿기 힘든 일이지만 2008년 기준으로 스탠더드앤드푸어스 Standard & Poor's 같은 신용평가 회사들은 주택담보대출에 대한 채무 불이행 가능성을 측정할 때 개인 간의 채무 불이행이 독립적이라고 가정한 모델을 이용했다.[7] 더뷰크에 사는 조가 채무를 이행하지 않았다고 해서 덴버에 사는 제인이 채무를 이행하지 않을 가능성이 높다고 말할 수는 없다. 평상시라면 당연하게 들리는 이야기다. 그러나 이를테면 집값이 전반적으로 가파르게 상승한다든가 하는 상황에서는 부동산 거품이 일어날 가능성도 염두에 두어야 한다. 이 경우 어느 집의 채무 불이행 가능성은 다른 집의 채무 불이행 가능성에 통계적으로 종속된다.

신용평가 기관은 과거에(그리고 지금도) 누구와도 이해관계가 없는 집단이 아니었다. 이들은 돈을 받고 은행에 신용평가 서비스를 제공하는데, 안전하다는 평가를 꾸준히 내놓는 기관이 수요가 높다. 따라서 신용평가 기관이 만든 채무 불이행 평가 모델이 형편없는지, 아니면 사기를 치려고 평가를 엉터리로 했는지, 나로서는 알 길이 없다. 하지만 어떤 경우든 불완전한 과학적 방법을 동원하면 심각한 파국을 초래할 수 있다는 사실을 명심해야 한다.

요약

추정은 틀리기 쉽다. 틀리지 않더라도, 추정을 테스트하기 쉬운 때조차 테스트하지 않는다면 어리석은 짓이다. A/B 테스트 원칙은 아주 간단하다. 알아보고 싶은 방식을 정한 뒤 통제 조건을 만들고, 동전을 던져 누구에게(또는 무엇에) 어떤 처치를 적용할지 정한 다음 상황을 지켜보면 된다. 무작위 설계를 이용해 실험했을 때 차이가 발생했다면 독립변수에 어떤 조작이 가해져 종속변수에 인과관계 영향을 미쳤다는 뜻이다. 반면에 상관관계 기법을 써서 차이가 발생했다면 독립변수가 종속변수에 실제로 영향을 미쳤다고 장담할 수 없다.

상관관계 설계는 연구자가 실험 대상을 실험 조건에 무작위로 배정하지 않는 탓에 취약하다. 예를 들어 숙제가 많을 때와 적을 때, 라디오 광고와 전단지 광고, 높은 수입과 낮은 수입 등을 비교할 때 등이다. 조건에 대상(사람이나 동물 또는 농업용지 등)을 무작위로 배정하지 않는다면, 온갖 종류의 불확실성을 초래할 수 있다. 어느 단계에서는 독립변수에 해당한 사례가 다른 단계에서는 그렇지 않을 수 있으며, 이런 차이는 발견될 수도 발견되지 않을 수도 있다. 측정한 변수든, 아니면 측정하지 않은 또는 생각지도 않은 변수든, 해당 독립변수가 아닌 어떤 변수가 그 효과를 냈을 수 있다. 심지어 종속변수인 줄 알았던 변수가 독립변수인 줄 알았던 변수에 영향을 미쳐 차이가 발생할 수도 있다.

표본(사람, 농업용지 등)이 클수록 진짜 효과를 찾아낼 확률은 높고 존재하지 않는 효과를 '찾아낼' 확률은 낮다. 어떤 통계 테스트를 했더니 차이가 대단히 커서 그런 일이 우연히 발생할 확률은 20번에 1번꼴이 안 될 때 유의수준이 0.05라고 말한다. 이런 테스트를 하지 않으면 그 효과가 진짜 효과인지 알 수 없을 때가 많다.

실험 대상을 가능한 모든 처치에 배정할 때 실험 설계는 더욱 정교해진다. 다시 말해, '피험자 내 설계'로 발견한 차이는 '피험자 간 설계'가 더해질 통계적으로 더욱 의미 있어진다. 두 가지 대상 사이에 생길 수 있는 차이가 모두 통제되어, 상관관계의 원인으로 볼 만한 처치의 차이만 남기 때문이다.

지금 조사하는 사례가(인간에 관한 연구라면 사람들이) 서로 영향을 미치지 않는지 반드시 따져봐야 한다. 어떤 대상이 다른 대상에 영향을 미칠 수 있다면 통계적 독립성이 부족하다. 표본 크기는 서로 영향을 미칠 수 없는 표본의 개수를 뜻한다. A반의 표본 크기는 그 반의 학생 수가 아니라 하나, 즉 1이다(학생들 사이에 아예 또는 거의 영향을 미치지 않는 경우는 예외로 볼 수 있는데, 가령 칸막이로 나뉘어 이야기를 할 수 없는 공간에서 시험을 볼 때가 그러하다).

10장

자연실험과 정식 실험

신생아는 면역 체계가 미숙하므로 질병을 유발시키는 세균이나 바이러스에 가급적 노출되지 않게 최대한 노력해야 한다. _CNN TV 뉴스, 〈아기의 건강을 지키는 세균과의 싸움〉, 2011년 2월 2일.

태어난 지 얼마 안 돼 다양한 세균에 노출되는 아기들은 이후에 알레르기가 생길 확률이 낮은 것으로 보인다. _캐나다 TV 뉴스, 〈유아의 세균 노출과 낮은 알레르기 위험성의 연관관계〉, 2011년 11월 3일.

인생을 어떻게 살아야 하는지, 직장생활은 어떻게 해야 하는지를 두고 친구나 동료, 대중매체는 이런저런 조언을 쏟아낸다.

지난 10년간 우리는 음식을 섭취하면서 지방을 최소화해야 한다고 배웠다. 지금은 적당량의 지방은 몸에 좋다고들 말한다. 지난해에는 비타민 B6 보충제가 노인의 기분을 좋게 하고 인지 기능을 높인다고 보고되었는데, 올해는 그런 효과가 없다고 보고되었다. 15년 전에는 하루에 적포도주 한 잔을 마시면 심혈관 건강에 도움이 된다고 하더니, 8년 전에는 모든 술이 같은 효과를 낸다고 했다가, 지난주에는 다시 적포도주만 해당한다는 이야기가 나왔다.

최신 의학 정보는 무엇이든 일단 받아들이고 보는 사람이라도 여러 논쟁 간의 충돌만큼은 고민해봐야 한다. 사촌 제니퍼가 찾아간 치과의사는 하루에 두 번 치실을 사용하라고 권고하고, 당신이 찾아간 치과의사는 가끔씩만 해도 충분하다고 말한다.

〈뉴욕타임스〉의 금융 전문가들은 주식을 버리고 채권을 사라고 조언한다. 〈월스트리트저널〉의 객원 칼럼니스트는 부동산을 사고 현금을 많이 가지고 있으라고 조언한다. 당신이 상담하는 금융 전문가는 원자재에 집중적으로 투자하라고 말한다. 친구 제이크가 만난 금융 전문가는 국내펀드에서 해외주식펀드로 옮기라고 한다.

친구 엘로이즈와 맥스는 돈이 얼마가 들든 아이를 가능한 한 최고의 어린이집에 보낼 생각에 노심초사한다. 친구 얼과 마이크는 걸음마 단계인 아이가 집에서 자극을 받으면 외부의 지적 자극이 무의미해진다고 생각해, 오직 즐겁게 놀 수 있는 환경을 만들어주는 데 관심을 쏟는다.

이번 장에서는 대중매체와 지인들이 제시하는 과학적 증거를 평가하는 방법을 조언하고, 스스로 증거를 수집하고 평가하는 법을 제안한다. 더불어 사회가 개입의 효과를 두고 실험은 하지 않고 단정만 할 때 어떤 재앙이 초래될 수 있는지도 이야기할 것이다.

다양한 설득력

2월에 CNN을 보다가 아이를 세균에 노출하지 말라는 말을 듣는다. 그리고 11월에 CTV를 보다가 세균은 알레르기 같은 자가면역질환에 걸릴 확률을 낮춘다는 이야기를 듣는다. 어느 쪽을 믿어야 하나? 어떤 증거가 나오면 아이를 균에 노출시키고, 어떤 증거가 나오면 아이를 되도록 균에서 멀리하겠는가? 이 질문에 대답하는 몇 가지 유용한 '자연실험'이 있다. 자연실험은 몇 가지 사례를 비교하는데, 이 사례들은 전반적으로 비슷하지만 특정 부분이 다르고, 그 때문에 결과변수(종속변수)가 다르게 나타났을 수 있다. 이때 누구도 그 차이를 조작하지 않으며, 따라서 진정한 실험이 된다. 동시에, 적어도 우리는 그 차이 때문에 비교가 무의미하다고 단정할 이유가 없다.

만약 당신은 동독 사람들이 서독 사람들보다 알레르기가 있을 확률이 적은 줄 알았다고 가정해보자.

당신은 러시아 사람들이 핀란드 사람들보다 알레르기가 있을 확률이 적은 줄 알았다고 가정해보자.

당신은 농부가 도시 거주자보다 알레르기가 있을 확률이 적은 줄 알았다고 가정해보자.

당신은 보육 시설에 다녔던 아이들이 그렇지 않은 아이들보다 알레르기가 있을 확률이 적은 줄 알았다고 가정해보자.

당신은 애완동물을 키우는 아이들이 그렇지 않은 아이들보다 알레르기가 있을 확률이 적은 줄 알았다고 가정해보자.

당신은 아기 때 설사를 자주 한 아이들이 그렇지 않은 아이들보다 알레르기가 있을 확률이 적은 줄 알았다고 가정해보자.

당신은 자연분만으로 태어난 아이들이 제왕절개로 태어난 아이들보다 알레르기가 있을 확률이 적은 줄 알았다고 가정해보자.

공교롭게도 이상은 모두 사실이다.[1] 이런 자연실험은 진실험true experiment을 닮았다. 비슷한 사례인데 특정 부분(사실상 독립변수)이 다르고 그 때문에 결과(알레르기라는 종속변수)가 다르게 나타났을 수 있다는 점에서 그러하다. 이 자연실험들은 생애 초기에 세균에 노출되면 알레르기에, 그리고 설사 같은 자가면역질환에 내성이 생긴다는 가설을 테스트한다(자가면역질환은 몸에 정상적으로 존재하는 물질에 실수로 비정상적 '보호' 과민반응을 나타내는 것으로, 이때 백혈구는 신체 조직을 공격한다).

알레르기는 귀찮은 정도에서 사람을 지치게 하는 정도까지 심각성이 다양하며, 천식은 이보다 훨씬 심각할 수 있다. 미국에서는 날마다 수만 명의 아이들이 천식으로 학교에 결석하고, 수백 명이 병원을 찾고, 일부는 사망에 이른다.

우리는 동독과 러시아가 서독과 핀란드보다 덜 위생적이라거나, 적어도 얼마 전까지는 그랬으리라 생각할 수 있다(재미있는 이야기 하나, 여러 해 전에 미국으로 이민 온 어느 폴란드 사람이 내게 반 농담으로 알레르기는 미국인의 발명품인 것 같다고 말했다. 그 사람은 대단한 사실을 알고 있었는지도 모른다).

농촌에서 자란 아이들은 도시에서 자란 아이들보다 다양한 세균에 노출될 확률이 높다고 여길 수 있다. 애완동물을 키우는 아이들은 키우지 않는 아이들보다 동물의 배설물에 있는 세균을 비롯해 다양한 세균에 노출된다는 사실을 우리는 알고 있다. 어린이집에 다니는 아이들은 집에만 있는 아이들보다 다양한 세균에 노출되어 마치 걸어 다니는 세균 배양 접시와 같다는 사실도 잘 안다. 잦은 설사는 많은 세균에 노출된 탓일 수 있다. 자연분만으로 태어난 아이들은 엄마의 질에 있는 온갖 세균의 향연에 노출된다. 이런 자연실험은 모두 세균이 아기들에게 유익하다는 결론을 뒷받침한다.

이런 결과가 나왔다고 아이를 더러운 곳에 굴리겠다고, 심지어 점액이나 동물의 배설물에 있는 역겨운 세균에 노출시키겠다고 작정하는 사람은 없을 것이다.

그런데 아기의 직장에 수많은 종류의 세균이 살고 있을 경우, 여섯 살에 자가면역 결핍이 일어날 확률이 낮아진다는 사실을 알았다면 어떻게 하겠는가? 이는 사실이다.[2] 이렇게 되면 이제 '상관관계 증거' 또는 더러 '관찰 증거'라고도 불리는 증거를 얻게 된 셈이다. 주어진 모집단에서, 생애 초기에 다양한 세균에 많이 노출될수록 자가면역질환에 걸릴 확률은 낮다.

그래도 여전히 아기를 온갖 종류의 균에 노출하고 싶지 않은 사람이라면 상관관계 증거와 자연실험 증거를 설명할 수도 있는 꽤 그럴듯한 가설인 소위 '균 노출 이론'을 듣는다면 생각이 바뀔지도 모른다. 어렸을 때 세균에 노출되면 면역 체계를 자극할 수 있고, 이는 장래에 유익한 효과를 낳을 수도 있다는 이론이다. 미성숙한 면역 체계가 환경에 적응하고 스스로 통제하는 식으로 더 강해진다는 이야기인데, 이렇게 되면 나중에 염증도 덜 생기고 자가면역질환에 걸릴 위험도 낮아진다.

그렇다면 이제 아이를 지저분한 곳에 내놓을 준비가 되었는가? 나는 개인적으로 망설여질 것 같다. 자연실험이니, 상관관계 증거니, 그럴듯한 가설이니, 모두 나쁘지 않다. 하지만 나라면 '무작위 대조군'을 이용한 '이중맹검법二重盲檢法, double-blind' 같은 '진실험'으로 확인을 해보고 싶을 것 같다. 그러니까 아기들을 동전 던지기로 많은 균에 노출되는 실험군과 적은 균에 노출되는 대조군으로 나눠 정확한 결과를 얻는 방법이다. 이때 실험 진행자와 참가자(이 경우에는 엄마들) 모두 아기가 실험군에 배정되었는지 대조군에 배정되었는지 모르는 상태다. 이런 이중맹검 실험은 실험 진행자 또는 참가자가 참가자의 조건을 알기 때문에 생길 수 있는 결과를 배제한다. 실험 결과 많은 균에 노출되는 실험군에 속한 아기가 알레르기와 천식이 적었다면, 우리는 아기를 기꺼이 다양한 세균에 노출할 것이다.

하지만 설득력 있는 결과를 얻자고 우리 아기를 실험군에 실험 대상으로 선뜻 내놓을 자신은 없다. 다행히 누구도 아기를 실험에 내놓을 의무는 없다. 대신 계통발생적으로 인간과 비슷한 살아 있는 동물을 이용하는 동물 실험을 실시하면 인간을 대상으로 할 때와 비슷한 효과가 나타난다고 예상할 수 있다.

연구자들은 어린 쥐를 대상으로 세균 노출 효과를 연구했다.[3] 과학자들은 일부 쥐를 많은 양의 세균에 노출하기보다는 정반대로 무균 상태의 환경에 놓아두고 나머지 대조군 쥐를 평범한 실험실 환경에 놓아두었다. 내가 보장하건대, 평범한 실험실은 무균 상태가 절대 아니다. 실험 결과, 무균 상태에 놓인 쥐에서 결장 일부와 폐에 살상 세포인 T세포의 한 유형이 비정상적 수준으로 생겨났다. 이 세포들은 이후에 위협적이지 않은 물질까지 공격해 염증, 알레르기, 천식을 유발했다.

나는 이제부터 아이를 지저분한 곳에서 뒹굴게 하라는 CTV의 권고를 따르지 않을까 싶다. 그러고는 신경이 곤두서겠지만(여기서 내 조언을 조심하라. 우리 아들도 가끔 내게 상기시키듯이, 나는 진짜 의사가 아니라 단지 심리학 박사일 뿐이다).

어린아이를 수많은 세균에 노출하기로 결심한 사람이라면, 그 효과는 아이가 태어난 뒤 2년 동안만 주로 나타난다고 추정된다는 점을 명심하라. 따라서 이후로도 계속 아이를 의도적으로 세균에 노출하는 일은 삼가는 게 좋을 것이다.

믿거나 말거나, 내가 앞의 단락을 쓴 바로 그 주에 〈미국의학협회 소아과 저널 JAMA Pediatrics〉에는 과민성대장증후군이 원인으로 지목되기도 하는 영유아의 복통에 락토바실러스 루테리라는 세균을 함유한 용액을 다섯 방울만 처방해도 효과가 좋다는 기사가 실렸다.[4] 이 처치는 영유아가 복통으로 우는 일을 절반 가까이 줄인다.

어린 자녀가 세균에 감염되면 어떻게 하겠는가? 항생제를 먹여야 한다는 의사의 권고를 따라야 할까?

잘사는 나라일수록 크론병과 궤양성대장염을 비롯한 염증성 장질환이 많다는 사실을 알았다면 어떻게 하겠는가?[5] 염증성 장질환은 매우 심각하면 사망에 이를 수 있으며 복통, 구토, 설사, 직장 출혈, 체내 경련, 빈혈, 체중 감소 등을 동반한다. 이 질환 역시 알레르기나 천식처럼 자가면역질환이라는 사실을 안다면 잘사는 나라와의 연관성에 의심이 들어야 마땅하다. 다른 상관관계가 있다는 정황 증거가 분명하다. 부유함 그 자체로는 당연히 염증성 장질환을 유발할 수 없다.

그러나 부유함과 연관된 무언가가 문제를 유발할 수 있다. 어느 정도 나이가 든 사람들은 어린 시절에 중이염이 만연했던 기억이 있을 것이다. 하지만 아목시실린이 나오면서 그들의 자녀 세대는 중이염에 걸리는 즉시 치료가 가능해졌다. 물론 부유한 나라일수록 의사를 더 자주 찾아가 항생제를 처방받고, 보험으로든 자기 부담으로든 많은 의료비를 지불할 것이다.

하지만 나를 비롯해 일부 사람들은 항생제를 그렇게 많이 쓰는 게 과연 옳은지 의문이 들 것이다. 일리 있는 걱정이다. 귀에 염증이 잘 생기고 항생제를 많이 사용한 아이들은 훗날 염증성 장질환에 걸릴 위험이 높다.[6]

항생제는 의욕이 과해 장에 있는 미생물 중에 좋은 놈, 나쁜 놈, 이상한 놈을 모조리 죽여버린다.

심지어 성인에게서도 항생제 사용이 장질환과 연관이 있어 보인다. 연구 결과 염증성 장질환이 있는 성인은 앞선 두 해 동안 항생제를 다양하게 처방받았을 확률이 두 배였다.[7]

우리가 가진 증거는 여전히 정황 증거다. 따라서 우리에게 필요한 것은 진실험이다. 그런데 실제로 아주 적절한 진실험이 있다.

만약 좋은 세균이 부족해 염증성 장질환이 일어난다면, 건강한 사람의 장에 있는 내용물을 관장으로 주입하는 방식으로 좋은 세균을 장에 주입하면 염증성 장질환을 효과적으로 치료할 수 있을 것이다.

대담한 과학자와 더 대담한 부모들이 이 실험을 감행했다("존스 부인, 그렇다면 이번 실험에서 모르는 사람의 장에 있는 내용물을 댁의 아이에게 주입할 겁니다. 과거에 실행한 적이 없기 때문만이 아니라 아이에게 좋을 수도 있어서 실시하는 실험입니다"). 부모와 과학자 모두에게 다행스럽게도 실험은 성공적이었고, 처치를 받은 환자는 생리식염수만을 처방받은 대조군 피험자보다 개선 효과가 좋았다(그리고 우리 모두에게 다행스럽게도 이제 장의 유용한 세균을 알약 형태로 구입할 수 있게 되었다).

어린 시절의 질병을 항생제로 치료하는 문제에 관해서는 앞으로 많은 연구와 더불어 철저한 비용편익 분석이 필요하다. 성인기에 나타나는 전염병도 마찬가지다.

자연실험에서 정식 실험으로

자연실험에서 대단히 중대한 사실을 암시하는 결과가 나와 반드시 정식 실험을 해야 할 때가 있다.

부모가 교육을 거의 받지 못했다면 아이들의 학업 성취도도 낮을 가능성이 높은데, 이런 아이들이 초등학교 1학년 때, 주변 사람이 판단하기에 수업 능력이 하위 3분의 1 수준에 해당하는 교사를 만난다면 학업 성취도가 저조하기 쉽다. 그렇지 않고 운 좋게 상위 3분의 1 수준의 교사를 만난다면 중산층 아이들과 거의 비슷한 학업 성취도를 보일 확률이 높다.[8] 여기까지는 자연실험이다. 이때 수업 능력을 다르게 판정받은 교사들의 반에 아이들을 무작위로 배정한다면 진실험이 된다. 한편, 자연실험의 결과를 들은 부모라면 어떻게 교사의 수업 능력에 무심하겠는가?

도시의 초록은 멋지다. 사실은 사람들의 생각보다 훨씬 더 멋지다. 시카고에 있는 똑같이 생긴 공영 아파트를 대상으로 연구한 결과, 푸른 초목에 둘러싸인 아파트는 불모지나 콘크리트에 둘러싸인 아파트보다 범죄율이 절반 수준이었다.[9] 1장에서 다룬 행동에 지대한 영향을 미칠 수 있는 미묘한 상황을 생각하면 그다지 놀라운 결과는 아니다. 이 연구는 분명 진실험일 것이다. 시카고의 주택 담당 직원은 특정 프로젝트에 사람들이 무작위로 배정되었다고 믿기 때문인데, 그 믿음이 틀렸다고 단정할 만한 이유는 없다. 하지만 보통 사람들이 말하는 '무작위'는 과학자들이 말하는 '무작위'와 다를 수 있어서, 초록이 우거진 환경에서는 범죄율이 낮다는 가설을 확증하려면, 푸른 초목과 범죄율 사이에 단지 상관관계가 아닌 인과관계가 있을 가능성을 배제하기 위해 증명할 수 있는 거주지를 무작위 선정한 연구가 절실히 필요하다. 진실험에서도 자연실험과 똑같은 결과가 나온다면 반드시 그다음에는 4장에서 다룬 비용편익 분석을 해야 한다. 콘크리트를 해체하고 나무를 심을 때의 효과를 조사해 그것을 달러로 계산한 뒤 해당 비용과 비교한다. 이 분석으로 풍경을 바꾸는 쪽이 오히려 해당 도시에 비용이 적게 든다는 결과가 나올 수 있다.

과학자들은 자신이 관찰한 것이 더러는 자연실험이었다는 사실을 깨닫고 거기서 아이디어를 얻곤 한다. 18세기에 의사 에드워드 제너 Edward Jenner는 소젖을 짜는 여자들이 천연두에 걸리는 일이 드물다는 사실을 발견했다. 천연두는 이들이 노출되었을 우두牛痘와 관련한 질병이다. 소젖을 짜는 여성들은 버터를 만드는 사람들보다 천연두에 걸리는 확률이 적었는데, 우두가 천연두를 어느 정도 막아주었기 때문이다. 제너는 손에 우두 물집이 생긴 소젖 짜는 젊은 여성을 발견하고, 거기서 채취한 성분을 여덟 살짜리 남자아이에게 주입했다. 그러자 남자아이는 열이 나고 겨드랑이에 약간의 이상을 느꼈다. 그리고 며칠 뒤, 천연두에 걸린 사람의 물집에서 채취한 성분을 이 남자아이에게 주입했다. 그 결과 아이는 천연두에 걸리지 않았고, 제너는 천연두를 예방할 방법을 발견했다고 선언했다. 제너는 젖소를 뜻하는 라틴어 'vacca'와 우두를 뜻하는 라틴어 'vaccinia'를 이용해, 자신이 발견한 방법을 'vaccination(백신)'이라 불렀다. 자연실험이 정식 실험으로 이어진 사례인데, 덕분에 세상은 좀 더 살기 좋은 곳이 되었다. 오늘날 천연두는 전 세계에서 실험실 딱 한 곳에만 한 가지 형태의 바이러스로 존재한다(천연두가 세상 어딘가에 불쑥 나타날 때를 대비해 백신으로 사용하기 위해 보관 중이다).

실험을 하지 '않을' 때의 고비용

실험을 하지 않는다면 건강으로나 돈으로나 행복으로나 비싼 대가를 치를 수 있다.

미국은 '헤드 스타트Head Start'를 실행한 이래로 약 50년 동안 이 프로그램에 2000억 달러를 지출했다. 주로 소수민족 빈곤층의 취학 전 아동을 대상으로 건강과 학업 성취도 그리고 가능하다면 IQ까지 개선할 목적으로 만든 프로그램이다. 그렇다면 그 많은 투자로 무엇을 얻었을까? 이 프로그램은 실제로 아이들의 건강과 IQ, 학업 성취도를 개선했다. 그러나 인지적 성과는 고작 몇 해 지속될 뿐이어서, 초등학교 고학년이 되면서는 이 프로그램에 참여하지 않은 아이들보다 나을 게 없었다.

헤드 스타트 프로그램에 참여한 아이들이 그렇지 않은 아이들보다 성인이 되어 조금이라도 더 나은 삶을 살았는지는 확실치 않다.[10] 그 이유는 프로그램에 아이들을 배정하는 과정이 무작위가 아니었기 때문이다. 어쩌다 헤드 스타트 프로그램에 참가하게 된 아이들은 그렇지 않은 아이들과 여러 방면에서 달랐을 텐데, 어떻게 달랐는지는 알려지지 않았다. 성인이 된 이후의 결과를 보여주는 자료도 터무니없이 부족했고, 그나마 부족한 자료도 프로그램 배정에 관한

'회고'에만 의존한 정보다. 사람들은 어렸을 때 취학 전 프로그램에 참여했었는지, 참여했다면 어떤 프로그램이었는지 기억해야 했다. 회고에 의존한 이런 후향연구는 상당한 오류가 있을 수 있고, 특히 수십 년 전의 과거를 기억해야 한다면 더욱 그러하다. 어쨌거나 후향연구에 따르면, 헤드 스타트에 참여했던 아이들은 성인이 되어 삶에 분명한 효과가 나타난다.[11] 그러나 이 결과는 자연실험 수준에도 미치지 못했다. 그것이 놀라운 결과이려면 프로그램에 참여했던 아이들과 그렇지 않은 아이들이 애초에 차이가 없었어야 한다.

이처럼 효과가 의문인 프로그램에 지금도 많은 돈을 지출하고 있다.

4장에서 이야기했듯이, 다행히 일부 취학 전 프로그램은 성인이 되어서도 큰 영향을 미친다. 헤드 스타트보다 더 집중적인 프로그램에 아이들을 무작위로 배정해 실험한 결과, IQ가 약간 좋아졌고 이 효과는 오래 지속됐다. 하지만 더 중요한 사실은 이 프로그램에 참여한 아이들이 성인이 되어서도 학업 성취도와 경제력에 큰 효과가 있었다는 점이다.

취학 전 프로그램 중에 무엇이 효과가 있고 무엇이 효과가 없는지 몰라서 실제로 지출한 비용은 매우 컸다. 헤드 스타트에 들인 2000억 달러를 도움이 절실한 소수의 아이들을 대상으로 더욱 집중적인 프로그램에 투자했다면 더 좋았을 것이다. 그랬다면 사회적 유용성은 훨씬 더 컸을 것이다(가난한 집 아이일수록 초기 어린 시절에 양질의 교육을 하면 그 효과가 크다는 사실은 분명하다. 중산층 아이에게서는 그 효과가 그렇게 크지 않아 보인다).[12] 게다가 헤드 스타트가 (효과가 있었다면) 어떤 점에서 가장 효과적이었는지를 알아보는 실험도 실시하지 않았다. 학업에 초점을 맞추는 게 좋을까, 사회적 요소에 초점을 맞추는 게 좋을까? 한나절 일정이 좋을까, 종일 일정이 좋을까? 2년이 필요할까, 1년만으로도 큰 효과를 볼 수 있을까? 이런 질문에 답을 할 수 있다면 사회적·경제적 효과는 대단할 것이다. 그리고 그 답을 찾는 편이 이제까지 들인 비용에 비해 훨씬 싸게 먹히고 더 쉬웠을 것이다.

그래도 헤드 스타트는 참여한 아이들에게 적어도 해가 될 가능성은 희박하다. 그러나 비과학자들이 생각해낸 개입 중에는 실제로 해가 되는 것들도 많다.

사람들은 좋은 의도로, 비극적 사건이 일어난 직후에 피해자들이 겪을 정신적 고통을 치유할 프로그램을 만들었다. 이른바 고통 상담원이라는 사람들이 실험군 참가자들을 격려해, 참가자의 시각으로 사건을 서술하고, 감정을 묘사하고, 타인의 반응에 의견을 제시하고, 자신의 스트레스 증상을 토론하게 한다. 상담원은 참가자에게 그들의 반응은 정상이며 그런 증상은 시간이 갈수록 차츰 수그러든다고 확신시킨다. 9·11 사건이 터진 뒤에 뉴욕에 이런 고통 상담원이 9,000여 명이나 투입되었다.

내가 보기엔 이런 식의 고통 상담이 아주 훌륭한 생각 같았다. 하지만 행동과학자들이 10여 차례에 걸쳐 무작위 실험을 실시해 '중대 사건 스트레스 보고CISD: critical incident stress debriefing' 효과를 조사한 결과, 그런 보고가 우울, 불안, 수면장애 같은 스트레스 증상을 완화한다는 증거가 나오지 않았다.[13] 증상 완화는커녕 CISD에 참여한 뒤

에 오히려 사고후유정신장애에 시달릴 확률이 더 높았다.[14]

이때 행동과학자들은 정신적 충격에 시달리는 사람들에게 효과적인 개입을 몇 가지 찾아냈다. 중대 사건이 일어난 지 몇 주 후, 사회심리학자 제임스 페니베이커James Pennebaker는 정신적 충격을 받은 사람들에게 연이어 나흘 밤 동안 비공개로, 그 충격과 그것이 삶에 어떤 영향을 미치는지에 대해 가장 깊은 내면의 생각과 감정을 글로 쓰게 했다.[15] 그게 전부다. 상담원 면담도 없고, 집단치료도 없고, 정신적 충격 대처법에 대한 조언도 없다. 그저 쓰면 그만이다. 이 훈련은 큰 상심과 스트레스에 시달리는 사람에게 효과 만점이다. 이런 훈련이 효과가 크다는 게 나로서는 믿기지 않는다. 즉각적인 개입과 고통 분담, 조언만큼 효과가 있을 것 같지 않다. 그런데 실제로 효과가 있다. 추정은 틀리기 쉽다.

페니베이커는 글쓰기 훈련이 효과가 있는 이유가 고통의 시기와 잠복기가 지난 사람들에게 그 사건과 그에 대한 자신의 반응을 이해하는 이야기를 만들게 하기 때문이라고 생각한다. 이 훈련의 효과가 가장 큰 사람은 처음에는 뒤죽박죽으로 이야기를 시작해서 나중에는 일관되고 조리 있는 이야기를 만들어 그 사건에 의미를 부여한 사람들로 보인다.

이밖에 선의로, 십대 아이들이 또래 압력에 시달려 범죄를 저지르고 자기 파괴적 행동을 하지 않도록 예방 조치를 취하려다 오히려 CISD보다도 더 실망스러운 결과를 초래하기도 한다.

수십 년 전, 뉴저지에 있는 라웨이주 교도소 수감자들이 위험한 환경에 놓인 청소년들에게 범죄의 참담한 결과를 경고하기 위해 무언가를 보여주기로 결심했다. 이들은 아이들에게 교도소가 어떻게 생겼는지 보여주면서, 교도소에서 자행되는 강간과 살인을 생생하게 묘사했다. A&E 채널에서 방영되어 방송 상을 수상한 어느 다큐멘터리는 이 프로그램에 '충격 갱생Scared Straight'이라는 제목을 달았다. 그 뒤 이 명칭과 행위가 미국 전역에 널리 퍼졌다.

충격 갱생 프로그램은 효과가 있을까? 이를 알아보기 위해 일곱 차례의 실험을 실시했다.[16] 그 결과, 일곱 차례 실험 모두 충격 갱생 프로그램에 참여한 아이들이 어떤 개입도 받지 않은 대조군 아이들보다 범죄를 저지를 확률이 더 '높게' 나타났다. 범죄를 저지른 아이들 수는 평균 13퍼센트 증가했다.

라웨이 프로그램은 지금도 계속되고 있으며, 이스트뉴저지에서 이제까지 이 프로그램에 참여한 아이들은 5만 명이 넘는다. 5만의 13퍼센트면 6,500명이다. 의도는 좋았을망정 갱생 프로그램을 만들지 않았다면 생기지 않았을 범죄자 수다. 그러나 이는 뉴저지만의 숫자다. 이 프로그램은 다른 지역에서도 수없이 모방되었다. 워싱턴 주 공공정책 연구소Washington State Institute for Public Policy는 충격 갱생 프로그램에 1달러가 사용될 때마다 범죄와 감금 비용이 200달러 이상 든다는 연구 결과를 내놓았다.

충격 갱생 프로그램은 왜 효과가 없을까? 내가 보기에는 분명 효과가 있을 법하다. 왜 효과가 없는지, 왜 역효과가 나는지는 알 수 없지만, 그건 중요치 않다. 그 프로그램을 만든 것이 비극이고, 그것을 아직도 중단하지 않았다는 것은 범죄다.

왜 중단하지 않았을까? 감히 추측건대, 효과가 있으리라는 게 너무 분명해 보였기 때문이 아닐까 싶다. 정치인을 포함해 많은 사람들이 과학적 자료보다 직관적으로 그럴듯해 보이는 인과관계 가설을 믿고 싶어 한다. 여기에 과학자들이 충격 갱생 프로그램이 왜 효과가 없는지 이렇다 할 설명을 내놓지 못한다는 사실도 한몫했다. 과학자들, 특히 사회과학자들은 상충하는 자료에 맞닥뜨렸을 때 자신의 직관적 인과관계 이론에 집착하는 덫에 빠지지 않는데, "추정은 틀리기 쉽다"는 사실을 잘 알기 때문이다(이 글을 쓰는 지금도 A&E 방송사는 여전히 충격 갱생 프로그램을 칭송하는 방송을 내보내고 있다).

약물남용방지교육D.A.R.E.: Drug Abuse Resistance Education도 아이들을 보호하기 위한 또 하나의 프로그램이다. 각 지역 경찰관은 아이들을 가르치는 기술을 80시간 훈련받은 뒤에 교실을 찾아가 약물 복용, 음주, 흡연을 줄이기 위한 정보를 전달한다. 각 지방 정부와 연방 정부는 이 사업에 연간 무려 10억 달러를 지원했다. 약물남용방지교육 홈페이지에는 미국 학군의 75퍼센트에서, 그리고 세계 43개국에서 이 프로그램을 실시한다고 말한다.

그런데 이 프로그램을 실행한 지 30년이 넘었지만 청소년의 약물 사용은 줄지 않았다.[17] 하지만 주최 측은 프로그램이 효과가 없다는 사실을 인정하지 않은 채, 과학적 증거를 들어 프로그램의 실패를 주장하는 사람들과 적극적으로 맞서 싸운다. 주최 측이 애초의 프로그램을 보충하거나 대체할 목적으로 내놓은 여러 프로그램은 지금까지 외부 기관의 철저한 평가를 받은 적이 없다.

약물남용방지교육은 왜 효과가 없을까? 우리도 모른다. 알면 좋겠지만 인과관계 설명은 필요치 않다. 그런데 약물 복용, 음주, 흡연 가능성을 줄이려는 프로그램 중에 효과가 있는 것도 있다. '생활기술 훈련LifeSkills Training'이나 '중서부 예방 계획Midwestern Prevention Project' 등이 그러하다.[18] 이런 프로그램에는 약물남용방지교육에 없는 요소가 있는데, 사춘기 이전 아이들에게 또래 압력에 저항하는 기술을 가르치는 것이 대표적이다. 약물남용방지교육 프로그램을 만든 사람들은 십대 아이들에게 경찰은 사회적 영향력이 대단한 존재라고 단정했다. 사회심리학자가 나서서 이들에게 영향력으로 치면 또래가 훨씬 더 막강하다고 말해줄 수도 있었을 것이다. 더욱 성공한 다른 프로그램은 십대와 성인의 마약 복용과 음주에 관한 정보도 제공한다. 이런 정보가 놀라운 이유는, 실제 마약 복용율과 음주율은 청소년 대부분이 생각하는 것보다 낮기 때문인데, 이런 타인의 습관을 정확히 안다면 마약과 음주를 줄일 수 있다.[19]

한편 청소년에게 해로운 프로그램이 여전히 실시되고 있고, 이로운 프로그램은 제대로 활용되지 않거나 아예 사용되지 않기도 한다. 이처럼 잘못된 추정 탓에 사회는 많은 돈을 쓰면서도 고생은 고생대로 하는 실정이다.

요약

때로는 진짜 실험만큼이나 설득력 있는 상관관계를 목격할 수도 있다. 어렸을 때 세균이 비교적 많은 곳에 노출되었던 사람들은 자가면역질환에 걸릴 확률이 적다. 이 현상이 위생적인 국가 대 덜 위생적인 국가, 농촌 대 도시, 애완동물을 키울 경우와 키우지 않을 경우, 자연분만 대 제왕절개 등 서로 다른 수많은 환경에 해당한다고 알려지면서, 이런 경험적 지식이 시사하는 바가 점점 커지기 시작했다. 과학자들은 실험을 실시해, 세균에 일찍 노출되면 자가면역질환에 걸릴 확률이 실제로 줄어든다는 사실을 증명했다.

무작위 대조 실험은 과학과 의학 연구에서 곧잘 '절대적 기준'이라 불리는데 거기에는 그럴 만한 이유가 있다. 실험 대상을 무작위로 배정하면 독립변수를 조작하기 전까지는 실험군과 대조군 사이에 그 어떤 변수의 차이가 생기지 않는다. 차이가 생긴다면 실험을 진행하는 과학자의 의도적 개입으로 생긴 차이일 것이다. 이중맹검법 무작위 대조 실험은 연구원과 환자 모두 환자가 어느 집단에 속하는지 모르는 실험이다. 이런 실험에서는 환자나 의사가 눈치채지 못한 개입만이 실험 결과의 원인이 된다.

사회는 실험을 하지 않았을 때 큰 대가를 치른다. 무작위 실험을 하지 않은 탓에 2000억 달러가 들어간 헤드 스타트 프로그램이 인지 능력 개선에 효과가 있었는지 알 길이 없다. 무작위 실험을 한 덕에, 우리는 일부 양질의 유아 프로그램이 큰 효과를 거두어 해당 아이들이 성인이 되어 더욱 건강하고 효율적인 삶을 산다는 사실을 확인하게 되었다. 유아 프로그램의 효과를 두고 정식 실험을 실시하면 상당한 비용 절감 효과를 얻고 개인과 사회에 큰 이익이 될 수 있다. 약물남용방지교육 프로그램은 십대의 마약 복용과 음주를 줄이지 못하고, 충격 갱생 프로그램은 범죄를 줄이기는커녕 오히려 늘리고, 고통 상담원은 고통을 줄이는 사람이 아니라 키우는 사람이 될 수도 있다. 불행하게도 사회에는 실험을 통해 개입을 점검하고 실험 결과를 공공정책에 반영할 수단과 방법이 없는 분야가 많다.

이크!노믹스

자동차 판매원은 남성보다 여성에게 더 비싼 가격을 제시할까? 학급 크기가 학습에 영향을 미칠까? 종합비타민제가 건강에 좋을까? 장기 실업자가 오랫동안 직업이 없었다는 이유만으로 고용주는 그들에게 편견을 가지고 있을까? 폐경기 이후 여성들은 심혈관 질환 발병 가능성을 줄이기 위해 호르몬 대체 요법을 받아야 할까?

이 물음들에 여러 답이 제시되었다. 연구 방법이 잘못되어 엉터리 결론에 도달한 연구를 기초로 한 답도 있고, 올바른 과학적 방법을 사용한 덕에 정답일 것 같은 답도 있다.

이번 장은 과학적 사실을 이해하고 그것을 믿을지 말지 판단하는데 핵심인 아래 세 가지 요점을 다룬다.

1. 상관관계에 의존해 과학적 사실을 증명하는 연구는 오해를 일으키기

쉽다. 그 상관관계가 수많은 변수를 '통제하는' '다중회귀분석'이라 부르는 복잡한 일괄 프로그램에서 나온다 해도 그러하다.

2. 사람(또는 그 어떤 종류의 물건)이 하나의 처치법과 다른 처치법에 (또는 어떤 처치도 적용하지 않는 집단에) 무작위로 배정된 실험은 다중회귀분석에 기초한 연구보다 일반적으로 훨씬 더 우수하다.

3. 인간의 행동과 관련해서는 추정이 틀릴 때가 워낙 많아 가능하다면 해당 행동에 관한 가설을 검증하는 실험이 필수다.

다중회귀분석

이번 장을 시작하며 던진 질문은 '독립변수', 즉 '예측변수(예상되는 원인)'가 '종속변수', 즉 '결과변수(결과 또는 효과)'에 영향을 미치는 지를 묻는다. 실험은 독립변수를 조작하고, 상관관계 분석은 독립변수를 단지 측정할 뿐이다.

상관관계 분석을 이용한 기술 하나가 다중회귀분석MRA: multiple regression analysis인데, 이 분석을 사용하는 상황에서는 많은 독립변수가 몇몇 종속변수와 동시에 연관된다(동시에가 아니라 연속으로 연관될 때도 있지만, 이런 변종 다중회귀분석은 다루지 않기로 한다).* 해당 예측변수는 '통제변수'라 일컫는 다른 독립변수들과 함께 조사한다. 이 분석의 목적은 변수 A는 다른 모든 변수의 영향을 '빼도' 변수 B에 영향을 미친다는 사실을 증명하는 것이다. 다시 말해 이 관계는 통제

변수들이 종속변수에 미치는 영향을 고려해도 여전히 성립한다.

예를 들어보자. 흡연은 심혈관 질환의 높은 발병률과 관련 있다. 이때 흡연이 심혈관 질환을 '유발한다'고 말하고 싶은 유혹이 생긴다. 문제는 흡연과 심혈관 질환에 동시에 연관되는 요소들이 무척 많다는 것인데, 이를테면 나이, 사회계층, 과체중 등이다. 나이 든 흡연자는 젊은 흡연자보다 더 오래 담배를 피웠으니 흡연과 질병의 상관관계에서 나이를 빼야 한다. 그렇지 않으면 고령과 흡연이 심혈관 질환과 연관이 있다고 증명하게 될 것이다. 하지만 고령과 흡연이라는 두 변수는 결국 하나인 셈이다. 우리가 알고 싶은 것은 나이에 관계없이 흡연과 심혈관 질환이 연관이 있느냐는 것이다. 따라서 흡연과 질병의 상관관계에서 나이와 질병의 상관관계를 제거해, 심혈관 질환에서 나이의 영향을 '통제'해야 한다. 그 결과 우리는 이제, 흡연과 심혈관 질환의 연관성이 모든 연령대에서 나타난다고 말할 수 있다.

사회계층도 마찬가지다. 다른 조건이 동일하다면 사회계층이 낮을수록 흡연할 확률이 높고, 흡연 같은 다른 위험 요소와 상관없이

• '회귀regression'란 말은 혼동을 일으킬 여지가 있는데, '평균으로 회귀'라고 할 때의 '회귀'는 여러 독립변수와 하나의 종속변수의 관계를 연구하는 다중회귀분석의 '회귀'와 매우 달라 보이기 때문이다. 같은 말이 이렇게 다른 목적으로 쓰이는 이유는 칼 피어슨Karl Pearson이 자신의 이름을 딴 상관관계 분석 기술을 개발해 처음 그 기술로 특정 변수와 관련한 개인들 사이의 상관관계를 연구했기 때문이다. 그의 분석에 따르면, 아버지와 아들 키의 상관관계는 항상 평균으로 회귀하는 성향을 보인다. 유난히 키가 큰 아버지의 아들은 평균적으로 키가 다소 작고, 유난히 키가 작은 아버지의 아들은 평균적으로 키가 다소 큰 편이다. 상관관계는 하나의 변수를 다른 하나의 변수와 연관 짓는 단순회귀분석이다. 반면 다중회귀분석은 일련의 변수들 하나하나와 다른 하나의 변수와의 관계를 연구한다.

심혈관 질환에 걸릴 확률이 높다. 과체중을 비롯한 다른 변수도 마찬가지다. 이런 변수들과 흡연 그리고 심혈관 질환의 정도와의 상관관계는 흡연과 심혈관 질환의 상관관계에서 분리되어야 한다.

다중회귀분석을 뒷받침하는 이론은 독립변수와 종속변수의 상관관계를 분리하는 방법으로 두 변수와 관련한 모든 것을 통제한다면 예측변수와 결과변수의 진정한 인과관계를 얻을 수 있다는 것이다. 어디까지나 이론이다. 현실에는 이런 이상적인 상황이 구현되는 것을 막는 요소가 많다.

우선 무엇보다도 예측변수와 결과변수에 모두 연관된 혼란변수를 다 찾았는지 어떻게 알겠는가? 혼란변수를 모두 찾았다고 주장하기란 거의 불가능하다. 단지 중요하다고 추정되는 혼란변수를 측정하고, 그렇지 않은 혼란변수가 무한히 많을 가능성을 배제할 수 있을 뿐이다. 그러나 추정은 틀리기 쉽다! 따라서 전투는 바로 이 지점에서 패배하기 일쑤다.

둘째, 가능한 혼란변수를 일일이 어떻게 측정할 수 있겠는가? 변수를 잘못 측정한다면, 그 변수를 제대로 통제하지 못했다는 이야기다. 변수 측정이 크게 잘못되어 측정이 무의미할 정도라면 제대로 통제한 게 하나도 없다는 뜻이 된다.

더러는 다중회귀분석이 흥미롭고 중요한 질문을 살펴볼 때 사용 가능한 유일한 연구 도구이기도 하다. 신앙과 종교 행위가 출산율을 높이거나 낮추기도 하는지 알아보는 질문도 그렇다. 이때 사용할 수 있는 방법은 다중회귀분석 같은 상관관계 분석법뿐이다. 공교롭게도 독실한 신앙은 개인적 차원에서도, 국가적 또는 문화적 차원에서도 다산과 관련이 있다. 수입, 나이, 건강 상태, 기타 요소들을 개인 차원에서, 인종 차원에서, 국가 차원에서 통제해보면 두터운 신앙심은 다산과 상관관계가 있다. 이유는 알 수 없으며 독실한 신앙과 다산의 상관관계는 인과관계가 아니라 측정되지 않은 제3의 변수가 신앙심과 다산에 영향을 미쳤기 때문일 수 있다. 인과관계는 오히려 역방향으로 성립할지도 모른다. 아이가 많은 사람은 신의 도움과 인도를 원할 수도 있지 않은가! 어쨌거나 이 상관관계는 흥미롭고, 이 관계를 안다면 현실 세계에 영향을 미칠 수도 있을 것이다.

내가 분명히 하고 싶은 점은, 상관관계 연구나 다중회귀 연구가 모두 무의미한 것은 아니라는 점이다. 나 역시 실험으로 인과관계를 증명할 때도 다중회귀 분석을 자주 사용하곤 했다. 나는 어떤 관계가 단지 실험실이나 이례적인 생태 환경에서만이 아니라 실제 세계에도 존재한다는 걸 알았을 때 마음이 편안해진다.

그리고 인과관계를 알고 나면 그것을 현명하게 활용할 기회가 많다. 국가의 부와 IQ 간의 상관관계를 보자. 여기에는 어떤 인과관계가 있을까? 둘의 상관관계만 따로 떼어 생각하면 큰 문제가 될 수 있다. 부와 IQ에 동시에 연관되는 것이 아주 많기 때문인데, 신체적 건강도 그중 하나다. "건강하고, 부유하고, 슬기롭게"는 하나의 표어로만 머물지 않는다. 이 셋은 다른 많은 잠재적 인과관계 변수들을 포함하는 한 무리의 상관관계에 함께 존재한다. 여기에 쌍방향으로 작용하는 인과관계를 생각해볼 수도 있다. 나라가 똑똑할수록 삶을 더 발전적이고 복잡한 방식으로 이끌 수 있으니 더 부유해질 수 있다. 나라가 부유할수록 일반적으로 교육의 질이 높아지니 더 똑똑해질 수 있다.

그러나 소위 '지연된 상관관계'에 주목해 꽤 설득력 있는 인과관계를 만들어볼 수도 있다. 지연된 상관관계는 독립변수(추정되는 원인)와 시간이 지나 나타나는 다른 변수(그 원인에서 추정되는 결과)의 상관관계를 말한다. 이를테면 교육 증가 등으로 나라가 똑똑할수록 앞으로 더 부유해질까? 그렇다. 예를 들어 아일랜드는 수십 년 전에 교육 체계 개선에 많은 노력을 기울였다. 특히 고등학교, 직업학교, 대학교를 집중적으로 개선했다.[1] 그 결과 짧은 시기에 대학 진학률이 50퍼센트 올랐다.[2] 그리고 이전에 (일부 영국 심리학자들에 따르면 유전적 이유로!) 영국보다 IQ가 훨씬 낮았던 아일랜드의 1인당 국내총생산이 30년도 안 되어 영국의 1인당 국내총생산을 앞질렀다. 핀란드도 수십 년 전부터 중대한 교육 개혁을 시작하면서, 특히 빈곤층 학생들이 부유층 학생들과 동등한 교육 기회를 얻는 데 초점을 맞추었다. 그리고 2010년까지 핀란드는 세계 학생들과 겨루는 시험에서 다른 모든 나라를 앞섰고, 1인당 소득은 일본, 영국을 앞지르고 미국을 약간 밑도는 수준까지 올라갔다. 미국을 비롯해 최근 몇십 년간 교육 개혁에 큰 노력을 기울이지 않은 나라들은 1인당 소득이 다른 선진국에 비해 떨어졌다. 이 둘은 여전히 서로 영향을 주고받지만, 어쨌거나 한 나라가 교육에서 앞서면 부유해지기 시작하고, 교육이 정체되면 다른 나라에 비해 부도 줄어들기 시작한다는 것을 암시한다. 꽤 설득력 있는 이야기다.

상관관계 연구가 자연실험만큼, 나아가 무작위 대조 실험만큼 설득력 있는 상황은 이외에도 많다. 예를 들어 어떤 결과의 규모가 매우 커서 단순히 관련 변수 탓에 생긴 인위적 결과로 볼 수 없을 때가 있다. 또 어떤 처치의 개입 정도에 따라 결과가 달라지면 해당 처치의 효과를 더욱 확신하게 된다. 다시 말해 어떤 처치의 강도가 셀수록, 빈도가 높을수록, 반응 수준이 높아진다는 이야기다. 한 예로 하루에 담배를 두 갑 피우는 사람은 하루에 여섯 개비 피우는 사람보다 심혈관 기능이 떨어질 확률이 훨씬 크다. 그렇다면 흡연 양은 질병 발생률과 관련이 없다는 결과가 나왔을 때보다 흡연은 심혈관 건강을 해칠 확률이 확실히 더 높다고 볼 수 있다.

그러나 다중회귀분석을 지나치게 자주 사용하면 심각한 문제가 생긴다. 나는 이 문제를 대단히 솔직하게 다루고자 한다. 대중매체가 대단히 허술한 방법에서 나온 결과를 끊임없이 보도하고, 중요한 정책들이 그 결과에 기초해 결정되기 때문이다. 유행병학자, 의학 전문가, 사회학자, 심리학자, 경제학자 모두가 이 방법을 사용한다. 이는 심각한 오류를 불러올 수 있으며, 이 방법으로 인과관계를 밝힐 수 있다는 일부 신봉자들의 주장은 대개 거짓이다.

많은 경우에 다중회귀분석과 실제 무작위 대조군 실험이 인과관계를 두고 서로 다른 결과를 보여준다. 이런 경우에는 실험 결과를 믿어야 한다.

한 학급의 학생 수가 학업에 중요한 영향을 미친다고 생각하는가? 영향을 미친다는 생각도 일리가 있다. 하지만 저명한 연구원들이 실시한 수십 건의 다중회귀분석 결과, 특정 학군에 속하는 가정의 평균 수입, 학교 크기, IQ 검사 결과, 도시 크기, 지리적 위치를 배제한 상태에서 학급 크기는 학생의 학업 성취도와 관련이 없었다.[3] 그렇다면 이제 학급 크기를 줄이는 데 돈을 낭비할 필요가 없다는 이야기다.

그런데 이번에는 테네시 과학자들이 학급 크기를 달리해 무작위 실험을 실시했다. 연구원들은 동전을 던져 유치원에서 3학년까지의 아이들을 작은 학급(13~17명) 또는 큰 학급(23~25명)에 배정했다. 그 결과 작은 학급은 표준화 검사에서 0.22표준편차로 성적이 향상되었고, 백인 아이들보다 소수민족 아이들에게서 효과가 컸다.[4] 이 외에도 학급 크기 축소 효과를 연구한 실험이 세 개 더 있는데, 결과는 테네시 연구와 거의 똑같다.[5] 이 네 차례의 실험은 학급 크기의 효과를 알아보는 추가적 연구에 머물지 않는다. 이 실험은 학급 크기에 관한 모든 다중회귀 연구를 대체한다. 우리는 이 같은 문제에서 실험 결과를 훨씬 더 신뢰하기 때문이다.

다중회귀 연구에서는 왜 학급 크기가 중요하지 않다고 나올까? 그 이유는 나도 모르지만, 그 이유를 꼭 알아야만 학급 크기가 중요한지 아닌지 분명히 말할 수 있는 건 아니다.

물론 네 번의 실험에서도 답을 하지 않은 것이 많다. 학급 크기가 전국 어느 지역이든, 도시화가 얼마나 진행되었든, 어떤 사회 계층이든 상관없이 영향을 미치는지 알 수 없다. 교육 효과가 다르게 나타나는 학급에서 어떤 일이 일어나고 있는지도 모른다. 이런 질문은 추후 실험에서 대답할 수 있어야 하고, 기존 연구에서 조사 대상이 되었던 집단과 확연히 다른 모집단을 연구한 실험에서 모두 긍정적인 결과가 나온다면 학급 크기에 따라 학습 효과가 실제로 다르게 나타난다고 더욱 확신할 수 있을 것이다.

학급 크기 축소가 교육 예산을 가장 효율적으로 사용할 분야인지는 별개의 문제이며, 그 문제의 답은 내 급여 수준을 넘어선다. 핀란드라고 해서 학급 크기가 특별히 더 작지 않다. 핀란드의 교육 개선 효과는 교사의 급여 인상, 그리고 하위권이 아니라 주로 상위권 대학생에서 교사를 채용한 결과이며, 현재 미국도 이런 정책을 실시하는 중이다. 그리고 어떤 경우든, X가 Y에 이로운 효과를 가져왔다는 결과만으로 정책을 결정할 수는 없다. 그 전에 정식으로 비용편익 분석을 거쳐야 한다.

다중회귀분석에 기초한 연구 같은 상관관계 연구의 문제는 애초부터 자기선택에 따른 오류에 빠질 위험이 높다는 것이다. 사람이든 학급이든 농업 용지든 모든 사례는 여러 방식에서 다르게 나타난다. 장기 흡연자는 단지 장기 흡연자로만 머물지 않는다. 이들은 흡연과 관련한 다른 여러 요소들, 이를테면 고령, 낮은 사회계층, 과체중 등도 함께 달고 산다. A반은 B반보다 학급이 크지만, 이 역시 연구원이 통제하지 않는 다른 요소 때문에 결과는 얼마든지 다르게 나올 수 있다. 가령 우수 교사가 큰 학급을 잘 다룬다고 판단한 교장이 A반에 우수 교사를 배정한 탓에 A반이 학생 수는 많지만 성적은 더 잘 나올 수도 있다. 그런가 하면 교사의 관심이 상대적으로 덜 가는 상황에서 피해를 덜 받는 학생은 다소 성적이 떨어지는 학생이 아니라 공부를 잘하는 학생이라는 교장의 판단에 따라, A반에 성적이 좋은 학생을 많이 배정한 탓에 A반이 학생 수는 많아도 성적이 더 좋은 것일 수도 있다. 이외에도 변수는 여러 가지다. 이런 문제는 단순히 조사 학급 수를 늘리거나 통제변수를 추가하는 식으로 해결되지 않는다.

그런가 하면 사례를 조건에 무작위로 배정해 실험을 하더라도 다른 차원의 학급 간 기복은 여전히 있을 수밖에 없다. 그런데 이때 실험 조건을 선택하는 사람이 실험 진행자라는 점이 중요하다. 그 말은 실험 학급과 대조 학급에 평균적으로 똑같이 좋은 교사가, 똑같이 우수하고 의욕적인 학생이, 똑같은 자원이 배정된다는 뜻이다. 즉, 각 변수의 수준을 학급이 '직접 선택'하지 않는다. 선택한 쪽은 실험 진행자다. 따라서 실험 학급과 대조 학급이 평균적으로 다른 것은 해당 변수, 즉 학급 크기뿐이다. 학급 크기에 관한 이 같은 실험도 백 퍼센트 확실하진 않다. 이를테면 교사도, 행정가도, 실험 조건을 모르는 게 아니다. 어떤 학급이 작고 어떤 학급이 큰지 알기 때문에, 가령 얼마나 더 신경을 써서 가르칠지 등이 교수법에 영향을 미칠 수 있다. 그러나 이 정도의 문제는 자기선택 문제에 비하면 아무것도 아니다.

엉터리 의학

올리브유를 많이 먹으면 뇌졸중 위험을 41퍼센트 줄일 수 있다는 사실을 알고 있었는가?[6] 백내장이 있어 수술을 받는 사람은 백내장이 있지만 수술을 받지 않는 사람보다 이후 15년 동안 사망 위험이 40퍼센트 낮아진다는 사실을 알고 있었는가?[7] 청각장애가 치매를 유발한다는 사실을 알고 있었는가? 타인을 의심하면 치매가 올 수 있다는 사실을 알고 있었는가?

이런 주장이 미심쩍게 들린다면, 미심쩍은 게 맞을 것이다. 그런데도 이런 주장은 대중매체에 꾸준히 나타난다. 대개 유행병학 연구에 기초한 주장이다(유행병학은 일정한 집단에서 질병이 번지는 유형과 그 원인을 연구하는 학문이다). 유행병학 연구의 상당수는 다중회귀분석에 의존한다. 그래서 사회계층, 연령, 이전 건강 상태 같은 요소를 '통제'하려 한다. 하지만 이 연구도 자기선택 문제를 피해갈 수 없다. 특정 치료법을 쓴 사람, 특정 음식을 많이 먹은 사람, 특정한 비타민을 섭취한 사람은 그 치료법을 쓰지 않은 사람, 그 음식을 먹지 않은 사람, 그 비타민을 섭취하지 않은 사람과 얼마나 많은 부분에서 다를지 알 수 없다.

"사회인구학적 변수, 육체 활동, 신체용적지수, 뇌졸중 발생 위험 요소"를 비롯한 통제 요소를 제외하면 올리브유를 많이 먹는 사람이 뇌졸중 위험이 적다고 주장하는 연구를 살펴보자.[8] 어느 연구에서는 올리브유를 "집중적으로" 먹은 사람은 한 번도 먹지 않은 사람에 비해 뇌졸중 위험이 41퍼센트 적다고도 했다. 그러나 사망률을 낮춘 것은 올리브유 섭취가 아니라 올리브유 섭취와 관련한 다른 요소일 수도 있다. 첫째, 인종을 보자. 이탈리아계 미국인은 올리브유를 많이 섭취하고, 아프리카계 미국인은 올리브유를 많이 먹지 않을 게 거의 확실하다. 그리고 이탈리아계 미국인의 수명은 공교롭게도 뇌졸중에 특히 취약한 흑인보다 훨씬 길다.

유행병학 연구에서 가장 큰 잠재적 혼란변수는 전형적으로 사회계층이다. 계층은 뇌졸중을 비롯해 대부분은 아닐지라도 많은 의학적 문제 발생에 영향을 미치는 명백한 요소다. 부자들은 우리와 다르다. 부자는 우리보다 돈이 많다. 돈이 많으면 옥수수유 대신 올리브유를 사먹을 수 있다. 돈이 많은 사람은 폭넓게 독서하고 다른 독자들과 어울리고 따라서 올리브유가 다른 값싼 식용유보다 건강에 좋다고 믿을 가능성이 높다. 돈이 많으면 더 나은 의료 서비스를 받는다. 돈이 많으면, 그리고 사회계층을 교육으로 판단하든 소득 또는 직업상의 지위로 판단하든, 더 높은 계층에 있으면 삶의 모든 분야에서 더 나은 결과를 얻는다.

유행병학 연구에서 사회계층을 통제하지 못하면 특정한 의학적 상황의 원인을 유추하는 데 치명적이다. 그런데 사회계층을 측정한다면 대체 어떻게 측정해야 할까? 어떤 사람은 소득을, 어떤 사람은 교육을, 어떤 사람은 직업을 이용한다. 무엇이 최선인가? 아니면 이 셋을 합쳐야 할까? 연구에 따라 이 중 하나를 쓰기도 하고, 모두 쓰기도 하며, 아예 안 쓰기도 한다. 그러다 보니 '의학적 발견'이 줄줄이 나와 대중매체에 발표된다.[9] (지방은 몸에 나쁘다. 아니다, 지방은 몸에 좋다. 붉은색 육류는 몸에 좋다. 아니다, 붉은색 육류는 몸에 나쁘다. 항히스타민제는 흔한 감기의 심각한 증상을 완화한다. 아니다, 항히스타민제는 효과가 없다.) 결과가 서로 다른 이유는 사회계층을 다르게 정의하거나 아예 고려하지 않았기 때문일 때가 많다.

그러나 사회계층은 다중회귀분석 연구에 존재하는 무한히 많은 잠재적 혼란변수 중 하나일 뿐이다. 예측변수와 결과변수에 모두 연관된 것은 거의 다 둘 사이의 상관관계를 설명할 후보가 된다.

시중에 나온 건강보조식품은 수만 가지다. 다중회귀분석 연구는 한두 가지 보충제가 몸에 이롭다는 결과를 종종 내놓는다. 그러면 대중매체는 그 결과를 전한다. 불행하게도 그 소식을 접한 사람들은 크게 관심을 두지 않아도 그만인 다중회귀분석을 기초로 했는지, 대단히 중요해서 주목해야 하는 실제 실험을 기초로 했는지, 구별할 방법이 없다. 기자들은 의학 전문 기자라도 대개 두 가지 방법의 중요한 차이를 제대로 이해하지 못한다.

다중회귀분석 연구에서 나온 결과와 실험에서 나온 결과가 다른 경우는 헤아릴 수 없이 많다. 예를 들어 다중회귀분석 연구에 따르면 비타민E 보충제는 전립선암 발병률을 줄인다. 그런가 하면 미국 여러 지역에서 무작위로 어떤 사람에게는 비타민E 보충제를 먹게 하고 어떤 사람에게는 위약을 먹게 하는 실험을 실시했다. 이 실험에서는 비타민E 보충제 섭취로 암 발병률이 오히려 약간 증가했다.[10]

비타민E만 의심스러운 게 아니다. 수많은 실험 결과 미국인 절반 정도가 복용하는 종합비타민은 효과가 거의 없거나 아예 없으며, 어떤 비타민은 아주 많이 복용하면 해가 되기도 한다.[11] 시중에 있는 건강보조식품 약 5만 개의 효능은 어떤 식으로든 입증된 것이 거의 없다. 우리가 갖고 있는 증거로 보면 건강보조식품은 무익하거나 더러는 해로웠다.[12] 안타깝게도 업계의 로비로 의회는 건강보조식품을 연방 규제 대상 품목에서 제외했고, 따라서 제조업체는 실제 효능을 실험할 필요가 없다. 그 결과 효과가 없거나 해로운 엉터리 건강식품에 해마다 수십억 달러가 지출된다.

실험만이 유일한 수단일 때 다중회귀분석을 이용하는 경우

실직 기간이 길어질수록 직장을 구하기는 더 힘들어진다. 이 글을 쓰는 현재, 단기(14주 이하) 실직자 수는 대공황 직전보다 약간 많은 정도다.[13] 그러나 장기 실직자는 그때보다 200퍼센트 많다. 고용주들은 장기 실직자에 편견이 있는 걸까? 단지 오래 실직했다는 이유만으로 채용에서 배제하는 걸까? 다중회귀분석으로는 다른 조건이 동일할 때 고용주가 부당하게 장기 실직자보다 단기 실직자를 선호하는지 알 수 없다. 장기 실직자는 고용 이력이 좋지 않거나 구직 활동에 태만했거나 직종 선택에 지나치게 까다로웠을 수도 있다. 대공황 때 정치인들은 일상적으로 이런 이유를 갖다 붙였다. 다중회귀분석으로는 이런 설명이 옳은지 알 수 없다. 이런 변수를 아무리 '통제'해도 자기선택 편향을 없앨 수 없으며, 고용 편견이 있는지 알 수 없다.

이 질문에 답하는 유일한 수단은 실험이다. 실제로 실험이 실시됐고, 결과도 이미 나와 있다. 경제학자 랜드 가야드Rand Ghayad와 윌리엄 디킨스William Dickens는 600개의 구인 공고를 보고 가짜 이력서 4,800통을 보냈다.[14] 실업 기간을 제외한 다른 조건이 동일할 때, 단기 실업자는 장기 실업자보다 면접 기회가 2배 많이 주어졌다. 심지어 장기 실업자가 단기 실업자보다 해당 분야에서 자질이 훨씬 높을 때조차 단기 실업자에게 면접 기회가 많이 주어졌다.

실험으로만 대답할 수 있는 문제에도 일부 과학자는 다중회귀분석으로 답을 하려고 한다.

많은 실험 결과에서 전형적인 흑인 이름(디안드레이D'André, 라키샤Lakaisha)을 가진 아프리카계 미국인 구직자는 그렇지 않은 이름(도널드Donald, 린다Linda)을 가진 동일한 조건의 구직자보다 면접 기회를 얻을 확률이 적었다. 전형적인 백인 이름을 가진 구직자는 흑인 이름을 가진 구직자보다 면접 기회를 얻을 확률이 무려 50퍼센트 높았다.[15] 백인 이름은 흑인 이름과 비교해 무려 8년 경력에 맞먹는 가치를 지닌다. 대단히 저명한 경제학자 롤런드 프라이어와 스티븐 레빗Steven Levitt은 흑인 이름을 가진 사람이 정말로 경제 성과가 낮은지 알아보기 위해 다중회귀분석으로 흑인 이름과 다양한 경제 성과 사이의 관계를 알아보았다.[16] 이들이 연구한 사람들은 캘리포니아에서 라틴계가 아닌 흑인 집안에서 태어나 성인이 되어서도 캘리포니아에 살았던 흑인 여성이다. 종속변수는 구직 성공률이나 소득 또는 직업상의 지위가 아니라 여성의 우편번호에 나타난 평균 소득 그리고 민간 의료보험 가입 여부 등 간접적으로 측정한 삶의 결과물이다. 연구원의 보고에 따르면, 민간 의료보험 가입 여부라는 변수가 "현재 고용의 질과 관련해 우리가 가지고 있는 최고의 척도"였다.[17] (실제로 그것은 조사원이 가진 최고의 척도였다. 직업 성취도를 알아보는 척도치고는 다소 엉성하다.)

프라이어와 레빗의 연구에서 흑인 이름을 가진 여성은 백인 이름을 가진 여성보다 직업 성공 지표에서 훨씬 안 좋은 결과를 보였는데, 비슷한 실험을 떠올리면 이미 예상한 결과다. 그런데 이름과 결과변수 사이의 이 관계는 다음 변수를 통제하면 사라져버렸다. 즉, 해당 여성이 태어난 병원에서 흑인 아기의 비율, 해당 여성이 태어난 지방에서 흑인 아기의 비율, 그리고 그 어머니가 캘리포니아에서 태어났는지 여부, 해당 여성이 태어날 때 어머니 나이와 아버지 나이, 산전 관리 서비스를 몇 개월 받았는지, 해당 여성이 지방 병원에서 태어났는지, 출산 시 몸무게, 해당 여성의 자녀 수, 해당 여성이 남편 없이 아이를 키우는지 등.

두 사람은 이런 분석의 문제를 알고 있었고 그 사실을 인정했다. "이 실증적 접근법의 명백한 약점은 해당 여성의 관찰되지 않은 특성이 삶의 성과와 이름에 모두 상관관계가 있다면 우리 추정 치는 편향될 것이라는 점이다."[18] 실제로 그랬다.

그럼에도 두 사람은 여전히 다른 요소를 통제한다면 이름이 얼마나 흑인처럼 들리는지와 삶의 성과 사이에는 연관성이 없다고 주장한다. "우리 연구 결과 (…) 출생할 때의 환경을 통제한다면 명백한 흑인 이름과 이후 삶의 성과 사이에는 부정적 관계가 없었다."[19] 이들의 결론을 정당화하려면, 두 사람이 조사한 변수보다 직업적 성공을 더 분명하게 예견할 많은 변수를 평가했어야 했다. (그리고 많은 통제변수가 종속변수와 대단히 흥미로운 상관관계 이상의 밀접한 관계가 있는데, 그런 통제변수를 더 많이 조사한다면 결과는 달라졌을지 모른다.)

프라이어와 레빗의 연구는, 부모가 아이에게 흑인 이름을 지어주어도 나중에 직업과 관련된 불이익을 받진 않으리란 점을 시사한다. 실험 연구 결과에 비춰볼 때 대단히 믿기 어려운 이야기다.

캐서린 밀크맨Katherine Milkman이 동료들과 실시한 최근 연구를 보면, 흑인 이름은 대학원에서 불이익을 가져올 수 있는 분명한 요인이었다.[20] 교수 수천 명에게 소위 대학원생이 될 사람들이 이메일을 보냈다. 일주일 안에 만나 연구 기회를 논의하고 싶다는 내용이었다. 그 결과, 백인 이름의 남학생은 흑인 이름의 남학생보다 면담 기회를 얻을 확률이 12퍼센트 높았다. 이런 차이는 실제로 중대한 결과로 이어질 수 있었다. 지도교수의 첫 번째 선택을 받느냐 못 받느냐는 이후에 뛰어난 경력을 쌓느냐 변변찮은 경력을 쌓느냐의 갈림길이 될 수 있다.

프라이어와 레빗은 왜 다중회귀분석 연구가 실험 연구에 의문을 던질 만큼 위력과 정확성을 가질 수 있다고 장담했을까? 프랑스어의 'déformation professionnelle(데포르마시옹 프로페시오넬)', 즉 자신과 직업이 같은 사람의 관점과 수단을 채택하는 성향 때문이 아닐까

싣다. 경제학자들이 진행하는 연구 중에는 이용 가능한 방법이 다중회귀분석뿐인 경우가 많다. 경제학자들은 연방준비제도이사회가 정한 이자율을 조정할 수 없다. 대공황 중에 긴축정책과 경기부양책 중에 어느 것이 국가 경제에 도움이 되었는지 알고 싶다면 긴축의 정도와 회복 강도를 연관시킬 수 있지만, 이때 국가를 긴축 조건에 무작위로 배정할 수는 없다.

경제학자들은 다중회귀분석을 주요 통계 도구로 배운다. 그러나 이때 꼭 필요한 비판은 배우지 않는다. 레빗은 기자 스티븐 더브너 Stephen Dubner와 함께 쓴 책에서,[21] 미국 교육부가 수집한 자료인 '초기 어린 시절에 관한 종적 연구 Early Childhood Longitudinal Study'를 분석한 글을 실었다. 이 연구는 유치원부터 5학년까지 아이들의 학업 성취도를 수십 가지 다른 변수들과 함께 조사했는데, 이를테면 부모의 수입과 교육 수준, 집에 책이 몇 권 있는가, 아이들에게 책을 몇 권이나 읽어주었는가, 입양된 아이인가 등이다. 레빗은 다중회귀분석에 기초해 수많은 변수와 학업 성취도의 관계를 분석해 결론을 내렸다. 집에 책이 몇 권 있는가를 비롯한 여러 변수를 제외하면, "독서는 초기 어린 시절의 점수에 영향을 미치지 않는다."[22] 아이에게 책을 읽어주는 것은 지적 발달에 중요치 않다고 결론 내리는 데 다중회귀분석은 적절한 도구가 아니다. 그런 결론은 실험을 통해서만 가능하다. 레빗이 내린 추가 결론에 따르면, 아이에게 책을 읽어주는 것을 비롯한 많은 변수를 제외하면, 집에 책이 몇 권 있는가가 점수에 중요한 영향을 미친다. 책을 많이 가지고 있으면 아이들이 똑똑해지지만, 책을 읽어준다고 해서 아이들이 똑똑해지지는 않는다는 결론이다. 다중회귀분석을 크게 신뢰한 레빗은 이 현상의 인과관계를 설명하고자 한다.

레빗의 주장에 나타난 훨씬 더 중요한 오류는 가정환경이 아이의 지적 능력에 거의 영향을 미치지 않는다는 것이다. 이 결론의 토대가 된 것은 입양 아이들을 대상으로 한 연구다. "연구 결과, 아이들의 학업 능력은 입양한 부모의 IQ보다 친부모의 IQ에 훨씬 더 영향을 받는다."[23] 그러나 상관관계는 가정환경의 중요성을 측정할 때 이용하기에 적절한 자료가 아니다. 그보다는 아이를 입양한 경우와 아이를 사회경제적 지위가 매우 낮은 친부모와 살도록 내버려두었을 때를 비교한 자연실험의 결과를 살펴보아야 한다. 아이를 입양한 부모의 가정환경은 여러 면에서 일반 가정환경보다 아이에게 훨씬 더 유리한 게 보통이다. 그리고 입양된 아이의 학교 성적은 그 아이의 입양되지 않은 형제보다 0.5표준편차 높고, 입양된 아이의 IQ는 입양되지 않은 형제보다 1표준편차 높다. 그리고 아이를 입양한 부모의 사회계층이 높을수록(따라서 지적 환경이 평균적으로 더 유리할수록) 입양된 아이의 IQ는 더 높다. 가정환경이 지적 능력이 미치는 영향은 실제로 매우 크다.[24]

레빗을 옹호하자면, 그가 입양 환경의 영향에 관해 잘못된 결론을 내린 것은 그만의 잘못이 아니다. 행동과학자와 유전학자들은 환경이 지적 능력에 미치는 영향을 연구할 때 상관관계 자료에 의지한 탓에 지난 수십 년간 엉터리 결론에 도달했다.

일부 저명한 경제학자들도 실험의 가치를 전혀 인식하는 못하는 눈치다. 경제학자 제프리 삭스Jeffrey Sachs는 아프리카 마을 몇 곳을 대상으로 삶의 질을 개선한다는 의도로 건강, 농업, 교육에서 대단히 야심찬 개입 프로그램을 시작했다. 프로그램 비용은 다른 대안 프로그램보다 훨씬 높았고, 개발 전문가들에게 혹독한 비판을 받았다.[25]

삭스가 개입한 마을 중에 생활 여건이 개선된 곳도 있지만, 비슷한 다른 마을 중에 그가 개입하지 않았지만 개입한 곳보다 더 개선된 곳도 있었다. 비슷한 마을을 그가 개입하는 조건과 개입하지 않는 조건에 무작위로 배정해, 그가 개입한 마을이 대조군 마을보다 더 발전했다는 것을 증명했더라면 비판을 피할 수 있었을 것이다. 삭스는 "윤리적 근거"를 들어 실험을 거부했다.[26] 그러나 실험이 가능한데도 실험을 진행하지 '않는' 것이 오히려 비윤리적이다. 삭스는 다른 사람의 돈을 상당히 많이 썼지만, 그 돈을 비용이 훨씬 적게 드는 다른 대안 프로그램에 썼을 때보다 삶을 더 개선했는지는 알 수 없다.

하지만 경제학자 중에 사회심리학에서 실시하는 무작위 대조군 실험을 실시하는 사람이 점점 늘고 있다. 최근에 경제학자 센딜 멀레이너선Sendhil Mullainathan과 심리학자 엘다 샤퍼Eldar Shafir가 진행한 일련의 실험이 인상적인데, 자원 희소성은 농부에서 최고경영자에 이르기까지 모든 사람의 인지 기능에 심각한 결과를 초래할 수 있음을 보여준 실험이었다.[27] 갑자기 수천 달러가 드는 자동차 수리를 해야 한다면 예산을 어떻게 조정하겠느냐고 사람들에게 물어본 뒤 IQ를 검사해보면, 형편이 어려운 사람의 IQ가 크게 떨어지는 것을 볼 수 있다. 잘사는 사람은 이런 생각을 해도 IQ에 영향을 받지 않는다. (수천이 아니라 몇백 달러짜리 자동차 수리라면, 잘사는 사람이나 형편이 어려운 사람이나 IQ 검사 결과에는 변함이 없다.)

경제학자 라즈 체티Raj Chetty는 다른 경제학자들에게 경제 가설을 검증하는 자연실험을 찾아보라고 종용하는 선두주자다. 장기적으로 볼 때, 교사의 질이 정말로 중요할까? 대단히 유능한 교사를 만났을 때와 훨씬 덜 유능한 교사를 만났을 때의 차이를 유능한 교사가 오기 전과 온 직후(또는 그 교사가 나간 후) 학생들의 평균 성취도로 추정할 수 있다.[28] 예를 들어 어떤 학교 3학년 성적이 해마다 평범한 수준이었는데, 이곳에 과거 경력이 뛰어난 교사가 들어왔다(앞선 교사가 건강상의 이유로 학교를 떠났을 수도 있다). 그러자 3학년 학급 성적이 훌쩍 오르더니 이 교사가 있는 동안 계속 그 상태를 유지한다면, 이후 학업 성취도, 대학 진학, 성인이 되었을 때의 수입에도 이 상승효과가 나타나는지 알아볼 수 있다. 이런 식으로 교사의 능력이 이 모든 변수에 미치는 영향을 표시한다. 이런 연구는 거의 실험에 준하게 취급되는데, 해당 교사가 들어오기 전의 학급은 그 교사가 들어온 뒤의 학급에 대한 사실상의 대조군이 되기 때문이다. 각 조건에 학급을 무작위로 배정했다고 보기 어렵지만, 교사가 배정된 것이 우연이라면 비교적 훌륭한 자연실험이 된다.

경제학자들이 실시한 손에 꼽을 만한 중요한 실험으로 롤런드 프라이어의 교육 개입 실험이 있다. 그는 더없이 값진 교육 실험을 실시해 여러 사실을 증명했는데, 금전적 인센티브가 소수민족 학생의 학업 성취도에 거의 영향을 미치지 않는다는 사실도 그중 하나다.[29] 금전적 인센티브는 교사에게도 별 효과가 없다. 단, 연초에 인센티 브를 주면서 학생의 성적을 올리지 못하면 나중에 인센티브를 회수 한다는 조건을 달아 손실회피 성향을 촉발할 때는 예외다.[30] 이 사실 은 5장에서 다룬, 잠재적 이익보다 잠재적 손실의 효과가 훨씬 크다 는 것을 보여주는 훌륭한 예다. 프라이어는 매우 성공적인 '할렘 어 린이구역Harlem Children's Zone' 실험에서도 큰 역할을 했으며, 이 실험 으로 아프리카계 미국인 학생들의 학업 성취도가 크게 향상되었다.

심리학자들도 마찬가지

안타깝지만 심리학자들도 다른 행동과학자들과 마찬가지로 다중회 귀분석을 잘못 사용한 책임이 있다고 인정해야겠다.

흔히 보도되는 기사 중에 육아휴직 수당이 후한 회사에 다니는 직 원은 육아휴직 수당을 지급하지 않는 회사에 다니는 직원보다 업무 만족도가 높다는 이야기가 있다. 이 상관관계를 뒷받침하는 다중회 귀분석에 따르면, 휴가 정책이 좋을수록 직원의 업무 만족도가 높고 이는 회사 크기, 직원 급여, 동료에 대한 만족도, 직속상관의 호감도 등을 '통제해도' 여전히 사실이다. 이런 분석에는 세 가지 문제가 있 다. 첫째, 여러 변수 중에 한정된 수의 변수만 측정하게 될 것이고, 이 중에 잘못 측정한 변수가 하나라도 있다면, 그리고 육아휴직 정책의 관대함과 업무 만족도에 모두 관련이 있는데도 조사하지 않은 변수가 있다면, 업무 만족도의 원인은 휴가 정책이 아니라 그런 변수일지도 모른다. 둘째, 직원이 회사에서 경험하는 모든 것에서 육아휴직 정책만 따로 떼어내는 것은 전혀 말이 안 된다. 관대한 휴가 정책은 회사의 다른 모든 긍정적 특성과 긴밀히 연관되기 쉽다. 여러 변수가 복잡하게 얽힌 실타래에서 한 올만 끄집어낸 다음 그 많은 변수 중 몇 개만 '통제'하는 방식으로는 오류를 피하기 어렵다. 셋째, 이런 분석은 3장에서 다룬 후광효과 문제에 특히 취약하다. 자기 일을 좋아하는 사람에게는 썩 좋아하지는 않는 사람보다 화장실도 더 깨끗해 보이고, 직원들도 잘생겨 보이고, 출퇴근도 덜 지루한 법이다. 사랑은 사람을 눈멀게 하고, 분별력을 떨어뜨린다.

이런 문제는 성격 연구에서 두드러진다. 어떤 사람의 성격에서 한 가지 요소만 떼어내어 그것이 다른 요소와 크게 관련이 없으며 한데 얽히지 않았다고 단정하는 것은 앞뒤가 안 맞을 수 있다. 심리학자들은 "외향성, 자제력, 우울증 성향을 통제하면, 자긍심은 학업 성취도와 관련이 있다"라는 식의 연구 결과를 자주 발표하곤 한다. 그러나 우울증 같은 바람직하지 않은 다른 특성과 낮은 자긍심은 서로 관련이 있다고 보는 게 일반적이다. 이를테면 기분이 안 좋으면 스스로를 낮게 평가하고, 스스로를 낮게 평가하면 기분이 안 좋아진다. 자긍심을 우울증에서 따로 떼어낼 수 있다고 보는 것은 한마디로 헛소리다. "나는 멋진 인간이지만, 너무 우울해서 뭐가 뭔지 모르겠어"라거나 "지금 최고로 행복한데, 난 정말 또라이야"라고 말할 수 있는 사람은 많지 않을 것이다. 말이 안 되는 건 아닐지라도 문장이 어색해 보이는 것은 자긍심과 우울증은 서로 얽히게 마련이라는 증거다. 둘은 서로 분리 가능한 결합이 아니다.

내 동료 심리학자 중에 많은 수가 당혹스러워할 결론을 내리자면 이렇다. 우울증을 통제하면 학업 성취도가 자긍심에 영향을 받는지, 신경과민을 통제하면 남학생 사교모임 회원의 인기가 외향성에 영향을 받는지, 나이와 학력과 사회 활동 빈도 그리고 기타 10여 가지 변수를 통제하면 하루에 포옹을 받는 횟수가 감염에 대한 저항성과 관련이 있는지 등의 물음은 다중회귀분석으로 대답할 수 없다. 자연이 짝지어주신 것을 다중회귀분석이 갈라놓을 수 없을지니.

상관관계가 없다고 인과관계도 없는 것은 아니다

상관관계는 인과관계를 증명하지 않는다. 그러나 상관관계 연구의 문제는 여기서 그치지 않는다. **상관관계가 약하다고 해서 인과관계도 약한 것은 아니다.** 이런 실수는 그 반대의 오류와 마찬가지로 자주 나온다.

다양성 교육을 실시하면 여성과 소수 집단 고용률이 높아질까? 미국 700개 조직의 인사부 관리자에게 다양성 교육을 실시하는지 묻고, 평등한 고용 기회 위원회Equal Employment Opportunity Commission에 제출된 그들 회사의 소수 집단 고용률을 점검해, 이 질문을 조사한 연구가 있다.[31] 연구 결과, 다양성 교육을 실시하는 것과 "관리직에 백인 여성, 흑인 여성, 흑인 남성을 고루 분배"하는 것은 관련이 없었다. 연구원들은 다양성 교육이 여성과 소수 집단 고용에 영향을 미치지 않는다고 결론 내렸다.

여기서 잠깐! 다양성 교육을 실시하는 것과 실시하지 않는 것은 자기선택 변수다. 다양성 교육 코치를 고용한 기업 중에는 여성과 소수 집단 고용을 늘릴 여러 효과적인 방법을 물색하는 타 기업보다 오히려 관심이 적은 기업도 있을 수도 있다. 사실 이들이 다양성 교육 프로그램을 실시하는 이유는 실제 고용 정책을 은폐하기 위해서일지도 모른다. 다양성 교육을 실시하지 않는 기업이라도, 이를테면 미국 군대가 특수 기동 부대를 만들 듯 다양성 특별팀을 구성해, 여성이나 소수 집단이 승진했을 때 이를 상관의 업무 평가에 반영하는 식으로 여성이나 소수 집단을 효과적으로 고용할 수도 있다. 다양성 프로그램이 효과가 있느냐 없느냐를 증명하려면 무작위 실험을 해야 한다. A와 B 사이에 상관관계가 없다는 이유로 A는 B의 원인이 되지 못한다고 반사적으로 결론을 내리는 일은 없어야 한다.

차별: 통계를 살펴야 할까, 회의실을 도청해야 할까

차별을 이야기하는 참에, 조직에서 (또는 사회에서) 차별이 벌어지고 있는지를 통계로 증명할 길은 없다는 점을 짚고 넘어가야겠다. 어떤 분야에서 여성에게 존재하는 '유리 천장' 이야기나 학교에서 남자아이나 소수 집단 아이의 정학 비율 불균형 이야기를 들어보았을 것이다. 이런 이야기가 시사하는 바(더러는 직접적 비난)는 차별이 존재한다는 것이다. 그러나 숫자만으로는 내막을 알 수 없다. 우리는 남성만큼이나 많은 여성이 법률사무소에서 파트너 변호사가 되고 기업에서 고위급 경영자가 될 자격을 갖추었거나 그렇게 되고픈 욕구가 있는지 잘 모른다. 그리고 여자아이와 남자아이는 학교에서 정학을 당할 만한 행동을 할 확률이 다르다고 생각할 만한 꽤 그럴듯한 이유가 있다.

대학원과 교수진에 여성의 비율이 낮은 이유를 흔히 차별 때문이라고 했던 때가 그리 오래전이 아니다. 물론 차별도 있었다. 나도 잘 안다. 나 역시 목격자니까. 예전에 여자에게 대학원 입학을 허용하거나 여자를 교수로 채용하는 것을 두고 남자들이 하는 이야기를 은밀히 들은 적이 있다. "남자를 뽑아. 여자들은 십중팔구 중간에 그만두게 되어 있어." 이때는 차라리 대화를 도청하는 편이 남자와 여자의 채용 비율을 비교한 노골적 통계가 증명하지 못한 것을 증명하는 데 도움이 되었을 것이다.

그러나 요즘은 대학생의 60퍼센트가 여성이고 인문학, 사회과학, 생물학 대학원뿐 아니라 법대와 의대에서도 여학생이 절반을 넘는다. 내가 가르치는 미시간대학에서는 조교수 3분의 2가 여성이다(종신교수는 여성과 남성의 비율이 같다).

그렇다면 이런 통계는 남성이 차별받는다는 증거일까? 그렇지 않다. 그리고 대화를 도청하더라도 (적어도 우리 대학에서는) 차별의 증거가 나오지 않으리라고 나는 확신한다. 반면에 우리 대학원 과정에 여학생이 압도적 다수를 차지하리라는 전망을 매우 자주 접하다 보니 남성의 입학 기준을 완화해야 하지 않나 고민하는 분위기도 없지 않다. 물론 맹세컨대, 이를 의식적으로 실행한 적은 결코 없다.

대학원 교육에 관한 통계를 바탕으로 일부 사람들은 아직도 자연과학 분야에서 여성이 차별받는다고 주장한다. 최근에 내가 읽은 어느 책에서는 물리학에서 여성의 "출입이 봉쇄되었다"고 주장했다. 통계 외에 다른 증거가 없는 상태에서 그런 주장은 정당화되기 어렵다.

하지만 꼭 회의실을 도청해야만 차별의 존재를 증명할 수 있는 것은 아니다. 실험으로도 가능하다. 자동차 판매원은 백인 남성보다 여성과 소수민족에게 더 높은 값을 부를까? 백인 남성, 여성, 소수민족 사람을 대형 자동차 매장에 보내어 이들에게 어떤 가격이 제시되는지 살펴보라. 연구 결과 실제로 백인 남성이 가장 낮은 가격을 제시받았다.[32]

잘생긴 사람은 살면서 더 큰 행운을 누릴까? 많은 연구가 그렇다고 답했다. 소위 비행 청소년 사진을 파일에 꽂아 대학생 '판사들'에게 보여주고, 이들이 어떤 형량을 선고하는지 살펴보라. 잘생긴 아이는 앞으로 좋은 시민이 되리라는 판단에 따라 비교적 적은 형량을 받을 확률이 높았다. 반면 못생긴 아이는 엄벌에 처해졌다.[33]

존 F. 케네디가 말한 대로 "삶은 불공평하다." 그리고 특정 집단 사람들이 다른 집단 사람들보다 얼마나 더 불공평한가를 밝히는 최상의 도구는 실험이다.

다중회귀분석은 독립변수와 종속변수의 관계를 살핀다. 이때 해당 독립변수와 다른 변수들의 관계를 통제하고, 그 다른 변수들과 해당 종속변수와의 관계를 통제한다. 이 방법을 토대로 인과관계를 말하려면 인과관계에 영향을 미치는 요소를 모두 알고, 신뢰할 만한 타당한 방법으로 그 요소들을 측정할 수 있을 때뿐이다. 하지만 그런 조건을 충족하기는 매우 어렵다.

다중회귀분석의 근본적 문제는 모든 상관관계 분석과 마찬가지로 자기선택이다. 연구를 진행하는 사람이 각 실험 대상자에게(또는 각 경우에) 독립변수 값을 정해주지 않는다. 그 말은 해당 독립변수와 관련 있는 변수가 얼마든지 더 있을 수 있다는 이야기다. 이때 대개는 그 변수들을 모두 찾아내지는 못한다. 행동 연구에서는 관련이 있을 법한 변수를 모두 찾았다고 확신할 수 없는 게 보통이다.

이런 사실에도 불구하고 다중회귀분석은 쓸모가 많다. 더러는 조작이 불가능한 독립변수도 있다. 가령 사람의 나이를 바꿀 수는 없는 일이다. 실험을 하더라도 실험에서 증명된 관계가 자연 생태에서도 들어맞는다는 걸 안다면 실험 결과를 더욱 확신할 수 있다. 그리고 다중회귀분석은 일반적으로 실험보다 비용이 훨씬 덜 들고, 반드시 실험으로 검토해야 할 관계가 어느 것인지도 알려준다.

어떤 관계에 대해 적절한 실험으로 나온 결과와 다중회귀분석으로 나온 결과가 다를 때는 실험을 믿어야 한다. 물론 실험이 엉터리라면 다중회귀분석보다 나을 게 없거나 더 못할 수도 있다.

다중회귀분석의 근본적인 문제는 여러 독립변수를 기본 요소로 삼으면서, 그 독립변수들을 논리적으로 서로 별개로 간주할 수 있다고 생각하는 것이다. 그러나 사실은 그렇지 않다. 적어도 행동과 관련한 변수들은 그렇지 않다. 자긍심과 우울증은 본질적으로 서로 밀접히 연관되어 있다. 따라서 이 중 하나가 다른 하나와 별개로 종속변수에 영향을 미쳤는지 묻는 것은 터무니없다.

상관관계가 인과관계를 증명하지 않듯, 상관관계가 없다고 해서 인과관계도 없다고 말할 수 없다. 다중회귀분석을 이용해 관계를 분석할 때 숨겨진 인과관계를 눈치채지 못한 탓에 엉터리 부정적 관계가 나올 수도 있고 엉터리 긍정적 관계가 나올 수도 있다.

12장

묻지 마, 나도 몰라

우리는 신문, 잡지, 경제 보고서에 실린 사람들의 믿음, 가치, 행동에 관한 설문과 그 결과를 평생 얼마나 읽겠는가? 분명 수천 건은 될 거다. 자신이 몸담은 직장이나 학교 또는 자선단체에 필요한 중요한 정보를 얻기 위해 직접 설문 조사를 했던 사람도 있을 것이다.

우리는 대개 설문 결과를 무비판적으로 읽는 경향이 있다. "흠, 세상에! 〈뉴욕타임스〉를 보니까 미국인 56퍼센트가 세금을 늘려 국립공원을 더 많이 만드는 데 찬성했다네." 우리가 직접 설문을 만들고 사람들이 그 질문에 답을 할 때도 마찬가지다.

이 책에서 이제까지 다룬 방법은 동물, 채소, 광물 등 거의 모든 것에 적용이 가능하다. 쥐를 대상으로 A/B테스트를 할 수 있고, 자연실험으로 옥수수 수확에 영향을 미치는 요소를 알아낼 수 있으며, 다중회귀분석으로 물의 순도와 관련한 요소를 연구할 수도 있다. 이제는 특히 인간과 관련한 변수를 측정할 때 방법론적 어려움을 살펴보고자 한다. 쥐, 옥수수, 물과 달리 사람은 자신의 견해, 감정, 욕구, 목표, 행동을 언어(말 또는 글)로 표현할 수 있다. 그리고 무엇이 이런 변수의 원인인지도 스스로 설명할 수 있다. 이번 장에서는 이런 자기보고가 오해를 불러일으킬 소지가 얼마나 많은지 소개하고자 한다. 우리 행동에 영향을 미치는 것이라도 우리가 통제하기 어렵다는 사실을 1부에서 읽은 터라 그다지 놀랍지 않을 것이다. 여기서는 인간의 특성과 상태에 관한 물음에 본인의 구두보고보다 더 믿을 만한 답을 얻을 다양한 행동 측정법을 선보이고자 한다.

무엇이 내 생각, 행동, 신체적·정신적 건강에 영향을 미치는지 알아보기 위해 자신을 대상으로 실험을 하려는 사람은 이번 장에서 도움을 받을 수 있다. 나에 대한 상관관계 증거도 다른 상관관계 증거만큼이나 왜곡될 수 있다. 그러나 나를 대상으로 실험을 하면 정확하고 설득력 있는 증거를 얻을 수 있다.

성급히 만들어지는 견해

다음 예를 읽어본다면 사람들이 자기 입으로 말하는 답을 믿기 전에, 그들의 생각과 믿음에 관해 유용한 정보를 얻는 최선의 방법이 무엇인지 고민할 수 있을 것이다. 그리고 사람들이 자신의 판단과 행동에 영향을 미쳤다고 지목하는 것을 의심할 수 있다.

질문: 당신에게 삶에서 긍정적이었던 사건 셋을 물은 뒤에 삶의 만족도를 물었다고 가정해보자. '또는' 부정적인 사건 셋을 물은 뒤에 삶의 만족도를 물었다고 해보자. 둘 중 어떤 경우에 삶의 만족도가 더 크다고 대답했겠는가?

대답: 긍정적인 사건을 물었을 때와 부정적 사건을 물었을 때의 효과에 대해 당신이 뭐라고 추측했든, 미안하지만 당신 답은 틀렸다. 당신의 답은 전적으로 당신이 회상한 사건들이 근래의 일이냐, 5년 이상 된 일이냐에 달렸다. 질문 직후, 최근에 일어난 고약한 일을 생각했다면 최근에 일어난 좋은 일을 생각했을 때보다 삶은 더 비참해 보일 것이다.[1] 당연하다. 그런데 5년 전의 일을 생각할 때는 그 반대다. 5년 전에 일어난 안 좋은 일을 생각하면 지금 삶은 상대적으로 좋아 보인다. 5년 전에 일어나곤 했던 멋진 일을 생각하면 지금 삶은 상대적으로 그다지 좋아 보이지 않는다('위대한 세대(미국의 유명한 뉴스 아나운서 톰 브로커가 저서《위대한 세대 The Greatest Generation》에서, 대공황 시기에 자라고 제2차 세계대전을 겪은 미국인 세대를 일컬어 사용한 말—옮긴이)'는 대공황 때 힘들게 살았을수록 현재 삶에 더욱 만족하는데, 언뜻 이해하기 힘든 이 현상도 앞의 설명으로 이해할 수 있다).[2]

질문: 오마하에 사는 사촌이 당신에게 전화로 안부를 묻는다. 당신이 있는 곳의 날씨가 맑고 따뜻한지, 아니면 흐리고 추운

지에 따라 당신 대답은 달라지겠는가?

대답: 달라진다. 날씨가 좋다면 날씨가 영 안 좋을 때보다 잘 지낸다고 말할 확률이 높다. 당연할 수 있다. 그러나 잠깐! 사촌이 당신이 사는 도시의 오늘 날씨를 물은 뒤에 안부를 물었다면, 당신의 대답은 날씨의 영향을 받지 않는다.[3] 왜 그럴까? 심리학자들의 말에 따르면, 날씨를 생각해야 할 때는 현재 기분이 날씨와 관련 있다고 생각해 기분을 약간 조절해 날씨에 따라 행복 지수를 더하거나 뺀다. '인생이 꽤 잘 나가는 것 같지만, 내가 그렇게 느끼는 이유는 현재 기온이 20도에 햇빛이 좋기 때문일 거야. 사실은 그저 그럴지도 모르는데.'

질문: 결혼 만족도와 인생 전체 만족도의 상관관계가 어떨 것으로 생각하는가?

대답: 쉽게 생각해볼 수도 있는 질문 같다. 사람들에게 삶에 만족하는지 물은 다음에 결혼에 만족하는지 묻는다. 둘의 상관관계가 높을수록 결혼에 대한 만족도가 삶에 대한 만족도에 미치는 영향이 크다고 추측할 수 있을 것이다. 이 상관관계를 실제로 조사한 적이 있다.[4] 이때 나타난 상관관계는 0.32로, 결혼 만족도가 삶 전체에 대한 만족도에 미치는 영향은 그럭저럭 중요하다. 그런데 질문 순서를 바꿔, 결혼 생활에 얼마나 만족하는지 물은 다음, 삶에 얼마나 만족하는

지 물어본다고 하자. 이때의 상관관계는 0.67, 그러니까 결혼의 질이 삶의 질에 미치는 영향이 매우 크다고 할 수 있다. 따라서 어떤 사람이 삶이 아주 만족스럽다고 말하는지, 그저 괜찮다고만 말하는지는 그에게 결혼생활이 얼마나 좋으냐고 묻느냐 안 묻느냐에 '크게' 좌우된다. 이런 현상은, 그리고 이번 장에서 이야기할 많은 현상은 1장에서도 다루었던 '구두 점화효과(먼저 제시된 말이나 자극이 나중에 제시된 말이나 자극에 영향을 주는 현상 —옮긴이)'가 사람들이 자기 견해를 이야기할 때 어떤 식으로 나타나는지를 보여준다.

질문 순서가 중요한 이유는, 아마도 결혼을 먼저 물으면 결혼이 대단히 두드러져 보이면서 삶 전체에서 차지하는 비중이 크게 느껴지기 때문일 것이다. 결혼을 먼저 묻지 않으면 다양한 일들이 머릿속에 떠오르고 그 광범위한 집합이 삶의 만족도를 평가하는 데 두루 영향을 미친다. 그렇다면 정말로 결혼의 질이 삶의 질에 얼마나 중요할까? 이 질문에 정답은 없을 수 있다. 적어도 이런 식의 질문으로는 답을 얻을 수 없다. 결혼의 질이 삶의 질에서 차지하는 비중이 쉽게 바뀔 수 있다면, 진실은 여전히 오리무중이다.

견해나 행동에 관한 질문에 대답할 때 그 답은 우연이나 우스꽝스러워 보이는 것들에 휘둘릴 때가 많다.

정치인에 대한 호감도를 묻는다고 가정해보자. 그런데 질문을 하기 전에, 다른 사람들은 정치인에 대한 호감도를 최저 1점에서 최고

6점 중에 평균 5점을 주었다고 말해준다. 또는 평균 2점을 주었다고 말해준다. 이때 사람들은 평균 2점이라고 들었을 때보다 평균 5점이라고 들었을 때 정치인에게 더 후한 점수를 준다. 이 중 일부는 순전히 남들의 평가를 따라가는 경우다. 이상한 사람으로 보이고 싶지 않아서다. 하지만 더욱 흥미로운 것은, 다른 사람들의 호감도가 정치인에 대한 내 판단을 바꿀 뿐 아니라 질문하는 사람이 말하는 정치인이 어떤 종류의 정치인인가에 대한 내 추측도 바꿔놓는단 점이다.[5] 질문하는 사람이 다른 사람들은 대개 정치인을 높이 평가한다고 말하면, 이때 '정치인'은 처칠이나 루스벨트 같은 사람이려니 생각한다. 반면에 사람들은 대부분 정치인을 낮게 평가한다고 말하면, 이때 '정치인'은 사적인 이익이나 당리당략에만 관심 있는 사람이나 사기꾼이려니 생각한다. 질문하는 사람이 대답하는 사람의 판단 대상까지 바꿔놓은 셈이다.

미국인의 몇 퍼센트가 사형제도에 찬성할까? 대략 과반수가 찬성한다. 그러나 어떤 경우에는 절반이 안 되기도 한다. 범죄와 범인 그리고 당시 상황을 자세히 설명할수록 두말없이 사형에 처해야 한다는 대답은 줄어든다.[6] 놀랍게도 여성을 성폭행한 뒤 살해한 극악무도한 범죄일 때도 그렇다. 범죄자의 성격과 살아온 내력을 자세히 설명해줄수록 사람들은 사형제도에 찬성하기를 꺼린다. 그 설명에 부정적인 내용이 압도적일 때조차 그러하다.

미국인의 몇 퍼센트가 낙태에 찬성할까? 창에 블라인드를 치고 목소리를 낮춰 묻는다. "당신 생각은 어떤가요?" 2009년 갤럽 조사에서는 미국인의 42퍼센트가 '낙태 찬성'으로 나타났다.[7] 그런데 그해 갤럽이 실시한 다른 여론조사에서는 23퍼센트가 어떤 경우에도 낙태는 합법화되어야 한다고 생각했고, 53퍼센트는 특정한 경우에만 합법화되어야 한다고 생각했다.[8] 그렇다면 미국인의 76퍼센트가 낙태를 지지하는 셈이다. 내 생각에, 성폭행이나 근친상간을 당했을 때 또는 산모의 목숨이 위태로울 때 낙태에 찬성하느냐고 묻는다면 찬성률은 훨씬 더 높아질 게 분명하다. 이 질문 중 어느 하나에라도 그렇다고 대답한다면, 그들을 낙태 찬성으로 집계할 수 있다. 그렇다면 전체 인구 중 낙태에 찬성하는 사람이 과반이냐 아니냐는 전적으로 어떻게 묻느냐에 달렸다.

심리학자들이 실시한 많은 연구를 보면, 사람들은 자신의 견해를 머릿속 파일 서랍에 넣고 다니지 않는다. '내가 낙태를 어떻게 생각하더라? 흠, 알아봐야겠군. 어디 보자. 낙태, 그것에 대한 견해. 옳지, 여기 있다. 적당히 반대하는 쪽이군.'

그보다는 어떤 사건에 대한 견해는 대개 '전후 맥락에 좌우되는' 성향이 짙고 성급히 만들어진다. 전후 맥락이 바뀌면 견해도 바뀐다. 이때 사소해 보이는 상황도, 이를테면 질문 표현 방식, 사용된 답변 범주의 유형과 개수, 앞선 질문의 성격 등도 전후 맥락에 해당되어, 사람들이 자신의 견해를 표시할 때 큰 영향을 미칠 수 있다. 개인적으로 또는 사회적으로 대단히 중요한 견해를 표시할 때마저 이런 상황에 크게 흔들린다.

우리는 언제 행복한가

자신의 견해를 직접 말하는 구두보고는 수많은 방법론적 문제에 매우 취약하다. 사람들은 곧잘 거짓말을 한다. 섹스에 대해서도, 돈에 대해서도. 사람들은 자기 눈에도, 남의 눈에도 잘 보이고 싶어 한다. 이런 '사회적 호감 편향' 탓에 종종 긍정적인 것을 강조하고 부정적인 것을 지운다. 하지만 거짓말과 잘 보이려는 성향은 사람들의 견해와 행동에서 진실을 찾고, 왜 그렇게 생각하고 왜 그렇게 행동하는지를 알아내려 할 때 부딪히는 문제 중에 아주 사소한 축에 속한다.

적어도 우리는 자신이 언제 행복하고 언제 불행한지 제법 잘 안다. 과연 그럴까?

아래 항목을 어느 날 당신 기분에 영향을 미칠 것 같은 정도에 따라 순위를 매겨보라. 사람들은 자신의 기분이 요동치는 원인을 얼마나 정확히 평가할까? 아래 항목을 중요도에 따라 최소 1부터 최대 5까지 점수를 매겨보라.

1. 일이 얼마나 잘 처리되었는지
2. 전날 잠을 얼마나 잤는지
3. 건강이 얼마나 좋은지
4. 날씨가 얼마나 좋은지
5. 성관계가 있었는지
6. 무슨 요일인지

7. (여성이라면) 생리 주기에서 어느 단계인지

당신이 어떻게 대답했든 그 답은 정확하지 않을 것이다. 적어도 하버드대 여대생들은 그랬다.[9] 심리학자들은 두 달 동안 날마다 하루를 마무리하면서 학생들에게 기분이 어떤지 말해보라고 했다. 학생들은 그날의 요일, 전날 잠을 얼마나 잤는지, 건강 상태는 어떤지, 성관계가 있었는지, 생리 주기에서 어느 단계인지 등도 보고했다. 두 달이 지나고 참가자들에게 각 요소가 어떤 식으로 기분에 영향을 미쳤는지 물었다.

참가자들의 답에서 다음 두 가지를 알 수 있었다. (1)참가자는 각 요소가 기분에 얼마나 영향을 미친다고 생각하는지, (2)각 요소가 실제로 그들의 기분을 얼마나 정확히 예측하는지. 참가자가 지목한 요소와 그들이 말한 기분의 정확한 상관관계가 그들의 자기보고에 나타났을까?

결과부터 말하면, 참가자의 진술은 전혀 정확하지 않았다. (매일 기록한 점수를 기준으로) 각 요소가 기분에 미치는 실제 영향과 참가자가 생각하는 각 요소의 변화가 기분 변화에 영향을 미치는 정도 사이에는 상관관계가 제로였다. 관련이 전혀 없다는 이야기다. 요일도 매우 중요하다고 말한 여성의 경우, 요일과 기분의 실제 연관성은 높을 수도 있지만 낮을 수도 있었다. 성관계는 그다지 중요하지 않다고 말한 경우는 성관계와 기분의 실제 상관관계가 낮을 수도 있지만 높을 수도 있었다.

더욱 당혹스러운 사실도 있다(참가자도 당혹스럽지만, 하버드대 여대생이 자기 기분의 원인을 파악하는 능력이 특별히 부족하다고 볼 이유가 없는 한, 다른 모든 사람도 당혹스러운 사실이다). 제인은 각 요소가 자기 기분에 영향을 미치는 정도를 말하고 동시에 그 요소가 전형적인 하버드대 여대생의 기분에 미치는 영향도 추측했지만 둘 다 부정확하긴 마찬가지였다. 사실, 하버드대 학생에 대해 추측한 것이나 자기 자신에 대해 추측한 것이나 거의 같았다.

무엇이 기분에 영향을 미치는가에 관한 이론은 분명히 존재한다(그 이론이 대체 어디서 나왔는지는 아무도 모르지만). 얼마나 다양한 것들이 우리 기분에 영향을 미치는지 질문을 받으면 우리는 이런 이론을 참고한다. 하지만 분명히 안다는 생각이 들어도 사실에 접근하기는 거의 불가능하다.

우리가 언제 행복을 느끼는지 자신도 모른다고 말하고 싶지만, 물론 그건 좀 지나친 말이다. 하지만 분명한 사실은, 우리가 느끼는 행복에 영향을 미치는 여러 사건의 상대적 중요성은 실제 중요성과 다르다는 점이다. 8장에서 상관관계를 살펴보았듯이, 어떤 종류든 상관관계를 찾아내는 것은 우리 장기가 아니다.

하버드대 연구가 주는 교훈은 다른 경우에도 대부분 해당한다. 1부에서 처음 이야기했듯이, 심리학자들의 연구에 따르면, 우리가 자신의 감정, 견해, 행동의 원인으로 지목하는 것들은 사실과 거리가 멀다.

견해와 믿음의 상대성

첫 번째 남자: "자네 아내 어떤가?"
두 번째 남자: "무엇에 비해서?"
_작은 공연에 흔히 등장하는 오래된 농담.

아래 질문에 대답하면서, 민족 간 그리고 국가 간 차이에 관한 자신의 의견이 얼마나 타당한지 점검해보라.

자기 목표는 자기가 선택할 수 있다는 사실을 누가 더 소중히 여길까? 중국 사람일까, 미국 사람일까?
누가 더 성실할까? 일본 사람일까, 이탈리아 사람일까?
누가 더 붙임성이 있을까? 이스라엘 사람일까, 아르헨티나 사람일까?
누가 더 외향적일까? 오스트리아 사람일까, 브라질 사람일까?

장담컨대 미국 사람보다 중국 사람이 목표 선택의 자유를 더 소중히 여긴다고 생각했거나[10] 이탈리아 사람이 일본 사람보다 더 성실하다고 생각했거나, 이스라엘 사람이 아르헨티나 사람보다 더 붙임성 있다고 생각했거나, 오스트리아 사람이 브라질 사람보다 더 외향적이라고 생각한 사람은 없을 것이다.[11]
이런 차이를 우리는 어떻게 알게 되는 걸까? 각 나라에서 온 사람들이 자기 입으로 그렇게 말하니까.

사람들이 자신의 가치와 성격이라고 믿는 것은 다른 많은 사람의 의견과 얼마나 다를까?(그리고 앞에서 문화적 차이를 비교한 나라들을 누구보다도 잘 아는 학계 전문가들은 그곳 사람들의 의견과 얼마나 다를까?)

사람들이 자기 가치, 특성, 견해에 대해 말한 것들은 대개 '가공물 artifact'이기 쉽다('artifact'라는 말은 어렴풋이 연결된 두 가지 의미가 있다. 고고학에서 이 말은 가령 도자기처럼 인간이 만든 물건을 가리킨다. 반면에 과학적 방법론에서는 인간의 개입 등 의도치 않은 측정 오류에서 나온 잘못된 결론을 가리킨다).

앞에 나온 문화 비교에서, 두 민족이 말하는 자기 민족의 특성과 우리가 바라보는 그들의 특성이 차이가 나는 것은 '참고집단 효과 reference group effect' 때문이다.[12] 누군가가 내게 가치, 성격, 견해를 묻는다면, 내가 속해 있다거나 하는 이유로 내게 가장 중요한 집단과 나를 암묵적으로 비교해 답을 한다. 따라서 미국인이 자발적 목표 선택의 중요성을 질문받았을 때, 그는 암묵적으로 자신을 다른 미국인과, 다른 유대계 미국인과, 어쩌면 같은 대학에 다니는 다른 유대계 미국인 여성과 비교한다. 이처럼 다른 미국인(또는 유대인, 유대인 여성, 오하이오주에 사는 유대인 여성)과 비교할 때, 자발적 목표 선택은 자신에게 그다지 대단해 보이지 않는다. 중국인은 자신을 다른 중국인이나 다른 중국인 남성 또는 베이징사범대학에 다니는 다른 중국인 남성과 비교한다. 그리고 그런 참고집단 사람들보다 자신이 자발적 목표 선택을 더 중요하게 생각한다고 판단할 수 있다.

참고집단과의 암묵적 비교가 자기 의견(오스트리아 사람은 브라질 사람보다 더 외향적이라는 둥)을 내는 데 중요한 요소임을 알 수 있는 근거가 하나 있다. 그 참고집단을 겉으로 드러내면 해당 의견도 사라진다는 것이다. 버클리대학에 다니는 미국 백인은 버클리에 다니는 아시아계 미국인보다 자신이 더 성실하다고 평가하지만, 두 집단에게 자신을 "전형적인 아시아계 미국인 버클리 학생들"이라는 참고집단과 비교하라고 드러내놓고 주문하면 그렇게 평가하지 않는다.[13]

다른 조건이 동일하면, 사람들은 대부분 다른 집단 사람들보다 자기 집단이 더 우월하다고 생각한다. 이런 '자기 고양 편향'에 대해 개리슨 케일러Garrison Keillor는 "모든 아이가 평균보다 뛰어난" 가공의 도시 이름을 따서 '워비곤 호수Lake Wobegon 효과'라 불렀다. 미국인 대학생 가운데 70퍼센트가 지도력에서 자신을 평균 이상이라고 평가하고, 2퍼센트만이 평균 이하로 평가한다.[14] 거의 모든 사람이 "타인과 어울리는 능력"에서 자신을 평균 이상으로 평가한다는 이야기다. 실제로 60퍼센트가 자신은 상위 10퍼센트 안에 든다고 말하고, 무려 25퍼센트가 상위 1퍼센트 안에 든다고 말한다.

자기 고양 편향 정도는 문화마다 그리고 같은 문화 안에 있는 소집단마다 크게 다르다. 자기 고양에서는 미국인을 따라갈 사람이 없어 보이고, 반대로 동아시아 사람들은 반대의 효과, 즉 '겸손 편향'을 보인다.[15] 가치가 담긴 문제(지도력, 타인과 어울리는 능력)라면 항상 동아시아인보다 서양인이 자신을 높게 평가한다. 한국인보다 미국인이 자신을 높게 평가하고, 일본인보다 이탈리아인이 자신을 더 성실하다고 평가할 것이다.

다른 많은 가공된 진술도 자기보고에 그대로 드러난다. 여기에는 '순응 반응 집합acquiescence response set' 또는 '동의 반응 편향agreement response bias'이라 부르는 것이 포함된다. 모든 것에 '예스'라고 대답하는 성향이다. 예상했겠지만 예스라고 말하는 성향은 솔직한 유럽인이나 미국 백인보다 공손한 동아시아인이나 라틴아메리카 사람에게서 더 흔히 나타난다. 동의하는 성향은 같은 문화 안에서도 개인차가 있다. 다행히 여기에 대처하는 방법이 있다. 질문을 만드는 사람이 응답 종류에 균형을 맞춰, 응답자가 자신의 성향에 따라(이를테면 외향성 대 내향성) 질문의 절반은 해당 문항에 동의할 때 높은 점수를 얻고 절반은 동의하지 않을 때 높은 점수를 얻게 만든다("대규모 파티에 가는 걸 좋아한다" 대 "대규모 파티에 가는 걸 좋아하지 않는다"). 이렇게 하면 모든 문항에 대체적으로 동의하는 편향을 상쇄한다. 이런 균형 잡기는 사회과학자들에게 잘 알려져 있지만, 이들은 어이가 없을 정도로 이 점을 소홀히 한다.

그럴듯한 말 vs 그럴듯한 행동

그렇다면 사람, 집단, 전체 사회를 비교할 때 당사자에게 직접 묻는 방법보다 더 좋은 방법이 있을까? 물론이다. 행동 측정법은, 특히 사람들이 자신이 관찰되고 있다는 사실을 모르는 상태에서 실시하는 행동 측정법은 모든 종류의 가공에 훨씬 덜 취약하다.

사람들에게 그들이 얼마나 성실한지 직접 묻기보다 성적(인식 능력 점수를 통제한 상태의 성적이면 더 좋다), 방 정리 상태, 약속 시간이나 수업 시간을 얼마나 잘 지키는지 등을 조사해 성실성을 측정할 수 있다. 사회 전체의 성실성을 조사할 때는 우편배달 속도, 시계의 정확성, 기차와 버스의 예정 시간 준수 기록, 장수(수명), 지루한 설문에서 사람들이 대답한 문항 수 등 성실성을 간접적으로 보여주는 여러 항목을 측정해도 좋다(여담으로 여러 나라의 수학 점수와 끝없이 이어지는 지루한 설문에서 사람들이 대답한 문항 수의 상관관계는 대단히 높다).

놀랍게도 국가별 성실성을 알아보기 위해 사람들의 행동을 조사해보면, 행동 지표에 나타난 성실성이 낮은 나라일수록 그곳 시민이 직접 보고한 자신의 성실성은 더 높다![16] 나는 사실상 거의 모든 심리학 변수를 측정할 때 명심하는 원칙이 있다. 구체적 '각본(자신이나 타인이 기대하거나 선호하는 결과 또는 행동을 측정하기 전에 하는 상황 설명)'에 대한 반응보다 행동(심장박동 수나 코르티솔 분비 같은 생리적 현상, 뇌의 부위별 작동 등)을 신뢰하라는 원칙이다. 그다음에는 믿음, 견해, 가치, 성격 특성에 대한 구두보고보다 각본에 대한 반응을 신뢰해야 한다.

매체에 나오는 구두보고는 모조리 의심하고 설문지를 작성하는 자신의 능력도 의심하라는 뜻은 아니다. 직원 야유회를 토요일에 할지, 일요일에 할지 결정할 때 직원의 대답을 의심할 필요는 없다.

그러나 자신의 선호도를 말할 때라도 자기보고를 전적으로 신뢰하기는 어렵다. 스티브 잡스는 "고객이 원하는 것을 알아내는 일은 고객 몫이 아니다"라고 했다. 헨리 포드는 사람들에게 어떤 교통수 단을 원하느냐고 물었다면 "빠른 말"이라고 대답했을 거라고 했다. 부동산 중개인들이 하는 말이 있다. "구매자는 거짓말쟁이다." 지 붕이 낮은 1층 집을 살 거라고 단호히 말한 고객이 그와 전혀 다른 1920년대 튜더 왕조 스타일에 홀딱 반한다. 강철과 유리로 된 현대 적 건물을 애타게 바라던 고객이 진흙 벽돌을 흉내 내 만든 집을 사 기도 한다.

사람들의 선호도를 알아내는 것은 사업에서 까다로운 문제다. 최 대한 신중하게 구성한 '테스트 집단focus group'도 실패로 끝날 수 있 다. 헨리 포드의 뒤를 이은 포드자동차사 사람들은 테스트 집단을 선호했다. 회사 사람들은 이들에게 질문을 하고, 집단 내에서도 서 로 질문을 했다. 그리고 이들의 선호도를 참고해 어떤 신상품과 서 비스가 성공할지 가늠했다. 자동차 업계에 전설처럼 내려오는 이야 기에 따르면, 1950년대 중반에 포드는 문이 네 개 달린 세단에서 중 앙 기둥을 없애면 외관이 스포츠카처럼 생겨 더 좋은 반응을 얻으 리라고 생각했다. 회사는 사람들을 모아 테스트 집단을 만들었는데, 그들의 반응은 안 좋았다. "세상에, 중앙 기둥이 없네." "생긴 게 이 상해요." "안전할 것 같지 않아요." 반면에 제너럴모터스는 테스트 집단을 건너뛰고 곧바로 중앙 기둥이 없는 올즈모빌Oldsmobile 자동 차를 출시하면서, 문이 넷 달린 단단한 지붕의 컨버터블이라 선전했 다. 결과는 대성공이었다. 포드는 이 뒤로도 테스트 집단에 얼마나 귀 기울여야 하는지 제대로 판단하지 못한 듯했다. 포드는 이들에게 더욱 집중했고, 이들의 결정을 받아들여 1950년대 에드셀Edsel을 출시했다. 실패한 제품의 상징이 된 차였다.[17]

여기서 숙제로 남은 교훈은? 가능하면 요란한 말에 지나치게 귀 기울이지 말고 행동을 주시하라.

이번 4부에서는 일반적으로, 어떤 변수를 조사할 할 때는 그 변수를 측정할 가능한 한 최선의 방법을 찾고, 그 변수와 다른 변수들과의 연관성을 시험할 가능한 한 최선의 방법을 찾으라고 설교했다. 여러 조사 전략 중에 진실험은 자연실험보다 낫고, 자연실험은 (다중회귀분석을 포함한) 상관관계 연구보다 낫고, 상관관계 연구는 추정이나 '어떤 사람이' 통계보다 낫다. 사용 가능한 최선의 과학적 방법을 사용하지 않으면 개인이든, 기관이든, 국가든, 큰 대가를 치를 수 있다.

나를 실험하기

여학생에게 기분에 영향을 미치는 요소를 질문한 하버드대 연구에 나타났듯이, 우리는 다른 분야뿐 아니라 자신의 삶에서도 상관관계를 감지하는 데 큰 어려움을 느낀다. 다행히 자신을 대상으로 실험을 실시해, 무엇이 우리를 움직이는지에 대한 유용한 정보를 얻을 수 있다.

무엇이 우리를 잠들게 하는가? 아침에 마시는 커피는 낮 동안 능률을 높여주는가? 점심식사 후 잠깐 눈을 붙이면 오후에 더 능률이 오르는가? 점심을 건너뛰면 더 능률적인가? 요가를 하면 행복해지는가? '자비'라는 불교 수련(타인에게 미소를 보이면서, 그들의 긍정적인 점과 너그러운 행위를 생각하고, '자비'라는 말을 되풀이하는 수련)을 하면 마음이 편안해지고 타인을 향한 분노가 사그라지는가?

자신을 대상으로 실험할 때의 문제는 집단 크기가 1인 경우를 다룬다는 점이다. 반면에 장점은 자아 대상 실험에서는 피험자 내 설계, 전후 비교 설계가 자동적으로 된다는 점인데, 그 덕에 오차변량이 줄어 정확도가 올라간다. 혼란변수도 최소한으로 줄일 수 있다. 어떤 요소가 자신에게 미치는 영향을 알고 싶다면, 그 요소가 있을 때와 없을 때를 비교하는 동안 다른 요소는 일정하게 유지해야 한다. 그렇게 하면 실험을 꽤 훌륭하게 해낼 수 있다. 요가를 하는 기간 중에 이사를 한다거나 남자친구와 헤어지는 일은 없어야 한다. 적절한 전후 비교 설계가 가능할 때 요가를 시작하라. 요가를 시작하기 몇 주 전에 신체적·정신적 행복, 타인과의 관계, 업무 능률을 꾸준히 살피고, 요가를 시작하고 몇 주 뒤까지 그것들을 계속 살핀다. 이런 요소를 측정하는 데는 단순한 3단계 평가로 충분하다. 하루를 마감하면서 내 행복의 정도를 다음 중에 고른다. (1)썩 좋지는 않다. (2)괜찮다, (3)아주 좋다. 요가를 시작하기 전과 시작한 후에 각 변수의 평균을 구한다. (그리고 다른 큰 사건이 일어나 물을 흐리는 일이 생기지 않도록 기도한다.)

이 실험은 전후 비교 연구보다 더 훌륭한 실험이 될 수도 있다. 조건에 무작위 배정하는 장점도 활용할 수 있다. 아침에 커피를 마시면 능률이 높아지는지 알고 싶다면, 커피를 무작정 마시지 마라. 그렇게 되면 여러 혼란변수가 실험 결과를 왜곡할 수 있다. 몸이 한없이 처지는 아침에만 또는 직장에서 최고의 컨디션이어야 할 때만 커피를 마시면 결과는 엉망이 되고, 실험을 통해 알았다고 생각한 것이 사실은 엉터리일 수 있다. 주방에 들어갈 때 말 그대로 동전을 던져서 앞면이 나오면 커피를 마시고 뒷면이 나오면 마시지 마라. 그런 다음 낮 동안의 능률을 계속 (기록으로!) 추적하라. 3단계 평가를 이용해 썩 능률적이지는 않다, 그런대로 능률적이다, 대단히 능률적이다, 중에 하나로 기록한다. 그렇게 2주가 지나면 집계를 낸다. 커피를 마신 날과 마시지 않은 날의 능률의 평균을 계산하는 작업이다.

행복이나 효율에 영향을 미칠 것 같은 다른 대상에도 똑같은 실험을 할 수 있다. 이때 체계적으로 조건에 무작위 배정을 한 뒤 엄격하고 꾸준히 그 결과를 추적하지 않아도 그것들을 파악할 수 있다고 자신을 속이지 마라.

이런 실험은 가치가 대단히 크다. 커피 효과라든가, 지구력 훈련과 근력 훈련에서 모두 이익을 얻는 정도, 그리고 아침, 점심, 저녁 중에 업무 효율이 최고인 순간 등에는 개인차가 대단히 크기 때문이다. 줄리아나 브라이언에게는 효과가 있던 것이 내게는 효과가 없을 수도 있다.

요약

구두보고는 아주 다양한 왜곡과 오류에 취약하다. 우리는 머릿속에 서류 서랍을 넣어두고 필요할 때 의견을 뽑아 쓰지 않는다. '내 생각은 이렇다'라고 말할 때는 질문이 어떤 형태였는지, 그 앞에 어떤 질문을 받았는지, 질문을 받았을 때 우연히 발생한 상황이 점화효과로 작용했는지에 영향을 받게 된다. 다시 말해 개인의 견해는 급조되고, 외부의 영향에 쉽게 좌우된다.

견해를 묻는 질문에 대한 답은 참고집단과의 암묵적인 비교에서 나오는 때가 많다. 누가 나더러 얼마나 성실하냐고 묻는다면, 나는 (정신이 딴 데 팔린) 교수들이나 아내 또는 질문을 받았을 때 마침 주변에 있던 사람들과 비교해 내가 얼마나 성실한지 대답할 것이다.

3장에서 배운 대로 그리고 이번 12장에서 다시 한 번 상기한 대로, **자신의 행동 원인을 보고할 때면 수많은 오류에 빠지고 우연한 요소에 영향을 받기 쉽다.** 이런 보고는 자기 내면을 관찰해 알아낸 그 어떤 '사실'도 배제된, 기껏해야 이론을 나열한 것이기 쉽다.

말보다 행동을 보라. 어떤 사람의 견해와 성격을 이해할 때는 그 사람의 구두보고보다 행동을 관찰하는 편이 좋다.

자신을 대상으로 실험을 실시하라. 심리학자들이 사람들을 연구할 때 사용하는 방법을 이용해 나를 연구할 수도 있다. 인과관계 관찰로는 특정 결과에 영향을 미친 요인을 파악하기 어렵다. 무작위로 배정된 조건에 따라 어떤 요소를 의도적으로 조작한 뒤 체계적으로 기록한다면, 단지 일상생활을 하면서 자연스럽게 주변을 관찰하는 것만으로는 알 수 없었던 나에 대한 사실을 정확히 파악할 수 있다.

5부

똑바로 생각하고
에둘러 생각하기

MINDWARE:
Tools for Smart Thinking

사람들은 논리적 사고에서 오류를 줄이는 여러 방법을 고안했다. 그중 하나가 '형식논리' 규칙을 따르는 것인데, 이 규칙은 현실 세계의 사실과는 아무 관련이 없는 순전히 추상적인 용어로 설명되기도 한다. 어떤 주장의 구조가 해당 논리에 요구되는 타당한 형태를 따른다면 그 주장은 '연역적으로 타당한 결론'임에 틀림없다. 그 결론이 진실인지 아닌지는 전적으로 다른 문제이며, 결론의 진실 여부는 애초의 '전제', 즉 결론에 앞선 진술의 진실 여부에 달렸다. 형식논리는 어떤 전제를 기초로 결론을 도출하는 '하향식' 주장인 '연역추론'의 한 유형이다.

역사적으로 큰 관심을 받은 형식논리는 두 가지다. 그중 가장 오래된 것은 삼단논법이다. 삼단논법은 정언定言추론에 사용된다〔정언추론 또는 정언논리는 간단히 말해, '만약 ~이면 ~이다(~이 아니다)'라는 식의 조건 추론이 아니라 '모든 ~는 ~이다(~이 아니다)', '일부 ~는 ~이다(~이 아니다)'라는 식의 단정적으로 전개하는 논리를 일컫는다 — 옮긴이]. 예를 들면 이렇다. 모든 A는 B이고 X는 A이면, X는 B이다(가장 유명한 예를 보자. 모든 인간은 죽는다. 소크라테스는 인간이다. 고로, 소크라테스는 죽는다). 삼단논법은 최소 2600여 년간 통용되었다.

'명제논리'도 형식논리의 일종으로, 기원전 4세기에 그리스 스토아학파 철학자들이 처음으로 진지하게 다루기 시작한 비교적 역사가 짧은 형식논리다. 이 논리는 전제에서 타당한 결론에 이르는 방법을 알려주는데, 이를테면 '조건논리' 같은 것이다. 예를 들면 이렇다. 만약 P라면 Q이다. (그런데) P이니 (따라서) Q이다(눈이 오면 휴교다. 눈이 왔다. 따라서 휴교다). P는 Q가 발생하기 위한 조건이다. 다르게 말하면, P는 Q의 충분조건이다.

연역추론과 반대인 '귀납추론'은 '상향식' 논리적 사고다. 어떤 결론을 제안하거나 뒷받침하는 관찰 결과를 모으는 추론법이다. 귀납추론의 한 가지 유형은 사실을 관찰한 뒤 특정 종류의 사실에 관한 일반적 결론에 도달하는 것이다. 이 책은 귀납추론의 여러 유형으로 가득하다. 과학적 방법에는 거의 항상 이런저런 귀납추론이 포함되고, 나아가 귀납추론에 전적으로 의존할 때도 종종 있다. 이 책에 실린 모든 귀납추론은 '귀납적으로 타당'하지만, 그 결론은 연역적으로 '타당할 수도' 있을 뿐이다. 우리는 관찰과 계산을 토대로, 어떤 사건의 모집단 평균은 X이며 표준편차는 ±Y라고 귀납적으로 추론한다. 또 실험 결과를 관찰해 A가 B의 원인이라고 귀납적으로 추론하는데 A가 일어날 때마다 B도 일어나고, A가 일어나지 않을 때는 B도 일어나지 않기 때문이다. 그런 관찰을 하지 않았을 때보다 그런 관찰 결과를 얻었을 때 A가 B의 원인일 확률은 높지만, A가 B의 원인이라고 단정할 수는 없다. 예를 들어 A와 관련한 무언가가 B를 유발했을 수도 있다. 귀납적 결론은 그 결론의 바탕이 된 관찰이 옳을지라도, 그런 경우가 많더라도, 예외가 없더라도, 참이라고 장담할 수 없다. "고니는 모두 하얗다"라는 일반화는 귀납적으로 타당하지만, 알려진 대로 참은 아니다.

연역추론, 귀납추론의 도식은 기본적으로 추론을 규제한다. 그러면서 어떤 추론이 타당하고 어떤 추론이 타당하지 않은지 알려준다. 역시 약 2600여 년 전에 그리스와 인도에서 동시에 만들어진 매우 다른 추론 체계로 '변증법 추론'이 있다. 이 방식은 추론을 규제하기보다 문제 해결 방식을 제안한다. 변증법 추론에는 소크라테스의 대화법이 포함되는데, 두 사람이 대화 또는 논쟁을 하면서 비판적 사고를 자극하고, 생각을 명확히 하고, 모순을 발견해, 토론자가 더욱 일관성 있고 정확한 또는 유용한 견해를 발전시키면서 진실에 도달하는 방식이다.

주로 철학자 헤겔, 칸트, 피히테가 발전시킨 18, 19세기의 변증법 논리는 '정正, thesis', '반反, antithesis', '합合, synthesis'의 3단계에 초점을 맞춘다. 즉, 하나의 명제가 있으면 뒤이어 그 명제를 반박하는 명제가 나오고, 다시 그 둘의 모순을 해결하는 통합이 뒤따르는 과정이다.

"변증법적"이라 불린 또 다른 추론 유형은 중국에서 개발되어 역시 2600여 년 전부터 쓰이기 시작한 방법이다. 중국식 변증법 추론은 서양이나 인도식 변증법 추론보다 훨씬 더 넓은 범위의 주제를 다룬다. 그러면서 모순, 갈등, 변화, 불확실을 다루는 방법을 제시한다. 예를 들어 헤겔의 변증법은 명제 사이의 모순을 지워 새로운 명제를 도출하려 한다는 점에서 반박에 직면했을 때 '공격적'인 반면, 중국식 변증법은 모순되는 명제를 모두 참이라고 인정할 수 있는 방법을 찾고자 한다.

변증법 추론은 형식논리도, 연역논리도 아니며, 대개는 추상적 개념에 머물지 않는다. 타당한 결론보다 옳고 유용한 결론에 초점을 맞춘다. 사실 변증법 추론에서 나온 결론은 형식논리에서 나온 결론과 반대될 수 있다. 비교적 최근에 동양과 서양의 심리학자들은 변증법 추론을 연구하기 시작하면서, 예전의 원칙을 체계적으로 서술하는 법을 개발하고 새로운 변증법 원칙을 제안하고 있다.

13장에서는 흔히 사용되는 두 가지 형식 추론 유형을 소개하고, 14장에서는 변증법 추론 가운데 내가 생각하기에 가장 흥미롭고 유용한 형태 몇 가지를 알아보고자 한다. 이 책에서 다룬 과학적 도구는 정도는 다를지라도 모두 형식논리에 의존한다. 그리고 그 외의 도구들은 변증법 규칙에 호소하는 경우가 많다.

13장

논리

아래에 카드가 네 장 있다. 카드 한 벌에서 무작위로 뽑았는데 각 카드의 한 면에는 알파벳, 다른 면에는 숫자가 적혔다. 그리고 이런 규칙이 있다. "만약 카드 한 면에 모음이 적혔으면, 다른 면에는 짝수가 적혔다." 이 규칙이 지켜졌는지 알아보려면 어떤 카드를 뒤집어 봐야 하는가? 규칙 준수 여부를 확인할 수 있는 카드만 뒤집어야 한다. 이 글을 전자 기기로 읽고 있다면, 선택한 카드에 노란색 표시를 하라. 이 글을 종이 책으로 읽고 있다면, 선택한 카드를 연필로 표시하라.

1번 카드	2번 카드	3번 카드	4번 카드
N	4	A	3

어떤 카드를 뒤집어 봐야 할까?

    a. 3번 카드만

    b. 1, 2, 3, 4번 카드

    c. 3, 4번 카드

    d. 1, 3, 4번 카드

    e. 1, 3번 카드

이 문제는 조금 뒤에 다시 다루기로 한다.

비판적 논리의 글은 보통 형식논리, 연역논리가 가득하다. 일상적 사고방식으로 효용성이 증명되어서라기보다 고대부터 내려오는 교육 전통이기 때문이다. 실제로 이번 장에서 다루는 형식논리 대부분이 일상의 문제 해결에는 큰 도움이 안 될 수도 있다.

그럼에도 형식논리는 다음과 같은 이유로 다룰 만한 가치가 있다.

1. 형식논리는 과학과 수학에 필수다.

2. 이번 13장은 서양의 과도한 합리성과 동양의 변증법적 사고 습관의 차이를 선명히 드러낸다. 이 두 가지 사고 체계는 똑같은 문제에 다른 결론을 도출한다. 더불어 이 둘은 서로를 비평하는 훌륭한 기반이 된다.

3. 교육받은 사람이라면 얼마든지 기본적인 논리적 추론이 가능해야 한다.

4. 형식논리는 흥미롭다. 적어도 많은 사람에게 그렇다(13장의 형식논리 분량만 봐도 상당하다!).

서양에서 발달한 형식논리의 기원을 이야기하자면 이렇다. 아리스토텔레스는 시장과 집회에서 말도 안 되는 주장을 듣는 데 신물이 났다. 그래서 그는 논리적 추론의 본보기를 개발해, 그것을 기초로 여러 주장의 '타당성'을 분석하기로 결심했다. 어떤 주장이 타당하려면 그 결론이 (반드시) 애초의 전제에서 나와야 한다. 타당성은 참이나 거짓과는 아무 관련이 없다. 어떤 주장이 타당하지 않더라도 결론은 참일 수 있다. 또 어떤 주장이 적절한 구조만 갖추면 타당할 수 있지만 결론은 거짓일 수 있다.

　주장의 타당성 개념은 여러 이유에서 중요하다. 첫 번째 이유는 어떤 결론이 전제에서 나왔다는 이유로 그 결론을 그럴듯하게 보이게 만들어 누군가가 나를 속이는 (또는 내가 나를 속이는) 상황을 막기 위해서다. 단, 전제가 참이고 결론이 전제에서 나온 게 분명하다면 예외다. 두 번째 이유는, 전제가 명백히 참이고 논리 전개 형식을 보건대 결론 또한 틀림없이 참이라면, 그 결론이 마음에 안 든다고 해서 결론을 믿지 않는 상황을 막기 위해서다. 세 번째 이유로 참과 반대되는 타당성이란 개념을 명확히 이해한다면, 전제와 결론에서 의미를 걷어내고 순전히 추상적으로만 생각해 결론이 전제에서 나왔는지 평가할 수 있다. 그러니까 인간이니 소크라테스니 하는 구체적 대상 대신 A, B로 표현하는 방법이다. 이러면 결론은 적어도 전제에서 나왔으며, 따라서 그 결론이 대단히 믿기 어렵더라도 적어도 비논리적 추론에서 나오지 않았다는 것을 알 수 있다.

삼단논법

아리스토텔레스는 삼단논법으로 형식논리에 크게 기여했다. 삼단논법은 중세 가내수공업 시대에도 계속 발전해, 이때 수도승들은 삼단논법 추론을 수십 개씩 만들어냈다. 중세부터 19세기 말까지 철학자와 교육자들은 삼단논법이 사고의 막강한 규칙이 되리라고 믿었다. 그러다 보니 서양에서는 삼단논법이 고등교육 과정에 큰 부분을 차지했다.

정언추론을 다루는 삼단논법에는 타당성 문제가 발생한다. 정언추론에는 수량을 나타내는 '모든', '일부', '어떤 것도 …… 아니다'가 들어간다. 가장 단순한 삼단논법은 두 가지 전제와 한 가지 결론으로 이루어진다. 틀릴 일이 거의 없는 가장 단순한 이 삼단논법은 이런 식이다. 모든 A는 B이다, 모든 B는 C이다, 따라서 모든 A는 C이다.

모든 점원은 인간이다.
모든 인간은 두 발로 걷는다.
———————————————
모든 점원은 두 발로 걷는다.

이 주장은 전제에서 논리적으로 도출되었으니 타당하다. 결론 또한 참이다.

모든 점원은 인간이다.

모든 인간은 깃털이 있다.

─────────────────────

모든 점원은 깃털이 있다.

이 주장 역시 타당하다. 비록 결론은 참이 아니지만. 그러나 결론이 그럴듯하지 않다 보니 이 주장 역시 타당성이 없다고 느껴진다. 하지만 점원, 인간, 깃털을 A, B, C로 대체하면 이 주장의 타당성이 쉽게 눈에 들어온다. 이런 식으로 생각하면 결론이 참인지 아닌지 다시 생각할 수밖에 없는데, 이는 매우 유용한 방식이다.

아래 주장은 비록 그 전제와 결론이 모두 참이지만(또는 적어도 매우 그럴듯하지만) 타당성이 없다.

모든 생활보호 대상자는 가난하다.

일부 가난한 사람은 정직하지 않다.

따라서 일부 생활보호 대상자는 정직하지 않다.

추상적으로 표현하면 이렇다.

모든 A는 B이다.

일부 B는 C이다.

따라서 일부 A는 C이다.

이런 추상화 연습이 유용한 이유는 결론이 그럴듯하고 그 결론을 논리적으로 뒷받침하는 전제가 참이다 보니 결론이 참처럼 보이기 때문이다. 어떤 주장이 타당하지 않다는 사실을 찾아내면 결론은 틀림없이 참이라는 느낌을 지우고 결론에 의문을 품을 수 있다(위 주장이 타당하지 않다는 사실을 인식하려면 A가 B의 부분집합이라는 것을 알아야 한다).

여기서부터 문제는 빠르게 복잡해진다. 모든 A는 B이다, 일부 C는 A이다, 따라서 일부 C는 B이다. 타당한가, 타당하지 않은가? 어떤 A도 B가 아니다, 일부 C는 B이다, 따라서 어떤 A도 C가 아니다. 타당한가, 타당하지 않은가?

날이 샐 때까지 이 문제를 고민하는 사람도 있을 것이다. 중세 수도승들은 이런 문제를 끊임없이 만들면서 무료한 시간을 보냈다. 그러나 나는 삼단논법이 수도승만큼이나 무미건조하다는 철학자 버트런드 러셀의 말에 동의한다. 삼단논법이 효율적 사고에 필수라고 여긴 2600여 년간의 교육 이야기는 이쯤 해두자.

내가 정언추론에서 배운 가장 유용한 것은 벤다이어그램 그리는 법이다. 19세기 논리학자 존 벤John Venn이 발명한 벤다이어그램은 범주에 소속된 관계를 표현하는 그림이다. 나는 이 방법이 여러 범주의 관계를 표현하는 데 유용할 뿐 아니라 필수적이라는 사실을 종종 깨닫곤 한다.

〈그림 5〉는 유용한 벤다이어그램으로, 일반적인 개념을 이해하는 데 도움이 된다.

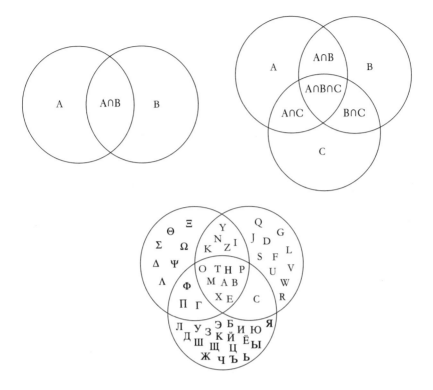

〈그림 5〉 여러 범주가 겹쳐 교집합이 발생한 경우를 표현한 벤다이어그램

〈그림 5〉에서 상단 왼쪽 그림은 우리가 일상에서 사용하는 삼단논법을 보여준다. (전부가 아닌) 일부 A는 B이고, (전부가 아닌) 일부 B는 A이다. A는 털이 많은 작은 동물을, B는 주둥이가 오리처럼 생긴 동물을 나타낸다고 봐도 좋다. 이때 A와 B의 교집합에 들어가는 동물이 하나 있다. 오리너구리다. 여기에 속하는 다른 예로, 국제학교에서 영어를 쓰지만 프랑스어도 할 줄 아는 전부가 아닌 일부 학생

들과 프랑스어를 쓰지만 영어도 할 줄 아는 전부가 아닌 일부 학생들을 들 수 있다(전부가 아닌 일부 A는 B이고, 전부가 아닌 일부 B는 A이다). 영어만 할 줄 아는 학생(A에만 속하는)은 스미스 선생과 수학을 공부해야 하고, 프랑스어만 할 줄 아는 학생(B에만 속하는)은 피로트 선생과 함께 수학을 공부해야 한다. 두 언어를 모두 구사하는 학생은 둘 중 어느 선생과 공부해도 좋다.

〈그림 5〉 상단 오른쪽 그림이 나타내는 상황은 훨씬 더 복잡하지만 그리 드문 경우는 아니다. 이때는 일부 A는 B이고, 일부 B는 A이며, 일부 A는 C이고, 일부 C는 A이며, 일부 B는 C이고, 일부 C는 B이다.

〈그림 5〉 아래 그림은 이 상황의 실제 예를 나타낸다. 여기에는 그리스어(상단 왼쪽 원), 라틴어(상단 오른쪽 원), 러시아어(아래 원)가 섞여 있다. 이때 오직 구두명제를 이용해, 서로 겹치는 범주에 대한 정확한 결론을 내놓을 수 있는지 어디 한번 해보라. 나 같으면 알파벳이 들어간 횡설수설로 끝날 게 뻔하다.

벤다이어그램은 매우 다양한 문제에 적용할 수 있을 뿐만 아니라, 어떤 범주에 포함되는 것과 제외되는 것을 그림으로 표시하는 기본적인 수단이 된다. 벤다이어그램을 좀 더 깊이 공부하면 매우 유용하게 써먹을 수 있다.

명제논리

삼단논법은 일상의 추론에서 소수의 종류에만 적용 가능하다. 그런데 이보다 더 중요한 명제논리는 적용 범위가 대단히 넓다. 대략 기원전 300년부터 1300년 사이에 출현한 철학자와 논리학자들이 이따금 명제논리에 기여했다. 그러다가 19세기 중반부터 논리학자들이 특히 '그리고', '또는' 같은 연산자에 초점을 맞춰 명제논리를 상당히 발전시키기 시작했다. '그리고(~고)'는 논리곱으로, 이를테면 "A가 참이고 B가 참이면 'A 그리고 B'는 참이다"라거나 "'A 그리고 B'가 참이면 A도 참이고 B도 참이다"라는 식이다. '또는(~거나)'은 논리합으로, 이를테면 "A가 참이거나 B가 참이면 'A 또는 B'는 참이다"라거나 "'A 또는 B'가 참이면 A가 참이거나 B가 참이다"라는 식이다. 명제논리 연구는 컴퓨터 디자인과 프로그래밍의 기초가 되었다.

이번 장을 시작하면서 카드 문제를 냈었다. 이제 그 문제가 조건 논리인 '만약 P이면 Q이다'를 대입해야 한다는 걸 알 수 있을 것이다. "만약 카드 한 면에 모음이 적혔으면, 다른 면에는 짝수가 적혔다." 독자들이 그 문제를 얼마나 잘 풀었는지 살펴보기 전에, 아래 문제는 또 어떻게 해결하는지 보자.

당신은 경찰이다. 당신은 식당에서 21세 미만에게 술을 팔지 못하게 해야 한다. 이때의 규칙은 이렇다. "손님이 술을 마시고 있다면 그 손님은 최소 21세다." 이제 손님들이 이 규칙을 준수하는지 알아보려면 다음 중 어떤 손님을 조사해야 하는가? 규칙 준수 여부를 알아보는 데 꼭 필요한 손님만 조사해야 한다.

첫 번째 식탁에 손님이 넷 있다.

1번 손님	2번 손님	3번 손님	4번 손님
50세가 넘어 보인다	아무것도 안 마신다	맥주를 마시고 있다	21세 미만으로 보인다

어떤 손님을 조사해야 할까?

    a. 1번 손님

    b. 1, 2, 3, 4번 손님

    c. 3, 4번 손님

    d. 1, 3, 4번 손님

    e. 1, 3번 손님

당신은 틀림없이 c를, 그러니까 3, 4번 손님을 택했을 것이다. 이제 다시 카드 문제로 돌아가 보자. 여기서 c를, 그러니까 3, 4번 카드를 택한 사람은 없을 것이다. 하지만 3, 4번 카드를 택했어야 한다는 걸 이제 알겠는가? 두 문제의 논리 구조는 똑같다. 아래의 논리를 보자.

꼭 지켜야 하는 규칙은 이렇다. 모음이라고? 그럼 뒷면이 짝수여야겠지.

N — 뒷면에 짝수가 있는지 아닌지는 문제되지 않는다.

4 — 뒷면에 모음이 있는지 아닌지는 문제되지 않는다.

A — 뒷면에 짝수가 있어야겠다. 그렇지 않으면 규칙이 깨지니까.

3 — 뒷면에 모음이 없어야겠다. 모음이 있다면 규칙이 깨지니까.

꼭 지켜야 하는 규칙은 이렇다. 술을 마신다고? 그럼 21세는 되어야겠지.

50세가 넘는 손님 — 술을 마시는지 안 마시는지는 문제되지 않는다.

아무것도 안 마시는 손님 — 21세가 되었는지 아닌지는 문제되지 않는다.

술을 마시고 있는 손님 — 21세는 되어야겠다. 그렇지 않으면 규칙이 깨지니까.

21세가 안 된 손님 — 술을 마시지 말아야겠다. 마시면 규칙이 깨지니까.

카드 문제를 맞히지 못했다고 해서 너무 상심하지 마라. 옥스퍼드 대학생 중에 이 추상적인 카드 문제를 맞힌 사람은 20퍼센트도 안 되니까!

왜 카드 문제가 식당 문제보다 훨씬 어려울까? 언뜻 이상해 보인다. 두 문제 모두 조건논리를 대입하면, 그러니까 조건논리의 가장 단순한 원칙인 아래의 '긍정식modus ponens'을 대입하면 해결할 수 있는 문제다.

P이면 Q이다. → 손님이 술을 마시면 그 손님은 21세다.

P이다. → 손님이 술을 마신다.

따라서 Q이다. → 따라서 손님은 21세다.

긍정식은 '부정식modus tollens(만약 Q가 아니면 P가 아니다)'을 수반한다. Q(21세 이상)가 아닌데 P(술을 마신다)인 경우는 조건이 되는 규칙에 어긋난다.

P(술을 마신다)는 Q의 '충분조건'이지 '필요조건'이 아니라는 점을 명심하라. Q를 증명하려면 P이면 충분하다. 그리고 21세가 되었다는 사실을 증명할 충분조건은 이외에도 많을 수 있다. 이를테면 비행기를 조종한다든지, 도박을 한다든지.

'쌍방조건'에서는 P가 Q이기 위한 필요조건이자 충분조건이다. 여기에 포함되는 (다소 이상한) 규칙을 예로 들면 술을 마신다면 21세여야 하고, 21세라면 술을 마셔야 한다는 규칙이다.

조건논리를 좀 더 알아본 뒤에 왜 술 문제가 아주 쉬운 문제인지 이야기하겠다.

그럴듯함, 타당성, 조건논리

이제까지 살펴본 대로 삼단논법 주장은 결론이 참이 아닐 때도 타당할 수 있다. 즉, 형태만큼은 그럴듯한 주장처럼 생겼다. 명제논리도 마찬가지다.

전제가 둘이고 결론이 하나인 아래의 주장이 타당한지 따져보라.

주장 A

전제 1: 그가 암으로 죽었다면 그는 악성 종양이 있었다.

전제 2: 그에게는 악성 종양이 있었다.

_____

결론: 따라서 그는 암으로 죽었다.

주장 B

전제 1: 그가 암으로 죽었다면 그는 악성 종양이 있었다.

전제 2: 그는 암으로 죽지 않았다.

_____

결론: 따라서 그는 악성 종양이 없었다.

주장 C

전제 1: 그가 암으로 죽었다면 그는 악성 종양이 있었다.

전제 2: 그는 암으로 죽었다.

_____

결론: 따라서 그는 악성 종양이 있었다.

이 가운데 주장 C만 타당하다. 주장 C는 긍정식에 맞아떨어진다.

즉, 만약 P이면(암으로 죽다) Q이다(종양이 있다). 그런데 P(암)이다. 따라서 Q(종양)이다. 주장 A와 B의 결론도 그럴듯해서 타당해 보인다. 그러나 주장 A는 타당하지 않은 주장의 형태다. 즉, 만약 P(암으로 죽다)이면 Q(종양)이다. 그런데 Q(종양)이다. 따라서 P(암으로 죽다)이다. 이런 논리 형태는 'P이면 Q이다'라는 전제를 'Q이면 P이다(그에게 악성 종양이 있었다면 그는 암으로 죽었다)'로 잘못 뒤집은 탓에 '역오류converse error'라 부른다. 만약 전제가 정말 그랬다면, Q이니 따라서 P가 된다. 그러나 그것은 원래의 전제가 아니다.

주장의 논리적 타당성을 스스로 점검하지 않는 한 언제든지 역오류에 빠질 수 있다.

역오류 1

차가 차고에 있지 않으면 제인은 시내에 나간 것이다.
제니퍼는 제인을 시내에서 봤다고 내게 말했다.
따라서 차는 차고에 있지 않을 것이다.

물론 제인은 차를 타지 않고 다른 방법으로 시내에 나갔을 수 있고, 그렇다면 차는 아마도 차고에 있을 것이다. 배경지식이 오류를 범할 가능성에 영향을 미치기도 한다. 가령 제인이 차 없이는 어지간해서 외출하지 않는다면, 우리가 오류를 범할 가능성은 커진다. 반면에 제인은 더러 버스도 타고 친구 차도 얻어 탄다면, 우리가 오류를 범할 가능성은 줄어든다.

나는 독감에 걸리면 목이 아프다.

목이 아프다.

따라서 나는 독감에 걸렸다.

물론 P(독감)가 아닌 다른 가능성도 있다. 감기라든가 패혈성 인두염이라든가. 사람들이 독감으로 떼 지어 쓰러지고 증상으로는 항상 목이 아프고 주변에 다른 병이 거의 없는 상황이라면, 우리가 오류를 범할 가능성은 커진다. 하지만 독감, 감기, 꽃가루 알레르기가 한꺼번에 퍼져 있다면, 오류를 범할 가능성은 훨씬 줄어든다.

위에서 주장 B는 이랬다. 그가 암으로 죽었다면 그는 악성 종양이 있었다. 그는 암으로 죽지 않았다. 따라서 그는 악성 종양이 없었다. 이런 오류를 '부정오류inverse error'라 한다. 이런 식의 타당하지 않은 주장은 다음과 같은 형태를 띤다. "P이면 Q인데, P가 아니니 Q가 아니다." 우리는 이런 오류도 곧잘 저지른다.

부정오류 1

비가 오면 거리는 틀림없이 젖을 것이다.

비가 오지 않는다.

따라서 거리는 젖지 않을 것이다.

거리 청소차가 자주 돌아다니는 (따라서 거리가 젖어 있는) 도시에 사는 사람이라면, 또는 푹푹 찌는 여름날에 도시에서 사람들을 시원하게 하려고 가끔 소화전을 연다면, 이런 오류를 범할 가능성은 줄어든다. 청소차도 다니지 않고 소화전도 열지 않는 애리조나 시골에 사는 사람이라면, 오류를 범할 가능성은 커진다.

부정오류 2

오바마 대통령이 무슬림이라면 그는 기독교도가 아니다.

오바마 대통령은 무슬림이 아니다.

따라서 오바마 대통령은 기독교도다.

세상 사람들은 전부 무슬림 아니면 기독교도라는 추가적 전제를 암묵적 지식으로 가지고 있는 사람에게는 이 결론이 타당해 보일 것이다. 물론 대놓고 그렇게 생각하지는 않지만, 이를테면 오바마의 종교로 이제까지 거론된 것이 이슬람교와 기독교뿐이라면, 오바마의 종교는 그중 하나일 것이라고 생각하는 분위기에 휩쓸릴 수 있다.

역오류와 부정오류에 관해 알아야 할 흥미롭고 중요한 사실은, 이때의 결론은 오직 '연역적으로만' 타당하지 않다는 점이다(즉, 전제에서 출발한 논리적 추론을 따르지 않는다). 하지만 '귀납적'으로는 꽤 훌륭한 결론일 수 있다(즉, 전제가 참이면 결론도 참일 가능성이 높다). 목이 아프다면 목이 아프지 않을 때보다 독감에 걸렸을 확률이 높다. 비가 오지 않는다면 비가 올 때보다 거리가 젖을 확률이 적다. 이 경우에 귀납적 결론이 그럴듯하다 보니 타당하지 않은 연역적 결론마저 그럴듯해 보인다.

주장 형태와 논리 오류를 나열하자면 끝이 없다. 그러나 지금 소개한 것들이 가장 흔하고 가장 중요한 오류다.

실용적 추론도식

조건논리의 추상적 형태인 'P이면 Q이다'는 활용이 어렵다. 우리는 항상 조건논리에 따라 논리적으로 생각하지만, 그 추상적 형태를 그대로 적용하는 일은 매우 드물다. 그보다는 일상적 상황과 관련한 유용한 사고 규칙의 집합인 '실용적 추론도식'을 자주 이용한다.[1] 이 책에는 이런 도식이 가득하다. 사실 이 책은 실용적 추론도식에 관한 책이라 해도 과언이 아니다. 이 도식 중에는 조건논리와 직접 연관되는 것들도 있다. 이를테면 독립사건과 종속사건을 구별하는 도식, 그리고 상관관계는 인과관계를 증명하지 않는다는 원칙 등이 그렇다. 매몰비용과 기회비용 원칙은 연역적으로 타당하며, 이 원칙은 비용편익 분석 원칙에서 논리적으로 도출할 수 있다. 경제학 수업에서도 이런 원칙을 가르치지만, 그것이 일상적 추론에 얼마나 실용적으로 쓰일지를 제대로 보여주지 못하기 때문에 수업 효과가 떨어질 수 있다.

실용적 추론도식 중에는 조건논리에 해당하지만 정답을 보장할 수 없어서 연역적 타당성이 떨어지는 것이 있다. 이 도식은 참이나 타당성 여부와는 전혀 관련 없고, 어떤 사람의 행위의 적절성 평가와 관련이 있다. 이런 부류의 논리를 흔히 의무를 뜻하는 그리스어 'deon'에서 파생한 말로 '규범deontic'논리라 부른다. 이 논리는 어떤 상황이 의무인지, 어떤 상황이 허용되는지, 어떤 행동이 선택 가능한지, 무엇이 의무를 넘어서는지, 무엇을 해야 하는지를 다룬다. '계약도식'은 규범도식의 한 유형이며, 허용 또는 의무와 관련한 광범위한 문제 해결에 사용할 수 있다.

음주 연령 문제를 푸는 데 필요한 규범도식은 '허용도식'이라 부른다.[2] 술을 마시고 싶은가(P)? 그렇다면 21세는 되는 게 좋겠다(Q). 21세가 안 됐다(Q가 아니다)? 그렇다면 술을 마시지 않는 게 좋겠다(P가 아니다).

비슷한 종류로 '의무도식'이 있다.[3] 18세면(P) 입대해야 한다(Q). 입대하지 않았다(Q가 아니다)? 그렇다면 18세가 되지 않았거나 의무를 이행하지 않았다.

법학대학원 2년 과정을 마치면 규범논리가 상당히 발달하지만, 대학원 2년 동안 철학이나 심리학, 화학, 의학을 공부한다 해도 규범논리는 그다지 나아지지 않는다.[4]

실용적 추론도식의 두 번째 유형은 조건논리에 전혀 해당하지 않지만(또는 적어도 조건논리에 맞춰보려는 시도가 그다지 유익하지 않지만) 광범위한 상황에 적용할 수 있고 순전히 추상적인 용어로 설명할 수도 있다. 이런 도식에도 논리적 사고가 필요하지만 논리가 이 도식의 강점은 아니다. 이 도식의 강점이라면 일상의 문제를 조명하는 능력이다. 통계도식도 여기에 포함되고, 무작위 통제 설계 같은 과학적 절차에 필요한 도식도 포함된다. 통계와 방법론 수업에서도 이런 개념을 가르치지만, 일상에 도움이 되는 실용적 도식을 만드는 데는 그다지 도움이 되지 않는 때가 많다. 학부와 대학원에서 사회과학과 심리학 수업을 들으면 실용적 도식을 만들어 일상의 문제에 통계적·방법론적 도식을 적용하는 능력이 향상되지만 자연과학이나 인문학 수업은 그렇지 않다.[5] 이외에 매우 보편적인 실용적 추론도식에는 '오컴의 면도날', '공유지의 비극', 그리고 15장에서 다룰 '창발' 개념 등이 있다.

마지막으로 일부 막강한 실용적 추론도식은 논리적 추론을 위한 추상적 청사진이 아니라 단지 경험적 원칙으로, 폭넓은 일상의 문제에 쉽게 답을 찾게 한다. 여기에 해당하는 것으로는 행위자와 관찰자가 행동을 다르게 설명하는 성향을 보이는 일반화, 근본적 귀인 오류, 손실회피, 현상 유지 편향, 선택 설계를 잘하면 바람직한 선택을 하게 할 수 있다는 원칙, 사람들의 행동 변화를 이끌어내는 데는 인센티브가 최선이 아닐 수 있다는 원칙 등 이 책에 나온 것만도 수십 가지다.

추상적인 실용적 도식은 이루 말할 수 없이 유용하지만, 순전히 논리적인 도식은 가치가 제한적이다. 내가 그렇게 생각하는 이유는 순전히 논리적인 형식주의는 결코 발전시킨 적이 없는 고도의 문명국인 유교 국가 중국이 있기 때문이다. 중국의 변증법적 전통과 거기에 더해진 현대적 논리가 바로 다음 장에서 다룰 내용이다.

논리는 주장에서 현실적 요소를 모두 배제하기 때문에, 앞서 어떤 생각을 갖고 있든 주장의 형식논리 구조가 그대로 드러날 수 있다. 형식논리는 2600여 년 동안 교육자들이 생각했던 것과는 달리 일상적 사고의 기초가 아니다. 그것은 주로 논리적 추론에서 오류를 잡아내는 생각의 방식이다.

결론의 진실과 결론의 타당성은 완전히 별개다. 어떤 주장의 결론은 전제에서 출발해 논리적으로 전개될 때만 타당하다. 이때 결론은 전제의 진실 여부와 관계없이, 그리고 전제에서 출발해 논리적으로 전개되는가에 관계없이 참일 수 있다. 추론은 다른 어떤 전제에서도 논리적으로 도출될 필요는 없지만, 추론의 주장이 신뢰를 얻으려면 경험적 토대뿐 아니라 논리적 토대도 있다고 보여야 한다.

벤다이어그램은 삼단논법 추론을 그림으로 표현하며, 범주화 문제를 푸는 데 유용하거나 꼭 필요할 수 있다.

연역추론에서 오류는 그 추론이 귀납적으로 타당한 주장의 형태를 띠기 때문에 생기기도 한다. 우리가 연역 오류에 취약한 이유도 일부는 그 때문이다.

실용적 추론도식은 우리 생각의 밑바탕이 되는 추상적 논리 규칙

이다. 허용도식과 의무도식 같은 규범 규칙이 여기에 들어간다. 이 외에 이 책에서 다룬 많은 귀납도식도 포함되는데, 이를테면 통계, 비용편익 분석, 그리고 믿을 만한 방법론적 절차에 따른 논리적 추론 등이다. 실용적 추론도식은 특정 상황에만 적용되기 때문에 논리 규칙만큼 일반적이지 않지만, 일부 실용적 추론도식은 논리 기반에 의존한다. 이밖에 오컴의 면도날, 창발 개념 같은 도식은 폭넓게 응용될 수 있지만 형식논리에 의존하지 않는다. 그런가 하면 근본적 귀인 오류 같은 것은 현실적으로 널리 쓰이지만 경험에서 오는 일반화에 불과하다.

14장

변증법 추론

문명 세계의 양극에 놓인 두 전통에서 가장 두드러진 차이는 논리학의 운명이다. 서양에서는 논리학이 중심에 있고 논리의 확산이 멈췄던 적이 없다. _철학자 앵거스 그레이엄Angus Graham.

그 주된 이유는 중국인이 워낙 합리적인 정신을 지닌 탓에 지나치게 합리적이 되는 것을 거부하며 (…) 내용과 형식을 분리하는 것도 거부하기 때문이다. _철학자 류슈셴.

논리적으로 일관되게 주장을 펴다 보면 (…) 노여움을 살 뿐 아니라 미숙한 취급을 받을 수도 있다. _인류학자 나가시마 노부히로.

서양 문화에서 자란 사람이라면 세계 최고의 문명을 자랑하는 중국에 형식논리의 역사가 없다는 사실에 놀랄지도 모른다.

플라톤 시대 이전부터 최근까지, 중국인들이 서양의 사고방식을 접했던 시기에 실상 동양에서는 논리학에 대한 관심이 전혀 없었다.[1] 아리스토텔레스가 형식논리를 발전시킬 때, 철학자 묵자와 그의 제자들은 논리학과 관련한 몇 가지 주제를 다루긴 했지만, 묵자를 비롯한 중국의 고전 문화 전통에 등장한 어느 누구도 논리학 체계를 발전시키지 않았다.[2] 그리고 묵자의 사상이 잠깐 유행한 뒤에 동양에서 논리학의 흔적은 차갑게 식었다(묵자는 서양에서 비용편익 분석을 진지하게 다루기 시작하기 수세기 전에 이미 비용편익 분석을 체계적으로 연구했다).[3]

이처럼 중국에 논리적 전통이 빈약하다면, 중국인들은 어떻게 수학에서 위대한 발전을 이루었을까? 어떻게 서양인들은 한참 뒤에 발명하거나 아예 발명하지 못한 중요한 발명품 수백 가지를 일찌감치 만들었을까?

그렇다면 형식논리에 그다지 주목하지 않아도 문명은 장족의 발전을 이룰 수 있다는 사실을 인정하지 않을 수 없다. 중국만이 아니라 한국과 일본을 비롯해 유교 전통에 뿌리내린 동아시아 모든 나라가 그렇다. 그러나 인도는 달라서, 기원전 약 5세기 또는 4세기부터 논리학에 관심을 보였다. 흥미로운 점은 중국인도 인도에서 논리학을 연구한다는 걸 알았고 인도인에게 논리학 글을 번역하게 했다. 그러나 중국 번역본은 오류투성이였고, 그 글의 영향력은 대단히 미미했다.

중국인이 논리학 대신 발전시킨 사고 체계는 '변증법 추론'이라 불렸다. 여러 면에서 형식논리와 반대되는 추론이다.

서양 논리 vs 동양 변증법

아리스토텔레스는 다음의 명제를 논리적 사고의 기초로 삼았다.

1. 동일성: A＝A. 무엇이든 다 해당한다. A는 그 자체이지 다른 무엇이 아니다.

2. 무모순성: 'A이다'와 'A가 아니다'는 동시에 참일 수 없다. 어떤 것도 그것인 동시에 그것이 아닐 수는 없다. 명제와 그 반대 명제는 동시에 참일 수 없다.

3. 배중성排中性: 모든 것은 어떤 것이거나 그것이 아니다. 'A이다' 또는 'A가 아니다'가 참이지, 그 중간이 참일 수 없다.

근대 서양인들도 이러한 명제를 인정했다. 그러나 중국의 지적 전통에서 자란 사람들은 이 명제를 믿지 않았다. 적어도 모든 종류의 문제에 해당하지는 않는다고 보았다. 동양적 사고의 근간이 된 것은 변증법이다. 심리학자 펑카이핑이 말한 대로 동양 변증법의 근간에는 세 가지 '원칙'이 있다.[4] 이때 '명제'라고 말하지 않았다는 점에 주목하라. 펑카이핑은 '명제'라는 용어는 지나치게 형식적이어서, 세상을 바라보는 일반적 태도라기보다 한 무리의 철칙 같다고 경고한다.

1. 변화 원칙:
   현실은 변화의 과정이다.

지금 참이어도 조만간 거짓이 될 것이다.

2. 모순 원칙:

    모순은 역동적이고 근원적인 변화다.

    변화는 지속되기 때문에 모순도 지속된다.

3. 관계 원칙(또는 전체론):

    전체는 부분의 합보다 크다.

    부분은 전체와의 관계에서만 의미를 갖는다.

이 원칙들은 긴밀히 연관된다. 변화는 모순을 창조하고, 모순은 변화를 만들어낸다. 변화와 모순은 지속적이어서, 부분을 논의할 때 다른 부분과의 관계와 이전 세계 상태와의 관계를 고려하지 않는다면 의미가 없다.

이 원칙들은 동양 사고의 또 다른 중요한 원칙, 즉 극단적 명제 사이에서 '중도'를 찾으라고 촉구하는 원칙이다. 동양 사고에는 모순은 단지 모순처럼 보일 뿐이라는 강한 확신이 있으며, "A가 옳지만 A의 부정도 틀리지 않는다"고 믿는 성향이 있다. 이런 태도는 "대진리의 반대 역시 진리다"라는 선종禪宗의 금언에도 나타난다.

많은 서양인에게 이런 개념은 합리적으로 보이고, 심지어 친숙하기도 하다. 종종 변증법적 대화라고 불리는 소크라테스의 대화법이 어느 면에서는 이와 비슷하다. 진실에 더 가까이 다가가려는 목적으로 서로 다른 견해를 주고받는 대화법이다. 유대인들은 이런 변증법적 사고를 그리스에서 빌려왔고, 탈무드 학자들은 이후 2000년 이상

〈그림 6〉도의 상징

그것을 발전시켰다. 헤겔이나 마르크스 같은 18, 19세기 서양 철학자들도 변증법 전통에 기여했다. 20세기 말부터 동양과 서양을 막론하고 변증법 추론은 인지심리학자들의 진지한 연구 과제가 되었다.

변증법을 대하는 동양의 태도는 동양에 깊이 뿌리내린 도道 사상을 반영한다. 동양인에게 도가 의미하는 바는 무수히 많지만, 그 뿌리에는 변화의 개념이 자리 잡고 있다. 음(여성적이고, 어둡고, 수동적)과 양(남성적이고, 밝고, 능동적)은 번갈아 나타난다. 사실 음과 양은 상대가 있기에 존재하며, 세상이 현재 음의 상태라면 곧이어 양의 상태가 된다는 확실한 신호다. 도를 상징하는 기호는 자연과 동료 인간과 함께 존재하는 '방식'을 뜻하며, 두 가지 힘을 표현하는 흰색과 검은색 소용돌이로 되어 있다.

변화의 개념은 검은 소용돌이에 흰 점이 있고 흰 소용돌이에 검은 점이 있는 것으로 표현된다. "진정한 양은 음 안에 있는 양이다." 음양은 서로 반대되지만 상호 관통하는 힘 사이에 존재하는 관계를 표현하는데, 두 힘은 서로 경쟁할 수도 있고 서로를 이해하기 쉽게 만들 수도 있으며, 하나가 다른 하나로 전환하는 조건을 만들 수도 있다.

《역경易經》에는 이런 말이 나온다. "행복은 고통에 기대어 있고, 고통은 행복에 숨어 있다. 그것이 고통일지 행복일지 누가 알겠는가?

확실한 것은 없다. 정의로운 것이 갑자기 사악한 것이 되고, 선한 것이 갑자기 악한 것이 된다."

동양의 변증법에 익숙해지면 변화를 매우 다르게 바라보는 동양과 서양의 사고를 쉽게 이해할 수 있다. 리준지Li-Jun Ji는 연구 결과, 세계 결핵 발병률이라든가 개발도상국의 국내총생산 성장률, 미국 어린이의 자폐증 진단율 등 어떤 추세가 나오면 서양인은 그 추세가 계속 이어질 것으로 생각하는 반면, 동양인은 그 추세가 잠잠해지거나 방향이 바뀔지 모른다고 생각하는 경우가 많다.[5] 서양 전통이 몸에 밴 경영대학원 학생들은 주식이 오를 때 사고 내릴 때 처분하는 성향이 있다.[6] 반면에 동양 전통에서 자란 학생들은 주가가 내릴 때 사고 오를 때 파는 성향이 있다(2부에서 다룬 엉터리 선호 성향을 잘 보여주는 예다).

변증법 전통은 동아시아인들이 맥락에 더 주의를 기울이는 이유를 부분적으로나마 설명해준다(2장 참조). 상황이 끊임없이 바뀌면 사건의 주변 상황에 주목하는 게 좋다. 상황은 사건에 계속 영향을 미쳐 변화와 모순이 생길 것이다.

논리 전통과 변증법 전통은 모순되는 명제와 주장에 사뭇 다른 반응을 보인다. 서로 모순되다시피 하는 반대되는 명제 둘을 제시하면, 서양인과 동양인이 매우 다르게 반응한다. 미시간대학 학생과 베이징대학 학생에게 과학적 연구 결과라며 여러 쌍의 명제를 보여주었다.[7] 예를 들어 일부 학생에게는 다음 두 가지 결과를 보여주었다. (1) 많은 개발도상국에서 연료 사용은 지구온난화를 비롯한 환경 문제를 더욱 악화시킨다. (2)어떤 계측학자가 전 세계에서 서로 멀리 떨어진

지역 24곳의 기온을 연구했더니 지난 5년 동안 오히려 1도 미만으로 떨어졌다. 그리고 나머지 학생들에게는 두 명제 중에 하나만 보여주었다. 그리고 학생 전체에게 그 명제가 얼마나 그럴듯하냐고 물었다.

미시간대학 학생들은 (1)번처럼 그럴듯한 명제 하나만 봤을 때보다 그것과 모순되면서 그럴듯하지 않은 (2)번 같은 명제를 동시에 봤을 때, 그럴듯한 명제를 더 믿는 성향을 보였다. 논리적 '일관성'이 없는 태도다. 어떤 명제가 다른 것과 모순된다고 해서 모순되지 않을 때보다 신뢰도가 더 높아질 수는 없는 일이다. 이런 오류가 생기는 이유는 아마도 어떤 명제가 옳은지 결정해 모순을 해결하고 싶어 하는 서양인의 특성 탓일 것이다. 옳은 명제를 선택할 때, 더 그럴듯해 보이는 명제를 옹호하는 다양한 이유에 주목하게 마련이다. 확증 편향이 끼어드는 순간이다. 이렇게 되면 좀 더 그럴듯한 명제와 덜 그럴듯하면서 모순되어 보이는 명제 사이에서 선택하는 과정을 거치지 않았을 때보다 그럴듯한 명제에 더욱 힘이 실린다.

중국 학생들의 행동은 확연히 달랐다. 이들은 모순되는 명제를 보지 않았을 때보다 봤을 때 '덜' 그럴듯한 명제를 더욱 신뢰했다. 이 역시 논리적 일관성이 없기는 마찬가지지만, 서로 모순되는 두 명제 모두 어느 정도 진실을 담고 있으리라고 인식한 결과다. 일단 덜 그럴듯한 명제가 참일 가능성을 발견하는 방법이 나오면, 그런 방법이 보이지 않을 때보다 그 명제는 더욱 그럴듯해 보인다. 이쯤 되면 동양인들은 더러 '확증반대 편향'을 보인다고 말할 사람도 있을지 모르겠다.

이처럼 서양인은 서로 다른 명제가 모두 어느 정도는 참일 가능성을 즐기기보다 겉으로 드러난 모순을 서둘러 뿌리 뽑으려 하면서 일을 그르칠 수 있다. 동양인들의 경우 어떤 명제가 그것과 모순되면서 더욱 설득력 있는 명제와 대비되어 설득력이 떨어진다면 두 명제의 차이를 줄이기 위해 설득력이 약한 명제를 더욱 그럴듯하게 보이게 하려다 일을 그르칠 수 있다. 논리적 사고 체계와 변증법적 사고 체계는 서로에게서 배울 점이 많다. 이쪽의 장점은 곧 저쪽의 단점이다.

논리 vs 도

동아시아인에게 논리적 특성이 약한 성향은 오늘날 아시아 최고의 대학에서 공부하는 젊은이들의 사고방식에서도 분명히 드러난다. 다음의 주장을 보라. 어떤 주장이 논리적으로 타당해 보이는가?

주장 1

전제 1: 경찰견은 늙지 않았다.

전제 2: 고도로 훈련된 개 중에는 늙은 개도 있다.

결론: 고도로 훈련된 개 중에는 경찰견도 있다.

주장 2

전제 1: 식물로 만든 것은 모두 건강에 좋다.

전제 2: 담배는 식물로 만들었다.

결론: 담배는 건강에 좋다.

주장 3

전제 1: A는 B가 아니다.
전제 2: 어떤 C는 B다.

결론: C 중에는 A가 아닌 것도 있다.

첫 번째 주장은 의미가 있고 결론도 그럴듯하며, 두 번째 주장은 의미가 있지만 결론은 그럴듯하지 않고, 세 번째 주장은 너무 추상적이라 현실 세계의 사실과 관련이 없다. 주장 1은 결론이 그럴듯해도 타당하지 않다. 주장 2는 그럴듯하지 않지만 타당하다. 의미가 없는 주장 3은 타당하다(각 주장을 벤다이어그램으로 그려보면 타당성을 평가하는 데 큰 도움이 된다).

심리학자 아라 노렌자얀Ara Norenzayan과 김범준은 동료들과 함께, 아시아인과 서양인이 위와 같은 문제를 다르게 생각하는지 알아보았다. 이들은 한국 대학생과 미국 대학생들에게 타당한 주장과 타당하지 않은 주장, 그럴듯한 결론과 그럴듯하지 않은 결론을 보여주었다.[8] 연구원은 학생들에게 각 주장이 전제에서 출발해 논리적으로 결론에 이르렀는지 물었다. 연구원이 보여준 주장들은 모두 삼단논법으로,

아주 간단한 구조에서 꽤 복잡한 구조까지 네 가지 유형이었다.

한국 학생이나 미국 학생이나 모두 결론이 그럴듯한 삼단논법일수록 실제 타당성 여부를 떠나 더욱 타당하다고 평가했다. 그러나 한국 학생은 미국 학생보다 결론이 얼마나 그럴듯한가에 훨씬 더 영향을 받았다. 한국 학생이 논리적 사고력이 떨어져서가 아니다. 순전히 추상적인 삼단논법에서는 오류를 범하는 횟수가 두 집단이 같았다. 단지 미국 학생이 한국 학생보다 일상적인 사건에 논리 규칙을 적용하는 습관이 배어 있어서, 결론이 얼마나 그럴듯한가를 더 쉽게 무시할 수 있기 때문이다.

동아시아 대학생들은 어떤 범주에 소속된 것들이 얼마나 전형적인가에 따라 삼단논법에서 실수를 저지르기도 한다. 예를 들어, 이들에게 모든 조류는 어떤 특징(이를테면 "장막腸膜이 있다"와 같은 가짜 특징)이 있다고 말해준다. 그런 다음 독수리도 그 특징이 있다는 주장과 펭귄도 그 특징이 있다는 주장이 얼마나 설득력 있는지 물었다. 물론 두 주장의 결론은 똑같이 타당하다. 미국 학생은 한국 학생보다 전형성의 영향을 훨씬 덜 받았다. 이를테면 조류에게 그런 특징이 있다면 펭귄도 그 특징이 있다는 주장은 미국 학생보다 한국 학생에게 설득력이 훨씬 떨어졌다.

마지막으로 동아시아 학생은 미국 학생보다 명제논리에 더 많은 문제를 드러냈다. 이들은 자신의 바람에 더 많이 휘둘렸다. 어떤 특정한 결론이 참이면 좋겠다고 생각할 때, 그 결론이 전제를 따른다고 부정확하게 판단할 확률이 높았다.[9] 본인도 원치 않는 실수다. 이로써 서양인들은 논리의 장점(명제에서 의미를 걷어내고 그 명제를 추상적으로 전환하는 능력) 덕에 판단에 부당한 영향을 받지 않는다는 사실을 알 수 있다.

맥락, 모순, 인과관계

2장에서 전후 맥락의 중요성을 이야기하면서, 서양인은 세상을 바라볼 때 중심 사물(또는 사람)에 초점을 맞춘다고 했던 것을 떠올려 보자. 서양인들은 대상의 특징을 찾아내어 그 대상을 범주에 집어넣고 그 범주를 지배하는 규칙을 적용한다. 여기에 숨은 목적은 그 대상의 인과관계 모델을 정립해 그것을 자기만의 목적에 맞게 이용하기 위해서일 때가 많다.

반면에 동양인은 시야를 훨씬 더 넓혀 맥락 안에서 대상에 주목하고, 다른 대상과의 관계에 주목하며, 사물과 맥락의 관계에 주목한다.

세상을 이해하는 최선의 방법이 서로 다르다 보니 역사를 분석하는 방법도 다르다. 일본의 역사 교사들은 어떤 사건을 다룰 때 전후 맥락부터 자세히 언급한다.[10] 그런 다음 연대기순으로 중요한 사건을 훑으면서, 각 사건을 다음 사건과 연결한다. 교사는 학생들에게 학생 자신이 일상에서 처하는 상황과 역사적 인물이 처했던 상황의 유사점을 생각하게 하여 역사적 인물의 정신 상태와 감정 상태를 상상하게 한다. 그러면 그 느낌으로 행위가 이해된다. 교사는 학생들이 일본의 적을 포함해 역사적 인물에 공감할 때 역사를 바라보는 훌륭한 능력을 갖추었다고 생각한다. 일본 수업 시간에는 '어떻게'라는 질문이 미국 수업 시간보다 2배 정도 자주 나온다.

미국 교사들은 전후 맥락 설명에 일본 교사보다 훨씬 적은 시간을 할애한다. 이들은 맨 처음 사건이나 기폭제보다 '결과'에서 출발한다. 사건의 연대순은 가볍게 다루거나 아예 없애버린다. 그보다는 중요하다고 생각되는 원인을 토론해 무엇부터 다룰지 순서를 정한다("오스만 제국은 세 가지 주요 이유로 몰락했다"). 교사는 학생들이 결과의 인과관계 모델에 맞는 증거를 제시할 수 있을 때 역사를 바라보는 훌륭한 능력을 갖추었다고 생각한다. 미국 수업 시간에는 '왜'라는 질문이 일본 수업 시간보다 2배 정도 자주 나온다.

두 가지 접근법 모두 유용하면서 동시에 상호보완적이다. 그런데 사실은 동아시아인의 역사 분석이 서양인에게는 그저 틀렸다고 보일 뿐이다. 그리고 일반적으로 서양인은 동양인의 특징인 전체를 바라보는 사고방식을 인정하기보다 그런 방식을 곧잘 거부한다. 놀랍게도 미국에서 사업을 하는 일본인의 자녀들은 미국 학교에서 교사들이 그들을 분석 능력이 떨어진다고 판단하는 바람에 한 학년 유급을 당하기도 한다.

사고 유형의 차이로 인해 세상의 본질을 바라보는 차이, 즉 '형이상학'에서도 커다란 차이가 나타난다. 또 사고 유형의 차이로 서로 다른 물리학이 탄생한다. 고대 중국인은 맥락에 주목해 그리스인이 실패한 일에 성공하기도 했다.

고대 중국인은 맥락에 주목한 덕에 원격작용의 가능성을 알아냈다. 그 결과 음향과 자기에 관한 물음을 정확히 이해했을 뿐 아니라 조석의 진짜 이유도 알아낼 수 있었다. 달이 바닷물을 끌어당길 수 있다는 것은 갈릴레오도 몰랐던 사실이다.

아리스토텔레스는 물에 물체를 떨어뜨리면 물속으로 들어가는 이유를 중력이라는 속성 때문이라고 설명했다. 그러나 물에 떨어뜨렸다고 해서 모든 물체가 다 물속으로 들어가지는 않는다. 어떤 것은 표면에 떠 있다. 아리스토텔레스는 그런 물체는 '경박함'이라는 속성을 갖고 있다고 설명했다. 물론 경박함이라는 속성은 없으며, 중력은 하나의 물체에 내재한 속성이라기보다 물체 사이의 관계다.

아인슈타인은 우주의 본성을 설명하는 자신의 이론에 우주상수를 넣는 사기를 쳐야 했는데, 그래야 그가 확신한 우주의 안정된 상태가 설명되기 때문이었다. 물론 우주는 아리스토텔레스 시대부터 예상한 것과 달리 안정된 상태가 아니다. 서양인으로서 우주는 정체 상태라는 그리스인의 생각에 영향을 받은 아인슈타인은 우주는 불변한다는 직감이 있던 터라 우주상수에 의지해 그 생각을 고수했다.

중국식 변증법 추론은 동양식 사고에 조예가 깊었던 물리학자 닐스 보어Niels Bohr에게 영향을 미쳤다. 그는 자신이 양자론을 발전시키기까지 동양 형이상학의 영향이 컸다고 밝혔다. 빛이 입자로 구성되는가, 파동으로 구성되는가는 서양에서 수세기 동안 이어진 논쟁이었다. 둘은 서로 모순되어 하나를 선택해 믿으면 다른 선택은 불가능하다고 여겨졌다. 보어의 해법은 빛을 입자로도, 파동으로도 간주하는 것이다. 양자론에 따르면, 빛은 입자로 또는 파동으로 볼 수 있다. 다만 입자이면서 동시에 파동일 수는 없을 뿐이다.

중국인은 서양인이 틀린 것을 상당수 올바로 이해한 반면에 자신의 이론을 제대로 증명한 적이 없다. 여기에는 과학이 필요한데, 서양은 과학의 역사가 2600년이다. 과학의 기본은 분류에다 실증적 규칙과 철저한 논리적 원칙을 더하는 것이다. 중국인은 서양인이 이해하지 못한 원격작용의 개념을 이해했지만, 그 개념을 증명한 것은 서양의 과학이었다. 이때 서양 과학자들이 실험을 실시한 목적은 원격작용의 불가능을 증명하는 것이었다. 그런데 실험에서 정반대 결과가 나왔으니 화들짝 놀랄밖에!

안정성과 변화

변화에 대한 동양과 서양의 믿음에는 심오한 차이가 있다. 나로서는 명확한 이유를 모르겠지만, 그리스인들은 우주와 그 안에 있는 사물은 변치 않는다는 생각에 집착했다.

헤라클레이토스와 기원전 6세기의 다른 철학자들은 세계는 변한다고 인식한 게 분명하다("같은 강물에 발을 두 번 담글 수 없다. 사람도 바뀌고 강물도 바뀌기 때문이다"). 그러나 기원전 5세기에 변화가 물러가고 안정성이 그 자리를 차지했다. 헤라클레이토스의 견해는 그야말로 조롱거리가 되었다. 파르메니데스는 다음과 같은 몇 가지 간단한 단계로 변화는 불가능하다고 '증명'했다. 존재하지 않는 것을 말하는 것은 모순이다. 비존재는 자기모순이며 따라서 비존재는 존재할 수 없다. 비존재가 존재할 수 없다면 어느 것도 변화할 수 없다. 왜냐하면 사물 1이 사물 2로 바뀐다면 사물 1은 존재하지 않기 때문이다!

파르메니데스의 제자 제논은 움직임, 즉 운동은 불가능하다고 증명해 그리스인들을 만족시켰다. 그중 하나가 유명한 화살 비유다.

1. 화살이 일정한 공간에 원래의 크기로 존재한다면, 그 화살은 정지한 상태다.
2. 화살은 날고 있는 순간마다 일정한 공간에 원래의 크기로 존재한다.
3. 따라서 화살은 날고 있는 순간마다 정지한 상태다.
4. 화살이 항상 정지해 있으므로 화살의 움직임은 (따라서 변화는) 불가능하다.

제논이 내놓은 또 다른 증거는 '아킬레우스 역설'이다. 아킬레우스가 자기보다 앞에 달려가는 느린 거북이를 따라잡으려면 그 순간에 거북이가 있는 자리까지 뛰어가야 한다. 그런데 아킬레우스가 '거기' 도착할 때면 거북이는 더 나아갔다. 고로 아킬레우스는 거북이를 절대 따라잡을 수 없다. 빠르게 달리는 것은 느리게 달리는 것을 절대 따라잡을 수 없으니, 운동은 결코 일어날 수 없다고 추론할 수 있다.

의사소통 이론가 로버트 로건Robert Logan이 썼듯이, 그리스인들은 '또는/이거나' 논리의 엄격한 선형성에 노예가 되었다.[11]

세계는 불변하거나 대단히 안정적이라는 그리스인의 고집스러운 믿음은 수세기 동안 퍼져나갔다. 인간의 행동을 주변 상황보다 개인의 기질 탓으로 돌리는 서양의 지독한 고집(근본적 귀인 오류)은 그 직접적 원인을 그리스의 형이상학에서 찾을 수 있다. 근본적 귀인 오류 때문에 일어난 대단히 명확한 피해 사례 하나는 서양인들이 지능과 학업 성취도에 영향을 미치는 중요한 요인을 오해하는 것이다.

내가 수학으로 애를 먹기 시작한 것은 5학년 때부터다. 부모님은 이미 예상된 일이라며 나를 납득시켰다. "니스벳은 수학을 잘했던 적이 한 번도 없잖아." 나는 알리바이가 생겨 기뻤다. 하지만 돌이켜 보면 우리 부모님은 (그리고 나도) 내가 수학에 문제가 생기기 시작한 게 2주 동안 한바탕 단핵증을 앓느라 학교를 나가지 못한 뒤부터라는 사실을 눈치채지 못했다. 수업에서는 때마침 분수 진도를 나가고 있었다. 나는 지금도 수학에 서툴다. 물론 분수에 약한 게 기질 탓이라는 부모님의 추론을 나 스스로 인정하지 않았더라면 수학을 분명 조금 더 잘했을 것이다.

우리 부모님의 원인 분석과는 대조적으로 중국계 미국인 호랑이 엄마라면 아마도 이런 분석을 내놓지 않았을까? "수학 성적이 B란 말이지? 우리 집안사람이 되려거든 이제부터는 A를 받아야 할 거다!"

중국에서 시골 소년이 열심히 공부해 막강한 치안판사가 되는 것이 가능해진 이래로 2000년 동안 중국인들은 열심히 노력하면 똑똑해진다고 믿었다. 공자는 능력은 일부분 "하늘이 내린 선물"이기도 하지만 거의가 노력에서 나온다고 믿었다.

미국 고등학교 상급생을 대상으로 1968년에 시작한 연구에 따르면, 중국계 학생은 IQ가 백인 학생과 거의 같았다.[12] 그러나 SAT 점수는 약 1/3표준편차 높다. SAT 점수는 IQ와 상관관계가 높지만 IQ보다 공부를 얼마나 열심히 하느냐에 더 많이 좌우된다. 놀랍게도 고등학교를 졸업하고 20년 정도가 지나 중국계 미국인은 백인보다 전문직, 관리직, 과학 기술직에서 일하는 비율이 62퍼센트 높았다.[13] 백인 중에도 능력은 변할 수 있다고 보는 학생은 그렇지 않은 학생보다 학교 성적이 더 좋다.[14] 그리고 얼마나 똑똑한가는 상당 부분이 얼마나 열심히 공부하느냐에 달렸다고 배운 백인 학생은 학업 성취도가 높아진다. 노력의 중요성을 깨닫는 것은 가난한 흑인 아이들과 히스패닉 아이들에게 특히 큰 효과를 발휘한다.[15]

변화 가능성을 바라보는 동서양의 차이는 일상의 수많은 부분에서 광범위하게 나타난다. 백인 중에서도 특히 미국의 백인은 절도든 살인이든 유죄 선고를 받은 사람을 모두 '범죄자'로 낙인찍는다. 아시아인은 그런 단호한 범주화를 꺼린다. 어쩌면 그 때문에 아시아에서 장기 투옥이 비교적 드문지도 모른다. 미국의 수감률은 홍콩의 5배, 한국의 8배, 일본의 14배다.

변증법과 지혜

아래는 상담 전문 칼럼니스트 애비게일 밴 뷰런Abigail Van Buren 앞으로

온, 많은 신문에 실렸던 편지다. 편지에 묘사된 것과 같은 상황에서 어떤 결과가 나올지 잠깐 생각해보라.

애비 선생님께

제 남편 '랠프'에게는 누나 '돈'과 남동생 '커트'가 있습니다. 시부모님은 6년 전에 몇 달 간격으로 돌아가셨어요. 그 뒤로 일 년에 한 번씩 돈 형님은 시부모님의 묘비를 사야 한다는 이야기를 꺼냅니다. 저도 대찬성이에요. 하지만 형님은 거기에 거금을 쓰려 하고, 다른 형제들도 같이 부담하길 바라네요. 최근에는 제게 묘비에 쓰려고 2,000달러를 모아두었다고 했어요. 그러더니 얼마 전에 묘비 디자인도 고르고 묘비명도 써서 주문을 했다고 전화로 통보를 하시더군요. 형님은 지금 제 남편과 시동생 커트도 '자기 몫'을 내길 바라는 상황입니다. 형님은 부모님께서 돌아가신 지 여러 해가 지났는데도 아직 묘비 하나 없는 게 죄책감이 들어 직접 가서 주문을 하셨다네요. 저는 형님 혼자 하신 일이니 형제들은 한 푼도 낼 필요가 없다고 생각합니다. 남편과 시동생이 돈을 안 내면 형님은 계속 재촉할 테고, 저한테도 그러실 거예요. 어떻게 하면 좋을까요?

동서양의 사고 유형의 차이를 좀 더 설명하고 이 사연을 다시 다뤄보자.

20세기 중반의 위대한 발달심리학자 장 피아제는 어린 시절 이후의 모든 사고는 그 밑바닥에 명제논리가 있다고 했다. 그는 이런 논리 규칙을 '구체적 조작concrete operation'에 대비되는 말로 '형식적 조작

formal operation'이라 불렀다. 구체적 조작은 아이들이 특정한 실제 사건을 생각하는 방식을 특징짓는 말인데, 이를테면 그릇 모양을 두고 주고받는 대화 같은 것이다(좁고 기다란 그릇에 담긴 모래를 넓고 낮은 그릇에 옮겨 담을 때 모래가 더 필요하지도, 덜 필요하지도 않다). 피아제의 주장은 이렇다. 어린아이들은 논리로 세상의 사건들을 이해하는 능력을 발달시키지만, 논리를 이용해 추상적으로 생각하는 능력은 부족하다. 그러다가 청소년기로 넘어가면서 형식적 조작을 이용해 추상적 개념을 생각하기 시작한다. 형식적 조작, 즉 명제논리의 규칙은 자연스럽게 유도될 뿐 학습할 수는 없다. 그리고 청소년기가 끝날 즈음에는 형식적 조작의 발달이 완료된다. 이후에는 추상적 규칙을 이용해 생각하는 법을 더 이상 배울 수 없다. 평범한 성인이라면 누구나 똑같이 일치하는 형식논리 규칙의 집합을 가지고 있다.

이 주장은 대부분 옳지 않다. 이 책에서 밝혔듯이, 형식적 조작을 넘어선 추상적 규칙은 통계적 회귀나 비용편익 분석 등 헤아릴 수 없이 많다. 게다가 이런 추상적 규칙은 자연스럽게 유도될 수도 있고 학습할 수도 있으며, 청소년기가 지나서도 얼마든지 계속 학습할 수 있다. 20세기 말 심리학자들은 어느 정도는 피아제 이론에 대한 반응으로 소위 '포스트형식주의적 조작'을 정의하기 시작했는데, 이는 주로 청소년기 이후에 학습하는 원칙으로, 하나의 정답이 아니라 그럴듯한 다양한 답을 보장한다. 대신, 이 원칙을 적용해도 단지 문제를 새로운 관점으로 바라보거나, 겉으로 드러난 논리적 모순과 사회적 논쟁을 다루는 현실적 지침을 얻을 뿐이다.

유명한 클라우스 리겔Klaus Riegel과 마이클 베세체스Michael Basseches 같은 포스트형식주의자들은 이런 사고 유형을 "변증법적"이라 불렀다.[16] 이들은 동양식 사고에 크게 의존해 이 원칙들을 다섯 부류로 나눠 기술하고 설명했다.

관계와 맥락. 변증법적 사고는 관계와 맥락에 주목할 것, 사물이나 현상을 더 큰 전체의 부분으로 이해할 것, 전체 체계의 작동 원리를 이해할 것, 체계(몸, 집단, 공장 등) 안에서 균형에 관심을 가질 것, 다양한 관점에서 문제를 바라볼 것 등을 강조한다.

반형식주의. 변증법적 사고는 형식주의에 반대한다. 형식주의는 내용에서 형식을 분리하기 때문이다. 우리는 문제의 여러 요소를 형식적 모델로 추상화하고 정확한 분석의 핵심인 사실과 맥락을 무시하는 바람에 오류를 범한다. 논리적 접근을 지나치게 강조하면 문제를 왜곡하고, 실수를 저지르고, 사고가 경직된다.

모순. 포스트형식주의자들은 명제 사이의 모순과 체계 사이의 모순을 찾아내고, 반대되는 것들 사이에서 하나는 버리고 다른 하나만 고집하기보다는 서로 보완하면 문제를 더 잘 이해할 수 있다는 사실을 깨닫는 게 중요하다고 말한다.

변화. 포스트형식주의 심리학자는 사건을 정적이고 단발적인 것으로 이해하기보다 하나의 과정에 담긴 여러 순간으로 이해할 것을 강조한다. 이들은 체계 사이의 상호작용을 변화의 원천으로 인식한다.

불확실성. 포스트형식주의자들은 변화를 강조하고, 모순을 이해하고, 다양한 요소가 맥락에 영향을 미친다고 인식했고, 그런 이유로 지식의 불확실성을 인정하는 것에 가치를 둔다.

이런 사고의 원칙은 서양인에게도 낯설지 않다. 다만 동양인과 서양인의 차이라면, 동양인은 이 원칙을 필수로 여겨 끊임없이 활용한다는 사실이다. 일상의 문제에 이 원칙을 활용하는 사례를 몇 가지 살펴보자.

문화, 나이, 변증법

나는 심리학자 이고르 그로스만Igor Grossmann, 마유미 가라사와Mayumi Karasawa, 사토코 이즈미Satoko Izumi, 나진경, 마이클 바넘Michael Varnum, 시노부 기타야마Shinobu Kitayama와 함께, 앞서 언급한 '애비 선생님께' 같은 딜레마와 더불어, 천연자원 활용을 둘러싼 의견 충돌이나 소수민족 다툼 같은 사회적 갈등을 담은 문제를 미국과 일본에서 다양한 연령층과 여러 사회계층 사람들에게 제시했다.[17] 그리고 실험 참가자에게 다음에 어떤 일이 일어날 것 같은지, 왜 그렇게 생각하는지 물었고, 그들의 답을 변증법 추론과 관련한 6가지 범주로 코딩했다.

1. 규칙의 엄격한 적용을 피하는 답인가?
2. 여러 등장인물의 관점을 모두 고려한 답인가?
3. 모순되는 견해의 속성에 주의를 기울인 답인가?
4. 교착 상태보다 변화 가능성을 인식한 답인가?

5. 가능한 형태의 타협을 언급한 답인가?

6. 독단적 자신감보다 불확실성을 표현한 답인가?

연구 결과 일본의 청년층과 중년층은 개인 간, 사회 간 갈등에 미국의 청년층과 중년층보다 좀 더 변증법적으로 대응했다.[18] 일본인들은 규칙을 엄격하게 적용하기보다 모든 참가자의 견해를 고려하고, 갈등의 속성에 주의를 기울이고, 변화와 타협 가능성을 인식했다. 그러면서도 자신의 결론에 대한 확신은 적었다.

〈표 5〉는 부모의 묘비를 두고 갈등을 빚는 '애비 선생님께' 이야기에 변증법 논리가 강한 답과 약한 답의 예를 보여준다. 모두 미국인의 답이지만 일본인의 답도 매우 비슷하다. 단지 더 변증법적일 뿐이다.

우리가 보기에 일반적으로 변증법 논리가 더 강한 일본인의 대답에는 그들 나름대로의 더 훌륭한 지혜가 담겨 있었다. 그리고 미국인도 그러하다. 우리는 이 문제를 일본인과 미국인의 대답과 함께 시카고대학에 기반을 둔 '지혜연대Wisdom Network' 회원들에게 보냈다. 지혜의 속성과 지혜를 얻는 방법에 관심을 가진 (서양인 중심의) 철학자, 사회심리학자, 심리치료사, 성직자들이 속한 단체다. 이곳 회원들은 '애비 선생님께' 식의 문제에 대해 변증법 논리가 강한 대답을 더 지혜로운 대답으로 보았다.

사람은 나이가 들수록 사회 갈등에 변증법 논리를 더 많이 적용하는 식으로 더 지혜로워질까? 미국인은 그렇다. 미국인은 약 25세에서 75세까지 개인 간 문제, 사회 문제에 변증법 논리를 점점 더 많이

〈표 5〉 묘비 이야기와 관련해 변증법 논리가 강한 답과 약한 답 비교

변증법 논리가 약함	변증법 논리가 강함
갈등에 관련된 사람들의 서로 다른 관점 고려하기	
나중에 관계가 껄끄러워졌을 것 같다. 커트와 랠프가 묘비 비용을 내지 않기로 결심했을 테니까. 그렇다면 앞으로 누나와 동생들 간에 의사소통 문제가 일어날 것이다. 묘지 비석이 두 동생에게도 중요했다면 처음부터 돈을 마련하는 데 문제가 없었을 것이다.	부모님을 이런 식으로 공경해야 한다고 생각하는 사람도 있을 수 있다. 어떤 사람은 그럴 필요가 전혀 없다고 생각할 것이다. 또 어떤 사람은 뭔가를 하고 싶어도 돈이 없을 수 있다. 어쩌면 남자 형제들에게는 묘비가 중요하지 않았을 수도 있다. 사람들마다 관점이 달라 중요하다고 여기는 상황도 다른 것은 흔히 있는 일이다.
갈등이 전개되는 다양한 양상 인식하기	
랠프의 누나는 아마도 결국 혼자 비용을 부담하고 그 문제로 동생들을 괴롭힐 것 같다. 동생들이 도와줄 마음이 있었다면 진작 누나에게 돈을 보냈을 테니까. 문제가 제대로 타결될 것 같지 않다.	여러 결과가 나올 수 있다. 동생들은 누나에게 변상하고, 랠프의 아내는 분통이 터졌을 수 있다. 또는 셋이 모두 분개했을 수 있다. 아니면 동생들은 돈을 안 내고 누나도 그 점을 인정했을 가능성도 있다. 또 동생들 중 한 명만 누나에게 돈을 줬을 수도 있다.
타협점 찾기	
동생들은 돈이 없었을 것이다. 그렇지 않았다면 일찌감치 돈을 냈을 테니까. 그리고 누나는 어쩔 수 없이 비용을 지불할 것이다. 그걸로 끝이다. 누나가 동생들의 동의를 받지 않고 일을 추진했다면 비용을 대야 마땅하다. 내 생각에 누나는 혼자 비용을 지불하고, 그러면 안 되겠지만, 그 뒤로 동생들을 미워했을 것이다. 이 일의 책임은 누나에게 있다.	어떤 타협을 찾았을 거라 생각한다. 그리고 커트와 랠프는 묘비도 중요하다는 걸 깨달았을 것 같다. 비록 누나가 동생들의 동의 없이 묘비를 주문했지만, 세 사람은 어느 정도 힘을 합쳤을 것이다. 누나가 원하는 수준까지는 아닐지라도. 어쨌거나 바라건대 어느 정도는 비용을 분담하지 않았을까.

적용한다.[19]

나이가 들수록 사회 갈등을 더 지혜롭게 다루는 현상은 일리가 있다. 사람들은 나이가 들면서 점점 더 사회 갈등이 일어날 가능성을 인식하고, 그것을 피해 갈 방법을 익히고, 갈등이 일어나면 그것을 줄일 방법을 고심하게 마련이라고 생각할 법도 하다.

그런데 일본인은 이 점에서 갈수록 더 지혜로워지지는 않는다.

미국인은 나이가 들수록 변증법 논리에 더욱 의존하고 일본인은 그렇지 않다는 사실을 우리는 이렇게 설명한다. 젊은 일본인은 젊은 미국인보다 지혜롭다. 일본은 사회화 과정에서 사회적 맥락에 주목하라고 강조하기 때문이다. 이들은 갈등을 피하고 줄이는 법을 똑똑히 배운다. 여기에는 갈등이 사회 조직에 미치는 피해가 서양보다 동양이 큰 탓도 있을 것이다.

젊은 미국인은 변증법 원칙이나 갈등을 다루는 법을 일본인만큼 많이 배우지 않는다. 하지만 나이가 들면서 점점 더 많이 갈등을 겪다 보니 갈등을 인식하고 다루는 더 나은 방법을 자연스럽게 터득하게 마련이다. 그러니까 일본인이 나이가 든다고 해서 더 나아지지 않는 이유는 일상생활을 하면서 갈등과 관련한 원칙을 차츰 익혀간다기보다 그 원칙을 일찌감치 배워 적용하기 때문이다. 게다가 이들은 미국인보다 일상에서 겪는 갈등이 훨씬 적고, 따라서 갈등을 다루는 더 좋은 방법을 자연스럽게 터득할 기회도 적다.

그렇다면 일반적으로 논리적 사고가 더 좋을까, 변증법적 사고가 더 좋을까? 말도 안 되는 질문처럼 들릴지도 모르겠다. 나는 둘 다

369
5부 · 똑바로 생각하고 에둘러 생각하기

장단점이 있다고 본다. 어떤 주장을 추상화해서 그 주장의 논리적 구조를 따지면 도움이 될 수도 있지만, 내용에서 애써 형식을 분리하다 보면 오류가 생길 수도 있다. 그리고 모순을 해결하면 도움이 될 수도 있지만, 모순을 인정하고 그 모순되는 생각 사이에 진실이 있는 것은 아닌지 또는 두 생각이 모순을 초월해 모두 어느 정도 진실을 담고 있는 것은 아닌지 따져본다면 더욱 생산적일 수 있다.

그러니 무모하고 위험하지만 일반화를 해보자면 이렇다. 논리적 사고는 과학적 사고와 명확히 정의된 문제에 대단히 중요하다. 변증법적 사고는 일상적 문제, 특히 인간관계가 개입된 문제를 고민할 때 더욱 유용하다. 동아시아인과 나이 든 사람과 시카고 지혜연대 회원들과 생각이 같은 사람이라면, 살면서 좀 더 변증법적으로 사고하는 법을 터득할 수 있을까?

나는 그렇다고 생각한다. 독자들은 이미 그리 되었을 것이다. 독자들이 이제까지 이 책에서 읽은 내용 중 많은 부분이, 변증법 논리에 호의적이고 지나치게 형식적 분석에 의존하는 것에는 회의적이다. 이와 관련해 이 책에서 강조한 것을 열거하자면 이렇다. 맥락에 주목하라(근본적 귀인 오류에서 벗어나기). 일정한 과정과 개인에게 나타나는 기복과 변화의 가능성을 인식하라(면접 환상에 빠질 가능성 줄이기). 사물과 사람의 속성은 대개 다른 속성과 연관된다는 점을 기억하라(자기선택의 문제에 주목하기). 지식의 불확실성을 인정하라(참값, 측정 오류, 정확한 상관관계 측정, 신뢰도, 타당성에 주목하기). 그리고 무엇보다도 "추정은 틀리기 쉽다."

요약

  서양과 동양의 사고는 그 바탕이 되는 근본 원칙에 일부 다른 점이 있다. 서양 사고는 분석적이며 동일성이라는 논리적 개념을 강조하고 무모순성을 고집하며, 동양 사고는 전체를 보면서 변화를 인정하고 모순을 받아들이길 권장한다.

  서양 사고는 내용에서 형식을 분리해 주장의 타당성을 평가한다. 그 결과 서양인은 동양인의 논리적 오류를 피해가기도 한다.

  동양 사고는 서양 사고보다 세계를 좀 더 정확히 이해하고 인간 행동의 원인을 정확히 파악한다. 동양 사고는 사물과 인간의 행위에 영향을 미치는 맥락에 주목한다. 그리고 모든 종류의 과정과 인간에게서 변화 가능성을 인정한다.

  서양인과 동양인은 두 명제의 모순에 매우 다르게 반응한다. 서양인은 설득력이 강한 명제만 있을 때보다 그것과 모순되는 설득력이 약한 명제와 함께 있을 때, 설득력이 강한 명제를 믿을 확률이 높아질 수 있다. 동양인은 설득력이 약한 명제만 있을 때보다 그것과 모순되는 설득력이 강한 명제와 함께 있을 때, 설득력이 약한 명제를 믿을 확률이 높아질 수 있다.

  동양과 서양의 역사 접근법은 매우 다르다. 동양식 접근법은 맥락을 강조하고, 사건의 순서를 유지하면서 여러 사건의 관계를 강조하며, 역사적 인물에 공감하도록 권장한다. 서양식 접근법은 맥락을 가볍게 여기고, 사건의 순서에는 큰 관심을 두지 않으며, 역사적 과정에서 인과관계 정립을 강조한다.

서양 사고는 최근 수십 년간 동양 사고에 지대한 영향을 받았다. 서양의 전통적인 명제논리는 변증법 원리로 보충되었다. 이 두 가지 사고 전통은 서로를 비평하는 좋은 기준이 된다. 논리적 사고의 장점은 변증법의 단점에 비춰볼 때 더욱 분명해지고, 변증법적 사고의 장점은 논리적 사고의 한계에 비춰볼 때 더욱 분명해진다.

사회 갈등에 관한 일본 청년의 추론은 미국 청년의 추론보다 현명하다. 그러나 미국인은 나이가 들수록 더 현명해지고 일본인은 그렇지 않다. 일본인은, 그리고 물론 다른 동아시아인들도 사회 갈등을 피하고 해결하는 법을 배운다. 그러나 미국인은 그것을 배우기보다 나이가 들면서 터득하는 편이다.

6부

세계를 어떻게
읽을 것인가

MINDWARE:
Tools for Smart Thinking

여러 해 전 젊은 철학자 스티븐 스티치Stephen Stich, 앨빈 골드먼Alvin Goldman과 추론에 대해 가벼운 대화를 나누기 시작했다. 대화는 점점 진지해졌고, 우리는 '인식론'과 관련한 많은 질문에 똑같이 흥미를 느낀다는 사실을 알게 됐다. 인식론은 지식이라 간주되는 것을 연구하고, 지식을 얻는 최선의 방법과 의심의 여지없이 확실하게 알 수 있는 것을 연구하는 학문이다. 우리 셋과 심리학과 대학원생 티모시 윌슨은 이후로 오래 이어질 세미나를 시작했다.

두 철학자는 2600여 년 동안 제기된 지식에 관한 철학적 질문을 실증적으로 해결하려는 과학이 있다는 사실에 상당히 흥미를 느꼈다. 이들은 심리학자들이 예전부터 이 책에 나온 도식이니 어림짐작법이니 하는 추론 도구를 연구하고, 과학으로 일상을 효과적으로 이해할 수 있다는 사실을 보여주기 시작했다는 사실에 매료되었다. 게

다가 심리학자들은 그런 문제를 과학적으로 연구하는 방법을 실제로 알고 있었다는 사실도 발견했다. 또한 철학은 반드시 질문해야 하는 중요한 문제는 무엇이고 무엇을 지식으로 간주할 수 있는가와 관련한 추론에 과학적 접근법을 제시할 여지가 많다는 것도 알게 되었다.

골드먼은 인식론, 인지심리학, (과학자들의 방법과 결론을 평가하는) 과학철학을 한데 섞은 새로운 학문에 'epistemics(에피스테믹스)'라는 이름을 붙였다. 스티치는 X^Φ라 불리는 운동을 시작했다. X는 'experimental(실험의)'을 뜻하고, 그리스어 Φ(피)는 'philosophy(철학)'를 뜻한다. 스티치와 그의 제자들은 우수한 심리학적 작업이자 뛰어난 철학적 작업을 계속하고 있다. 그런데 우리 중에 누구도 우리가 애초에 생각했던 만큼 독창적인 사람이 없었다는 점을 서둘러 밝혀야겠다. 알고 보니 많은 철학자와 심리학자가 다들 비슷한 생각을 하고 있었다. 하지만 시대정신 속에 떠다니던 몇 가지 중요한 생각을 명확히 하는 데 우리가 일조한 것만은 분명하다.

15, 16장에서는 골드먼이 정의한 '에피스테믹스'를 일부 다룬다. 여기서 다루는 내용에는 스티치가 개발한 X^Φ의 실험적 입장도 반영된다. "우리의 직관"과 관련한 주장은 철학자 스티치의 단골 소재다. 스티치와 그의 동료들은 세계의 본질에 관한 직관, 그리고 흔히 지식이라는 일컫는 것, 도덕이라 여기는 것은 문화마다 개인마다 차이가 워낙 심해서 "우리의 직관"이라 불리는 허깨비에 호소하는 게 당치 않을 때가 많다는 사실을 증명해왔다.[1]

15장

단순하게 생각해, 바보야

우리는 현상을 가급적 가장 단순한 가설로 설명한다는 원칙을 높이 친다.

_클라우디오스 프톨레마이오스 Klaudios Ptolemaios.

적은 것으로 할 수 있는 일을 많은 것으로 하는 건 무익하다.

_윌리엄 오컴 William of Occam.

자연과 똑같은 효과를 내려면 가능한 한 똑같은 원인을 제공해야 한다.

_아이작 뉴턴 Isaac Newton.

가능하면 알려지지 않은 존재를 추론하기보다 알려진 존재에서 논리를 구성하라. _버트런드 러셀 Bertrand Russell.

무엇이 지식이며 설명은 어떤 요건을 갖춰야 하나. 이 둘은 이 책에서 토론하는 주요 질문이다. 이 질문은 과학철학자들의 주요 관심사이기도 하다. 과학철학자들은 이 질문에 답을 하면서, 과학자들이 하는 일을 서술하고 동시에 그것을 비평한다. 거꾸로 일부 과학철학자는 과학자의, 그리고 실험철학자의 발견을 이용해 철학의 전통적 질문을 다룬다(철학자들 사이에서 생각보다 논란이 많은 방식이다).

과학철학자들이 다루는 중요한 주제를 몇 가지 꼽아보면 이렇다. 좋은 이론의 요건은 무엇인가? 이론은 얼마나 경제적이어야 또는 단순해야 하는가? 과학 이론은 확증될 수 있는가, 아니면 기껏해야 "아직 반박되지 않은" 정도인가? 반박할 길이 없다면 좋은 이론인가? 어떤 이론을 특수 목적을 띤 '임시' 가설로 수정한다면 무엇이 문제일까? 이 질문은 모두 과학자가 하는 일과 관련이 있지만 그에 못지않게 일상에 대한 생각이나 이론과도 관련이 있다.

키스KISS

내가 대학원생이었을 때 교수님 중에 걸핏하면 대단히 복잡한 이론을 만드는 분이 계셨는데, 얼마나 복잡하던지 검증이나 그럴듯한 증거 제시가 불가능해 보일 정도였다. 그러면서 "우주가 프레첼 모양이라면, 프레첼 모양의 가설을 세우는 게 좋다"는 말로 자신을 옹호하셨다. 나는 혼잣말로 조심스레 중얼거렸다. "교수님께서 프레첼 모양 가설로 시작하면, 우주는 프레첼 모양인 게 좋겠군요. 그렇지 않으면 교수님은 우주의 모양을 절대 알아내지 못할 테니까요. 직선 으로 시작해 거기서 이론을 만들어가면 더 좋을 텐데요."

복잡함을 금지하는 원칙을 '오컴의 면도날Occam's razor'이라 부른다. 이론은 모름지기 간결해야 하며, 불필요한 개념은 면도날로 밀어버 려야 한다는 원칙이다. 과학에서는 증거를 설명할 수 있는 가장 단 순한 이론이 승리한다. 단순한 이론을 버릴 때는 복잡한 이론이 단 순한 이론보다 증거를 더 잘 설명할 수 있을 때뿐이다. 단순한 이론 을 선호하는 또 다른 이유는 검증이 쉽고, 좀 더 정밀한 과학에서는 수학적 모델을 만들기가 쉽기 때문이다.

프톨레마이오스는 자신의 조언을 잘 따르지 않았다. 〈그림 7〉은 프톨레마이오스가 묘사한, 지구 주위를 도는 화성의 궤도 그림이다. 그는 화성이 주전원을 연속해 그리며 움직인다고 생각했다. 주전원 은 커다란 원의 원주 위를 도는 점을 중심으로 하는 작은 원이다. 프 톨레마이오스 시대 사람들은 우주는 우아한 기하학 원칙, 특히 원을 포함하는 원칙에 따라 설계되었다고 굳게 믿었다. 행성의 움직임을 표현하는 데 원이 많이 필요하다면 많이 써야지 어쩌겠는가.

프톨레마이오스의 이론은 그런 믿음에 딱 맞아떨어졌다. 그런데 누구도 그런 궤도를 조금이라도 그럴듯하게 설명할 만한 운동법칙 을 내놓지 못했는데도 사람들이 이 이론이 크게 잘못되었다고 깨닫 기까지 오랜 시간이 걸렸다는 건 수수께끼다.

KISS[Keep It Simple, Stupid(단순하게 생각해, 바보야)]는 이래저래

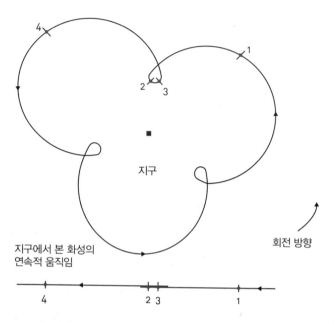

의 라벨들:
4
1
2 3
지구
지구에서 본 화성의
연속적 움직임
회전 방향
4   2 3   1

〈그림 7〉 화성의 움직임을 설명하는 프톨레마이오스의 주전원

아주 좋은 말이다. 이론이나 제안 또는 계획이 복잡하면 일을 그르치기 십상이다. 내 경험상, 포괄적이고 복잡한 것을 버리고 단순한 것을 택한 사람이라면 원래 문제의 답은 아니더라도 어쨌거나 어떤 답을 찾을 확률이 높다.

단순한 이론은 모든 증거를 설명하기에 충분치 않을 때조차 선호된다. 복잡한 이론은 검증하기도 힘들고, 사람을 엉뚱한 길로 빠뜨릴 가능성도 많다.

나는 심리학자가 된 지 얼마 안 되어, 비만인 사람들의 식습관을 연구했었다. 이때 그들의 행동이 복내측 시상하부VMH가 손상된 쥐의 행동과 닮았다는 사실을 알게 됐다. 뇌에서 이 부분이 손상된 쥐는 늘 배가 고픈 것처럼 행동하면서 비만이 될 정도로 먹어댔다. 이유사성은 대단히 유용해서, 나는 비만인 사람들의 섭식 행동이 복내측 시상하부가 손상된 쥐와 아주 비슷하다는 사실을 증명할 수 있었다. 비만인 사람은 늘 배가 고픈 상태란 것을 강하게 암시하는 부분이다. 나는 이들이 보통 사람들보다 적정 몸무게 '설정값'을 높게 잡아놓고 이를 두둔하려 한다고 주장했다.[1] 이에 대한 가장 확실한 증거는 살을 빼려고 하지 않는 비만인 사람의 식습관은 몸무게가 보통인 사람의 식습관과 비슷한 반면, 살 빼려고 애쓰는 몸무게가 보통인 사람의 식습관은 살 빼려고 노력하는 비만인 사람의 식습관과 닮았다는 것이다.[2]

식습관과 비만 전문가들은 몸무게 설정값을 두둔한다는 단순한 가설로는 이 사실을 제대로 설명할 수 없다고 내게 말했다. 지당한 말씀이다. 하지만 내게 그렇게 말한 사람 대부분은 비만에 관해 실제로 많은 것을 알아내지는 못한 반면에, 비만에 관한 단순한 가설을 연구한 사람은 비만에 관해 많은 것을 알아냈다.

과학에서 상식적인 행동은 사업이나 다른 분야에서도 상식적인 행동일 수 있다. KISS 원칙은 대단히 성공한 기업들이 추구하는 분명한 정책이며, 많은 경영 컨설턴트들이 추천하는 원칙이다.

매킨지앤드컴퍼니McKinsey & Company는 자사 경영 컨설턴트들에게 처음에는 되도록 단순한 가정을 세우고, 어쩔 수 없을 때만 복잡한 가정을 세우라고 지시한다.

신생 기업에 자문을 하는 사람은 처음에는 단순하게 조언해야 한다. 제품을 출시할 때는 가능한 한 최고의 제품을 내놓는 데 집착하기보다 빨리 출시해 반응을 살펴라. 폭넓은 영역의 시장을 목표로 삼기보다 초기에 수익을 극대화할 수 있는 시장을 목표로 삼아라. 행동에 옮기기 전에 시장 지식을 비롯해 사업의 여러 부분에서 완벽한 지식을 갖추려 하지 마라. 투자자가 될지 모를 사람들에게는 되도록 단순한 사업 모델을 제시하라.

이들은 구글에 이렇게 조언했다. "완벽보다 완성이 낫다."

지나치게 복잡한 문제 해결법은 '루브 골드버그Rube Goldberg 장치'라고도 불리는데, 단순한 문제를 해결하려고 우스꽝스러운 연쇄 작동 기계를 만든 만화가 골드버그라는 사람의 이름에서 따온 말이다. 루브 골드버그 장치 중에 단연 으뜸을 보려면 이곳을 클릭해보라 (www.youtube.com/watch?v=qybUFnY7Y8w).

다중 가설을 금지한 오컴의 면도날은 의사 같은 전문직에는 잘 맞지 않는다. 논쟁이 될 만한 해석은 무엇이며 그것을 검증할 최선의 방법은 무엇인지 결정할 때는 가설이 많을수록 좋다. 내 주치의가 가장 그럴듯한 가정만 고려한다면 나는 달갑지 않을 것이다. 가능한 가정을 빠짐없이 검토하고, 내 증상을 설명하는 데 둘 이상의 가정이 필요할 수 있다는 사실도 고려하면 좋겠다. 하지만 의학적 진단에도 단순한 원리를 선호하는 '절약 법칙'이 적용될 때가 있다. 의과대학에서는 학생들에게, 환자를 진단할 때 복잡하고 비싼 절차를 사용하기 전에 우선 단순하고 비싸지 않은 절차, 들어맞을 가능성이 가장 높은 절차부터 적용하라고 가르친다("발굽 소리를 들었다면 얼룩말이 아니라 평범한 말을 생각하라").

환원주의

많은 철학적·과학적 논쟁의 가장 중심이 되는 주제 중에 환원주의 reductionism가 있는데, 이 원칙은 언뜻 보면 오컴의 면도날을 닮았다. 복잡해 보이는 현상이나 체계도 부분의 합일 뿐이라는 원칙이다. 환원주의자들은 여기서 더 나아가 그 부분들을 현상이나 체계 그 자체보다 더 단순한, 또는 더 낮은 차원에서 가장 잘 이해할 수 있다고도 주장한다. 이 주장은 '창발創發, emergence'의 가능성을 부정한다. 창발이란 어떤 현상이 일어난 과정을 더 단순하고 더 기초적인 차원만으로는 설명할 수 없는 상태를 말한다. 창발의 가장 좋은 예는 의식이다. 의식의 속성은 그것의 밑바탕이 되는 물리, 화학, 전기적 사건으로 존재하지 않는다(따라서 적어도 그런 차원으로는 설명이 불가능하다).

환원주의를 정말로 문제없이 적용할 수 있다면 진정한 승리자다. 그러나 현상을 특정 차원에서 연구하려는 환원주의자는 사건을 단순히 '부수적 현상'으로, 즉 근원적 사건에 비해 부차적이어서 진정한 인과관계의 의미가 부족한 현상으로 치부하려는 환원주의자와는 반대되게 마련이다.

어떤 과학자는 거시경제학(경제 전체의 총체적 행위와 의사결정에 주목)은 미시경제학(개인의 선택에 주목)으로 충분히 설명할 수 있다고 믿는다. 또 어떤 과학자는 미시경제학은 심리학으로 충분히 설명할 수 있다고 믿는다. 심리적 현상은 생리적 과정으로 충분히 설명할 수 있거나 적어도 조만간 그렇게 될 것이라고 믿는 과학자도 있다. 이런 식으로 계속 나가다 보면, 생리적 과정은 세포생물학으로 충분히 설명할 수 있고, 세포생물학은 분자생물학으로 충분히 설명할 수 있으며, 분자생물학은 화학으로 충분히 설명할 수 있고, 화학은 전자기력의 양자론으로 충분히 설명할 수 있으며, 양자론은 입자물리학으로 충분히 설명할 수 있다. 물론 누구도 이 정도 수준의 환원주의를 제안하지는 않는다. 그러나 적어도 일부 과학자들은 이 연속한 고리에서 한두 가지의 개별 환원 과정을 굳게 믿는다.

이런 환원주의가 유용한 때도 많다. 절약법칙에 따르면, 현상을 설명할 때는 가능한 한 가장 단순한 차원을 이용하고 복잡한 차원은 꼭 필요할 때만 추가한다. 그리고 한 단계 낮은 차원에서 어떤 현상을 설명하려는 노력은, 단순한 과정으로는 충분히 설명되지 않는 창발적 속성이라고 결론 나는 상황에서조차 유용할 수 있다.

그러나 누군가에게는 단순화가 다른 사람에게는 그저 천진난만으로 보일 수 있다. 내 분야인 심리학에서의 현상을 다른 분야 과학자들은 여러 요소가 단순한 차원에서 작동하는 것에 "불과할 뿐"이라고 설명하고자 부단히 애를 쓴다.

심리학 사례에 적용된 환원주의 중에 내가 보기에 오해이자 황당

무계한 두 가지 예를 들어보겠다. 전면 공개: 나는 심리학자라는 사실을 기억하시라!

10여 년 전, 권위 있는 잡지 〈사이언스 Science〉에 새로 온 편집장이, 자기의 권한으로 앞으로 뇌 사진이 없는 심리학 논문은 받지 않겠다고 선언했다. 심리학에서의 현상은 언제나 신경 차원에서 설명할 수 있거나 아니면 적어도 심리학 현상에 관한 지식이 발전했다면 그런 현상의 기반이 되는 뇌 구조를 부분적으로나마 이해할 수 있어야 한다는 그의 의견이 반영된 선언이었다. 이 점과 관련해, 심리학자나 신경과학자 중에 지금 심리적 현상을 순전히 심리학적으로만 설명하는 것은 쓸모없거나 불충분한 단계에 와 있다는 생각에 동의할 사람은 거의 없다. 생리학적 환원주의를 고집하는 편집장의 생각은 좋게 말해 시기상조였다.

철학자 대니얼 데닛 Daniel Dennett이 "탐욕스러운 환원주의"라고 일컬은 훨씬 더 중대한 사례는 10여 년 전에 미국 국립정신보건원 NIMH 원장이 행동과학 분야의 기초 연구 지원을 거부하는 정책을 만든 일이다.

국립정신보건원은 신경과학과 유전학에서는 지금도 기초 연구를 꾸준히 지원하고 있는데, 정신질환은 생리적 과정에서 일어나며, 따라서 환경, 심적 표상, 생물학적 과정을 두루 고려하기보다 주로 또는 오로지 생리적 과정으로만 이해할 수 있다는, 이론의 여지가 대단히 많은 원장의 견해를 반영하는 정책이다.

국립보건원 NIH은 매년 기초 신경과학 연구에 250억 달러, 기초 유전학 연구에 100억 달러를 지출하지만, 두 연구 어디에서도 정신질환의 새로운 치료법은 나오지 않았다. 지난 50년간 정신분열증 치료에, 지난 20년간 우울증 치료에 이렇다 할 진전은 없었다.[3]

이와는 대조적으로 행동과학 분야의 기초 연구에서는 효과적인 정신질환 치료 사례가 많이 나왔고, 정신질환이 의심되지 않는 평범한 사람을 대상으로 정신 건강과 삶의 만족도를 높인 개입 사례는 그보다 더 많았다.

우선 알코올중독자모임Alcoholics Anonymous은 공동창립자의 말에 따르면, 절망과 무기력을 떨쳐내는 종교의 역할을 설명한 윌리엄 제임스의 이론을 바탕으로 설립되었다.

자살 시도로 입원한 사람이 또다시 자살을 시도할 확률을 측정하는 최고의 진단법은 '암묵적 연관성 검사Implicit Association Test'다.[4] 이 측정법은 원래 다양한 대상과 사건, 여러 부류의 사람들을 바라보는 암묵적이고 무의식적인 태도를 알아보기 위해 사회심리학자들이 고안한 방법이다. 이 검사에서, 암묵적으로 자아를 삶보다 죽음과 관련한 개념에 연관시키는 사람들은 다시 자살을 시도할 확률이 높다. 자신이 직접 말하는 자기보고나 의사의 판단 또는 그 어떤 정신의학적 검사도 암묵적 연관성 검사만큼 두 번째 자살 시도를 제대로 예측하지 못한다.

그런가 하면 공포증을 가장 효과적으로 치료하는 방법은 동물과 인간의 학습에 관한 기초 연구에서 나온다. 10장에서 다룬 정신적 충격에 가장 효과적으로 개입하는 방법은 사회심리학 기초 연구에서 나온다. 이외에도 사례는 많다.

마지막으로 행동과학은 비행동과학자들이 개발한 정신 건강 개입법의 무익 또는 해악을 입증하는 데 중요한 역할을 했다.

나만의 강점을 파악하라

우리는 세상에 관한 가설이 얼마나 쉽게 만들어지는지 인식하지 못한다. 인식했다면 그런 가설을 조금만 만들거나 적어도 좀 더 신중하게 대했을 것이다. 우리는 상관관계를 배우면 인과관계 이론을 한없이 풀어놓고, 우리가 세운 가설에 세상이 맞지 않으면 기다렸다는 듯이 인과관계 설명을 늘어놓는다.

우리는 스스로 세운 가설에 언뜻 모순되어 보이는 증거도 거침없이 해설하곤 한다는 사실을 깨닫지 못한다. 그리고 그 가설이 실제로 틀렸을 때, 틀렸다는 증거가 나올 수도 있는 검증 작업을 하지 않는다. 확증 편향의 한 유형이다.

과학자들도 이런 실수를 곧잘 저지른다. 이들도 가설을 너무 성급히 세우고, 그와 반대되는 증거도 얼마든지 있을 수 있다는 사실을 눈치채지 못하기도 하며, 자신의 가설을 반박할 수 있는 방법을 찾아보지 않기도 한다. 과학에서 흥미롭고 중요한 논란이 되는 주제와 관련해서는 이론을 남발하고, 언뜻 봐도 모순되는 증거를 너무 안이하게 설명하고, 가설을 반박할 기회를 알아보지 못한다는 비판이 일기도 한다.

한번은 미국의 어느 심리학자가 프로이트에게 편지를 보내 몇 가지 실험을 소개하면서, 그 실험이 프로이트의 억압 이론을 뒷받침하는 게 분명하다고 했다. 프로이트는 그에게 답장을 쓰면서, 만약 그 실험이 자신의 이론을 반박하는 '증거'를 내놓았다면 자신은 그 실험을 무시했을 것이니, 자신의 이론을 뒷받침한다는 실험적 증거 또한 무엇이든 무시할 수밖에 없다고 말했다. 프로이트는 정신분석학 동료를 향해 "전형적인 미국인"이라며 코웃음을 쳤다.

프로이트도 실험에 몰두하면서 신경학이나 최면과 관련한 문제를 연구했다는 걸 생각하면 상대의 실험을 무시하는 이런 태도는 언뜻 이상해 보인다. 그러나 정신분석과 관련한 그의 과학철학에서는 환자의 이야기를 프로이트 자신이 해석한 것이 진실에 이르는 지름길이었다. 그의 해석에 반대하는 사람은 누구든 중대한 오류를 범하는 꼴이고, 그는 감히 자신에게 동의하지 않는 학생이나 동료에게 그 점을 분명히 하곤 했다.

과학계는 단 한 사람의 판단도 증거가 될 수 있다는 주장을 받아들이지 않는다. 어떤 이론에 그것의 창시자(또는 그의 조수들)만 진실을 평가할 수 있다는 단서가 붙는다면 그 이론은 과학 밖에서 존재한다.

프로이트의 확실성과 독단성은 지식 기반이 흔들린다는 분명한 표시다. 대부분은 아닐지라도 다수의 심리학자와 과학철학자는 프로이트 역시 줄곧 흔들리는 지식 기반 위에 서 있었다고 믿는다.

그러나 프로이트는 연구를 하면서 많은 가설을 내놓았고, 그것들은·현재 평범한 과학적 방법으로 검증이 가능하며 그중 일부는 (미국인뿐만 아니라 많은 다른 나라 사람에게서도!) 열렬한 지지를 받았다. 3장에서 언급한, 무의식은 우리에게 필요한 것을 미리 감지한다는 것도 그중 하나다. 사람들은 수많은 자극을 동시에 접수하는데, 그중 일부만 의식 세계에 들어가 고려 대상이 될 뿐 많은 자극이 무의식적으로 행동에 지대한 영향을 미친다는 증거는 지금까지 차고 넘친다. 강력한 연구 결과가 뒷받침하는 정신분석 이론은 이외에도 많다. 이를테면 어렸을 때 부모나 다른 중요한 사람들에게 느끼는 감정은 커서도 다른 사람에게 그대로 옮겨진다는 개념인 전이도 그렇고[5] 타인에게 용납되지 않는 분노나 성적 욕망이 예술적 창조 같은 위협적이지 않은 활동으로 옮겨간다는 개념인 승화도 그렇다.[6]

열렬한 지지자들 손에 들어간 정신분석 이론은 적절한 '제약'이 없다. 프로이트와 그의 많은 추종자들에게는 모든 것이 허용된다. 만약 내가 저 환자는 '오이디푸스 콤플렉스(어머니와 성관계를 맺고 싶은 욕구)'가 있다고 말한다면 어떤 반응이 나올까? "누가 그런 헛소리를 해?" "무슨 근거로?" 그리고 유대인의 우스개로 전해오는 어느 어머니의 말과 같은 반응도 나왔을 것이다. "오이디푸스고 나발이고 엄마를 사랑하면 그만이지."

프로이트의 성심리 발달 단계(구강기, 항문기, 남근기, 잠복기, 성기기) 이론 중에는 초기 발달 단계 중 어느 한 단계에서 발달이 지체되면 행동에 큰 영향을 미친다는 내용도 있다. 가령 배변 욕구가 생길 때 엄마를 찾지 않고 참는 아기는 커서 인색하고 강박적인 사람이 될 수 있다. 프로이트는 이런 가설을 뒷받침할 근거를 상담실 밖에서 찾으려 했던 적이 없다. 찾으려 했던들 성공하지 못했으리라는 게 내 생각이지만.

오늘날 우리는 정신분석학자들이 가설을 이끌어내는 주요 방법 하나는 대표성 어림짐작을 이용해, 유사성 판단을 기초로 원인과 결과를 짝지어보는 것이라고 말하곤 한다.

정신분석 이론가 브루노 베텔하임Bruno Bettelheim은 동화에서 공주가 개구리를 싫어하는 이유는 개구리의 "끈적하고 축축한" 느낌이 어렸을 때의 생식기에 대한 느낌과 연결되기 때문이라고 추측한다. 아이들이 자기 생식기를 싫어한다고 누가 그러던가? (게다가 끈적하고 축축하다? 그렇다면……, 에잇, 관두자.) 공주가 개구리를 싫어하는 이유는 울퉁불퉁한 표면이 공주가 질색하는 여드름을 연상시키기 때문이라고 말한다면? 아니면 공주가 겁쟁이여서 개구리가 빠르게 움직이면 화들짝 놀라기 때문이라고 한다면?

쾌락원칙은 1920년대까지 프로이트가 인간 본성을 이해하는 근간이 된 개념이다. 이에 따르면 삶은 육체적 욕구 충족, 섹스, 분노 표출 같은 이드id의 욕구를 충족하는 데 초점이 맞춰진다. 그리고 꿈은 대개 소원 성취와 연관된다.

그러나 소원 성취의 추진 동기 그리고 삶의 희열을 맛보려는 이드의 욕구는 제1차 세계대전 후 정신적 충격에 시달리는 사람들이 그때의 끔찍한 사건을 계속 회상하려는 욕구와는 모순되어 보였다. 프로이트는 아이들이 놀이를 하면서 더러는 사랑하는 사람의 죽음을 즐겁게 상상한다는 사실을 발견하기 시작했다. 과거에 억눌렸던 고통스러운 기억이 있는 환자들은 강박적으로 다시 그 기억을 떠올렸고 해결책을 찾으려 하지도 않았다. 그리고 치료사들은 고통을 받으면서 쾌감을 느끼는 마조히즘 환자들도 자주 만났다.

이런 사람들을 자극한 것은 당연히 쾌락원칙이 아니다. 그렇다면 쾌락원칙에 반대되는 충동도 분명히 있을 것이다. 프로이트는 그것을 무기물 상태로 돌아가려는 욕구인 '죽음 충동'이라 불렀다.

이 가설에서 대표성 어림짐작의 역할은 아주 명백해 보인다. 사람들의 주된 인생 목표는 쾌락 추구이지만, 더러는 그 반대를 추구하는 것도 같다. 그러니 개인의 소멸을 향한 충동도 존재한다. 참으로 안이하고 검증 불가능한 가설이 아닌가!

정신분석학 가설을 만들 때 대표성 어림짐작의 역할을 보여주는 내가 가장 좋아하는 예는 줄스 매서먼Jules Masserman이 미국정신의학회American Psychiatric Association 회장이었을 때 〈미국정신의학저널American Journal of Psychiatry〉에 장난으로 논문을 발표했던 일화다. 논문의 요지는 살을 파고든 발톱은 남성의 포부와 태아의 환상을 상징한다는 것이었다. 매서먼에게는 한탄할 일이지만, 그 잡지는 매서먼의 통찰력을 칭송하는 글로 도배되었다.[7]

정신분석 이론보다 더 신뢰할 만하고 증거가 많은 이론들에도 역시 제약, 확증, 반박의 문제가 있다.

진화론은 생물 특성의 적응 성질에 관해 검증 가능하고 확증된(또는 틀렸다고 증명된) 가설을 수천 개 쏟아냈다. 왜 어떤 동물은 암컷이 수컷 한 마리에 충실하고 어떤 동물은 암컷이 문란할까? 여럿과 짝을 맺으면 번식 가능성이 높아지는 종도 있고 그렇지 않은 종도 있어서 그럴지도 모른다. 아닌 게 아니라 정말 그랬다.

왜 어떤 나비는 화려한 옷을 입는가? 설명: 짝을 유인하려고. 증거: 실험실에서 수컷 나비의 화려한 색깔을 흐리게 만들면 그 나비의 짝짓기 성적이 좋지 않다. 왜 총독나비는 제왕나비의 생김새를 거의 완벽하게 흉내 낼까? 제왕나비는 대부분의 척추동물에 대해 독성을 지니는데, 이 성질이 총독나비에게도 장점이 되기 때문이다. 제왕나비를 먹었다가 호되게 당한 동물은 제왕나비를 닮은 것이면 무엇이든 피하게 마련이다.

그러나 적응을 옹호하는 관점은 남용될 수 있으며, 그것을 남용하는 사람들은 탁상공론을 펼치는 진화론자만이 아니다.

인지과학자와 진화론자에게 두루 인기가 좋은 '정신 모듈mental module'이란 개념이 있다. 세상에 대처하는 능력을 키우도록 진화한 인지 구조다. 정신 모듈은 다른 정신 상태나 정신 과정과는 비교적 별개이며, 좀처럼 학습되지 않는다. 가장 확실한 예는 언어다. 오늘날에는 인간의 언어를 순전히 학습된 현상으로만 설명하려는 사람은 없을 것이다. 언어는 어느 정도 내재되어 있다는 증거가 많다. 인간의 언어는 어느 정도 깊이 들여다보면 모두 비슷하며, 사회 구성원은 거의 똑같은 나이에 언어를 학습하고, 여기에 뇌의 특정 부위가 관여한다.

그러나 진화론자들은 무언가를 설명할 때 모듈을 너무 쉽게 들먹인다. 행동을 보고 그 행동에 맞는 진화 모듈을 설정하라, 이런 식의 설명에는 이렇다 할 제약도 없다. 수많은 정신분석 설명만큼이나 쉽고 아무런 제약도 없다.

진화 가설 중 상당수가 이처럼 지나치게 허술하고 오컴의 면도날 원칙에도 위배될 뿐 아니라 현재 사용 가능한 어떤 방법을 동원해도 검증이 불가능하다. 이처럼 검증될 수 없는 이론에 주목할 의무는 없다. 물론 검증될 수 없는 이론을 믿어서는 안 된다는 뜻은 아니다. 단지, 그런 이론은 검증 가능한 이론보다 취약하다는 사실을 인식해야 한다는 뜻이다. 사람들은 세상에 관해 자기가 믿고 싶은 것은 무엇이든 믿을 수 있지만, 다른 사람도 그 믿음을 받아들이려면 증거나 빈틈없는 논리가 있어야 한다.

심리학에는 지나치게 단순한 이론화 사례가 많다. 강화reinforcement 학습이론은 어떤 조건에서 반응을 학습하고 학습된 반응을 '소거'하는지에 대해 많은 것을 알려주었는데, 쥐가 먹이를 얻으려고 레버를 누르는 행위도 한 가지 예다. 이 이론은 공포증 치료나 기계 학습 과정 등 중요한 상황에 응용된다. 그러나 복잡한 인간의 행동을 강화로 설명하려다 보면 많은 정신분석 이론가나 진화론자들과 똑같은 실수를 할 때가 있다. 이를테면 이런 식이다. 어린 오스카는 학교 생활을 잘하고 있다. 어려서 성실한 행동을 장려하는 식으로 강화를 받았거나 다른 사람의 성실한 행동이 그에게 귀감이 되었기 때문이다. 그런데 그걸 어떻게 알 수 있을까? 그가 학교에서 워낙 성실하고 학교생활을 아주 잘하기 때문이다. 강화로 성실한 행동을 하게 되었거나 그런 행동으로 보상받은 사람을 보고 따라하지 않았다면 그가 어떻게 성실한 학생이 되었겠는가? 이런 식의 가정은 너무 단순하고 제약도 없을 뿐 아니라 논리가 제자리를 맴돌고 현존하는 방법으로는 반박할 수도 없다.

'합리적 선택'을 굳게 믿는 경제학자들도 가끔은 정신분석 이론가, 진화론자, 학습이론가들처럼 제약이 없거나 제자리를 맴도는 논리를 펴기도 한다. 모든 선택은 합리적인데, 그 이유는 사람들은 자신의 이익에 맞지 않다고 생각되면 선택을 하지 않기 때문이다. 사람들이 자기 이익에 따라 선택했다는 걸 어떻게 아는가? 그것은 그 사람이 직접 선택했기 때문이다. 이처럼 인간의 선택은 언제나 합리적이라는 종교에 가까운 믿음을 가진 경제학자는 검증이 불가능하고 동어반복에 지나지 않는 주장을 펴게 된다. 노벨상을 수상한 경제학자 게리 베커Gary Becker는 이렇게 말한 바 있다. 어떤 사람의 인생 최대 목표가 즉각적 만족을 얻는 것이고 그가 마약에 중독되기로 선택했다면, 그의 선택은 합리적일 것이다. 편리하고 반박할 수 없는 제자리 맴돌기식 논리다. 합리적 선택 이론을 주장하는 사람이 마약 중독을 합리적 행동이라고 '설명할 수 있다'면, 그 이론은 그 사람 손에 끝장난 꼴이다. 모든 선택은 미리 합리적이라고 인정되었으니, 어떤 선택이든 합리성을 따지고 말고 할 것도 없다.

물론 내 비평은 과학자들에게만 해당되는 게 아니다. 나도 잘못이요, 당신도 잘못이다. 우리가 일상에서 마주하는 많은 이론에는 제약이 너무 없다. 값싸고 게으른 이론이며, 어쩌다 검증을 해도 이론을 뒷받침하는 증거만 찾을 뿐이고, 반박 증거가 나오면 너무 쉽게 빠져나온다. 몇 가지 예를 보자.

열정과 지식이 대단해 과학 분야에서 두각을 나타내는 재능 있는 젊은 화학자 주디스는 자신의 분야를 떠나 사회복지사가 되었다. 성공이 두려웠던 게 틀림없다. 주디스의 상황을 설명하는 이 이론은 만들기도, 적용하기도 너무나 쉽다. 성공의 두려움이 없었다고 확신할 이유도 없지 않은가?

이웃에 사는 빌은 순한 사람이었는데, 한번은 대형 상점에서 그의 아이에게 버럭 화를 낸 적이 있다. 그에게는 우리가 미처 발견하지 못한 분노와 잔인함이라는 본성이 있는 게 틀림없다. 빌에 대한 이 이론은 대표성 어림짐작, 근본적 귀인 오류, 대수법칙이 아닌 '소수' 법칙에 대한 믿음이 마구잡이로 뒤섞인 결과다.

가정의 오류를 드러낸다고 보아야 마땅한 증거도 일단 나오면 너무 쉽게 해명되어 폐기되어버린다. 이를테면 신생 기업은 관련 정보가 거의 없어도 개미 투자자들이 다수 후원하면 크게 성공한다는 이론을 가지고 있는 사람이 있다 치자. 이 이론은 새로 설립된 뱀부즐닷컴Bamboozl.com에도 적용되니, 뱀부즐닷컴은 곧 큰 성공을 거둘 것이다. 그러나 회사는 파산한다. 하지만 처음 그 이론을 가지고 있던 사람은 뱀부즐의 파산을 해명할 이유를 얼마든지 만들어낼 것이다. 경영이 생각만큼 좋지 않았거나 경쟁이 예상보다 훨씬 치열했다거나 등등.

또 어떤 사람은 연방준비제도에서 양적 완화 축소를 발표하면 주식시장에 불안감이 퍼져 주가가 떨어질 것이라고 생각한다. 그런데 양적 완화의 속도를 늦춘다는 발표가 나오고도 주가가 올라간다. 그 이유로 말할 것 같으면…….

사생활이 엉망인 제니퍼는 훌륭한 신문사 편집장이 되기는 글렀다. 편집장이라면 마감을 맞추고, 인터넷에서 얻은 정보를 정확히 처리하고, 교열 담당자에게 일을 할당하는 등 할 일이 한두 가지가 아니다. 그런데 어라, 뛰어난 편집장이 되었잖은가! 그렇다면 일찌감치 전임자에게 조언을 얻어 애초의 무질서한 성격을 극복한 게 틀림없다.

이런 가정을 절대 하지 말라는 뜻은 아니다. 다만 우리가 이론을 얼마나 쉽게 만드는지, 그리고 그 이론을 반박하는 증거를 얼마나 손쉽게 빠져나가는지 깨닫고, 이론을 믿을 때는 주의해야 한다는 뜻이다. 문제는 우리가 이론가로서 자신의 위력을 인식하지 못한다는 점이다.

이론 검증을 이야기하다 보면 자연스럽게 어떤 이론이 반박 가능하고 이때 어떤 증거가 필요한지 궁금증이 생긴다. 이제 이 문제를 살펴보자.

반박 가능성

사실이 이론에 맞지 않으면, 사실을 바꿔라. _알베르트 아인슈타인Albert Einstein .

어떤 실험도 이론으로 검증되기 전까지는 믿어서는 안 된다. _천체 물리학

자 아서 에딩턴 Arthur S. Eddington .

"이것은 실증적 문제다"라고 선언되면, 지금보다 훨씬 많은 대화
가 종결되어야 한다.

연역추론은 논리 규칙을 따르면서, 전제만 옳다면 반박할 수 없
는 결론을 이끌어낸다. 허나 지식은 대부분 논리가 아니라 증거 수
집에서 나온다. 철학자들은 실증적 방법으로 이끌어낸 결론을 가리
켜 "무효가 될 수 있는 추론"의 한 형태라 말한다. 기본적으로 "무너
질 수 있는" 추론이란 뜻이다. 자신의 가설을 뒷받침할 증거를 찾는
다면, 그리고 그런 증거를 찾았다면, 거기서 나온 믿음은 타당하다고
볼 수 있다. 그러나 가설을 뒷받침하는 자료가 없다면, 가설을 뒷받
침할 다른 방법을 찾거나 거기서 나온 믿음을 어느 정도 보류해야 한
다. 아니면 아이슈타인이 말한 대로 '사실'이 틀렸다고 증명하던가.

누군가가 어떤 이론을 주장하면서 어떤 증거가 그 이론을 반박할
수 있는지 말하지 못한다면, 그 사람의 주장은 특별히 경계해야 한
다. 그 사람은 단지 어떤 이념이나 종교에서 나온 것을 그대로 옮기
고 있을 가능성도 많다. 실증적 전통보다 예언적 분위기에 기대 말
하고 있을 뿐이다.

반박 가능성 원칙은 무언가를 과학이라고 가르치기 위한 기준으
로 여러 나라에서 법칙으로 새겨둔 원칙이다. 반박 가능성이 없다면
과학이 아니며 가르칠 수도 없다. 이는 주로 창조 '과학'을 가르치지

못하게 하려는 의도에서 나왔다. 창조론자의 전형적 주장에 따르면 "인간의 눈은 너무나 복잡해서, 진화 같은 번잡스럽고 힘든 과정에서 나오지 않았다." 이 명제에 적절한 대꾸는 이렇다. "누가 그래?" 창조론자의 명제는 반박 가능성이 없는 주장이다.

하지만 반박 가능성이라는 조건에는 나도 슬그머니 불안해진다. 진화론이 반박 가능한지 확신이 서지 않기 때문이다. 다윈은 반박이 가능하다고 생각했다. 그는 이렇게 썼다. "약간의 변형이 연속적으로 무수히 진행되는 과정으로도 형성될 수 없는 복잡한 기관이 존재한다고 증명될 수 있다면, 내 이론은 완전히 끝장날 것이다. 하지만 나는 그런 경우를 찾지 못했다."

다른 누구도 찾지 못했다. 그리고 찾을 수도 없다. 창조론자들이 이런저런 기관은 진화될 수 없다고 말한다면, 진화론자는 "맞다, 그럴 수 있다"고 말할 수 있을 뿐이다. 그다지 설득력은 없다. 그리고 현재로서는 그런 주장을 실증적으로 검증할 방법이 없다.

그럼에도 진화론은 생명의 기원을 둘러싼 다른 어떤 이론보다도 우세하다. 사실 다른 생명의 기원이라면 오직 두 가지, 신과 외계인일 뿐이다. 진화론이 승리한 이유는 반박 가능하지만 아직 반박되지 않아서가 아니라, (1)대단히 그럴듯하고 (2)무수히 많은 다양한 사실 또는 언뜻 관련이 없어 보이는 사실들을 만족스럽게 설명하며 (3)검증 가능한 가설을 내놓고 (4)위대한 유전학자 테오도시우스 도브잔스키Theodosius Dobzhansky의 말마따나 "생물학에서 진화의 관점을 빼면 말이 되는 게 하나도 없기" 때문이다.

진화 가설과 신 가설은 물론 양립할 수 없지 않다. "신은 신비로운 방식으로 기적을 행한다." 진화는 전능한 존재가 생명에 시동을 걸어 우리에게까지 줄곧 이어지게 하려고 선택했을 수 있는 덜 신비로운 방식 중 하나다.

덧붙여 말하면, 도브잔스키는 종교인이었다. 인간게놈프로젝트를 이끌고 현재 국립보건원 원장이며 (명백히) 진화론을 믿는 프랜시스 콜린스Francis Collins는 복음주의 기독교도다. 콜린스는 진화론도 믿고 하느님도 믿지만, 둘을 같은 종류인 척하는 법은 절대 없을 것이다. 그리고 그는 하느님에 대한 믿음이 반박 가능하지 않다는 것을 처음으로 인정한 사람일 것이다.

카를 포퍼의 빗나간 주장

오스트리아 태생 영국 과학철학자이자 런던경제대학 교수였던 카를 포퍼Karl Popper는 과학은 오로지 추측과 그 추측에 대한 반박 또는 반박 불가로만 발전한다는 견해를 널리 퍼뜨렸다. 포퍼는 귀납법은 신뢰할 수 없다고 주장했다. 그는 어떤 명제가 옳다고 생각할 만한 증거가 있다는 이유만으로 그 명제를 믿을 수는 없다고 (그리고 믿어서도 안 된다고) 생각했다. 흰색 고니는 수없이 봤지만 다른 색 고니는 본 적이 없다는 이유로 "고니는 모두 하얗다"는 명제가 사실인 양 받아들여졌다. 그런데 아뿔싸! 오스트레일리아 고니는 검은색이 아닌가! 가설은 오직 틀렸다고만 입증될 뿐 옳다고 입증될 수는 없다.

포퍼의 경고는 논리적으로 옳다. 흰 고니를 아무리 많이 봤다 한들 고니는 모두 하얗다는 일반화가 옳을 수는 없다. 여기에는 비대칭성이 존재해서, 경험에서 나온 일반화는 반박될 수 있지만 옳다고 증명될 수는 없다. 그 일반화는 언제나 귀납적 증거에 기댄 것이며, 예외가 하나만 나와도 그 증거는 반박될 수 있기 때문이다.

포퍼의 주장은 옳지만 실용적으로는 의미가 없다. 우리는 세상 안에서 행동해야 하고, 반박은 우리 행동을 이끄는 지식을 형성하는 과정 중 작은 부분에 불과하다. 과학은 대개 이론을 뒷받침하는 사실에서 나온 귀납적 추론으로 발전한다.[8] 사람들은 어떤 이론에서 연역적 추론으로 다른 이론을 만들기도 하고, 이용 가능한 증거를 관찰해 귀납적 추론으로 이론을 만들기도 하며, 직관적 예감으로 이론을 만들기도 한다. 그리고 자신의 이론을 검증한다. 검증 결과가 그 이론을 뒷받침하면, 그런 증거가 없을 때보다는 해당 이론이 옳을 가능성이 크다고 결론 내린다. 검증 결과가 이론을 뒷받침하지 않으면, 그 이론을 덜 신뢰하면서 다른 검증 방법을 찾거나 그 이론을 보류한다.

틀렸음을 증명하는 것은 과학에서 물론 중요하다. 때로는 매우 확실한 사실이 나타나 단박에 가정을 바로잡는다. 가령 침팬지에게 쿠라레를 투여한 뒤에 수술을 하는 동안 침팬지가 움직임도 없고 잠든 것처럼 보여, 쿠라레가 의식을 잃게 한다는 가설을 세웠다. 그런데 쿠라레를 투여받고 수술대에 올랐던 첫 번째 사람이, 수술받는 내내

의식이 깨어 있었으며 고통스럽게도 의사의 동작 하나하나를 모두 느꼈다고 (예상컨대, 욕설을 섞어) 이야기하자 앞의 이론이 폐기되었다. 달에서 토끼가 방아를 찧는다는 가설은 1969년에 닐 암스트롱이 달에 착륙하면서 사라졌다.

이론을 날려버리는 사실을 알게 되면, 그 이론은 끝이다. (당분간은 그렇다. 많은 이론이 폐기되었다가 나중에 수정된 형태로 다시 살아난다.) 그러나 어떤 이론을 어느 정도 지지하거나 반박하는 결론을 내기까지 연구는 퍽 더디게 진행되는 게 보통이다.

과학에서 화려한 상은 다른 사람의 이론을 반박한 사람에게도, 심지어 우연일지라도 자신의 이론을 반박한 사람에게도 돌아가지 않는다. 그보다는 참신한 이론에 근거해 무언가를 예측하고 그 이론을 뒷받침하면서, 그 이론이 없다면 설명하기 어려운 중대한 사실을 드러낸 과학자에게 돌아간다.

과학철학자들도 귀납적 추론에 반대하는 포퍼의 입장을 지지하지만, 과학자들은 자신들이 훨씬 더 적극적으로 포퍼의 입장을 받아들인다고 생각할 것이다. 내가 아는 어떤 사람들은 포퍼의 견해가 전적으로 오산이라고 말한다. 과학은 귀납적 추론으로 발전한다.

포퍼는 정신분석 이론이 반박 불가능하다고 비난하면서 따라서 무시될 수 있다고 주장했다. 그 점은 그가 틀렸다. 앞서도 지적했듯이, 정신분석 이론은 많은 부분이 반박 가능하며, 일부는 반박되기도 했다. 심리치료 원리와 관련한 정신분석 이론의 핵심 주장은 틀리지는 않더라도 적어도 미심쩍다는 사실이 밝혀졌다. 묻어둔 기억을 들춰내어 치료사와 함께 그 기억을 더듬으면 증상이 호전된다는 이렇다 할 증거는 없다. 오히려 정신분석 개념에 기대지 않는 심리 치료가 더 효과적이었다.

어느 저명한 과학철학자는 포퍼가 정신분석 이론에 꽤 무지했다고 내게 말해주었다. 포퍼가 아는 것이라고는 카페에서 잡담을 나누면서 얻어들은 게 전부라는 것이다.

어떤 사실이 이론을 뒷받침하지 않으면 그 사실이 바뀌어야 한다는 아인슈타인의 황당한 발언은 어떤가? 이 발언은 여러 가지로 해석할 수 있지만 내가 좋아하는 해석에 따르면, 어떤 이론이 그것과 맞지 않는 사실이 있더라도 그것을 뒷받침하는 사실이 있다면 계속 믿어도 좋다는 의미다. 그 이론이 썩 괜찮다면, 결국에는 '사실'도 뒤집어질 것이다. 에딩턴의 재치 있는 발언도 비슷한 점을 지적한다. 소위 어떤 '사실'을 받아들일 그럴듯한 이론이 없는 상태에서 그 사실을 믿는다면 우리 믿음의 기반은 취약할 수밖에 없다.

우리 사회심리학이 에딩턴의 규칙을 고수했더라면 큰 난관에 빠지지는 않았을 것이다. 사회심리학 분야에서 가장 권위 있는 어느 학술지는 초감각 지각에 관해 어이없는 주장을 실었다. 한 연구원은 실험 참가자들에게, 주어진 목록에 있는 글 가운데 컴퓨터가 어떤 글을 무작위로 선택할 것 같은지 예상해보라고 했다. 이때 참가자의 예측은 무작위 예측 수준을 넘어 꽤 정확했다고 한다. 사건 예측 능력이 없는 기계가 앞으로 어떤 결과를 내놓을지를 예측하는 초자연적 현상을 옹호하는 주장이었다. 이 주장은 무시될 수 있어 보인다.

그런 이론을 지지하는 증거는 있을 수 없으니까. 시간이 남아도는 몇 사람이 똑같은 실험을 해보았지만 똑같은 결과는 나오지 않았다.

임시 가설과 사후 이론

우리는 자신의 예측에 언뜻 반대되어 보이는 증거를 무시하는 많은 기술을 가지고 있다. 이런 회피 방법 중 하나는 수상쩍지만 그럴 듯하게 가설을 수정하는 것이다. 이때 동원되는 것이 '임시ad hoc' 가설인데 해당 이론에서 직접 도출되지 않은, 오직 그 이론을 옹호할 목적으로 만들어진 가설이다. 라틴어 'ad hoc'은 'to this', 즉 '이것에 해당하는', '이것을 위한'이라는 뜻이다.

14장에서 아리스토텔레스가 '경박함'이라는 속성을 만들어냈던 일을 떠올려보라. 물체는 중력이라는 '속성'을 가진 탓에 땅으로 떨어진다는 이론을 수정한 사례다. 경박함은 특정 물체가 물에 가라앉지 않고 뜨는 사실을 설명하기 위해 만들어진 특징이다. 자칫 폐기될 수 있는 아리스토텔레스의 중력 이론을 수정한다는 특수 목적을 띤 개념이다. 이 개념은 그 어떤 원칙을 적용해도 중력 이론에서 도출되지 않는다. 단지 "위약 효과"를 내는 이론일 뿐이다. 무언가를 설명하는 느낌을 주지만 실제로는 아무것도 설명하지 않는다. 프랑스 극작가 몰리에르는 동어반복에 불과한 이런 설명을 조롱하듯, 수면제 효과는 "잠 오는 효과"에서 나온다고 말하는 인물을 만든다.

프톨레마이오스는 당시 행성의 움직임에 대한 일반적 예상과 달리, 천체가 지구 주위를 완벽한 원을 그리며 돌지 않는 문제가 발생하자 주전원이라는 임시 해결책을 내놓았다.

14장에서 언급했듯, 아인슈타인이 우주상수를 만든 까닭은 일반 상대성 이론을 수정하려는 특수 목적 때문이었다. 즉, 우주상수는 우주는 안정된 상태라는 '사실'을 설명할 목적으로 만들어진 상수다. 하지만 이게 웬일! 우주는 안정된 상태가 아니라니!

어떤 천문학자가 수성이 뉴턴의 이론대로 태양 주위를 돌지 않자, 그 사실을 설명하려고 임시 이론을 생각해냈다. 태양의 무게중심을 중심에서 표면으로 옮긴 것이다. 그것도 문제의 행성이 수성일 때, 오로지 수성일 때만! 특수 목적을 띤 임시 가설로 이론을 구해내려는 필사적인 (그리고 의도적으로 우스꽝스러운) 조치였다.

임시 이론은 대개 '사후post hoc' 이론이기도 하다. 라틴어 'post hoc'은 'after this', 즉 '이것 이후에'라는 뜻이다. 다시 말해, 사후 이론은 예상하지 못한 현상이 나타났을 때 그것을 해명하기 위해 꼼수를 부리는 이론이다. 이례적인 상황이 눈에 띄면 이런 사후 해명이 너무나 쉽게 만들어진다. "조앤이 철자 맞히기 대회에서 승리한다고 내가 장담했지만, 대회가 있던 날 아침에 조앤이 수학 시험을 망쳐 속이 상할 거라는 걸 내가 어떻게 알 수 있었겠어." "맞아, 찰리가 사교성이 젬병이라 매니저로 성공하지 못할 거라고 내가 말했지. 그런데 찰리가 그런 거친 면을 다듬어줄 여자와 결혼할 줄 누가 알았겠어."

나는 교수가 되고 처음 몇 해 동안, 어떤 사람이 학과장으로서 또는 학술지 편집장으로서의 역할을 어떻게 할지 예상하며 큰소리를 치곤 했다. 그리고 (흔히 있는 일이지만) 그 예상이 빗나가면 그 이유를 잘도 갖다 붙였다. 그러면 어떤 역할을 성공적으로 해낼 자질이 무엇인가에 관한 내 이론을 구태여 다시 만들 필요가 없었다. 지금은 그런 예상을 하더라도 예전보다 확신이 훨씬 줄어서 천만다행이다. 아니면 적어도 예상을 남에게 발설하지 않으려고 노력한다. 그래야 무척 당혹스러운 상황을 피할 수 있다.

이제까지 나는 과학적 조사와 이론 수립은 그 절차가 명확히 정해져서, 가설을 수립하고 증거를 찾고 그 가설을 받아들일지 말지를 정하는 명확한 규칙을 따른다는 평범한 견해를 가지고 있었다. 그러나 좋든 싫든 그 견해는 현실과 거리가 멀었는데, 이에 대해서는 다음 장에서 다룰 예정이다.

요약

　설명은 단순해야 한다. 설명을 할 때는 개념을 최소한만 사용하고 되도록이면 단순하게 정의된 개념을 사용해야 한다.

　환원주의는 단순함을 추구한다는 점에서 선이지만, 환원주의 그 자체는 악일 수 있다. 사건은 가급적 가장 기본적 수준에서 설명할 수 있어야 한다. 안타깝게도 어떤 결과가 인과관계가 결여된 부수적 현상인지, 아니면 더 단순한 사건들의 상호작용에서 나와 그 사건들로 설명할 수 없는 속성을 지닌 현상인지를 가릴 만한 이렇다 할 규칙이란 없는 듯싶다.

　우리가 그럴듯한 이론을 얼마나 쉽게 만들어내는지, 스스로도 깨닫지 못한다. 특히 대표성 어림짐작은 이런저런 해명을 늘어놓기에 더없이 좋은 구실이다. 우리는 어떤 사건과 닮은 사례를 짚어낼 수 있을 때 그 사건의 인과관계를 설명했다고 착각하는 경향이 있다. 또한 가설을 만들면 필요 이상으로 그 가설을 신뢰하는데, 사실 우리가 별다른 노력이나 지식 없이도 서로 다른 가설을 많이 만들어낸다는 사실을 스스로도 인지하지 못하기 때문이다.

　가설을 검증하는 우리 방식은 문제가 있다. 가설이 부당하다고 판명될 법한 증거는 찾지 않고 가설을 지지할 법한 증거만을 찾는 경향이 있기 때문이다. 그리고 가설의 부당성을 보여주는 증거에 맞닥뜨리면 그 증거를 교묘히 잘도 빠져나간다.

어떤 사람이 이론을 제시해놓고 어떤 종류의 증거가 그 이론을 반박할 수 있는지 구체적으로 말하지 못한다면 그 사람을 신뢰해서는 안 된다. 반박이 불가능한 이론을 믿을 수는 있지만, 그 믿음은 맹목적이라는 사실을 알아야 한다.

어떤 이론에서 반박 가능성이 전부는 아니다. 더 중요한 것은 증명 가능성이다. 포퍼의 주장과 달리 과학은, 그리고 우리 일상을 이끄는 이론들은 주로 그것을 반박하는 증거가 아니라 지지하는 증거에 힘입어 변화한다.

오로지 이론을 부정하는 증거를 처리할 목적으로 이론의 본질과는 상관없이 만들어진 꼼수 이론을 경계해야 한다. 어떤 이론을 임시 가설로 또는 사후 해명으로 수정하는 행위는 의심해야 한다. 그 가설이나 해명은 너무나 쉽게 만들어지고 누가 봐도 기회주의적이기 때문이다.

16장

실재와 해석

물리학에서 이제 더 밝혀질 것은 없다. 남은 것은 더욱 정밀한 측정뿐
이다. _절대 0도의 정확한 온도를 발견한 켈빈 경 윌리엄 톰슨 Lord Kelvin,
William Thomson의 1900년 영국 과학진흥협회 연설 중에서.

과학에서는 '합리성을 벗어난(비합리적인 또는 준합리적인)' 일들이
선형적이고 합리적인 교과서 같은 과학적 진보와 나란히, 또는 심지
어 그런 진보에 반대해 나타난다. 과학자들은 때로 일반적으로 인정
받는 이론을 포기한 채 증거도 변변찮은 다른 이론에 몰두한다. 이
들이 새로운 이론을 처음 받아들이는 것은 논리나 증거의 문제이기
도 하지만 그에 못지않게 신념의 문제이기도 하다.

학문 분야에 따라, 이념에 따라, 문화에 따라 다르게 나타나는 특
정한 세계관이 과학 이론의 출발점이 되기도 한다. 그리고 서로 다

른 이론은 때때로 충돌한다.

과학에서 합리성을 벗어난 것들이 나타나는 까닭은 자칭 해체주의
자나 포스트모더니스트들이 객관적 진실이라는 개념을 거부한 탓일
것이다. 이런 허무주의를 어떻게 막을 수 있을까? '현실'은 단지 사회
가 구축한 허구라고 주장하는 사람들에게 어떤 말을 할 수 있을까?

패러다임의 전환

켈빈 경이 물리학의 지루한 미래를 선언한 지 5년이 지나 아인슈타
인이 특수상대성 논문을 발표했다. 아인슈타인의 상대성 이론은 2세
기 동안 변함없이 통용된 운동과 힘의 법칙인 아이작 뉴턴의 역학을
통째로 대체하는 이론이었다. 이 이론은 단지 물리학의 새로운 발전
에 머물지 않았다. 새로운 물리학 그 자체였다.

아인슈타인이 논문을 발표한 지 50년이 지나 철학자이자 과학
사회학자인 토머스 쿤Thomas Kuhn은 《과학혁명의 구조The Structure of
Scientific Revolutions》에서 과학계를 뒤흔드는 선언을 발표했다. 과학은
언제나 이론을 내놓고, 자료를 수집하고, 이론을 수정하면서 성실하
게 한 걸음 한 걸음 나아가며 발전한 것은 아니라는 이야기다. 그보
다는 혁명이 일상적인 일이 될 때 과학은 큰 진보를 이룬다.

낡은 이론은 삐걱거리고, 예외적 상황이 서서히 쌓이고, 누군가가
반짝이는 아이디어를 내놓아 조만간 낡은 이론을 전복하거나 아니면

적어도 낡은 이론의 의미를 크게 깎아내리고 그에 대한 관심도를 떨어뜨린다. 새 이론은 낡은 이론이 설명하는 현상을 모두 설명하지는 않는다. 새 이론의 주장을 뒷받침하는 초기 자료는 좋게 말해 그다지 대단할 게 없다. 새 이론은 기존의 사실을 설명하는 데는 전혀 관심이 없고 오로지 새로운 사실을 예견하는 데만 관심을 쏟을 때도 많다.

쿤의 분석은 과학자들의 심기를 불편하게 했는데, 비합리적인 요소를 과학의 진보라는 개념에 끌어들인 것도 한 가지 이유였다. 쿤에 따르면, 과학자들이 이론을 갈아타는 이유는 낡은 이론이 불충분하거나 새로운 정보가 들어왔기 때문이라기보다 어느 면에서는 새로운 생각이 낡은 생각보다 더 만족스럽고 그것이 제안하는 과학 프로그램이 더욱 흥미롭다 보니 '패러다임의 전환', 즉 전반적 인식 체계의 전환이 일어났기 때문이다. 과학자들은 새 이론이 제안하는, 낡은 이론으로는 설명할 수 없었던 깜짝 놀랄 발견, 그러니까 다 익어서 따먹기만 하면 그만인 "낮게 매달린 과일"을 탐한다.

많은 과학자가 새로운 이론에 매달려도 이렇다 할 성과를 내지 못할 때도 많다. 그러나 패러다임 전환은 하루아침에도 큰 성과를 내고 더 낡은 견해를 대체할 때도 있다. 심리학은 패러다임이 빠르게 바뀌고 그와 거의 동시에 낡은 이론이 폐기되는 분야다.

20세기 초부터 대략 1960년대 말까지 심리학은 강화 학습이론이 지배했다. 이반 파블로프 Ivan Pavlov는 동물이 임의로 특정 자극을 받고 그것이 특정한 강화를 의미한다고 학습하면 이후로 그 자극만 받아도 강화제 자체를 봤을 때와 똑같은 반응을 보인다는 사실을 증명했다. 이를테면 고기가 나오기 전에 종소리 들려주기를 반복하면 동물은 종소리만 들어도 고기를 봤을 때처럼 침을 흘릴 것이다. 버러스 스키너Burrhus Skinner는 어떤 행위가 긍정적인 자극으로 강화되면 유기체는 강화를 원할 때마다 그 행위를 할 것임을 증명했다. 가령 레버를 눌렀을 때 먹이가 나온다면 쥐는 레버를 누르는 행위를 학습한다. 심리학자들은 파블로프나 스키너의 이론과 원칙에서 나온 가설을 검증하는 실험을 수없이 실시했다.

학습이론이 한창 유행할 때, 심리학자들은 인간의 행동 상당수가 모방 학습의 결과라고 결론 내렸다. 제인이 그렇게 행동하니 '긍정적 강화'를 얻더라. 그러니 나도 똑같이 행동해 똑같은 강화를 얻어야지. 아니면 제인이 그렇게 행동했을 때 벌을 받았으니 나는 그 행동을 하지 말아야지, 하는 식으로 학습한다는 이야기다. 이런 식의 '대리 강화이론'은 의심의 여지가 없어 보였지만, 아이들은 때때로 단기간에 다른 사람을 모방한다는 사실을 보여준 온실 실험을 제외하고는 엄격한 검증이 어려웠다. 인형을 때려보라. 그러면 아이들도 그 행동을 따라 할 것이다. 하지만 그렇다고 해서, 어떤 성인이 늘 공격적으로 행동하게 된 계기가 공격적인 행동으로 포상을 받는 사람을 보았기 때문이라고 말하기는 어렵다.

과학적 태도를 가진 심리학자들은 인간의 행동이든 동물의 행동이든 모든 심리적 현상은 강화 학습이론에 따라 해석해야 한다고 생각한다. 다른 해석을 내놓는 과학자는 무시되거나 그 이상의 취급을 받았다.

강화이론의 치명적 약점은, 강화는 본질적으로 서서히 진행된다는 데 있다. 불이 켜지고 조금 뒤에 충격이 가해진다. 동물은 불빛이 충격을 예고한다는 사실을 서서히 배운다. 또는 레버를 눌렀을 때 음식이 나오면 동물은 레버가 곧 식권임을 서서히 학습한다.

그런데 실제 실험에서 동물은 두 자극 사이의 연관관계를 거의 그 즉시 익혔다. 예를 들어, 실험을 진행하는 사람은 부저를 울린 뒤에 곧바로 쥐에게 전기 충격을 주는 행위를 일정한 시간을 두고 반복한다. 그러면 쥐는 부저가 울릴 때마다 (이를테면 몸을 움츠리거나 배변을 보는 식으로 간접적으로) 두려움을 나타내기 시작한다. 그런데 부저가 울리기 전에 불이 켜지고 이후로 전기 충격이 없으면 쥐의 두려움은 눈에 띄게 줄어든다. 실제로 불빛을 추가한 첫 번째 실험부터 이런 결과가 나왔다. 그리고 다음 실험에서는 거의 겁을 내지 않는다. 이 실험으로 많은 사람이 어떤 학습은 쥐가 고도의 인과관계 사고를 한 결과가 아닐까 하는 생각을 하게 되었다.[1]

시간과 관련한 이 수수께끼가 발견된 때와 비슷한 시기에 마틴 셀리그먼Martin Seligman은 전통적 학습이론의 핵심인, 임의의 자극과 다른 임의의 자극을 아무렇게나 짝지어도 동물은 그 둘의 연관관계를 학습한다는 주장에 일격을 가했다.[2] 셀리그먼은 이 임의성 주장이 터무니없다고 증명했다. 8장에서 동물이 학습할 '준비'가 되지 않은 연관관계는 결국 학습되지 않을 것이라고 했던 걸 기억해보라. 불빛이 왼쪽이 아닌 오른쪽에서 나타나면 개는 오른쪽으로 가도록 얼마든지 학습할 수 있지만, 불빛이 바닥이 아니라 위에서 나타나면 학습이 불가능하다. 학습이론가가 비둘기에게 전등을 쪼지 '않아야' 사료가 나온다는 것을 가르치려면, 그사이에 비둘기는 굶어 죽을 것이다.

어떤 연관관계는 대단히 빠르게 습득되는 반면 어떤 연관관계는 학습되지 않는 것을 학습이론으로 설명하지 못하는 상황이 처음에는 치명적인 타격으로 보이지 않았다. 학습이론의 위험성은 이런 예외적 상황이 아니라 관련이 없어 보이는 작업에서 나타났는데, 이를테면 기억을 포함한 인지 과정, 도식이 시각적 지각과 사건 해석에 미치는 영향, 인과관계 추론 등이다.

많은 심리학자가 학습보다는 사고 분야가 흥미진진한 연구 대상이 되어야 한다고 깨닫기 시작했다. 하루아침에 수많은 사람이 정신 작동을 연구하기 시작했고, 학습 과정 연구는 거의 사라지다시피 했다.

학습이론은 틀렸다고 증명되기보다 무시되었다. 돌이켜보면 학습 연구 프로그램은 과학철학자 임레 라카토스Imre Lakatos가 "퇴행적 연구 패러다임"이라 말한, 더 이상 흥미로운 결과를 내놓지 못하는 연구가 되었다고 볼 수 있다. 점점 더 사소한 대상을 놓고 점점 더 많은 연구를 할 뿐이다.

새로운 기회는 인지 분야에서 (이후에는 인지신경과학에서) 나타났다. 불과 몇 년 사이에 학습이론을 연구하는 사람은 씨가 마르고, 자신의 연구 결과를 기꺼이 학습이론으로 해석하는 데 관심을 보인 인지과학자도 거의 없었다.

기술, 산업, 통상에서의 위대한 변화 역시 과학에서처럼 진화보다는 혁명에서 나오는 경우가 많다. 증기기관이 발명되자 세계 여러 곳에서 면이 울을 대체해 주요 직물이 되었고, 열차 발명으로 제조업이 탈지역화되었으며, 공장에서 물건을 대량생산하면서 태곳적부터 내려오던 제조 방식이 사라졌는가 하면, 인터넷이 나타나 아주 짧은 시간에 모든 것이, 그야말로 모든 것이 바뀌었다.

과학에서 패러다임 변화가 기술 또는 경영에서 패러다임 변화와 다른 점 하나는 낡은 패러다임도 대개 과학의 테두리에 머문다는 점이다. 인지과학은 모든 학습이론을 대체하지도, 심지어 학습이론 이면의 설명을 대체하지도 않았다. 그보다는 학습이론의 틀 안에서는 나올 수 없었을 다수의 연구 결과를 내놓았을 뿐이다.

과학과 문화

버트런드 러셀이 관찰한 바에 따르면, 동물의 문제 해결 행동을 연구하는 과학자는 실험 대상에서 과학자 자신의 국민성을 발견한다. 현실적인 미국인과 이론적인 독일인은 눈앞에서 벌어지는 일을 사뭇 다르게 이해한다.

미국인이 연구하는 동물은 미친 듯이 날뛰면서 믿기 힘들 정도로 부산스럽고 활기 넘치는 모습을 보이다가 마침내 우연히 바람직한 결과를 성취한다. 독일인이 관찰하는 동물은 가만히 앉아 생각하다가 마침내 내면의 의식에서 서서히 해결책을 찾아낸다.

세상에! 심리학자라면 러셀의 풍자에 무릎을 칠 것이다. 아닌 게 아니라 인지혁명의 토대를 다진 사람들은 학습보다 주로 지각과 사고를 연구하는 서유럽인, 특히 독일인이다. 미국의 토양은 인지이론이 발달하기에는 너무 척박해, 유럽인의 성화가 없었다면 사고 연구는 훨씬 뒤늦게 이루어졌을 게 분명하다. 유럽인이 시작한 사회심리학이 처음에는 "행동화(?)되지" 않았다는 것은 결코 우연이 아니다.

과학자들은 패러다임 전환에서 합리성을 벗어난 측면을 인정하는 것 외에, 특정 문화에서의 믿음이 과학 이론에 심각한 영향을 미칠 수 있다는 사실도 이해해야 했다.

그리스인들은 우주가 안정된 상태라고 믿었고, 아리스토텔레스부터 아인슈타인에 이르기까지 수많은 과학자들이 이 믿음에 노예가 되었다. 반면 중국인들은 세계가 끊임없이 변한다고 확신했다. 중국인은 맥락에 주목한 덕에 음향, 자기 작용, 중력을 정확히 이해할 수 있었다.

유럽 대륙의 사회학자들은 미국 사회과학자들이 고지식하게 "방법론적 개인주의"라 일컫는 것에 격분하고, 큰 사회 구조와 시대정신의 의미를 알아보지 못할뿐더러 심지어 그런 것이 존재하는 줄도 모르는 무능이 답답해 고개를 흔든다. 사회와 조직에 대한 사고가 큰 진전을 이룬 것은 주로 미국보다 유럽 덕이다.

서양 영장류학자들이 침팬지 한 쌍이 서로에게 드러내는 행동보다 더 복잡한 침팬지의 사회적 상호작용을 눈치채지 못하는 사이에 일본 영장류학자들이 침팬지 정치의 대단히 복잡한 성질을 증명했다.

선호하는 추론 형태도 문화마다 다르다. 논리는 서양 사고의 기초이고, 변증법은 동아시아 사고의 기초다. 이 두 가지 사고 유형은 그야말로 모순된 결과도 낳을 수 있다.

과학 이론은 빠르게 변화하며 그 변화는 불완전하다는 과학적 변화의 본질뿐 아니라 문화가 과학 견해에 영향을 미칠 수 있다는 사실은, 과학은 오로지 합리적으로 작동하며 불변의 사실만을 다룬다는 견해와 모순되었다. 어쩌면 이런 일탈은 20세기 말 열기를 뿜기 시작한 현실에 대한 철저한 반과학적 접근에 한몫했는지도 모른다.

텍스트로서의 실재

우리(새뮤얼 존슨과 그의 전기 작가 제임스 보즈웰)는 교회에서 나와 길에 선 채로 한동안 버클리 주교의 기발한 궤변에 대해 이야기를 나눴다. 물질은 존재하지 않으며 우주 만물은 단지 관념일 뿐임을 증명하려는 궤변이었다. 내(보즈웰)가 보기에, 우리는 그의 말이 진실이 아니라는 것에 흡족해하면서도 그 궤변을 반박할 수 없었다. 그때 존슨이 발로 커다란 돌멩이를 힘껏 찼다가 움츠리며 순식간에 내뱉은 말을 결코 잊을 수가 없다. "이렇게 반박해주지."_제임스 보즈웰James Boswell, 《새뮤얼 존슨의 삶The Life of Samuel Johnson》.

요즘에는 모든 사람이 '실재의 실제'를 존슨처럼 당연하다는 듯 확신하지는 않는 것 같다.

1장에 나온 야구 심판을 생각해보라. 자신이 스트라이크나 볼이라고 규정할 때 말고는 스트라이크나 볼이라는 개념의 실재를 부정하던 심판이다. 자칭 포스트모더니스트 또는 해체주의자 다수는 그 심판의 견해를 지지할 것이다.

이런 성향의 사람들은 때때로 "텍스트 바깥에는 아무것도 없다 Il n'y a pas de hors-texte"라는 자크 데리다Jacques Derrida의 말처럼, 거기에는 '거기'란 것이 전혀 없다고 말한다. '실재'는 단지 해석된 것이며, 그것에 대한 우리의 해석만 있을 뿐이다. 세상의 어느 부분에 대한 해석이 폭넓게 공유되거나 심지어 보편적으로 공유될 수 있다는 사실은 중요치 않다. 그런 동의는 사람들이 공유하는 '사회의 해석social construction'이 있다는 것을 의미할 뿐이다. 이런 움직임에서 나온 표현 중에 내가 제일 좋아하는 것은 사실 따위는 없으며 단지 '진리 체제regimes of truth'만 있을 뿐이라는 말이다.

극도로 주관주의적인 이런 견해는 1970년대 프랑스에서 시작되어 미국까지 표류해왔다. 해체주의 이면에 있는 일반적 견해에 따르면, 텍스트를 해체하면 본질에 관한 사실인 척하는 주장을 비롯해 세상에 대한 모든 추론의 밑바탕에 깔린 이념 성향, 가치, 자의적 관점을 들여다볼 수 있다.

내가 아는 어떤 인류학자가 우리 대학 학생에게서, 문화마다 사람들의 믿음이나 행동의 특성을 다르게 묘사한다면 이때 나타나는 신뢰성 문제를 인류학자들은 어떻게 다루냐는 질문을 받았다. 다시 말해 인류학자마다 해석이 다르면 어떻게 해야 하느냐는 질문이다. 인류학자는 이렇게 대답했다. "그런 문제는 일어나지 않아요. 우리 인류학자들이 하는 일은 자신이 본 것을 해석하는 것이니까요. 사람마다 추정이나 견해가 다르니 으레 해석도 다르려니 하죠."

이 대답은 그 학생을 그리고 나를 분노케 했다. 과학을 하는 사람들은 동의 빼면 시체가 아닌가. 어떤 현상이 존재하는지 안 하는지를 두고 관찰자마다 의견이 엇갈린다면 애초에 과학적 해석이랄 수 없지 않은가. 그저 뒤죽박죽이랄밖에.

그러나 문화인류학자라면 당연히 자신을 과학자로 생각해야 한다는 내 생각부터가 잘못이었다. 나는 예전에 문화심리학을 연구하면서 문화인류학자들과 교류하려고 노력했다. 그들에게서 배우고 싶었고, 사고와 행동에 나타나는 문화 차이에 관한 내 실증적 연구에 그들도 흥미를 느끼리라 생각했다. 그런데 스스로를 문화인류학자라고 규정하는 사람들 대다수가 나와 이야기할 마음도, 내 자료를 사용할 마음도 없다는 걸 알고는 꽤나 충격을 받았다. 그들은 자신의 해석보다 내 증거에 (그들 말로) "특혜"를 줄 마음이 없었다.

놀랍게도 문학 연구에서 역사와 사회학에 이르기까지, 학계의 다양한 분야에 포스트모더니즘의 허무주의가 깊이 스며들었다. 과연 어느 정도일까? 지인이 내게 해준 이야기에 따르면, 그녀가 한 학생에게 물리 법칙은 자연에 관한 자의적 주장에 불과하다고 생각하느냐고 물었더니 단호하게 "그렇다"고 대답하더란다. "그렇다면 학생이 비행기를 탔을 때, 비행기가 공중에 뜨는 원리를 그 어떤 오래된 물리 법칙으로도 다 설명할 수 있다는 건가?" "물론이죠." 철학자이자 정치학자인 제임스 플린James Flynn이 어느 주요 대학의 학생들을 대상으로 조사한 결과, 대다수가 현대 과학은 단지 하나의 견해일 뿐이라고 믿는 것으로 나타났다.[3] 이들이 이런 딴한 생각을 하기까지는 주변 영향이 컸다. 많은 인문학과 사회학 수업에서 그런 이야기를 들은 탓이다. 그 분야 교수들이 그저 재미삼아 또는 학생들의 생각을 자극하려고 그랬으려니 생각하는 사람도 있을 것이다. 그렇다면 어느 물리학자와 포스트모더니스트들의 이야기를 보자.

1996년 뉴욕대학의 물리학 교수 앨런 소칼Alan Sokal은 〈소셜텍스트Social Text〉에 원고를 하나 보냈다. 포스트모더니즘 입장을 자랑스레 내세우고, 꽤 유명한 교수 몇 사람도 편집진에 포함된 잡지였다. 소칼이 보낸 글의 제목은 〈경계를 넘어서: 양자중력의 변형된 해석학을 위하여Transgressing the Boundaries: Towards a Transformative Hermeneutics of Quantum Gravity〉였는데, 실은 그런 잡지에서 말도 안 되는 이야기를 얼마나 선뜻 받아들이는지를 시험하기 위한 글이었다. 포스트모더니즘 용어로 뒤덮인 그 글은 이렇게 선언했다. "그 어떤 개별 인간과도 별개인 속성을 지닌 외부 세계"는 "서양의 지적 관점을 오랫동안 지배한 포스트 계몽주의의 헤게모니에서 생긴 도그마"였다고. 과학 연구가 "태생적으로 이론으로 점철되고 자기 지시적"이다 보니 "반체제 또는 비주류 공동체에서 발산되는 반헤게모니적 내러티브와 관련해 인식론적 지위의 특권을 주장할 수 없었다." 그러면서 양자중력은 단지 사회의 해석에 불과하다고 선언했다.

소칼의 글은 동료 평가도 거치지 않은 채 받아들여졌다. 소칼은 자신의 글이 〈소셜텍스트〉에 실린 바로 그날, 〈링구아프랑카Lingua Franca〉지에 그 글은 꾸며낸 가짜 과학 글이라고 발표했다. 그러자 〈소셜텍스트〉 편집진은 그 글이 "패러디라고 해서, 어떤 징후를 나타내는 문서로서 그 글 자체에 우리가 느끼는 흥미가 크게 달라지지는 않는다"고 대꾸했다.

조지 오웰은 어떤 것은 너무 바보 같아서 오직 지식인만 믿을 뿐이라고 했다. 그러나 솔직히 말하면, 많은 사람이 자신의 실재는 텍스트일 뿐이라고 믿는다고 장담할지라도 정말 그렇게 믿는 사람은 아무도 없다. 어쨌거나 이제는 그렇게 장담하는 사람도 줄고 있다. 포스트모더니즘은 북아메리카 학계에서 점점 사라지는 추세다. 프랑스에서는 진작 사라졌다. 내 친구인 프랑스 인류학자 단 스페르베르Dan Sperber는 "포스트모더니즘이 프랑스 이론으로 명성을 얻은 적은 한 번도 없었다"고 밝혔다.

어쩌다 포스트모더니스트와 이야기를 나누게 된다면, 물론 그들과의 대화를 진심으로 추천하지는 못하겠지만, 이렇게 물어보라. 신용카드 명세서에 나타난 잔고는 사회의 해석일 뿐이냐고. 또는 이렇게 물어보라. 사회의 권력 격차는 단지 해석의 문제라고 생각하는지, 현실에 근거한 현상이라고 생각하는지.

그러나 한 가지 인정할 게 있다. 포스트모더니스트들의 관심 덕에 권력, 민족성, 성별과 관련해 유용하고도 중요한 연구가 진행되었다. 예를 들어 인류학자 앤 스톨러Ann Stoler는 네덜란드 사람들이 인도네시아 식민지에서 누가 백인이고 누가 백인이 아닌지를 판단하기 위해 만든 애매하고 더러는 우스꽝스러운 범주를 두고 매우 흥미로운 연구를 진행했다. 아프리카인의 피가 '한 방울'이라도 섞이면 흑인이라는 미국의 규칙만큼 단순한 규칙도 없는데, 이 규칙은 물론 육체적 실재와 아무 상관없는 사회적 해석이었다. 스톨러의 연구는 사람들이 세상을 어떻게 분류하고 사람들의 동기가 세상을 이해하는 데 어떻게 영향을 미치는지에 관심을 두는 심리학자, 역사학자, 인류학자들에게 대단히 흥미롭다.

내가 특히 포스트모더니스트들에게서 발견한 모순은 증거도 없이 실재에 대한 해석은 늘 그러하다고 주장했다는 점, 그리고 언뜻 보기에 그들의 견해보다 급진성은 아주 약간 덜해도 꽤 비슷한 주장을 뒷받침하는 연구 결과를 심리학자들이 이미 많이 내놓았는데도 포스트모더니스트들은 그것에 대단히 무지하다는 점이다. 심리학자들이 이룬 위대한 성취 하나는 운동지각에서 정신작용 이해에 이르기까지 모든 것은 추론이라는 철학자의 금언을 증명한 것이다. 세상에는 직관이 우리에게 말하는 것만큼 직설적이거나 확실한 것도 없다.

그러나 모든 것이 추론이라고 해서 모든 추론이 대등하게 옹호될 수 있다는 뜻은 아니다. 어쩌다 동물원에서 만난 포스트모더니스트가 당신에게, 당신이 만약 코가 기다랗고 엄니가 있는 커다란 동물은 코끼리라고 믿는다면 그런 조건을 타고난 쥐도 있을 수 있기 때문에 당신의 그 믿음은 추론에 불과할 뿐이라고 말한다면, 그가 계속 그런 말을 지껄이도록 그냥 놔둬서는 안 된다.

과학은 증거뿐 아니라 타당한 이론에도 의존하며, 과학자들은 신념과 직감의 영향을 받아, 이미 정립된 과학 가설이나 이미 인정받은 사실을 무시하기도 한다. 여러 해 전, 저작권 대리인 존 브록만 John Brockman은 과학자와 유명인 다수에게 증명할 수는 없지만 그래도 믿는 것들이 무엇인지 말해달라 요청했고, 그 결과를 책으로 펴냈다.⁴ 개인의 가장 중요한 업적 중에는 결코 증명할 수 없는 가설에서 나오는 경우도 많다. 평범한 우리도 마찬가지이며, 달리 선택의 여지가 없다.

기술, 산업, 통상 활동의 기반이 되는 패러다임뿐 아니라 일련의 과학 연구의 바탕이 되는 패러다임도 예고 없이 바뀌기 쉽다. 이런 변화가 처음에는 증거로 뒷받침되지 못할 때도 자주 있다. 새 패러다임은 기존 패러다임과 불편하게 공존하기도 하고, 기존 패러다임을 완전히 대체하기도 한다.

관습과 믿음이 문화마다 다른 탓에 과학 이론, 패러다임, 심지어 추론 형태도 다르게 나타나기도 한다. 서로 다른 사업 방식도 마찬가지다.

포스트모더니스트와 해체주의자들은 과학자들의 '준합리적인' 방식 탓에 그리고 문화가 믿음 체계와 추론 유형에 미치는 영향 탓에 사실을 부정한 채 오직 사회적으로 합의한 실재의 해석만 인정하게 되었는지도 모른다. 이들은 분명 자신의 믿음대로 살지 않으면서도 수많은 대학에서 강의하고 '연구'하면서 허무주의적 견해를 퍼뜨렸다. 이런 탓에 오늘날 과학의 발견을 거부하고 개인의 편견을 선호하는 일이 흔해진 것일까?

아마추어 과학자의 도구

이 책에는 독자에게 나쁜 소식도 있고 좋은 소식도 있다. 나쁜 소식은, 세상의 중요한 부분에 관한 우리 믿음이 크게 잘못된 경우가 많고, 우리가 그런 믿음을 얻는 방법에도 근본적인 문제가 있다는 것이다.

우리는 어떤 사실을 미리 계획하지 않고 그 자리에서 자각하는 식으로 세상을 직접적으로 이해한다고 확신하는데, 철학자들은 이를 '소박한 실재론'이라 부른다. 세상에 관한 모든 믿음은 우리 눈으로 관찰할 수 없는 정신 과정을 거치는 무수한 추론에서 나온다. 우리는 아주 단순한 대상이나 사건이라도 그것을 정확히 분류하기 위해 무수한 도식과 어림짐작에 의지한다.

우리는 인간의, 심지어 물리적 대상의 행위 이면에 놓인 맥락을 놓칠 때가 많다. 특히 판단을 유도하고 행동을 인도하는 사회적 영향을 쉽게 간과한다.

무수한 자극이 우리가 모르는 사이에 믿음과 행동에 영향을 미치는데, 그중에는 우리가 그 존재를 모르는 자극도 있다.

우리는 자신의 머릿속에서 무슨 일이 일어나는지 안다고 생각하지만, 천만의 말씀이다. 어떤 판단을 내리거나 문제를 해결했을 때 거기에 개입한 정신 과정을 정확히 말할 수 있다면, 그것은 해당 과정을 관찰한 결과가 아니라 관련 이론을 적용한 결과다. 그리고 그 이론은 틀리는 때가 종종 있다.

우리는 입증되지 않은 증거에 지나치게 영향을 받는다. 당장 어떤 판단을 내릴 때 수많은 정보를 확보하는 것이 얼마나 중요한지 인식하지 못하면, 이 문제는 더 커진다. 우리는 대수법칙이 작은 수에도 적용된다고 생각한다는 듯이 행동한다. 이를테면 타인의 특성과 관련한 판단처럼 중요한 판단을 내릴 때면 유독 우리가 가진 증거가 불충분할 수 있다는 사실을 인식하지 못한다.

대단히 중요한 사건들의 관계를 파악할 때도 우리는 큰 어려움을 겪는다. 사건 사이에 관계가 있다 싶으면, 실제로는 그렇지 않더라도 엉뚱한 관계를 찾아내게 마련이다. 반대로 관계가 없다 싶으면, 밀접한 관계가 있을 때조차 그 관계를 못 보는 경우가 흔하다.

우리는 쉽게 만들어지는 이론과 옳은 이론은 별개라는 사실을 인식하지 못한 채, 세상에 관한 이론을 되는대로 만들어낸다. 특히 인과관계 이론을 남발한다. 어떤 결과가 있으면 별생각 없이 자동적으로 그것의 원인에 관한 이론을 생각해낸다. 직관에 의존하는 과학자인 우리는, 이론을 검증할 때조차 문제가 많다. 이론을 옹호하는 증거에만 눈을 돌릴 뿐 이론을 부정할 수 있는 증거는 보지 못한다. 어쩔 수 없이 부정적 증거에 직면할 때는 그럴듯한 해명으로 그 증거를 잘도 빠져나간다. 자신이 만든 이론을 그때그때 옹호하는 데 선수라는 사실을 본인은 잘 깨닫지 못한다.

결론은 이렇다. 우리 믿음은 심각하게 잘못된 경우가 종종 있으며, 우리는 새로운 지식을 습득해 세상을 정확히 파악하는 자신의 능력을 과신하고, 우리의 이익이나 우리가 관심을 두는 사람의 이익에 도움이 되도록 행동하지 못하는 때가 흔하다.

좋은 소식은 나쁜 소식의 이면이다. 독자들은 이 책을 읽기 전부터 이미 자신이 오류에 빠지기 쉽다는 걸 알고 있었다. 이제 여기에 더해, 오류에 빠지는 이유가 무엇이며 그것을 보완하려면 어떻게 해야 하는지 알게 되었다. 이 지식을 바탕으로 세상을 좀 더 정확하게 인지하고 분별 있게 행동할 수 있을 것이다. 나아가 다양한 매체에 나오는 사람들뿐 아니라 지인들의 주장에서도 오류 가능성을 알아보고 적절히 대응할 수 있다. 독자들은 자연적으로 터득한 개념과 규칙을 때로는 자신도 모르는 사이에 곧잘 응용할 것이다. 그리고 이 과정은 시간이 흐르면서 점점 진실에 가까워진다.

이 책에 나온 새로운 도구를 몇 번만 이용해보면 이후로는 필요할 때마다 쉽게 사용할 수 있다. 대수법칙을 기억하면서 얼마나 많은 증거가 필요한지 잊지 않을 것이다. 그 법칙을 사용하면 할수록 이후에도, 그리고 더 폭넓은 사례에서, 그것을 사용할 확률이 높아진다. 나와 타인의 행동을 설명할 때 사회적 맥락에 주목하라는 권고 또한 잊지 않을 것이다. 그러면서 상황을 이해하는 능력이 예전보다 나아졌다는 것을 알려주는 피드백을 꾸준히 받을 것이고, 그런 강화 덕에 이후로도 그 규칙을 더 자주 응용하게 된다. 매몰비용이며 기회비용 개념도 평생 써먹을 것이다.

이 책을 다 읽고 난 지금, 독자들은 일상에서 예전보다 더 훌륭한 과학자가 되었을 것이다. 그러나 독자들의 사고방식 변화를 과장할 마음은 없다. 나는 이 책에 나온 원칙 대부분을 자주 어기는데, 같은 실수를 반복할 때도 많다. 심리적 성향에는 워낙 깊게 뿌리박힌 것들이 있어서, 몇 가지 새로운 원칙을 학습해 뜻밖의 난감한 결과를 줄이려 해도 그 뿌리 깊은 성향은 쉽게 제거되지 않는다. 그러나 그런 성향을 알고 그것과 싸우는 법을 안다면 그것을 고칠 수 있고 그로 인한 피해도 최소화할 수 있다.

그리고 이 책을 다 읽은 지금은 그전보다 더 나은 소비자, 더 나은 매체 비평가가 되었을 것이다. 자, 이제 내가 이 마지막 장을 쓰던 중에 유명한 신문에서 읽은 기사 두 개와 편집장 앞으로 온 편지 한 통을 소개하겠다.

- 〈뉴욕타임스〉 기사에 따르면, 결혼식을 성대하게 치른 부부는 소박하게 치른 부부보다 결혼생활 지속도와 만족도가 더 높았다.[1] 하지만 장담컨대, 독자가 지금 이 기사를 읽었다고 해서 결혼하는 친구에게 청첩장을 더 많이 뿌리라고 독촉하지는 않을 것이다. 그보다는 결혼식을 성대하

게 치르는 사람은 소박하게 치르는 사람보다 평균적으로 나이가 더 많고, 경제적으로 더 여유 있고, 상대를 더 오래 알았고, 그래서 어쩌면 서로 더 사랑할 수도 있겠다는 생각이 들었을 것이다. 이 모든 요소가 더해져 결혼생활이 더 행복할지도 모른다. 따라서 결혼식 규모와 결혼생활 만족도 사이에 상관관계가 있다는 이 기사에선 특별히 배울 점이 없다.

- AP통신에 따르면, 2011년도 자동차 모델 중 상당수가 고속도로에서 안전도가 높았다. 특히 스바루 레거시 세단과 도요타 하이랜더 하이브리드 SUV 차량은 백만 대 중 사망자 수가 이를테면 쉐보레 실버라도 1500 픽업트럭이나 지프 패트리어트 SUV보다 훨씬 낮았다. 이 보도를 읽은 독자는 자동차당 사망률은 주행거리당 사망률보다 정확도가 떨어진다는 점을 고려했을 것이다. 자동차 유형마다 주행거리는 큰 차이를 보였을 게 분명하기 때문이다. 더 중요하게 고려할 점은 각 자동차의 운전자 유형이다. 한적한 패서디나시에 사는 자그마한 노부인은 어떤 차를 몰고, 뉴욕주 웨스트체스터 카운티의 극성스러운 학부모는 어떤 차를 몰겠는가? 소란을 피우며 다니는 텍사스 젊은 카우보이와 천방지축인 캘리포니아 십대들은 주로 어떤 차를 몰겠는가?

- 〈월스트리트저널〉은 2012년에 한 통의 편지를 실었다. 이 편지에서 MIT의 기후 과학자를 비롯한 여러 사람이 지구온난화는 최소 수준으로 유지되고 점점 사라지는 추세라고 주장하면서 1998년 이래로 지구의 기온이 더 이상 올라가지 않는다는 사실을 증거로 내세웠다. 독자들은 여기서 기온 변화의 연간 표준편차가 어느 정도일지 궁금해하지 않았을까? 실제로 기온의 표준편차는 꽤 크다. 게다가 부분적 무작위

과정이 다 그렇듯이 이런 현상이 오래 유지되는 경우가 놀랄 정도로 많다. 기온 변화는 많은 다른 현상과 마찬가지로 일직선으로 일정하게 움직이지 않는다. 그보다는 이따금 갑작스레 일어난다. 실제로 2014년은 이제까지 가장 더웠던 해로 기록되었다. (이 편지에는 이외에도 의심스러운 점이 두어 가지 더 있었다. 편지에 서명한 사람에는 유전학자, 우주선 설계자, 전직 우주비행사, 미국 상원의원이 포함되었는데, 전문성이란 전문성은 죄다 끌어왔다고 과시하려는 의도로 보인다. 게다가 이들은 이곳 편집자가 기후변화에 의문을 제기하는 기사를 썼다는 이유로 해고되었다며, 이 일을 소련 생물학자 트로핌 리센코의 유전학 견해를 의심한 소련 과학자들이 투옥되고 사형 선고를 받은 일에 비유했다. 농담이 아니다.)

이처럼 앞으로 많은 경우에 지인이나 매체의 주장을 그대로 받아들이기 전에 그것을 반박하거나 적어도 충분한 이유를 가지고 의심할 수 있다. 하지만 정작 어떤 주장을 검증할 도구가 없다는 사실을 과거보다 더 분명하게 인식할 것이다. 우리 중에 "관상동맥이 막혔을 때 관상동맥 이식 수술보다 스텐트 시술이 낫다"라거나 "혜성 충돌에서 나온 아미노산은 지구 생명체 탄생의 기초가 되었다" 또는 "아메리카 대륙붕의 석유 매장량은 사우디아라비아의 매장량을 능가한다" 같은 주장을 비판할 수 있는 사람은 거의 없다. 거의 모든 영역에서 우리가 얻는 거의 모든 정보를 생각해볼 때 우리는 모두 기껏해야 아마추어 과학자일 뿐이다. 따라서 보통은 다른 정보원에 의지해야 할 것이다. 그 정보원은 우리 관심 분야에서 전문가로 추정되는 사람일 수도 있다. 그런 정보원을 찾을 수 있다고 가정하면, 그 전문가에게 어떤 태도를 취해야 적절할까?

철학자 버트런드 러셀은 전문가 의견을 다루는 법에 대해 다음과 같은 '가벼운 제안'을 했다.

- 전문가들이 동의한 문제에 대해, 그 반대 의견을 확실하다고 단정해서는 안 된다.
- 전문가들이 동의하지 않은 문제에 대해, 그 어떤 의견도 확실하다고 단정해서는 안 된다.
- 전문가들이 만장일치로 어떤 긍정적 의견에 충분한 근거가 없다고 말한다면, 일반 사람은 판단을 보류하는 편이 좋다.

정말 가벼운 제안이다. 지나치다 싶을 정도로.

여러 해 전에 자신을 컴퓨터 과학자라고 광고한 사람이 심리학과에서 강연을 했었는데 나도 그 자리에 참석했었다. 직업으로 컴퓨터 과학자라는 명칭을 쓰는 사람이 많지 않던 때였다. 그는 강연을 시작하며 이렇게 말했다. "제가 이제부터 할 이야기는 이렇습니다. 어느 날 컴퓨터가 국제 장기대회를 휩쓸고, 인간보다 소설이나 교향곡을 더 잘 쓰고, 역사상 위대한 지식인도 풀지 못한 세상의 본질에 관한 근본적 질문에 답을 한다면, 인간은 스스로를 어떻게 규정할까."

그리고 다음 말을 하자 청중에서 한숨 소리가 또렷이 들려왔다. "저는 일단 두 가지를 분명히 하고 싶습니다. 첫째, 컴퓨터가 그런 일을 할 수 있을지 저도 알 수 없습니다. 둘째, 그 질문에 의견을 제시할 자격이 있는 사람은 지금 여기서 저밖에 없습니다."

두 번째 문장은 그날 이후로 줄곧 내 귀에 맴돌았다. 그 말이 꽤나 충격이어서 나는 다른 사람의 주장을, 그리고 내 주장도 전문성을 검증하는 습관을 갖게 됐다. 우리는 전문가 의견이 있을 수 있는(실제로 있는) 문제에 자신의 견해를 분명히 표시하는 사람을 흔히 본다. 그렇다면 그 사람은 오래전에 강의했던 컴퓨터 과학자처럼 전문성을 주장할 권리가 있을까? 그 사람은 자신의 의견이 전문가의 의견에 기초했다고 믿을까? 그 사람은 전문가 사이에 어떤 다양한 의견이 있는지 알고 있을까? 그 사람은 전문가가 있는지 관심이나 있을까?

과학자들은 당연히 전문가가 있는지 관심을 갖는다. 이들이 흔히 인정되는 전문가의 지혜에 의문을 제기해 발전하는 경우도 종종 있었다. 내 이력이 그 사실을 잘 보여준다. 나는 연구 초기에, 대개 나를 포함한 전문가들도 실수를 한다는 사실을 수없이 발견했다. 다음은 내가 발견한 전문가들의 명백한 오류 수십 가지 사례 중 일부다.

- 비만인 사람 중 상당수가 전문가들이 (그리고 내가) 생각한 만큼 과식하지 않는다. 그보다는 지방 조직의 설정값을 옹호한다.
- 사람들은 인지심리학자들이 (그리고 내가) 생각한 만큼 자신의 정신 과정을 깊이 들여다보지 못한다. 자신의 머릿속에서 일어나는 일을 제대로 파악했다면, 어떤 판단을 내리거나 특정한 문제를 해결하는 방식에 관해 그들이 가지고 있는 이론이 어쩌다 보니 정확했기 때문이다. 그

러나 그런 이론이 틀리는 경우도 흔하다.

• 통계 추론을 연구하는 대부분의 사람들처럼 나도 통계 원칙을 가르쳐도 일상의 추론에는 거의 영향을 미치지 않으리라 확신했다. 하지만 다행스럽게도 내 생각은 틀렸고, 이 책도 그런 깨달음에서 출발했다.

• 경제학자와 강화이론 심리학자들은 오랫동안 동기부여(대개 금전적 형태)가 행동을 바꾸는 최고의 방법이라 믿어왔다. 그러나 금전적 동기부여는 효과가 없거나 안 좋은 결과를 초래할 때가 많고, 오히려 돈도 적게 들고 덜 강압적인 방식이 행동을 바꿀 때가 많다.

• 한 세기 가까이 지능 분야 전문가들은 지능은 본질적으로 한 가지, 즉 표준검사로 측정하는 IQ라고 믿었으며, IQ는 환경에 거의 영향을 받지 않고, 흑인과 백인의 IQ 차이에는 유전자 탓도 있다는 데 동의했었다. 모두 틀린 이야기다.[2]

나도 어느 정도 전문 지식이 있다 보니 위의 영역에서 모두 전문가의 의견에 맞섰었다. 그러나 불행히도 내 전문성은 내가 연구한 일부 분야에만 한정된다. 그 외의 분야에서는 나 역시 아마추어 과학자에 불과할 뿐이다. 사실 우리 모두가 그렇다. 그렇다면 우리는 우리 전문 영역이 아닌 분야의 전문가들을 어떻게 대해야 할까?

나는 버트런드 러셀보다 한 걸음 더 나아가고자 한다. 전문가들이 동의한 문제를 두고 그들과 반대 의견을 확실하다고 단정해서는 안 될 뿐만 아니라, 우리가 대안이 될 만한 전문성을 가지고 있어서 보편적 합의에 의문을 제기할 충분한 자격이 있다고 확신하지 않는

한, 전문가들이 동의한 견해를 인정하지 않는 것도 현명치 못하다. 무지한 우리나 토크쇼에 나온 연예인의 견해가 전문가의 지식보다 진실에 더 가깝다고 믿는다면 어리석은 일이다.

물론 많은 문제에서 전문가가 어떤 합의를 이루었는지 알아내기는 대단히 어려울 수 있다. 아닌 게 아니라 대중매체는 '균형'이라는 이름으로, 전문가가 합의를 이루었는지 아닌지 우리를 최대한 헷갈리게 만들기도 한다. 이들은 어떤 문제에 대해 전문가라는 사람의 견해를 보여주고, 또 다른 '전문가'를 찾아 다른 견해를 보여준다. 어떤 한 가지 견해가 다른 견해보다 훨씬 많은 전문가의 동의를 얻는 게 분명할 때도 이들은 이런 식으로 균형을 잡는 때가 많다. 기후 전문가들이 거의 보편적으로 합의하는 견해는 실제로 기후변화가 일어나고 있고 그 원인은 적어도 부분적으로는 인간의 활동 탓이라는 것이다. 그러나 보도에 따르면, 폭스뉴스Fox News 사장 로저 에일스Roger Ailes는 누군가가 이 견해를 제시하면 이 합의의 정당성을 부정하는 사람의 반론도 반드시 내보내라고 꾸준히 지시한다고 한다.

이처럼 매체는 정치적 목적으로, 또는 더 흔하게는 균형이라는 그럴듯한 명분 아래 사람들에게 곧잘 잘못된 생각을 심어주고, 그러다 보니 사람들은 전문가의 의견이 크게 엇갈린다고 판단해 다양한 입장 중에 취사선택하는 게 옳다고 생각한다. 하지만 장담컨대, 아무리 괴상한 의견도 그것을 지지하는 소위 박사가 꼭 있게 마련이다. 진화론이라고? 웃기시네. 우리 행성에 외계인이 왔다? 당연하지. 예방접종이 자폐증을 유발한다? 물론이지. 비타민C를 다량 투여하면 일상의 감기와 싸운다? 두말하면 잔소리.

일정한 주제를 두고 전문가들이 어떤 합의를 했는지 알아보기는 점점 쉬워지고 있다. 다행스럽게도 건강이나 교육처럼 정확한 지식이 필요한 분야에는 '메이오클리닉Mayo Clinic'이나 '교육정보창고What Works Clearinghouse'와 같은 유명한 사이트가 있어서 정보를 찾아보기가 쉽다. 그러나 인터넷이 만병통치는 아니다. 분명히 말해두지만, 성별 행동의 차이라든가 성별 생물학적 차이와 관련된 것들은 매의 눈으로 살펴야 한다.

개인이나 사회 전체에 중요한 문제에서 전문가의 의견에 의문을 제시할 때, 내가 제안하는 바는 다음과 같다. 독자들은 어떻게 생각하는가.

1. 전문성이 존재하는 분야인지 따져보라. 점성술에는 전문성이 없다.
2. 전문성이 존재한다면, 전문가들 사이에 합의된 내용이 있는지 살펴보라.
3. 합의가 있다면, 다수가 합의했을수록 우리가 그 합의를 받아들일지 말지를 선택할 여지는 거의 없다.

윈스턴 처칠은 이렇게 말했다. "민주주의는 그것을 시도해본 적이 있는 사람들을 뺀 나머지 사람들에게는 최악의 통치 형태다." 전문가들이란 당신이 참고 삼을 견해를 가진 사람들을 제외한 나머지 사람들에게는 절대 믿을 수 없는 인간들이다. 그리고 저자인 나는, 전문가의 전문성 문제에 관해서는 전문가라는 점을 명심하시라!

감사의 말

이 책을 쓰는 동안 많은 사람이 내게 소중한 비판과 조언을 해주었다. 레이 베이트라Ray Batra, 세라 빌먼Sara Billmann, 도브 코헨Dov Cohen, 크리스토퍼 달Christopher Dahl, 윌리엄 디킨스, 피비 엘스워스Phoebe Ellsworth, 제임스 플린, 토머스 길로비치Thomas Gilovich, 이고르 그로스만, 케이스 홀료크Keith Holyoak, 고든 케인Gordon Kane, 시노부 키타야마, 대린 레만, 마이클 매허리Michael Maharry, 마이클 모리스Michael Morris, 리 로스, 저스틴 사키스Justin Sarkis, 노버트 슈워츠Norbert Schwarz, 스티븐 스티치, 캐럴 태브리스Carol Tavris, 폴 타가드Paul Thagard, 아미람 비노쿠르Amiram Vinokur, 케니스 워너Kenneth Warner, 티모시 윌슨이 모두 도움을 준 사람들이다. 그리고 존 브록만과 케틴카 맷슨Katinka Matson을 저작권 대리인으로 만난 것은 큰 행운이었다.

소중한 동료 역할을 해준 현명한 편집자 에릭 친스키Eric Chinski에게도 큰 빚을 졌다. 패러 스트라우스 앤 지룩스Farrar, Straus & Giroux 출판사의 펭 셰퍼드Peng Shepherd를 비롯한 편집부 사람들은 내게 큰 도움과 함께 인내심을 발휘해주었다.

수전 니스벳Susan Nisbett은 아이디어 토론에서 편집에 이르기까지 이 책에 많은 도움을 주었다. 내 삶에서도 모든 면에서 도움을 준 사람이다.

학제간 연구를 장려하는 미시간대학에서도 큰 도움을 받았다. 미시간대학에서는 오래된 분야가 서로 협력해 과학 연구의 여러 분야가 탄생했다. 대학의 이런 활기 덕에 과학의 촘촘한 그물망이 미치는 넓은 영역을 살펴볼 수 있었다.

들어가는 말

1. Gould, *The Panda's Thumb*.

2. Nisbett, "Hunger, Obesity and the Ventromedial Hypothalamus."

3. Polanyi, *Personal Knowledge*.

4. Nisbett, *The Geography of Thought*.

5. Lehman et al., "The Effects of Graduate Training on Reasoning"; Lehman, Darrin, and Nisbett, "A Longitudinal Study of the Effects of Undergraduate Education on Reasoning"; Morris and Nisbett, "Tools of the Trade."

6. Larrick, Morgan, and Nisbett, "Teaching the Use of Cost-Benefit Reasoning in Everyday Life"; Larrick, Nisbett, and Morgan, "Who Uses the Cost-Benefit Rules of Choice? Implications for the Normative Status of Microeconomic Theory"; Nisbett et al., "Teaching Reasoning"; Nisbett et al., "Improving Inductive Inference" in Kahneman, Slovic, and Tversky, *Judgment Under Uncertainty*; Nisbett et al., "The Use of Statistical Heuristics in Everyday Reasoning."

1부 • 생각에 대해 생각하기

1장 | 모든 것은 추론이다

1. Shepard, *Mind Sights: Original Visual Illusions, Ambiguities, and Other Anomalies.*

2. Higgins, Rholes, and Jones, "Category Accessibility and Impression Formation."

3. Bargh, "Automaticity in Social Psychology."

4. Cesario, Plaks, and Higgins, "Automatic Social Behavior as Motivated Preparation to Interact."

5. Darley and Gross, "A Hypothesis-Confirming Bias in Labeling Effects."

6. Meyer and Schvaneveldt, "Facilitation in Recognizing Pairs of Words: Evidence of a Dependence Between Retrieval Operations."

7. Ross and Ward, "Naive Realism in Everyday Life: Implications for Social Conflict and Misunderstanding."

8. Jung et al., "Female Hurricanes Are Deadlier Than Male Hurricanes."

9. Alter, *Drunk Tank Pink.*

10. Berman, Jonides, and Kaplan, "The Cognitive Benefits of Interacting with Nature"; Lichtenfield et al., "Fertile Green: Green Facilitates Creative Performance"; Mehta and Zhu, "Blue or Red? Exploring the Effect of Color on Cognitive Task Performances."

11. Alter, *Drunk Tank Pink.*

12. Berger, Meredith, and Wheeler, "Contextual Priming: Where People Vote Affects How They Vote."

13. Rigdon et al., "Minimal Social Cues in the Dictator Game."

14. Song and Schwarz, "If It's Hard to Read, It's Hard to Do."

15. Lee and Schwarz, "Bidirectionality, Mediation, and Moderation of Metaphorical Effects: The Embodiment of Social Suspicion and Fishy

Smells."

16. Alter and Oppenheimer, "Predicting Stock Price Fluctuations Using Processing Fluency."

17. Danziger, Levav, and Avnaim-Pesso, "Extraneous Factors in Judicial Decisions."

18. Williams and Bargh, "Experiencing Physical Warmth Influences Personal Warmth."

19. Dutton and Aron, "Some Evidence for Heightened Sexual Attraction Under Conditions of High Anxiety."

20. Levin and Gaeth, "Framing of Attribute Information Before and After Consuming the Product."

21. McNeil et al., "On the Elicitation of Preferences for Alternative Therapies."

22. Daniel Kahneman, *Thinking, Fast and Slow.*

23. Tversky and Kahneman, "Extensional Versus Intuitive Reasoning: The Conjunction Fallacy in Probability Judgment."

24. Tversky and Kahneman, "Judgment Under Uncertainty: Heuristics and Biases."

25. Gilovich, Vallone, and Tversky, "The Hot Hand in Basketball: On the Misperception of Random Sequences."

2장 | 상황의 힘

1. Jones and Harris, "The Attribution of Attitudes."

2. Darley and Latané, "Bystander Intervention in Emergencies: Diffusion of Responsibility."

3. Darley and Batson, "From Jerusalem to Jericho: A Study of Situational and Dispositional Variables in Helping Behavior."

4. Pietromonaco and Nisbett, "Swimming Upstream Against the

Fundamental Attribution Error: Subjects' Weak Generalizations from the Darley and Batson Study."

5. Humphrey, "How Work Roles Influence Perception: Structural-Cognitive Processes and Organizational Behavior."

6. Triplett, "The Dynamogenic Factors in Pacemaking and Competition."

7. Brown, Eicher, and Petrie, "The Importance of Peer Group ('Crowd') Affiliation in Adolescence."

8. Kremer and Levy, "Peer Effects and Alcohol Use Among College Students."

9. Prentice and Miller, "Pluralistic Ignorance and Alcohol Use on Campus."

10. Liu et al., "Findings from the 2008 Administration of the College Senior Survey (CSS): National Aggregates."

11. Sanchez-Burks, "Performance in Intercultural Interactions at Work: Cross-Cultural Differences in Responses to Behavioral Mirroring."

12. Goethals and Reckman, "The Perception of Consistency in Attitudes."

13. Goethals, Cooper, and Naficy, "Role of Foreseen, Foreseeable, and Unforeseeable Behavioral Consequences in the Arousal of Cognitive Dissonance."

14~15. Nisbett et al., "Behavior as Seen by the Actor and as Seen by the Observer."

16. Nisbett, *The Geography of Thought*; Nisbett et al., "Culture and Systems of Thought: Holistic Vs. Analytic Cognition."

17. Masuda et al., "Placing the Face in Context: Cultural Differences in the Perception of Facial Emotion."

18. Masuda and Nisbett, "Attending Holistically vs. Analytically: Comparing the Context Sensitivity of Japanese and Americans."

19. Cha and Nam, "A Test of Kelley's Cube Theory of Attribution: A Cross-Cultural Replication of McArthur's Study."

20. Choi and Nisbett, "Situational Salience and Cultural Differences in the Correspondence Bias and in the Actor-Observer Bias."

21. Nisbett, *The Geography of Thought.*

3장 | 합리적인 무의식

1. Nisbett and Wilson, "Telling More Than We Can Know: Verbal Reports on Mental processes."

2. Zajonc, "The Attitudinal Effects of Mere Exposure."

3. Bargh and Pietromonaco, "Automatic Information processing and Social Perception: The Influence of Trait Information Presented Outside of Conscious Awareness on Impression Formation."

4. Karremans, Stroebe, and Claus, "Beyond Vicary's Fantasies: The Impact of Subliminal Priming and Brand Choice."

5. Chartrand et al., "Nonconscious Goals and Consumer Choice."

6. Berger and Fitzsimons, "Dogs on the Street, Pumas on Your Feet."

7. Buss, *The Murderer Next Door: Why the Mind Is Designed to Kill.*

8. Wilson and Schooler, "Thinking Too Much: Introspection Can Reduce the Quality of Preferences and Decisions."

9. Dijksterhuis and Nordgren, "A Theory of Unconscious Thought."

10. 내가 (그리고 해당 논문 저자가) 예술 포스터, 잼, 아파트 연구를 선호해서 이런 결과가 나왔다는 문제가 제기된 적이 있다. 나는 저자를 지지하지만, 무의식적 대안 고민이 더 나은 선택으로 이어질 가능성에 대한 찬반과 관련 증거를 보고 싶다면 다음 문헌을 참고하라. Aczel et al., "Unconscious Intuition or Conscious Analysis: Critical Questions for the Deliberation-Without-Attention Paradigm"; Calvillo and Penaloza, "Are Complex Decisions Better Left to the Unconscious?"; Dijksterhuis, "Think Different: The Merits of Unconscious Thought in Preference Development and Decision Making"; Dijksterhuis and Nordgren, "A Theory of Unconscious Thought"; A. Dijksterhuis et al., "On Making the Right Choice: The Deliberation-Without-Attention Effect"; Gonzalo et

al., "'Save Angels Perhaps': A Critical Examination of Unconscious Thought Theory and the Deliberation-Without-Attention Effect"; Strick et al., "A Meta-Analysis on Unconscious Thought Effects."

11. Lewicki et al., "Nonconscious Acquisition of Information."

12. Klarreich, "Unheralded Mathematician Bridges the Prime Gap."

13. Ghiselin, ed. *The Creative Process*.

14. Maier, "Reasoning in Humans II: The Solution of a Problem and Its Appearance in Consciousness."

15. Kim, "Naked Self-Interest? Why the Legal Profession Resists Gatekeeping"; O'Brien, Sommers, and Ellsworth, "Ask and What Shall Ye Receive? A Guide for Using and Interpreting What Jurors Tell Us"; Thompson, Fong, and Rosenhan, "Inadmissible Evidence and Juror Verdicts."

2부 • '암울한 과학'으로 불렸던 경제학

4장 | 경제학자처럼 생각하라

1. Dunn, Aknin, and Norton, "Spending Money on Others Promotes Happiness."

2. Borgonovi, "Doing Well by Doing Good: The Relationship Between Formal Volunteering and Self-Reported Health and Happiness."

3. Heckman, "Skill Formation and the Economics of Investing in Disadvantaged Children"; Knudsen et al., "Economic, Neurobiological, and Behavioral Perspectives on Building America's Future Workforce."

4. Sunstein, "The Stunning Triumph of Cost-Benefit Analysis."

5. Appelbaum, "As U.S. Agencies Put More Value on a Life, Businesses Fret."

6. NBC News, "How to Value Life? EPA Devalues Its Estimate."

7. Appelbaum, "As U.S. Agencies Put More Value on a Life, Businesses Fret."

8. Kingsbury, "The Value of a Human Life: $129,000."

9. Desvousges et al., "Measuring Non-Use Damages Using Contingent Valuation: An Experimental Evaluation of Accuracy."

10. Hardin, "The Tragedy of the Commons."

5장 | 엎질러진 우유와 공짜 점심

1. Larrick, Morgan, and Nisbett, "Teaching the Use of Cost-Benefit Reasoning in Everyday Life"; Larrick, Nisbett, and Morgan, "Who Uses the Cost-Benefit Rules of Choice? Implications for the Normative Status of Microeconomic Theory." 이 두 개의 논문에는 2부에 나오는 다른 내용도 실렸다.

2. Larrick, Nisbett, and Morgan, "Who Uses the Cost-Benefit Rules of Choice? Implications for the Normative Status of Microeconomic Theory."

3. Larrick, Morgan, and Nisbett, "Teaching the Use of Cost-Benefit Reasoning in Everyday Life."

6장 | 단점 피해 가기

1. Thaler and Sunstein, *Nudge: Improving Decisions About Health, Wealth, and Happiness.*

2. Kahneman, Knetch, and Thaler, "Experimental Tests of the Endowment Effect and the Coase Theorem."

3. Kahneman, *Thinking, Fast and Slow.*

4. Fryer et al., "Enhancing the Efficacy of Teacher Incentives Through Loss Aversion: A Field Experiment."

5. Kahneman, *Thinking, Fast and Slow*.

6. Samuelson and Zeckhauser, "Status Quo Bias in Decision Making."

7~8. Thaler and Sunstein, *Nudge: Improving Decisions About Health, Wealth, and Happiness*.

9. Investment Company Institute, "401(K) Plans: A 25-Year Retrospective."

10. Thaler and Sunstein, *Nudge: Improving Decisions About Health, Wealth, and Happiness*.

11. Madrian and Shea, "The Power of Suggestion: Inertia in 401(K) Participation and Savings Behavior."

12. Benartzi and Thaler, "Heuristics and Biases in Retirement Savings Behavior."

13. Iyengar and Lepper, "When Choice Is Demotivating: Can One Desire Too Much of a Good Thing?"

14~15. Thaler and Sunstein, *Nudge: Improving Decisions About Health, Wealth, and Happiness*.

16. Schultz et al., "The Constructive, Destructive, and Reconstructive Power of Social Norms."

17. Perkins, Haines, and Rice, "Misperceiving the College Drinking Norm and Related Problems: A Nationwide Study of Exposure to Prevention Information, Perceived Norms and Student Alcohol Misuse"; Prentice and Miller, "Pluralistic Ignorance and Alcohol Use on Campus."

18. Goldstein, Cialdini, and Griskevicius, "A Room with a Viewpoint: Using Social Norms to Motivate Environmental Conservation in Hotels."

19. Lepper, Greene, and Nisbett, "Undermining Children's Intrinsic Interest with Extrinsic Reward: A Test of the Overjustification Hypothesis."

3부 • 코딩, 집계, 상관관계, 인과관계

1. Lehman, Lempert, and Nisbett, "The Effects of Graduate Training on Reasoning: Formal Discipline and Thinking About Everyday Life Events."

7장 | 생활 속의 다양한 확률과 표본 크기

1. Kuncel, Hezlett, and Ones, "A Comprehensive Meta-Analysis of the Predictive Validity of the Graduate Record Examinations: Implications for Graduate Student Selection and Performance."

2. Kunda and Nisbett, "The Psychometrics of Everyday Life."

3. Rein and Rainwater, "How Large Is the Welfare Class?"

4. Kahneman, *Thinking, Fast and Slow.*

8장 | 사건 연결하기

1. Smedslund, "The Concept of Correlation in Adults"; Ward and Jenkins, "The Display of Information and the Judgment of Contingency."

2. Zagorsky, "Do You Have to Be Smart to Be Rich? The Impact of IQ on Wealth, Income and Financial Distress."

3. Kuncel, Hezlett, and Ones, "A Comprehensive Meta-Analysis of the Predictive Validity of the Graduate Record Examinations: Implications for Graduate Student Selection and Performance."

4. Schnall et al., "The Relationship Between Religion and Cardiovascular Outcomes and All-Cause Mortality: The Women's Health Initiative Observational Study (Electronic Version)."

5. Arden et al., "Intelligence and Semen Quality Are Positively Correlated."

6~7. Chapman and Chapman, "Genesis of Popular but Erroneous Diagnostic Observations."

8. Seligman, "On the Generality of the Laws of Learning."

9. Jennings, Amabile, and Ross, "Informal Covariation Assessment: Data-Based Vs. Theory-Based Judgments," in Tversky and Kahneman, *Judgment Under Uncertainty.*

10. Valochovic et al., "Examiner Reliability in Dental Radiography."

11. Keel, "How Reliable Are Results from the Semen Analysis?"

12. Lu et al., "Comparison of Three Sperm-Counting Methods for the Determination of Sperm Concentration in Human Semen and Sperm Suspensions."

13~14. Kunda and Nisbett, "Prediction and the Partial Understanding of the Law of Large Numbers."

15. Fong, Krantz, and Nisbett, "The Effects of Statistical Training on Thinking About Everyday Problems."

4부 • 실험

9장 | 하마를 무시하라

1. Christian, "The A/B Test: Inside the Technology That's Changing the Rules of Business."

2. Carey, "Academic 'Dream Team' Helped Obama's Effort."

3~5. Moss, "Nudged to the Produce Aisle by a Look in the Mirror."

6. Cialdini, *Influence: How and Why People Agree to Things.*

7. Silver, *The Signal and the Noise.*

10장 | 자연실험과 정식 실험

1. See, e.g., McDade et al., "Early Origins of Inflammation: Microbial

Exposures in Infancy Predict Lower Levels of C-Reactive Protein in Adulthood."

2. Bisgaard et al., "Reduced Diversity of the Intestinal Microbiota During Infancy Is Associated with Increased Risk of Allergic Disease at School Age."

3. Olszak et al., "Microbial Exposure During Early Life Has Persistent Effects on Natural Killer T Cell Function."

4. Slomski, "Prophylactic Probiotic May Prevent Colic in Newborns."

5~7. Balistreri, "Does Childhood Antibiotic Use Cause IBD?"

8. Hamre and Pianta, "Can Instructional and Emotional Support in the First-Grade Classroom Make a Difference for Children at Risk of School Failure?"

9. Kuo and Sullivan, "Aggression and Violence in the Inner City: Effects of Environment via Mental Fatigue."

10. Nisbett, *Intelligence and How to Get It: Why Schools and Cultures Count*.

11. Deming, "Early Childhood Intervention and Life-Cycle Skill Development."

12. Magnuson, Ruhm, and Waldfogel, "How Much Is Too Much? The Influence of Preschool Centers on Children's Social and Cognitive Development."

13. Roberts et al., "Multiple Session Early Psychological Interventions for Prevention of Post-Traumatic Disorder."

14. Wilson, *Redirect: The Surprising New Science of Psychological Change*.

15. Pennebaker, "Putting Stress into Words: Health, Linguistic and Therapeutic Implications."

16~18. Wilson, *Redirect: The Surprising New Science of Psychological Change*.

19. Prentice and Miller, "Pluralistic Ignorance and Alcohol Use on Campus."

11장 | 이크!노믹스

1. Cheney, "National Center on Education and the Economy: New Commission on the Skills of the American Workforce."

2. Heraty, Morley, and McCarthy, "Vocational Education and Training in the Republic of Ireland: Institutional Reform and Policy Developments Since the 1960s."

3. Hanushek, "The Economics of Schooling: Production and Efficiency in Public Schools"; Hoxby, "The Effects of Class Size on Student Achievement: New Evidence from Population Variation"; Jencks et al., *Inequality: A Reassessment of the Effects of Family and Schooling in America.*

4. Krueger, "Experimental Estimates of Education Production Functions."

5. Shin and Chung, "Class Size and Student Achievement in the United States: A Meta-Analysis."

6. Samieri et al., "Olive Oil Consumption, Plasma Oleic Acid, and Stroke Incidence."

7. Fong et al., "Correction of Visual Impairment by Cataract Surgery and Improved Survival in Older Persons."

8. Samieri et al., "Olive Oil Consumption, Plasma Oleic Acid, and Stroke Incidence."

9. Humphrey and Chan, "Postmenopausal Hormone Replacement Therapy and the Primary Prevention of Cardiovascular Disease."

10. Klein, "Vitamin E and the Risk of Prostate Cancer."

11~12. Offit, *Do You Believe in Magic? The Sense and Nonsense of Alternative Medicine.*

13. Lowry, "Caught in a Revolving Door of Unemployment."

14. Kahn, "Our Long-Term Unemployment Challenge (in Charts)."

15. Bertrand and Mullainathan, "Are Emily and Greg More Employable Than Lakisha and Jamal? A Field Experiment on Labor Market Discrimination."

16~19. Fryer and Levitt, "The Causes and Consequences of Distinctively Black Names."

20. Milkman, Akinola, and Chugh, "Temporal Distance and Discrimination: An Audit Study in Academia." Additional Analysis of data provided by Milkman.

21~23. Levitt and Dubner, *Freakonomics*.

24. 나는 지적 환경의 중요성에 관한 증거를 다음 책에서 다루었다. Nisbett, *Intelligence and How to Get It*, Nisbett et al., "Intelligence: New Findings and Theoretical Developments."

25~26. Munk, *The Idealist*.

27. Mullainathan and Shafir, *Scarcity: Why Having Too Little Means So Much*.

28. Chetty, Friedman, and Rockoff, "Measuring the Impacts of Teachers II: Teacher Value-Added and Student Outcomes in Adulthood."

29. Fryer, "Financial Incentives and Student Achievement: Evidence from Randomized Trials."

30. Fryer et al., "Enhancing the Efficacy of Teacher Incentives Through Loss Aversion: A Field Experiment."

31. Kalev, Dobbin, and Kelley, "Best Practices or Best Guesses? Assessing the Efficacy of Corporate Affirmative Action and Diversity Policies."

32. Ayres, "Fair Driving: Gender and Race Discrimination in Retail Car Negotiations."

33. Zebrowitz, *Reading Faces: Window to the Soul?*

12장 | 묻지 마, 나도 몰라

1. Strack, Martin, and Stepper, "Inhibiting and Facilitating Conditions of the Human Smile: A Nonobtrusive Test of the Facial Feedback Hypothesis."

2. Caspi and Elder, "Life Satisfaction in Old Age: Linking Social Psychology and History."

3. Schwarz and Clore, "Mood, Misattribution, and Judgments of Well-Being: Informative and Directive Functions of Affective States."

4. Schwarz, Strack, and Mai, "Assimilation-Contrast Effects in Part-Whole Question Sequences: A Conversational Logic Analysis."

5. Asch, "Studies in the Principles of Judgments and Attitudes."

6. Ellsworth and Ross, "Public Opinion and Capital Punishment: A Close Examination of the Views of Abolitionists and Retentionists."

7~8. Saad, "U.S. Abortion Attitudes Closely Divided."

9. Weiss and Brown, "Self-Insight Error in the Explanation of Mood."

10. Peng, Nisbett, and Wong, "Validity Problems Comparing Values Across Cultures and Possible Solutions."

11. Schmitt et al., "The Geographic Distribution of Big Five Personality Traits: Patterns and Profiles of Human Self-Description Across 56 Nations."

12. Heine et al., "What's Wrong with Cross-Cultural Comparisons of Subjective Likert Scales?: The Reference Group Effect."

13. Naumann and John, "Are Asian Americans Lower in Conscientiousness and Openness?"

14. College Board, "Student Descriptive Questionnaire."

15. Heine and Lehman, "The Cultural Construction of Self-Enhancement: An Examination of Group-Serving Biases."

16. Heine, *Cultural Psychology*.

17. Straub, "Mind the Gap: On the Appropriate Use of Focus Groups and Usability Testing in Planning and Evaluating Interfaces."

5부 • 똑바로 생각하고 에둘러 생각하기

13장 | 논리

1. Morris and Nisbett, "Tools of the Trade: Deductive Reasoning Schemas Taught in Psychology and Philosophy"; Nisbett, *Rules for Reasoning.*

2. Cheng and Holyoak, "Pragmatic Reasoning Schemas"; Cheng et al., "Pragmatic Versus Syntactic Approaches to Training Deductive Reasoning."

3. Cheng and Holyoak, "Pragmatic Reasoning Schemas"; Cheng et al., "Pragmatic Versus Syntactic Approaches to Training Deductive Reasoning."

4~5. Lehman and Nisbett, "A Longitudinal Study of the Effects of Undergraduate Education on Reasoning."

14장 | 변증법 추론

1~2. Graham, *Later Mohist Logic, Ethics, and Science.*

3. Chan, "The Story of Chinese Philosophy"; Disheng, "China's Traditional Mode of Thought and Science: A Critique of the Theory That China's Traditional Thought Was Primitive Thought."

4. Peng, "Naive Dialecticism and Its Effects on Reasoning and Judgment About Contradiction"; Peng and Nisbett, "Culture, Dialectics, and Reasoning About Contradiction"; Peng, Spencer-Rodgers, and Nian, "Naive Dialecticism and the Tao of Chinese Thought."

5. Ji, Su, and Nisbett, "Culture, Change and Prediction."

6. Ji, Zhang, and Guo, "To Buy or to Sell: Cultural Differences in Stock Market Decisions Based on Stock Price Trends."

7. Peng and Nisbett, "Culture, Dialectics, and Reasoning About Contradiction."

8. Ara Norenzayan et al., "Cultural Preferences for Formal Versus Intuitive Reasoning."

9. Norenzayan and Kim, "A Cross-Cultural Comparison of Regulatory Focus and Its Effect on the Logical Consistency of Beliefs."

10. Watanabe, "Styles of Reasoning in Japan and the United States: Logic of Education in Two Cultures."

11. Logan, *The Alphabet Effect*.

12~13. Flynn, *Asian Americans: Achievement Beyond IQ*.

14. Dweck, *Mindset: The New Psychology of Success*.

15. Aronson, Fried, and Good, "Reducing Stereotype Threat and Boosting Academic Achievement of African-American Students: The Role of Conceptions of Intelligence."

16. Basseches, "Dialectical Schemata: A Framework for the Empirical Study of the Development of Dialectical Thinking"; Basseches, *Dialectical Thinking and Adult Development*; Riegel, "Dialectical Operations: The Final Period of Cognitive Development."

17. Grossmann et al., "Aging and Wisdom: Culture Matters"; Grossmann et al., "Reasoning About Social Conflicts Improves into Old Age."

18. Grossmann et al., "Aging and Wisdom: Culture Matters."

19. Grossmann et al., "Reasoning About Social Conflicts Improves into Old Age."

6부 • 세계를 어떻게 읽을 것인가

1. Stich, ed., *Collected Papers: Knowledge, Rationality, and Morality, 1978-2010.*

15장 | 단순하게 생각해, 바보야

1. Nisbett, "Hunger, Obesity and the Ventromedial Hypothalamus."

2. Herman and Mack, "Restrained and Unrestrained Eating."

3. Akil et al., "The Future of Psychiatric Research: Genomes and Neural Circuits."

4. Nock et al., "Measuring the Suicidal Mind: Implicit Cognition Predicts Suicidal Behavior."

5. Kraus and Chen, "Striving to Be Known by Significant Others: Automatic Activation of Self-Verification Goals in Relationship Contexts"; Andersen, Glassman, and Chen, "Transference Is Social Perception: The Role of Chronic Accessibility in Significant-Other Representations."

6. Cohen, Kim, and Hudson, "Religion, the Forbidden, and Sublimation"; Hudson and Cohen, "Taboo Desires, Creativity, and Career Choice."

7. Samuel, *Shrink: A Cultural History of Psychoanalysis in America.*

8. Lakatos, *The Methodology of Scientific Research Programmes: Philosophical Papers*, volume 1.

16장 | 실재와 해석

1. Holyoak, Koh, and Nisbett, "A Theory of Conditioning: Inductive Learning Within Rule-Based Default Hierarchies"; Kamin, "'Attention-Like' processes in Classical Conditioning."

2. Seligman, "On the Generality of the Laws of Learning."

3. Flynn, *How to Improve Your Mind: Twenty Keys to Unlock the Modern World*.

4. Brockman, *What We Believe but Cannot Prove*.

결론 | 아마추어 과학자의 도구

1. Parker-Pope, "The Decisive Marriage."

2. Nisbett, *Intelligence and How to Get It: Why Schools and Cultures Count*.

이 책의 〈참고문헌〉은 김영사 홈페이지 자료실에서 다운받으실 수 있습니다.

찾아보기

ㄱ